日本語教師のための評価入門

近藤ブラウン妃美
Kimi Kondo-Brown

Introduction to Assessment
for Japanese Language Teachers

目　次

はじめに 7

第 1 章
言語テストの作成と使用に関する基本事項 12
Fundamental issues in developing and using language tests

- 1.1. 「評価」をどう捉えるか 13
  What is assessment?
- 1.2. 診断的評価、形成的評価、そして総括的評価 16
  Diagnostic, formative, and summative assessments
- 1.3. 目標基準準拠テストと集団基準準拠テスト 18
  Criterion-referenced and norm-referenced tests
- 1.4. テストの妥当性と信頼性 21
  Validity and reliability of tests
- 1.5. 役に立つ言語テストとは 28
  What is a useful language test?
- 1.6. 構成概念としてのコミュニケーション能力 31
  Communicative competence as a construct
- 1.7. クラス内評価におけるシラバスの役割 36
  The role of syllabus in classroom assessment
- 1.8. 成績判定と報告 39
  Determining and reporting grades

第 2 章
日本語クラスにおけるテストと自己評価の実践 44
Practical applications of tests and self-assessments in Japanese language classes

- 2.1. 到達度テストの妥当性を高めるには 45
  For enhancing the validity of achievement tests
- 2.2. テストの出題方法と解答形式 48
  Test question methods and response formats
- 2.3. 口頭のパフォーマンス評価：手順と評定方法 52
  Oral performance assessment: Procedures and rating methods
- 2.4. 採点の一貫性と評定者訓練について 57
  About score consistency and rater training
- 2.5. 目標基準準拠テストの項目品質分析 60
  Item quality analysis of criterion-referenced tests
- 2.6. 自己評価の方法と役割 64
  Approaches to and roles of self-assessments

目 次

第 3 章
日本語プログラムの学習成果アセスメント　　70
Assessing learning outcomes of Japanese language programs

- 3.1. プログラム対象の学習成果アセスメント：現状と動向　　71
  Assessing program-level learning outcomes: Current situations and directions
- 3.2. プログラム対象の学習成果アセスメント：目的と多面的役割　　75
  Assessing program-level learning outcomes: Purpose and multiple roles
- 3.3. プログラム対象の学習成果アセスメント：計画と具現化　　78
  Assessing program-level learning outcomes: Planning and implementation procedures
- 3.4. プログラム対象の学習成果アセスメントのためのアンケート調査：事例研究　　81
  A survey for assessing program-level learning outcomes: A case study
- 3.5. 直接的な学習成果アセスメント：日本語作文テストと採点に関する問題点　　85
  Direct learning outcomes assessment: Japanese composition tests and scoring issues
- 3.6. 間接的な学習成果アセスメント：プログラム修了アンケートの方法と用途　　90
  Indirect learning outcomes assessment: Procedures and uses of exit surveys

第 4 章
日本語の能力テストとプレースメント・テストを利用した評価　　94
Assessing with Japanese proficiency and placement tests

- 4.1. ACTFL言語能力基準と能力テスト　　95
  ACTFL proficiency guidelines and proficiency tests
- 4.2. 能力（熟達度）テストとしてのACTFL OPI　　98
  The ACTFL OPI as a proficiency test
- 4.3. ACTFL OPIの妥当性と信頼性に関する先行研究　　100
  Previous research on the validity and reliability of the ACTFL OPI
- 4.4. 日本語ACTFL OPIを利用した口頭能力の評価　　104
  Assessing Japanese oral proficiency using the ACTFL OPI
- 4.5. ACTFL言語能力基準に基づく日本語読解力の評価　　108
  Assessing Japanese reading proficiency based on the ACTFL proficiency guidelines
- 4.6. 日本語のプレースメント・テスト　　114
  Japanese language placement tests
- 4.7. 項目応答理論を用いたプレースメント・テスト項目の分析　　118
  Item analysis of placement tests using Item Response Theory

第 5 章
年少者対象の日本語プログラムの評価　　124
Assessing Japanese language programs for young learners

- 5.1. 年少者対象の日本語プログラムの評価方法　　125
  Approaches to assessing Japanese language programs for young learners
- 5.2. 小学校における学習成果アセスメントの計画と実施　　129
  Planning and implementing learning outcomes assessments at an elementary school
- 5.3. 年少者用の日本語口頭テストと採点方法の開発　　132
  Developing Japanese oral tests and scoring methods for young learners

5.4. 口頭テスト実施中の試験官と被験者との相互作用 135
   Tester-candidate interactions during oral tests
5.5. 口頭テスト結果の追跡(縦断的)分析の仕方 139
   Longitudinal analysis of oral test results
5.6. 口頭テスト、聴解力テスト、及び自己評価結果の比較 142
   Comparing oral test, listening test, and self-assessment results

第 6 章
日本語教育実習における評価 146
Assessing in a Japanese language teaching practicum

6.1. 教育実習の目的、内容、及び評価 147
   Purpose, content, and assessment of a teaching practicum
6.2. ティーチング・ポートフォリオとは 151
   What is a teaching portfolio?
6.3. ティーチング・ポートフォリオの評価方法 153
   Approaches to assessing teaching portfolios
6.4. ティーチング・ポートフォリオ評価の有用性について 155
   About useful portfolio assessment
6.5. 授業観察及びフィードバックの目的と手順 157
   Purposes and procedures for class observations and feedback
6.6. 実習中のフィードバックの与え方と受け止め方 159
   How to give/receive feedback during a teaching practicum

巻末資料 163
資料1-1A. 日本語使用及び口頭能力に関する自己評価 164
資料1-1B. 日本語使用及び口頭能力に関する自己評価(和訳) 165
資料1-2. 日本語解説文の読解力テストの見本 166
資料1-3A. ニーズ分析アンケート(学生用)の見本 168
資料1-3B. ニーズ分析アンケート(学生用)の見本(和訳) 169
資料1-4. Project work in Japanese(日本語のプロジェクト・ワーク)のシラバス 170
資料1-5. 中間・期末成績レポート用紙の見本 173
資料2-1. テスト項目細目一覧の見本(単元テスト用) 174
資料2-2. 単元テスト用口頭タスクカードと評価用紙(教師用)の見本 178
資料2-3. 単元テスト用筆記問題の見本(聴解力・読解力問題を含む) 179
資料2-4. 資料2-3の聴解力テスト問題に使われた録音会話 181
資料2-5. 単元テスト用筆記問題(資料2-3)の採点基準 182
資料2-6. 初級日本語クラス用書きタスクの見本 183
資料2-7A. 初級日本語クラス用書きタスクの採点ルーブリックの見本(分析的尺度) 184
資料2-7B. 初級日本語クラス用書きタスクの採点ルーブリックの見本(分析的尺度)(和訳) 185
資料2-8. 上級日本語クラス用読解力テストの見本 186
資料2-9. 初級日本語クラス用口頭テスト(ロールプレイ・カードとサンプル・パフォーマンス) 188
資料2-10A. 初級日本語クラス用口頭テストの評定尺度の見本(包括的尺度) 190
資料2-10B. 初級日本語クラス用口頭テストの評定尺度の見本(包括的尺度)(和訳) 191
資料2-11A. 初級日本語クラス用口頭テストの評定尺度の見本(分析的尺度) 192
資料2-11B. 初級日本語クラス用口頭テストの評定尺度の見本(分析的尺度)(和訳) 193

目 次

資料2-12.	日本語二年課程のプログラム評価用読解力テストの見本	194
資料2-13A.	上級日本語クラス用口頭発表の自己評価シートの見本	196
資料2-13B.	上級日本語クラス用口頭発表の自己評価シートの見本(和訳)	198
資料2-14A.	初級日本語クラス用ウィークリー・ジャーナルの自己評価シート	200
資料2-14B.	初級日本語クラス用ウィークリー・ジャーナルの自己評価シート(和訳)	201
資料2-15.	インタビュー・タスクとインタビュー協力者用評価シート	202
資料3-1.	必修科目としての第二言語教育の評価計画アンケート(教師用)	204
資料3-2.	レポート提出チェックシートの見本	207
資料3-3A.	日本語小論文の評価シートの見本(クリティカル思考の評価を考慮)	208
資料3-3B.	日本語小論文の評価シートの見本(クリティカル思考の評価を考慮)(和訳)	209
資料3-4A.	日本語作文評価シート(Japanese Composition Scoring Sheet)	210
資料3-4B.	日本語作文評価シート(Japanese Composition Scoring Sheet)(和訳)	211
資料3-5.	ハワイ大学言語・言語学・文学部のプログラム修了アンケート(選択式設問のサンプル)	212
資料3-6.	ハワイ大学言語・言語学・文学部のプログラム修了アンケート(記述式設問のサンプル)	213
資料3-7.	日本語プログラム修了アンケートの設問の見本：プログラムに対する意見	214
資料3-8.	日本語プログラム修了アンケートの設問の見本：ACTFL OPIを使用した評価に関する質問	215
資料4-1A.	基礎レベルを超えた日本語カリキュラムの枠組み［草案］	216
資料4-1B.	基礎レベルを超えた日本語カリキュラムの枠組み［草案］(和訳)	217
資料4-2.	OPI初級から超級までの基準の概略	218
資料5-1.	年少者用の日本語口頭テストの見本(タスク別)	220
資料5-2A.	タスク共通尺度(Task-independent scale)	222
資料5-2B.	タスク共通尺度(和訳)	222
資料5-3A.	タスク別尺度(Task-dependent scale)の見本(挨拶と自己)	223
資料5-3B.	タスク別尺度の見本(挨拶と自己)(和訳)	223
資料5-4.	SPSS(version17)を使用した反復測定一元配置分散分析(One-way repeated measures *ANOVA*)	224
資料5-5.	SPSS(version17)を使用した対応のある二標本の*t*検定(paired *t*-test)	228
資料5-6.	年少者用の日本語聴解力テストの見本	230
資料6-1.	日本語教育実習のシラバスの見本	232
資料6-2A.	教科書分析基準の見本	234
資料6-2B.	教科書分析基準の見本(和訳)	235
資料6-3.	日本語教育実習用の教案用紙の見本	236
資料6-4.	日本語授業の観察用紙の見本	237
資料6-5A.	日本語教育実習の学期末授業評価用紙	238
資料6-5B.	日本語教育実習の学期末授業評価用紙(和訳)	240
資料6-6A.	日本語学習者対象の教育実習生評価のためのアンケート用紙	242
資料6-6B.	日本語学習者対象の教育実習生評価のためのアンケート用紙(和訳)	244
資料6-7.	日本語教育実習ポートフォリオの評価基準	246
引用文献リスト(Works cited)		248
主要用語リスト(Keyword list)		267

はじめに

　教育現場における評価の目的は、第一に、学習者の学びを支援することです(Shepard, 2000; Stiggins, Arter, Chappuis, & Chappuis, 2004; 田中・斉藤 1993)。適切な評価を定期的に行うことにより、何を学ぶべきか、また、学ぶべき内容をどこまで学んだかについて、教師は学習者と効果的なコミュニケーションを取ることができます。また、適切な評価を行っている教師は、学習に関する評価結果を基に、次に何をどう教えるべきかを的確に判断できるだけでなく、自分の学習に責任の持てる学習者を育てることができます(Hansen, 1998)。このように、「教えること」と「評価」は相互作用の関係にあり、教育現場における評価の役割を考慮せずに、効果的な授業やカリキュラムを語ることはできません(Bailey, 1998; Brown, 1995; Graves, 2000; 當作 2002)。

　教育現場で学習者の学びを支援するために、何をどう評価していくかという問題は、今日の日本語教育界で最も注目されている課題の一つです。例えば、多様化した日本語教育現場での評価の捉え方やあり方を根本から問い直すことによって、学習の質を向上させようという動きが広がっています(例. 川上 2003; 日本語教育学会 2008; 古川 2009)。また、2010年に国際交流基金がJF日本語教育スタンダード2010のウェブサイトを立ち上げ、世界共通の日本語運用能力基準を提唱しましたが、このような活動は、日本語教育の現場における評価活動に大きな影響を与えていくことでしょう。さらに、日本語教育学者は、共通の理解があるようでない「プロフィシェンシー」という概念に注目し、その概念の理論的基盤を明らかにすることにより、「日本語が堪能である」ということへの共通理解を高め、日本語教育現場での言語指導活動や、評価実践に役立てようと働きかけています(鎌田・嶋田・追田 2008; 鎌田・堤・山内 2009; 山内 2009)。

　日本語評価ツールの開発も近年大きく前進し、古典的テスト理論に基づくテスト作りに留まらず、違ったアプローチから開発が行われています。例えば、2010年の「日本語能力試験」や「日本語留学テスト」の改定後、大規模能力テスト検証への関心が特に高まり、項目応答理論を応用した日本語テスト開発が着実に前進しています(日本語教育学会［特集：大規模日本語テストの可能性］2011を参照)。その一方で、テスト開発から一歩離れ、「代替的アセスメント」(Herman, Aschbacher, & Winters, 1992)と呼ばれる、学習者主導型の評価活動(例. 自己評価、ピア評価、ジャーナル評価、ポートフォリオ評価など)に対する関心も高まり、その方向の研究も進んでいます(例. 青木 2008; 市嶋 2009a; トムソン木下 2008; 佐藤・熊谷 2010)。

　しかし、このようにして、日本語教育現場で評価に対する関心の高まりと多様化が見られる一方で、評価についての専門的知識や技術の習得を目標の一つ

としている日本語教員養成課程はまだ少なく、また、日本語教育現場での評価に焦点を置いた書籍も数多くありません。過去10年余りの間に、日本語言語学、日本語応用言語学の分野における研究が著しく進展し、日本語教育実践に役立てることを意図した文献も大幅に増え、教師は、そこから得た知識を日本語の学習指導に生かすことができるようになりました(例. 青木・尾崎・土岐 2001; 大関 2010; 岡崎・岡崎 2001; 川口・横溝 2005; 小柳 2004; 迫田 2002; 畑佐 2008)。しかし、評価に関しては、日本語教育に焦点を置いて、評価理論や実践を総合的に学べる参考文献や研修の機会が、まだまだ足りないのではないかと思われます。

日本語教育界で評価に対する対応が遅れている原因の一つに、評価の専門家が比較的少ないという現状がまずあります。また、「日本語を教えていれば、誰にでも評価ぐらいできるんじゃないか」と考える人がまだ多いのかもしれません。しかし、こういう考え方は、「日本語を話す人なら誰でも日本語を教えられる」という謬見につながるもので、専門職としての日本語教師を否認するかのように受け取れます。確かに、日本語教師になるのに必ず受けなくてはならない資格試験もなければ、特定の免許も必要とされません。でも、それだからこそ、教師一人ひとりがプロ意識を持ち、日本語教師になるのに必要に幅広い知識と技術を身につけることが大切なのだと思います。

日本語教師の専門性や力量というものは、さまざまな領域や要因から成り立っており(縫部 2010)、一口で言い切れるものではありませんが、あえて言うならば、「日本語学習者の学びと成長を支援できる人」だと思うのです。『優れた大学教師は何をするのか(What the best college teachers do)』(Bain, 2004)という本の中でも、著者のベイン氏は、学生に「優れた大学教師」と見なされている教師は、評価を単に成績判定やランキングの手段に使っているのではなく、学習者の学びを支援するための評価を行っていると書いています。学習者の学びと成長を支援できる教師になるためには、幅広い専門的知識を持った上で、何をどう教えるかについて自分なりの方針を確立し、それに則った適切な指導と評価ができなくてはならないと思います。

日本語教授法や評価法は実に多様で、どの教育現場にもあてはまるベストの教え方や評価法はありません。プロの教師は、自分の知識や経験を基に、学習者の置かれている環境の中で、どういう教え方や評価法が一番効果的であるのかを常に判断していかなくてはならないのです。もちろん、プロの教師であっても、というかプロであるからこそ「ああ、あれは失敗だった。どうすれば次はうまくやれるんだろうか」という反省は繰り返されます。教師も含め、プロ意識を持って自分の仕事に向き合い、成長し続けている人は、実はこのような内省を繰り返しているのです(川口・横溝 2005; 文野 2010; Richards, 1998; Richards & Lockhart, 1996; Schön, 1983)。こうした教師としての自己内省は、学習に関する適切な評価を行うことによって、さらに促されると思います。

はじめに

　本書は、評価についてもっと学びたい、学生の学びを支援できる評価というものを考えたいという教師、そして評価に前向きに取り組んでいる教育機関のニーズに応えることを目標に、執筆しました。著者は、ハワイ大学マノア校の日本語科で二十年以上教鞭を執ってきました。本校は、全米で最大規模の日本語課程を提供しており、毎学期千人以上の学生が日本語を学習しています。[1]

　また、ハワイ州では、高校はもちろんのこと、小学校でも日本語は一番人気のある外国語で、今日も何千人という児童が日本語を学習しています。このような事情もあり、著者はハワイ州の小学校における日本語教育の評価にも取り組んできました。さらに、2008年から本校の管理職としての任務も兼ねるようになってからは、教師と管理職という両方の立場から評価を考える機会を持つこともできました。本書では、評価理論(テスト理論も含む)や先行研究を論じながら、著者が現場で行ってきた数々の評価活動や研究を事例として取り上げ、その目的、実施、解釈などについて具体的に説明してあります。

　今日の日本語教育現場で、教師が使用する評価ツールに、まず、教師作成の到達度テストやプレースメント・テストがあります。また、過去十年の間に、日本語教育現場で使用できる日本語能力テストの種類も増えました。例えば、米国外国語教育協会(American Council on the Teaching of Foreign Languages [ACTFL])が開発した面接式口頭能力試験(Oral Proficiency Interview [OPI])の日本語教育現場における活用は、今日の日本語教育界で注目されています(例. 嶋田 2008; 牧野他 2001; 山内 2005)。さらに、第二言語の評価には、テストだけでなく、ポートフォリオ、ジャーナル、観察、自己評価など、「代替的アセスメント」と呼ばれる評価ツールも使用されています。

　このように、日本語教育現場で評価を行う時に、テストは評価ツールの一つに過ぎないのですが、テストを使っても使わなくても、妥当性や信頼性のある評価結果を得る努力をすることはとても大切です(Brown & Hudson, 1998; Genesee & Upshur, 1996)。妥当性の方は、評価を意図している学習目標や言語能力を適切に評価しているのかどうか、そして、それが意味ある評価であり、また、その解釈の仕方が適切であるのかどうかを問います(Bachman, 1990; Brown, 1995; McNamara, 2000)。一方の信頼性は、評価結果の一貫性や一致度が問題になります。教師は、妥当性や信頼性のある評価結果を得ることによって、学生に適切なフィードバックを与え、教育効果も上げることができます。逆に、評価結果の妥当性や信頼性が低ければ、学習成果や言語能力について誤った判断をしてしまう可能性が高くなるだけでなく、学習者にマイナスの波及効果をもたらしかねません(Cheng, Watanabe, & Curtis, 2002)。

　本書の1章では、まず、評価の定義と目的について述べ、次に基礎的な評価理論や言語テスト理論を踏まえながら、言語テストの作成と使用に関する基本事項を取り上げます。特に、日本語クラスで教師が作成する**到達度テスト**の妥

◆1　米国の大学や大学院で提供される日本語課程の規模の比較をするのは簡単ではないが、目安の一つとなるのは、米国の Modern Language Associate (MLA) が集計している外国語の「受講登録者数(enrollment)」や国際交流基金が調査している「学生数」や「教師数」だ。例えば、MLAが集計した2006年秋学期の日本語の総受講登録者数によると、本校の日本語の総受講登録者数は1334名で、全米の大学(コミュニティー・カレッジも含む)で最高になっていた。

MLAの2006年度外国語受講登録者数統計データ(日本語クラスだけでなく日本語言語学や日本文学の受講登録者数も含む)
URL http://www.mla.org/2006_flenrollmentsurvey

国際交流基金の2006年度海外日本語教育機関調査データ
URL http://www.jpf.go.jp/j/japanese/survey/result/dl/america_north.pdf

当性、信頼性、そして有用性について解説し、テストを利用した良い評価というものを考えます。テストの妥当性に関しては、その関連事項として「コミュニケーション能力」の捉え方についても考察します。さらに、日本語クラスで行われる絶対評価を、シラバスの役割や成績判定の観点から、具体例を提示しながら説明します。

　2章では、1章で述べた基礎的な評価理論と言語テスト理論を、日本語教育現場での実践に関連づけます。まず、妥当性や信頼性という観点から、**到達度テストの出題方法**、**解答形式**、そして**採点法**を考察し、具体例も示します。次に、到達度テストの**採点の一貫性**の推定方法や**項目品質分析法**について、具体的なデータを提示しながら説明します。さらに、主に形成的評価の手段として、日本語教育界でも近年注目されている**学習者主導型評価**も取り上げます。特に、**自己評価**を利用した学習者主導型評価の方法と役割について、具体例を示しながら説明します。

　このように1章と2章では、主に**クラス内評価**に焦点を置きますが、3章では、日本語教育現場での評価を、**プログラム対象の学習成果アセスメント**という観点から考察します。本書でいう「プログラム」とは、学校や大学で提供されるあらゆる種類の教育課程のことを意味しますが、プログラムを対象にした学習成果アセスメントは、今日の第二言語教育界で注目されています(例. Glisan & Foltz, 1998; Ricardo-Osorio, 2008)。[2] そこで、まず、プログラム対象の学習成果アセスメントの目的、役割、方法などについて解説します。そして、学習成果アセスメントのための評価データ収集法として一般的な、**作文**や**小論文**の採点に関する問題、また、**プログラム修了アンケート**の実施と利用についても述べます。

　1章から3章では、主に**目標基準準拠テスト**を利用したクラス内評価もしくはプログラム評価を扱いましたが、4章では、不特定多数の受験者に実施される**集団基準準拠テスト**を利用した評価について述べます(例. 能力［熟達度］テストやプレースメント・テスト)。まず、数多くある日本語対象の能力テストのうち、米国で現在最も影響力のある外国語能力テストの一つである ACTFL OPI を取り上げます。日本語の口頭能力テストとしての ACTFL OPI を妥当性や信頼性の観点から検討し、同テストが日本語プログラムの評価にどのように使用できるのかを示します。続いて、**日本語プレースメント・テスト**について述べます。ここでは、まず、先行研究や報告書を基に、日本語プログラムにおけるクラス配置の方法と傾向について述べます。次に、**項目応答理論**を応用した日本語プレースメント・テストの項目分析の事例(Kondo-Brown & Brown, 2000)を示します。

　5章では、**年少者を対象にした日本語プログラム**の評価を取り扱います。主に、ホノルル郊外の公立小学校における日本語プログラムを対象に行われた評

◆2　プログラムを修了しても、必ずしも学位や資格が得られるわけではない(例. 本書でいう「日本語二年課程プログラム」とは、二年間にわたる一連の日本語コースのこと)。

価活動(Kondo-Brown, 2003, 2004)を事例に取り上げ、年少者対象の学習成果アセスメントの方法について考察します。まず、**年少者の口頭能力の評価を目的と**した到達度テストの作成、実施、採点、そして、分析方法などについて解説します。そして、口頭テストの結果を、**聴解力テスト**及び**自己評価**の結果と比べ、口頭能力を間接的に評価する道具としての聴解力テストや自己評価の妥当性について考察します。

6章では、本校の**日本語教育実習クラスにおける評価活動**について述べます。まず、日本語教育実習生を対象にした**ティーチング・ポートフォリオ評価**について、具体例を示しながら、その目的、内容、そして手順について説明します。また、日本語教育実習のクラスで、その他の評価法(例.**ピア評価や授業評価**)が、どのように活用できるのかも示します。さらに、実習生に対するフィードバックの大切さを強調し、その受け答えをどのようにするべきなのかなどについても考えていきます。

このように、本書では、評価についての理論を取り扱うだけでなく、著者が日本語教育の現場で関わってきた評価に関する活動や研究の内容を、具体的なデータ及び関連資料を示しながら解説します。目的を持って各章が読み進められるように、各章の初めに、その章の前文と目標を示しました。また、各章の最後には、各章の目標が達成できたかどうかを確かめられるように、「話し合いの課題」と「プロジェクト・アイデア」も提示しています。本書が、プロとしての日本語教師を目指す人、または、もう既に現場で教えている日本語教師が評価について本格的に学ぶための足がかりとして、今後の評価活動のお役に立てば幸いです。

本書は、数多くの人々からサポートを受けることによって、はじめて可能になったものです。ここで一人ひとりのお名前を列挙することはできませんが、本書で取り扱った数々の評価プロジェクトに協力してくださった先生方に、この場をかりて心からお礼を申し上げます。本書で取り扱った評価活動のいくつかは、National Resource Center East Asia(NRCEA)の研究助成金を受けて行われました。数年にわたる研究サポートをありがとうございました。本書への表、図、資料などの転載を承諾してくださった数々の出版社、教育団体、著者の方々にも、感謝の意を表します。また、本書の企画段階からお世話になったくろしお出版の池上達昭氏にも心からお礼を申し上げます。それから、本校の博士課程院生のLarry Davis、伊予田律子さん、富永和歌さん、アシスタントをありがとうございました。最後に、評価及び言語テストの分野で、私が尊敬する研究者の一人である夫のJD Brownに、Mahalo(ハワイ語で「ありがとう」の意味)と言いたいです。彼の支援とアドバイスに感謝します。

2012年4月　ホノルルにて
近藤ブラウン妃美

第1章
言語テストの作成と使用に関する基本事項

Fundamental issues in developing and using language tests

● 2章[2.6]☞64ページ

　日本語クラスにおける評価で、教師が一番時間をかけているのは、**到達度テスト**を使った評価でしょう。小テスト、単元テスト、中間・期末試験など、教師は、数多くのテストを作成し採点しています。教師なら誰しもが、「テストの採点に明け暮れた休日」の経験を持っているのではないでしょうか。最近注目されている、テストを使用しない「代替的アセスメント」（2章[2.6]）をクラス内評価に導入している教師でも、到達度テストを全く使わないという人は、あまりいないのではないかと思います。

　クラスで定期的にテストを行う第一の目的は、学習者の目標達成度を適切に把握し、その情報に基づいて、成績判定や学習指導をすることです。また、適切なテストを定期的に行うことにより、学習者の学習意欲を高め、教師自身も、日本語指導法や学習教材の適切さについて省察できます。逆に、適切とはいえないテストの作成や採点を行っていると、学習者の成績や、日本語指導の効果が正確に把握できません。それだけでなく、「学生の評価をいい加減にしている先生」として、学習者の学習動機の低下を招き、さらには、教師としての信頼を失いかねないでしょう。

　1章では、基礎的な評価理論や言語テスト理論を踏まえながら、テストを使った適切な評価とは、どういう評価なのかについて、理論と実践の両面から考えます。まず、評価の定義に始まり、続いて、評価の目的を**診断的評価**、**形成的評価**、そして、**総括的評価**の観点から述べます。次に、**目標基準準拠テスト**と**集団基準準拠テスト**の基本的な違いについて説明します。さらに、テストの**妥当性**、**信頼性**、そして、**有用性**を取り上げ、言語テストの作成、実施、そして、テスト結果の解釈に関する数々の基本事項を取り上げます。テストの妥当性の関連事項として、**構成概念**である「**コミュニケーション能力**」に対する理解がどのように発達し、それが口頭言語能力の評価にどのように影響してきたのかについても考察します。最後に、クラス内評価におけるシラバスの役割と成績判定の方法を取り上げます。

第1章の目標

1. 評価の定義と目的について把握する。
2. 診断的評価、形成的評価、そして、総括的評価についての理解を深める。
3. 目標基準準拠テストと集団基準準拠テストの違いが、さまざまな角度から

説明できる。
4．言語テスト、特に到達度テストの妥当性、信頼性、そして、有用性についての知識を深め、現場で応用できる。
5．構成概念としての「コミュニケーション能力」に対する理解を高め、妥当性を考慮しながらコミュニケーション能力の評価ができる。
6．シラバスの機能を評価の観点から理解し、授業に活用できる。
7．クラスで行った絶対評価のデータ処理の仕方を学び、適切な成績判定ができる。

1.1.　「評価」をどう捉えるか
What is assessment?

　日本語でいう「評価」という言葉には、**アセスメント**(assessment)と**エバリュエーション**(evaluation)の二つの意味があります(新版日本語教育事典 2005, p. 778)。「アセスメント」は、主に、学習過程と学習成果に関する評価のことを意味します(Norris, 2006; Wright, 2006)。テスト、ポートフォリオ、自己評価、観察など、さまざまな評価ツールを使って、学習目標に照らし合わせながら、学習に関する評価を行い、そして、その結果を指導強化や学習向上のために使用していく過程を「アセスメント」と呼びます。このような意味でのアセスメントは、カリキュラム開発や指導法改善に欠くことのできないものであり、現場で常に行われるべき教育活動の一つです(Bailey, 1998; Graves, 2000; Leskes & Wright, 2005)。「**学習成果アセスメント**(learning outcomes assessment)」という言葉に象徴されるように、教育現場における学習成果を重視したアセスメントの積極的な導入は、近年になって特に強調されています(3章[3.1])。

●3章[3.1]☞71ページ

　一方の「エバリュエーション」は、アセスメントより広域に捉えられることが多く、教育の質や価値を維持もしくは向上するのに必要な評価のすべてが、その対象となりえます(図1-1参照)(Brown, 1995)。学習に関する評価(＝アセスメント)はもとより、新入生や卒業生に関する調査から、受講登録状況、学生アドバイス、学生への経済的援助、教育環境設備に関する調査、そして教員評価に至るまで、教育に関する情報のすべてが「エバリュエーション」の対象となりえるのです。また、アセスメントでは、学習に関する評価の結果をカリキュラム改善や学習向上に生かすことに重きが置かれるのに対し、エバリュエーションは、評価結果を基に何らかの判定や意思決定を行うという点が強調されます(例．教育の質保証認定[accreditation]、学位課程新設の認定、雇用契約更新、助成金の更新など)(Bachman, 1990; Brown, 1995)。もちろん、アセスメントも、評価結果に基づいて、授業やカリキュラムに関する事項について、何らかの判定や意思決定を行いますが、それよりも評価結果をカリキュラム改善や学習向上

に生かすという点が強調されます。さらに、アセスメントは、通常教員や学習者などの内部者によって行われますが、エバリュエーションの方は、外部から雇った**評価者**(evaluator/assessor)の協力を得て行うことも一般的です(Lynch, 1996)。

図1-1．エバリュエーションとアセスメント

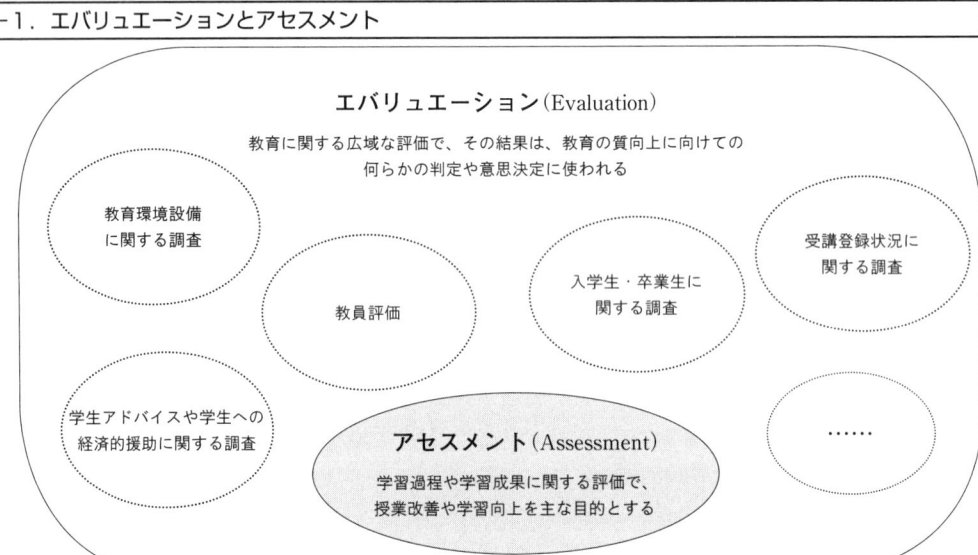

　このように、アセスメントとエバリュエーションでは、その規模、役割、そして方法に違いがあります。しかし、アセスメントもエバリュエーションも、教育の質や価値を維持もしくは向上することを最終目的に、体系的に行われることに変わりはありません。また、いずれにおいても、テストの得点などの量的評価データ(つまり測定[measurement]による評価)だけでなく、質的評価データも使われます(Lynch, 1996)。さらに、アセスメントもエバリュエーションも、Patton(2008)のいう**実用重視の評価**(utilization-focused evaluation)という言葉に象徴されるように、実用面を重視した評価を目指すべきでしょう。つまり、評価の結果が、より多くの関係者(教師、学生、管理職、保護者など)に、多様な目的(3章[3.2]参照)で使用されるような評価が、意味ある評価といえます(Norris, Davis, Sinicrope, & Watanabe, 2009; Stiggins, Arter, Chappuis, & Chappuis, 2004)。

●3章[3.2]☞75ページ

　本書は、学習過程や学習成果に関する評価、つまり、**アセスメント**を主に扱います。図1-2に示すように、ある特定のクラスにおけるシラバス作成、教材開発、及び授業は、教授や学習に関する理論的基盤、**ニーズ分析**(needs analysis)(Brown, 1995; 日本語教育学会 1991b)、組織文化と教育支援(Richards, 2001)、そして教師に関する諸々の要因(例．資格、経験、信念など)の強い影響を受けているだけでなく(川口・横溝 2005; Richards & Lockhart, 1996)、アセスメントと相互に作用し合っています。このように、アセスメントは、学習プロセスや学習

成果の向上のために欠かせない要素の一つなのです(Bailey, 1998; Brown, 1995; Graves, 2000; 日本語教育学会 1991b)。

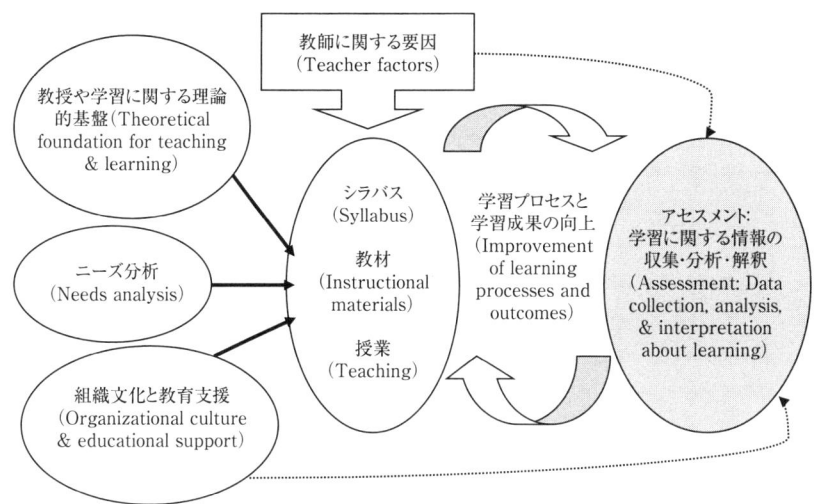

図1-2．シラバス作成、教材開発、そして授業に影響を与える要素

このような意味でのアセスメントは、クラス単位だけでなく、プログラムを対象にしても行われます。本書では、クラス単位で行うアセスメントを「**クラス内評価**(classroom assessment)」(Brown, 1998; Popham, 2008a)、そして、プログラムを対象に行うアセスメントを「**プログラム評価**(program-level evaluation)」と呼びます。◆1 また、クラス内評価やプログラム評価は、教師が主体となって行うものだと思われがちですが、「**学習者主導型評価**(learner-directed assessment)」という言葉があるように、学習者が主体となる評価方法もあります(Ekbatani & Pierson, 2000)。◆2 例えば「**代替的アセスメント**(alternative assessment)」「**真正なアセスメント**(authentic assessment)」◆3「**ダイナミック・アセスメント**(dynamic assessment)」◆4 と呼ばれる評価方法では、評価は教師と学習者の協働作業と見なされ、学習者が評価活動に積極的に参加することの利点が強調されます。日本語教育の分野でも、学習者による**自己評価**(self-assessment)、**相互自己評価**、あるいは、**ピア評価**(peer assessment)などを積極的に取り入れた学習者主導型評価が注目されています(例. 市嶋 2009a, 2009b; 小山 1996; 佐藤・熊谷 2010; 武・市嶋・キム・中山・古屋 2007; トムソン木下 2008; 八若 2004; Fukai, Nazukian,

◆1 本書でいう「プログラム」とは、学校や大学で提供される、あらゆる種類の教育課程のことを意味する。例えば、大学における教育プログラムの代表例に、学位課程(例. 日本語専攻学士課程)や短期・特別課程(例. 日本語二年課程コース、短期留学コース)などがある。

◆2 学習者主導型評価は「学習者参加型評価」とも呼ばれる。

◆3 「真正なアセスメント」では、実技、ポートフォリオ評価(6章参照)、そして、自己評価などを織り交ぜた学習者主導型評価を行うことによって、真正性の高い絶対評価を行うことを目指す(O'Malley & Valdez-Pierce, 1996)。真正性の高い絶対評価は、学習者の学習意欲を高め、より責任感ある学習者を育てられると、O'Malley & Valdez-Pierce(1996)は主張する。なお、O'Malley & Valdez-Pierce の「真正なアセスメント」は、主に選択式の標準テスト(集団基準準拠テスト)を使用して行う、相対評価を批判するかたちで提唱されたものである。

◆4 最近の第二言語評価で、学習者の言語発達を支援するという観点から、口頭テスト中の試験官による助けの行為を積極的に促すダイナミック・アセスメントが取り上げられている(例. Anton, 2009; 小村 2009; Lantolf, 2009)。ダイナミック・アセスメントが目指すのは、従来の言語評価の目的とされる学習目標の達成度や言語能力熟達度の評価ではなく、学習者に内在する、動的な(=ダイナミックな)「学習の可能性」の評価である。これは、ヴィゴツキー(Vygotsky)の提唱した「発達の最近接領域」(the zone of proximal development)に影響を受けた評価法で、試験官は、学習者が大人(=試験官)の助けを受けて、今、何がどこまでできるのかをまず評価する。次に、その評価を基に、将来大人の援助なしに、一人で何がどこまでできるようになるのかを判定し、その判定結果を今後の学習指導に生かしていく。このようなダイナミック・アセスメントの形成的評価としての可能性は否定しないが、それと同時に、従来の第二言語評価で重要視されている信頼性、妥当性、また、実用性についての問題をどう扱うのかについては、まだ不明な部分が多い。

● 2 章[2.6] ☞64 ページ

◆5 市嶋ら（市嶋 2009a, 2009b; 武・市嶋・キム・中山・古屋 2007）の提唱する「相互自己評価」では、学習者自身が評価項目を決定し、それに基づいて、学習者は自己と他人の評価を行う。市嶋の研究(2009a)では、大学生日本語学習者が「問題意識と論旨が明確なレポートを書くこと」を目標にするコースで相互自己評価が導入され(p. 184)、その結果、この評価プロセスが、日本語学習への動機付けになりえることが示されている。ナズキアン(2010)のブログ評価やFukai, Nazikian, & Saito (2008)のポートフォリオ評価でも、自己と他者の両者による評価を行うことにより、自身の学習に責任を持てる学習者の育成を目指している。

& Sato, 2008; 山本 2009）（2 章[2.6] 参照）。[5]

　本書の各章で述べていくように、アセスメントのあり方は様々です（例．形成的評価か総括的評価か、教師と学生のどちらに主体を置くか、客観的データか主観的データか、など）。しかし、どのような目的や方法でアセスメントを行うにしろ、妥当性や信頼性のある評価結果の得られる評価ツールというものを常に考えることは大切です。そうでなければ、効果的で、意味ある評価をするのが難しくなるからです(Bachman, 1990; Brown, 1995; Brown & Hudson, 1998; McNamara, 2000)。また、本章[1.5]では、Bachman & Palmer (1996)の「真正性」「相互性」「影響力」「実用性」などの概念を、主にテストの「有用性」という観点から述べますが、これらの概念は、テストだけでなくすべての評価ツールにもあてはまるものです（6 章[6.4] 参照）。さらに、教育現場で有用性の高い評価活動を行うには、複数の評価ツールが必要だと思います。単一の評価方法に頼ることなく、評価の意図・目的・環境に応じて、テスト、自己評価、ポートフォリオなど、複数の評価ツールを選んで評価を行うと、より効果的なアセスメントが行えます(Brown & Hudson, 1998; Falsgraf, 2009; Norris, 2000)。そういう意味で、言語教授法上でいう「Eclecticism（折衷主義）」（本章 [1.7] 参照）は、アセスメントにもあてはまるのではないでしょうか。

● 1 章[1.5] ☞28 ページ
● 6 章[6.4] ☞155 ページ
● 1 章[1.7] ☞36 ページ

1.2. 診断的評価、形成的評価、そして総括的評価
Diagnostic, formative, and summative assessments

◎資料1-1A ☞164 ページ
　資料1-1B ☞165 ページ
　資料1-2 ☞166 ページ

　評価は、その目的によって、**診断的評価**(diagnostic assessment)、**形成的評価**(formative assessment)、そして**総括的評価**(summative assessment)に区別されます。**診断的評価**の目的は、文字どおり、学習者がある特定のクラスやプログラムで学習を始めるにあたり、どの程度の準備ができているのかを診断することです。このような目的で行われる診断的評価は、クラスやプログラムの開始前に行われます。例えば、本校の日本語言語学の修士課程では、新入生は、日本語言語学に関する基礎知識についての診断的テストを受け、指導教官から、履修クラスについてアドバイスを受けます。また、授業の初日にも、学習者がそのクラスを受けるのに十分な知識と技能があるのかを確認したり、日本語能力の個人差を把握したりするために、診断的評価を行います。例えば、**資料1-1A・1-1B**（日本語使用及び口頭能力を診断するための自己評価）や、**資料1-2**（上級レベルの読解コースで、学習者の読解力の個人差を把握するための読解力テスト）は、クラスの初日に診断的評価の目的で使用したものです。

　形成的評価の主な目的は、教師が学習者の学習の進歩状況を把握し、授業の内容や進度を調整することによって、学習者の学習意欲や成果を向上させることです(Chappuis, 2009)。また、個々の学習者に、定期的にフィードバックを与

えることも形成的評価の大切な役割です(Harlen & James, 1997)。形成的評価を行うことにより、学習者は自分が何をどの程度達成できたのか、逆に何がまだできないのかを理解し、問題がある場合は教師から個人的に指導を受けます。このように、学習者を支援する評価という観点からは、形成的評価は非常に大切です(Falsgraf, 2009; Popham, 2008b)。これに対し、**総括的評価**の主な目的は、学習に関する総括的な情報を収集し分析することにより、学習成果、学習者の能力、カリキュラムの効果、プログラムの価値などについて、何らかの判断を行うことです(Chappuis, 2009)。このような形成的評価と総括的評価の違いは、前者を「**学習のための評価**(assessment *for* learning)」、後者を「**学習の評価**(assessment *of* learning)」と呼ぶことによって、区別されることもあります(例. Stiggins, 2007)。日本語のクラスで、形成的評価もしくは総括的評価を目的に使用できる評価ツールの見本は、後の章で詳しく述べていきます。

　表1-1は、**到達度テスト**(achievement test)と**熟達度テスト**(proficiency test = **能力テスト**)を、その目的、そして、テスト結果を誰が何のために使用するのか(形成的評価の目的か、それとも総括的評価なのか)の観点から比較しています。◆6
表1-1に見るように、到達度テストも熟達度テストも、その結果は、形成的評価にも総括的評価にも使用できます。

◆6　本書では「熟達度テスト」と「能力テスト」を同義で使用している。

表1-1. 形成的評価もしくは総括的評価における、到達度テストと熟達度テストの用途

テストの種類	テストの目的	テスト結果を誰が使用するか	テスト結果を何のために使用するのか	形成的か総括的か？
到達度テスト	学習者の学習目標の到達度を判定する(例. 期末試験、小テストなど)	学習者	学習目標がどの程度達成できたのかを理解し、問題がある場合は教師から指導を受ける。今後の学習方法について考える。	形成的
			良い成績を得る。奨学金、資格、認定を取得する。	総括的
		教師	個々の学習者の進歩状況を把握し、フィードバックを与える。問題がある場合は個人的に指導をする。また、全体的な結果を参考に、指導済みの項目を復習したり、授業の進度を調整したりする。	形成的
			個々の学習者の成績判定をする。クラスやプログラム修了時に、学習者の学習目標達成度を把握することにより、指導法や教材の適切さを検証し、今後の指導や教材開発に生かす。	総括的
熟達度(能力)テスト	学習者の言語能力の熟達度を判定する(例. 日本語能力試験、ACTFL OPIなど)	学習者	自分の言語能力熟達度を知り、今後の学習計画や目標を立てる。	形成的
			奨学金、資格、認定を取得する。	総括的
		教師	プログラムのはじめや途中で、全国的な水準から見た学習者の言語能力熟達度を把握し、学習者が履修すべきクラスや学習目標及び学習法について指導する。	形成的
			全国的な水準から見た学習者の言語能力熟達度をプログラム修了時に把握することにより、学習目標やカリキュラムの適切さを判定する目安の一つとする。その結果に基づいて、学習目標を立て直したり、カリキュラムを改善する。	総括的

　読者の中には、形成的評価は学期の途中で行い、そして、総括的評価は学期末に行うものだ、というように理解している人がいるかもしれませんが、必ず

しもそうとは限りません。ある一つの評価活動が形成的評価であるのか、それとも総括的評価であるのかの区別は、評価が行われる時期というよりも、その結果を誰が何の目的に使うのかという観点から理解されるべきです(Stiggins, Arter, Chappuis, & Chappuis, 2004)。例えば、到達度テストである単元テストや中間試験は、学期の途中で実施されます。それでは、単元テストと中間試験は形成的評価だけに使われるのかというと、そうではなく、ある一区切りの学習活動の総括的成果も、これらのテストによって評価されます(つまり、総括的評価)。事実、単元テストや中間試験の結果は、通常、学期末に集計される総合成績の一部となります。一つの評価ツールから得た結果を、形成的評価か総括的評価のどちらか一つの目的だけに使うという場合もあるかもしれませんが、クラス内評価のほとんどは、両方の目的で行われることの方が多いのではないでしょうか。このように、クラス内評価を効果的に行うためには、形成的評価と総括的評価の両方をバランスよく行っていく必要があります。両タイプの評価を行える教師の力量が求められているわけです(Stiggins, Arter, Chappuis, & Chappuis, 2004)。

1.3. 目標基準準拠テストと集団基準準拠テスト
Criterion-referenced and norm-referenced tests

　日本語教育に限らず、教育の現場で使用されているテストには、**目標基準準拠テスト**(criterion-referenced test、以下CRT)と**集団基準準拠テスト**(norm-referenced test、以下NRT)の二種類があります。**表1-2**は、言語テストを例に、CRTとNRTの違いの要点を比較したものです(詳しくは、Brown, 2005; Brown & Hudson, 2002などを参照)。表にまとめてあるように、CRTとNRTとでは、その目的やテスト結果の解釈の仕方が根本的に異なります。CRTの目的は、ある特定のクラスやプログラムで定められた学習目標を、学習者がどの程度達成しているのかを知ることです。このような理由で、CRTは「達成基準準拠テスト」と呼ばれることもあります。学習目標の達成度を判定するための到達度テストや、また、学習前に学習目標を達成するのにどれほどの準備があるのかを診断する**診断テスト**(diagnostic test)は、CRTの代表的なものです。テストの得点は、学習目標の達成度を示す絶対的な数値として解釈されます(＝絶対評価)。つまり、一人の学習者の得点は、他の学習者の得点と比べて解釈する必要がありません(本章[1.8]参照)。例えば、ある学習者の期末試験の正答率が90％なら、その学習者は学習目標の90％が到達できたと解釈します。また、CRTの内容は、クラスやプログラムの学習目標や、実際に授業で教わった内容に基づくので、学習者は事前にテスト内容をある程度予想できるはずです。

● 1章[1.8]☞39ページ

1.3. 目標基準準拠テストと集団基準準拠テスト

表1-2. 目標基準準拠テストと集団基準準拠テストの違い(言語テストの場合)

比較基準	目標基準準拠テスト (Criterion-Referenced Test [CRT])	集団基準準拠テスト (Norm-Referenced Test [NRT])
目的と内容	学習者が、ある特定のクラスやプログラムで定められた具体的な学習目標を、どれほど達成できたかを判定することを目的とする。テストの得点は、学力の到達度を示す絶対的なものとして解釈される。テストの内容は、学習目標及び授業内容に準ずるので、学習者はテスト内容をある程度予想できるはずである。	受験者集団内に存在する言語能力の違いを明らかにし、その集団内での相対的な位置を示すことにより、個人の言語能力を判定する。テストの内容も難易度も広範囲にわたり、特定のクラスやプログラムの目標や内容に準じたものではない。したがって、受験者がテスト内容を予想することは難しい。
代表的なテストの種類	**到達度テスト** 文字どおり、学習目標の到達度を判定するためのテスト。ある特定のクラスで行われる単元テストや期末試験は、到達度テストの典型的な例である。また、プログラム評価でも、学習者がプログラムの学習目標をどこまで達成できたかを判定するために、到達度テストが使われる。 **診断テスト** ある特定のクラスやプログラムの開始前や開始直後に行われるテストで、学習者が学習目標を達成するのに、どれほどの準備ができているのかを診断する。	**熟達度(能力)テスト** 主に、言語能力判定や認定の目的で行われる大規模テスト。テスト内容は、特定のカリキュラムに準じたものではないので、汎用性が高い。例えば、日本語能力試験は、個人の学習歴や現在の日本語熟達度に関係なく、誰でも受けられる。 **プレースメント・テスト** 受験者の言語能力に応じたレベルのクラスに配置するために実施するテスト。学習者の日本語熟達度を評価することによって、クラス配置が決定される。適切なクラス配置を行うためには、テストの内容は、プログラムのカリキュラムやコース・シラバスを考慮したものが望ましい。
テスト作成者	通常、教科を教える教師が作成する「教師自作」テストである。	プレースメント・テストの場合は、教師作成のものを採用する場合もあるが、能力テストは、通常、テスト開発者が作成する。
予測できるテスト結果の分布	受験者全体のテスト結果の分布は、学習者の目標達成度によって変動する。得点の分布が高得点の方に偏っていた場合、学習者のほとんどが学習目的に達したということになり、理想的な結果といえる。正規分布は想定されていないし、すべきではない。	受験者全体のテスト結果の分布は、正規分布に近い状態になる。また、平均値からの最低点と最高点の距離がほぼ同じで、得点は、平均値を中心として釣鐘型(ベルカーブ)に分布する。
妥当性の検証	テストが評価しようと意図している言語能力の到達度を、実際に評価しているのかどうか(構成概念的妥当性)、また、テストの内容が、評価を意図している学習目標と一致しているのか、内容に偏りがないか、難易度が適切であるのか(内容的妥当性)などが検証される。	テストが、評価しようと意図している言語能力の熟達度を実際に評価しているのかどうか(構成概念的妥当性)、また、テストの内容が、評価を意図している内容の代表的標本であるのかどうか(内容的妥当性)を問う。また、外部テストとの相関関係(基準関連的妥当性)の検証も一般的である。
信頼性の推定	テスト結果の信頼度(dependability)を一致度係数などを利用して、統計的に推定できれば理想的だが、クラスで使う到達度テストの結果の信頼度の推定を、統計を使って定期的に行うのは、実用的ではないかもしれない。しかし、少なくとも、得点に安定性をもたらすテスト方法や採点基準を作成したり、また、複数の測定や観察に基づいて成績判定をするなど、評価結果の信頼度を確保するための努力は必要だ。	テスト結果の信頼性(reliability)は、通常、信頼性係数を計算することによって推定されるが、その計算方法には色々ある。例えば、選択式テストなどの客観テストの場合は、再テスト法や折半法が使える。また、クロンバック・アルファ係数を使って、内部一貫性信頼性を計算することもできる。主観テストの場合は、評定者間信頼性(二人以上の評定者の採点一致度)や、評定者内信頼性(同一の評定者がテストを一定の期間を隔てて2回採点した場合の一致度)を計算するのが一般的だ。

一方のNRTは、**日本語能力試験**(Japanese Language Proficiency Test)のように、言語能力の熟達度判定のために実施されるテストです。最近、日本語教育界で大規模な日本語テストの可能性に対する関心が高まっていますが(日本語教育学会 2011)、NRTを利用することにより、個人の言語能力を大規模な受験者集団における相対的な位置(集団内の上限にいるのか、それとも底辺なのかなど)という観点から把握することができます。つまりNRTでは、受験者の間に存在する言語能力の差を明確にすることによって、受験者の言語能力が判定されます。そのために、NRTの設問の難易度は広範囲に亘るもので、内容も特定のクラスやプログラムの目標に制限されたものではありません。当然、受験者がテストの内容を予想するのは難しくなります。◆7　このような特徴を持つNRTの代表的なものに、能力テストと**プレースメント・テスト**(placement test)があります。日本語の能力テストの代表例なものに、日本語能力試験や、**米国外国語教育協会**(American Council on the Teaching of Foreign Languages, 以下 ACTFL)が開発した**面接式口頭能力試験**(Oral Proficiency Interview, 以下 ACTFL OPI)などがあります。

　ACTFL OPIは、ACTFLで定められた段階的な言語運用能力基準に基づく熟達度テストで、米国の外国語教育界に多大な影響を与えてきました。著者の勤務するハワイ大学マノア校でも、ACTFL OPIを理解し、現場での評価に使えるよう、著者も含め本校の教員数名が試験官としての認定を受けています。ACTFL OPIの内容やカリキュラム評価における活用法については、**第4章**で詳しく説明しますが、ここでは、本章に関係する事項を一つだけ取り上げておきます。先ほど能力テストはNRTの代表例であると述べましたが、ACTFL OPIの試験官養成マニュアルには、同能力テストは**目標基準準拠評価**(criterion-referenced assessment)、つまり、絶対評価のための道具であると記されています(Swender, Breiner-Sanders, Mujica Laughlin, Lowe, & Miles, 1999, p. 3)。これは、同試験において個人の言語能力熟達度は、ACTFLの定める段階的な能力基準を評価基準として判定される(＝絶対評価)、という理解によるものでしょう。牧野他(2001, p. 9)も、ACTFL OPIとは、「外国語学習者の会話のタスク達成能力を、一般的な能力基準を参照しながら対面のインタビュー式で判定するテストである」と説明しています。

　しかし、ACTFL OPIを含め、初級から超級レベルに至る広範囲の言語能力の評価を行う能力テストの本来の目的は、受験者集団内に存在する言語能力熟達度の上下の違いを明らかにすることです(例. Bachman, 1990; Brown, 2005)。つまり、ACTFL OPIは、ある特定のクラスやプログラムの学習目標の到達度を評価する目的で作成された目標基準準拠テストではなく、受験者集団内における個人の言語能力熟達度の相対的な位置を把握するために作成されたテストです。このような熟達度テストとしてのACTFL OPIで、目標基準準拠評価が

◆7　日本語能力試験などの能力テストでは、過去の問題集などを見て、質問形式、テストの難易度、または、問題の傾向をある程度知ることができるかもしれないが、試験内容が広範囲に亘るため、その内容を予測することは難しい。

適切にできると主張するには、それを実証するデータがもっと必要です（4章 [4.3]参照）。例えば、ACTFL OPI の試験官が、受験者の言語能力レベルの判定をする時に、ACTFL 口頭能力基準の一般的記述を実際にどの程度利用しているのか、また、各レベルの言語能力の記述が、そのレベルにいると判定を受けた受験者の発話の特徴を的確に捉えているのかどうかを調査する必要があります。ただし、ACTFL の段階的な口頭能力基準や会話サンプルの抽出法を応用して、ある特定のクラスやプログラムの学習内容や目標に準じた到達度テストを教師が作成し、それに基づいて絶対評価を行うことは可能です(Liskin-Gasparro, 2003)。◆8　ACTFL OPI の口頭能力基準やサンプル引き出しの手法を、どのように効果的にクラス単位の評価に活用できるかに関しては、近年出版された日本語教育関係の文献でも紹介されています(例. 伊藤 2001; 荻原 2001; 嶋田 2008; 山内 2005)。

●4章[4.3]☞100 ページ

◆8　このように能力テスト(NRT)用に設定された言語能力基準の一部を基盤に、教師がある特定のクラスで使用する到達度テスト(CRT)が作成される時、能力テスト(proficiency)の「pro-」と到達度テスト(achievement)の「-chievement」を混合して、プロチーブメント・テスト(pro-chievement test)と呼ばれることがある(例. Antonek, Donato, & Tucker, 2000; 横溝 1996)。しかし、これは NRT と CRT の理論上の区分に混乱を招く言葉として、著者は、ほとんど使用していない。NRT と CRT の理論上の区別を基本とする言語テストの専門書でも、プロチーブメント・テストは、専門用語としてほとんど扱われていないようだ。著者は、プロチーブメント・テストの教育上の価値は認めるが、読者の混乱を防ぐためにも、本書では到達度テストと呼ぶことにする。

1.4.　テストの妥当性と信頼性
Validity and reliability of tests

　クラス単位で行われる評価活動で、指導上最も重要な位置を占め、また、教師が最も時間をかけているのは、**到達度テスト**による評価でしょう。到達度テストを行うことにより、教師は、学習者がどの程度学習目標を達成できたかを把握し、その結果に基づいて成績判定をしたり、授業の内容や進度を調整したりすることができます。学習者の方も、到達度テストを受けることによって、クラスで何をどの程度学んだのかを知る機会を与えられます。また、到達度テストを行うと、学習者は良い成績を得るためにテスト勉強をするわけですから、学習動機付け(motivation)としての役割も果たします。このように、形成的及び総括的な評価の目的で行われる到達度テストを作成する時に、教師が忘れてはならないのは、**妥当性**(validity)のある評価法を目指すということです。これは、もちろん到達度テストだけでなく、能力テスト、プレースメント・テストなど他の種類のテストに関してもいえることです。妥当性は、評価しようと意図している能力を実際に評価しているのか、意味ある評価なのか、また、評価結果が適切に解釈されているのかどうかを示す指標であり、テスト開発の心臓部ともいえます(Bachman, 1990)。テスト結果の妥当性が高ければ高いほど、より適切で意味あるテストといえます。

　言語テストで取り上げられる妥当性はいくつかありますが、**構成概念的妥当**

◆9 この他、**表面的妥当性**(face validity)と呼ばれる妥当性もあるが、これは、テストの実質的な妥当性を問うのではなく、表面的なテストの妥当性、つまり見かけ上の妥当性を問うものである。したがって、表面的妥当性だけでテストの妥当性を検証することは、適切とはいえない。

◆10 原文からの引用：
"These sources of evidence may illuminate different aspects of validity, but they do not represent distinct types of validity. Validity is a unitary concept. It is the degree to which all of the accumulated evidence supports the intended interpretation of test scores for the intended purposes"(AERA, APA, & NCME, 1999, p. 11)

性(construct validity)、**内容的妥当性**(content validity)、**基準関連的妥当性**(criterion-related validity)、そして**結果的妥当性**(consequential validity)などが代表的です(Bachman, 1990; Brown, 2005)。◆9 表1−3では、これら四種の言語テストの妥当性がテストのどの側面を問題にしているのか、また、CRTとNRTのどちらの妥当性検証で問題にされるのかを示しています。以下、これらの妥当性について説明しますが、ここで一つ断っておきたいのは、妥当性は、必ずしも多面的な概念として扱われていないということです。例えば、1999年に発表されたStandards for Educational and Psychological Testing(AERA, APA, & NCME, 1999)では、妥当性の多面性は認めながらも、基本的には妥当性を単一の概念(unitary concept)として見なしているようです。◆10 テスト専門家も妥当性に関し、ある程度、同じような見解を持っています(Bachman, 1990; Messick, 1980)。

表1−3に示すテストの妥当性を実証する方法の中で、最も問題にされるのは、**構成概念的妥当性**です。例えば、日本語能力の評価を意図したテストの場合、身長や体重を測定するのと違って、直接目に見えない「日本語能力」という**構成概念**(construct)をテストを使って推定するわけですが、この目に見えない概念は、いくつかの下位構成素(sub-components)から成り立っていると見なされています。

表1−3. 言語テスト開発に使用される代表的な妥当性

妥当性の名称	テストの妥当性のどの側面が問題にされるか	CRT/NRTの妥当性検証で問題にされるか ○される ×されない	
		CRT	NRT
構成概念的妥当性 (construct validity)	言語テストの内容、出題形式、そして採点法が、評価を意図している能力を、実際に評価しているのかどうかを問う。	○	○
内容的妥当性 (content validity)	言語テストの内容の適切さが問われる。例えば、テスト項目の内容に偏りがないか、テストの難易度が適切であるのかどうか、などを問う。	○	○
基準関連的妥当性 (criterion-related validity)	開発された言語テストの結果を、同じ能力を評価するとされる外部テスト(外部基準)の結果と比較することにより、妥当性を検証する。	×	○
結果的妥当性 (consequential validity)	言語テストの妥当性が、個人や社会に与えている影響という観点から検証される。	○	○

こういう意味では、言語適性(language aptitude)のような特性や、自信(confidence)及び満足感(satisfaction)などの心理状態も、「構成概念」です。言語能力に関しては、約30年前に、Oller(1979)が**単一能力仮説**(Unitary Competence Hypothesis)、つまり、言語能力は単一能力で、下位構成素に細分化できないと主張したことがありました。しかし、その後、この仮説に対する批判や反論が相次ぎ、結局Oller自身が自説の誤りを認めるという結果に終わりました(Oller,

1983)。今日に至っては、言語能力は、いくつかの下位構成素からなると理解されています(本章 [1.6] 参照)。

　構成概念的妥当性では、テストが評価しようとしている「言語能力」という構成概念を実際に評価しているのかどうかが問題になります。例えば、日本語会話能力テストを開発しているとしましょう。この場合、まず「日本語会話能力」という目に見えない概念を理論に基づいて定義し、次に、それが観察可能なものとして操作できるように、どの**領域**(domain)の何を、どう評価するのかについて詳しく規定しなくてはなりません。◆11 そして、テスト開発後に、そのテストが意図した能力を実際に評価しているのかどうかを検証します。代表的な検証方法に、**異集団法検証**(differential-groups studies)と**介入法検証**(intervention studies)があります(詳しくは、Brown [2005, pp. 227-233] などを参照)。**異集団法**を使ってテストの妥当性を検証する場合、該当テストを高度の日本語会話能力を持つ集団(例．日本人の大学生)と、明らかにそうでない集団(例．日本語学習経験の全くない外国人)を対象に実施し、その結果を比較します。**介入法検証**を行う場合は、一つの集団を対象に、該当テストを日本語会話能力の習得前と習得後の二回実施します。そして、**事前テスト**(pretest)と**事後テスト**(posttest)の結果を比較することによって、妥当性を検証します。もし事後テストの結果が事前テストより低いという結果になれば、構成概念的妥当性のあるテストとはいえません。

　Brown(2005, p. 232)は、介入法検証は、クラスの指導場面で最も意味のある方法で、到達度テストに適しているとしています。確かにそのとおりなのですが、**クラス内テスト**(classroom test)の介入法検証を行うには、学期末に実施するテスト(例．期末試験)を学期の初めにも実施する必要があります。しかし、内容が全く同一の期末試験を学期の初めに実施すると、期末試験の内容を学習者に知られてしまうだけでなく、**練習効果**(practice effect)が問題になるので、適切な方法とは思えません。◆12 したがって、介入法検証を行う時は、事前テストと事後テストの実施日に長い時間の隔たりを置くか(例えば、一年)、もしくはデータの**カウンターバランス**(counter-balancing)を行って、練習効果の事後テストに対する影響を最小限にする必要があります(Brown, 1988, p. 38)。◆13 このように、介入法を使用して到達度テストの構成概念的妥当性を検証するのは容易なことではなく、教師にとって、実用的なクラス内テストの検証法とはいえないかもしれません。

　テストを作成する場合、構成概念的妥当性と並んで大切なのは**内容的妥当性**です。内容的妥当性は、テストの内容に偏りがないか、また、難易度が適切であるかどうかを問うものです。能力テストの場合は、テストの内容が、評価しようとしている**目標言語使用領域**(target language use domain)の代表的標本であるのかどうかが問われます(Bachman & Palmer, 1996)。例えば、日本で最も影

●1章[1.6]☞31ページ

◆11 このプロセスは、構成概念の操作化過程(operationalization)と呼ばれる。

◆12 ここでいう「練習」とは、テストを繰り返し受ける行為のことを意味する。つまり「練習効果」とは、同じテストを繰り返し受けるという行為自体がテストの得点を上げる効果があることを指す(Brown, 1988, p. 35)。練習効果は、短期間に同じテストを繰り返し実施する場合に、特に問題になる。例えば、あるクラスで単元テストを事前と事後の2回実施し、事後テストの平均点が事前テストより上回っていたとしよう。この場合、テストの平均点の上昇を、その単元での学習効果と単純に解釈すると問題がある。なぜなら、テストの平均点の上昇は、単元での学習効果だけでなく、練習効果の影響による可能性も含まれるからだ。

◆13 データのカウンターバランスは、練習効果の事後テスト結果に対する影響を最小限にするために行われる(例．Kondo-Brown, 2001)。例えば、事前・事後テストを実施するのであれば、内容、テスト形式、そして、難易度の点で類似した二種のテスト(仮に、テストAとテストB)を作成する。そして、クラスの学生を任意に二つのグループに分ける(仮に、グループ1とグループ2)。グループ1はテストAを事前テスト、そしてテストBを事後テストとして受け、逆にグループ2はテストBを事前テスト、そしてテストAを事後テストとして受ける。このようにして事前テストと事後テストを実施すれば、被験者は同じテストを繰り返し受ける必要がないので、練習効果の影響を最小限にすることができる。

響力のある能力テストの一つである日本語能力試験は、受験生の多様化とともに、その内容が改良されています(押尾他 2008; 大隅 2008, 2009; 川端 2011)。また、文法項目の困難度の分析結果も行われています(桑名・小野澤・北村 2010)。このようなテスト改良に向けての努力は同試験の内容的妥当性を高める上で大切なことです。到達度テストの場合は、テストの内容、出題形式、そして採点法が、学習目標や指導項目と一致しているのかどうか、また、テストの難易度が適切であるのかどうかが問われます。内容的妥当性に欠ければ、構成概念的妥当性と同様、適切な評価をするのが難しくなります。Brown & Hudson(2002)も、到達度テスト作成における内容的妥当性の重要性を強調しています。

次に、**基準関連的妥当性**と呼ばれる妥当性ですが、これは、開発されたテストの結果を、同じ能力を測定するとされる外部テスト(外部基準)の結果と比較することにより、妥当性を検証するものです。外部基準になるテストは、妥当性や信頼性の点で既に定評のある**標準テスト**(standardized test)でなくてはなりません。例えば、あるプログラム用に作成された日本語プレースメント・テストの結果と、既に定評のある日本語能力試験の結果との相関係数を算出することによって、プレースメント・テストの基準関連的妥当性が検証できます。このように、同じ被験者集団に二つのテスト(そのうちの一つは外部基準となるテスト)を同時期に実施し、得られた2組のテスト結果の相関関係を調べることによって検証される妥当性は、**併存的妥当性**(concurrent validity)とも呼ばれます。◆14 また、このようにして検証される基準関連的妥当性が、外部テスト結果の予測を目的として行われる時は、**予測的妥当性**(predictive validity)と呼ばれます。表1-2及び表1-3に示してあるように、基準関連的妥当性は、主にNRTに使用されます。NRTと違い、CRTの場合、正規分布が想定されていないので、標準テストとの**相関係数**(correlation coefficient)に影響するからです。◆15

最後に、**結果的妥当性**と呼ばれるテストの妥当性ですが、これは、評価学界の権威の一人であるMessick(1989, 1996)によって提唱されたものです。Messickは、テストの妥当性を、そのテストが社会に与えている影響からも考慮しなければならないと主張します。テストの「社会的影響(social consequences)」を妥当性の一部分として捉えるMessick(1988, 1989)の考えは、言語テスト専門家によっても支持されています(例. Brown & Hudson, 2002; Lane, Parke, & Stone, 1998; McNamara & Roever, 2006)。特に、大学入試や資格試験など、いわゆる「**最重要テスト**(High stakes test)」と呼ばれるテストの場合、そのテスト結果が受験者の人生を左右するだけでなく、社会に対する影響力も大きいので、テストの結果的妥当性は、当然考慮されなくてはなりません。◆16 例えば、米国では、**全米教員養成認定審議会**(National Council for Accreditation of Teacher Education、以下NCATE)加盟の外国語教員養成機関は、教師候補者全員にACTFL OPIのレベル認定を義務づけており、教師候補者は、ACTFL OPIの結果がある一定

◆14 例えば、Watanabe(1998)の研究では、日本語のACTFL OPIの併存的妥当性を、Educational Testing Service(米国最大の教育テスト開発機関)の開発した日本語能力テスト(Japanese Proficiency Test)を外部基準として使い、両テストで得られた結果のスピアマン順位相関係数を算出することによって、併存的妥当性を検証している。

◆15 相関係数を使って有意な相関関係があるかどうかを検証する場合、二組の得点が正規分布であることが、前提条件の一つである(Brown, 1996, p. 145)。

◆16 ここでいう「最重要テスト(High stakes test)」とは、その結果が、受験者の進学、卒業、資格、就職などを決定しかねない程に重要なテストのことを意味する。

の基準に達していないと、その資格を取得できなくなりました(3章[3.1]参照)。外国語教師認定制度で ACTFL OPI の結果を使用することの結果的妥当性は、今後調査されるべきでしょう(Sullivan, 2011)。クラス内評価に使われる到達度テストの場合は、社会に対する直接的な影響力が問題にされることはないかもしれません。しかし、クラス内テストが学習者の言語習得、学習意欲、進路決定にどのような影響を与えているのかという点は、考慮されるべきです。

●3章[3.1]☞71ページ

このように、テストの妥当性はさまざまな角度から検討されなくてはなりませんが、クラス内評価に使われる到達度テストの場合、その妥当性の判断は、テストの作成者である教師が自分の経験や見識に基づいて行うのが、最も一般的です。例えば、テストの**内容的妥当性**を高めるために、教師は、テスト内容に偏りがないか、主要項目をきちんと押さえているか、また、テスト項目の難易度が適切であるのかどうかを確認しながらテストを作成します。このような確認が適切にできるように、大まかなテストの構想を立てた後で、テスト内容の詳細を説明した「**テスト項目細目一覧**(test item specifications)」を作成する必要があります(石田[1992]の18章; 伊東[2008]; 2章[2.1]などを参照)。

●2章[2.1]☞45ページ

また、研修会やワークショップなどを利用して、他教師と協力し合って、複数の教師の意見に基づく方法で妥当性を審査することもできます。例えば、テストの妥当性に関するワークショップを行い、教師が自作の到達度テストを持ち寄って、テスト項目について批評し合うのもいいでしょう。本校の初級及び中級レベルの日本語のクラスでは、同じレベルのクラスを担当する教師が複数いるので、単元テストや試験の下書きができると、それに対して同僚から意見や提案を求めることができます。著者が過去に受けたり、与えたりした主な批評をまとめると以下のようになりますが、そのほとんどが、テストの内容的妥当性に関わる事柄でした。このように、同僚からの意見に基づいてテストの内容を改良するなど、テスト作成に少し手間をかけることによって、テストの妥当性を高めることができます。

- テスト項目として出題されるべき文型や単語で、出題されていないものがある
- 多肢選択問題などで、正答となるものが一つ以上ある
- 短文応答テストや空所補充テストで、十分な文脈が与えられていない
- 未習の単語や文型が使用されていた(意図的に未習項目を含める場合は除く)
- あるテスト項目の正答の手がかりが別のテスト項目に含まれていた
- 総合得点が百点に満たなかったり、それ以上になっていた
- 問題の指示に曖昧な点がある
- 日本語の使い方が不自然すぎる
- 難易度が不適切なテスト項目(難しすぎる、易しすぎるなど)が含まれている
- 文章完成問題や空所補充問題などで、部分点の与え方がはっきりしない
- 評定尺度の解釈が難しい

◆17 CRTとNRTとでは、信頼性の捉え方に違いがあるので、その算出方法も違う。この違いを明確にするために、言語テストの専門書(例. Brown 2005; Brown & Hudson, 2002)では、テスト結果の一貫性推定値を、NRTの場合は「信頼性」、そして、CRTの場合は「信頼度(dependability)」と呼んで区別している。本書では、テストの種類に関わらず、テスト結果の一貫性を一般的に述べる時には、「信頼性」という言葉を使う。ただし、CRTの結果の一貫性を分析する方法について述べる時には「信頼度」という言葉を使う。

これまでに、テストの妥当性について述べてきましたが、テスト作成にあたり、テスト結果の**信頼性**(reliability)を高める努力も大切です。◆17 「はじめに」でも述べたように、信頼性とは、評価結果の一貫性や安定性のことです。例えば、仮に同じ条件下で同じ受験生に同じテストを二度実施し、一回目のテストはA先生が採点し、二回目のテストはB先生が採点したとします。そして、このようにして得られた二組のテスト結果が大方一致していれば、このテスト結果の信頼性は多分あるだろうという具合に判断します。逆に、テスト結果に大差が見られたら、信頼性のあるテスト結果とはいえないと判断します。言語テストを行えば、さまざまな理由(環境、実施条件、受験者の容態、テストのデザインなど)で測定誤差が必ず生じるため、信頼性推定値の完璧なテスト結果を得るのは至難の業です(Brown, 2006, pp. 169-175; 村上 2003)。しかし、テスト結果の測定誤差(または、誤差分散)をなるべく少なくすることによって、テスト結果の一貫性や安定性をできるだけ高めることはできます。

言語テストには、さまざまな設問形式があり、客観的に採点できる正誤判定式や多肢選択式のテスト(客観テスト: objective test)もあれば、作文テストや口頭テストのように、教師の主観が必ず入るテスト(主観テスト: subjective test)もあります。いずれの形式においても、NRTの場合、そのテスト結果の信頼性を推定する最も一般的な方法は、「**信頼性係数**(reliability coefficient)」を計算することです。信頼性係数とは、信頼性の度合いを示す指標のことで、理論的には、上限が+1(完璧な信頼性)で下限がゼロ(信頼性が全くない)です。しかし、現実には、完璧な信頼性になったり、逆に、信頼性がゼロになったりするということはほとんどありません。信頼性係数はその数値が高ければ高いほど、テスト結果の信頼性は高いと推定できます。例えば、あるテストの信頼性係数が.80であれば、得点の80％は信頼できて、後の20％は測定誤差、つまり信頼できないというふうに解釈します。

さらに、信頼性係数を計算して信頼性の推定を行う場合、その結果は、受験者集団に依存しているということを理解しておく必要があります。つまり、テスト結果の信頼性は受験者集団によって変化するので、そのつど推定し直す必要があるということです。ですから、テストの信頼性検証を報告するのに「○○テストは信頼性がある」というのは、正確には、正しい報告の仕方ではなく、「○○集団を対象に、○○テストを実施したところ、そのテスト結果に、高い信頼性係数が得られた」などと報告すべきでしょう。

◆18 相関係数の解釈に関しては、田中・山際(2003, p. 188)は以下を提示している。
.00〜±.20
ほとんど相関がない
±.20〜±.40
弱い(低い)相関がある
±.40〜±.70
中程度の相関がある
±.70〜±1.00
強い(高い)相関がある

主観テストと客観テストでは、信頼性係数の計算方法が違います。例えば、選択式テストなどの客観テスト項目の場合は、**再テスト法**(test-retest reliability: 一定の期間を置いて再テストを行い、二組の得点の相関係数を計算する)や、**折半法**(split-half reliability: 一つのテストを折半し、二つのテストと見なして相関係数を計算する)を用いることができます。再テストを行ったり、一つのテストを折半し

1.4. テストの妥当性と信頼性

たりすることによって、対になる2組のテスト結果を用意し、**ピアソン積率相関係数**(Pearson product-moment correlation coefficient)を使って、その二組の得点の相関係数を計算するという方法です。[18] また、**クロンバック・アルファ係数**(Cronbach's α)や**キューダー・リチャードソン公式21**(Kuder & Richardson Formula 21、以下 K-R21)などを使用して、**内部一貫性信頼性**(internal consistency reliability)を計算し、その結果に基づいて、信頼性係数を計算するという方法も一般的です。[19] 一方の主観テストの場合は、**評定者間信頼性**(inter-rater reliability)、つまり二人以上の評定者(rater)の相関係数を、ピアソン積率相関係数を使って計算するというのが一般的です。その計算方法は、2章[2.4]で説明しています。[20] これ以外にも、**評定者内信頼性**(intra-rater reliability)、つまり一人の評定者がテストを一定の期間を隔てて2回採点し、その結果の相関関係を計算するという方法があります。評定者内信頼性の計算方法は、評定者間信頼性の推定方法と同じで、ピアソン積率相関係数に基づいて計算できます。

このように、テスト結果の信頼性は、基本的に内部一貫性信頼性や相関係数を使って、推定されます。[21] ただし、これらの統計法は、テスト結果の分散が正規分布もしくはそれに近い状態であることが前提となっているので、主にNRTに使用されます。これらの統計法をCRTに使用する場合には、注意が必要です。CRTの場合、事前テストの得点は最頻値の山が左寄り(低得点寄り)になり、逆に事後テストの得点は最頻値の山が右寄り(高得点寄り)になること、つまり、得点の分散があまりない、非正規分布が期待されます。[22] しかし、上記したように、内部一貫性信頼性や相関係数は、得点の正規分布が前提となっているため、これらの統計をCRT結果の分析に使用すると、分散が少ないという原因だけで、相関係数が低くなる可能性が出てきます。

そこで、Brown(2005, pp. 199-221)は、正規分布のテスト結果を前提としない**一致係数**(agreement coefficient)や**カッパ係数**(kappa coefficient)などの統計法を使ったCRT結果の信頼度の推定方法、つまり「学習目標を達成した者」であるか、それとも「達成しなかった者」であるかの決定一貫性の推定方法を提示しています。しかし、これらの方法は、クラスでテストを二回実施する必要があるので、あまり実用的であるとはいえないかもしれません。テストを一回実施するだけで、CRTの結果の一貫性を推定する方法もあります。例えば、「**しきい値損失一致度**(threshold loss agreement)」と呼ばれる統計法を用いて、決定一貫性が推定できます(Brown, 2005, pp. 203-205)。また、CRTの得点結果の信頼性を推定できる**ファイ信頼度指数**(phi dependability index)の「ひかえめな」代替として、K-R21信頼性推定値を使用する方法もあります(Brown, 2005, p. 209)。しかし、これらの統計法は、主に、選択形式の客観テストに応用される方法であり、テストに記述形式の設問が混ざっている場合、データ処理が大

◆18 ☞26ページ

◆19 これらの信頼性係数の算出法公式、及び、信頼性係数を用いない客観テスト結果の信頼性検証の方法(例.標準誤差[standard error of measurement]を利用した信頼性の推定の仕方など)は、Brown (2006, pp. 179-185)で詳しく説明されている。そこで示される公式に従って、電卓を使って信頼性係数を計算することもできる。また、エクセルやSPSSを使えば、これらの公式が既にプログラムされているので、データを入力すれば、素早く算出することができる。

● 2章[2.4] ☞57ページ

◆20 本書では、ある特定のテストを採点する「rater」は「評定者」、一般的に「評価をする人(assessor/ evaluator)」という意味の場合は「評価者」という言葉を使用している。

◆21 一般にいう「テスト結果」とは、**古典的テスト理論**(classical testing theory)では、「観察値(observed score)」として扱われ、真値(true score)と誤差(error score)から成り立っていると見なされる。真値というのは、一人の受験者が同じテストを無限に受けても一定して得られる、言わば「真実の得点」という理論上のものだ。そして、「信頼性係数」とは、理論的には、真値分散に対する観察値分散(誤差を含んだ分散)の比率のことである。しかし、ここでいう「真値」とは、あくまでも理論上の観念であり、現実に真値を測定するのは不可能なので、代わりに相関係数や内部一貫性を計算することによって、信頼性が推定される。

◆22 最頻値の山が左寄りの場合、高得点の方向に長い尾を持つ分布になるので「正の歪み[positive skew]」と呼ばれる。逆に、最頻値の山が右寄りの場合、低得点の方向にしっぽを持つ分布となり「負の歪み(negative skew)」と呼ばれる。

変複雑になります。たとえ、選択式の設問だけのテストであっても、エクセルなどで手早く計算できる相関係数と違い、電卓などを使って逐一手で計算しなくてはならないので、手間がかかります。

　このような理由で、クラス内テストの結果の信頼度を統計を使って検証するという方法は、教師にとってあまり実用的ではありません。しかし、統計を使って信頼度の検証を行わなくても、他の方法で、クラス内テストの結果や成績判定の信頼性を高める努力は必要です。例えば、作文テストや口頭テストのような主観テストを使う場合は、その結果の信頼性を高めるために、あらかじめ採点基準を設定しておくべきでしょう。そして、言うまでもなく、一旦採点基準が設定されたならば、教師はそれに従って採点をするべきです。「○○さんは常日頃努力しているようだし、今回に限り点数を少し甘くしてあげよう」とか、逆に「○○君はやればできるのに、最近サボりがちだから、ちょっと採点を厳しくしよう」とかいう具合に、採点の仕方に一貫性を失ってしまうと、信頼性のない結果になってしまいます。

　また、中間試験や期末試験など、重要度の高い口頭テストを行う場合は、口頭テストを録音して、テスト直後に直感的に判断して得られた採点結果と、録音テープを聞きながら得られた採点結果を比べるという方法で判定すると、より信頼性のある採点結果を得ることができます(2章[2.3]参照)。さらに、他教師と協力して、指定の評定尺度の解釈の仕方やお互いの採点を比べ合う機会を持つことができれば、自分の評定者としての特性を自覚することもできます(例えば、自分は厳しい採点者であるのか、それとも甘い方なのかなど。2章[2.3]及び3章[3.5]参照)。この他、学期末に成績判定を行う時に、期末試験のみというような単一の評価法に頼るのではなく、複数の到達度テストや他の評価方法を用いて判定を行う方が、より信頼性の高い判定結果を得ることができます。著者も、できるだけ信頼性の高い成績判定ができるように、個々の学生の到達度の判断は、複数の評価データに基づいて行うようにしています(**本章[1.8]**参照)。

● 2章[2.3]☞52ページ

● 3章[3.5]☞85ページ

● 1章[1.8]☞39ページ

1.5. 役に立つ言語テストとは
What is a useful language test?

　Bachman & Palmer(1996)は、CRTにしろNRTにしろ、教育現場における言語テストの**有用性**(usefulness)を高めるには、既に説明した構成概念的妥当性や信頼性以外に、「**真正性**(authenticity)」「**相互性**(interactiveness)」「**影響力**(impact)」「**実用性**(practicality)」を考慮しなければならないと提言しています(図1-3参照)。言語テストにおける「**真正性**」とは、テストの内容や形式は、現実の場面で起きると予測される言語活動を、できる限り模倣しているのが好

ましいということです。そうすれば、テスト結果に基づいて、現実の場面で受験者がどの程度目標言語を運用できるのかを予測することができます。つまり、真正性のある言語テストを行うことにより、予測的妥当性の高いテスト結果が得られるのです。現実の場面で起こりうる言語使用目的の遂行（= task［タスク］）がどの程度できるのかを推定するために行われる評価は、「**パフォーマンス評価**(performance assessment)」と呼ばれます。パフォーマンス評価では、当然、なるべく真正性の高い評価を行うことが重要視されます(Brown, Hudson, Norris, & Bonk, 2002; McNamara, 1997; Norris, Brown, Hudson, & Yoshioka, 1998; Shohamy, 1995)（2章 [2.3] 参照）。

● 2章[2.3]☞52ページ

図1-3. Bachman & Palmer(1996)によるテストの有用性

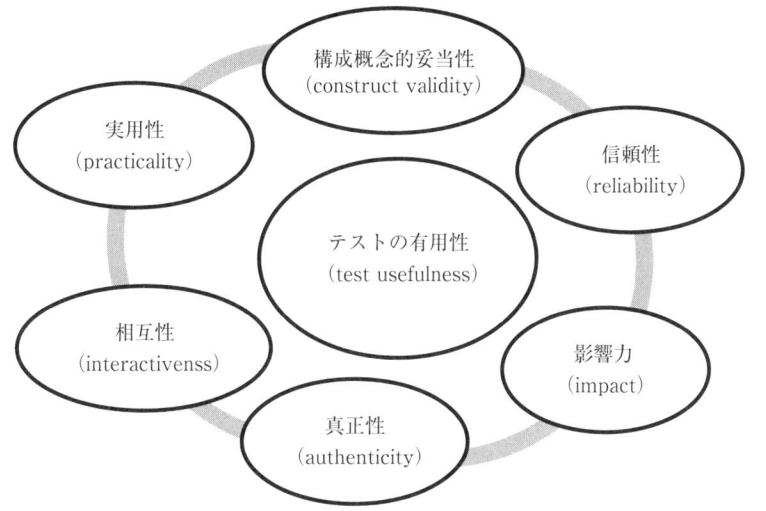

本校の日本語科では、90年代後半にテスト委員会が結成され、一年目と二年目の日本語学習者に、パフォーマンス評価を導入するための**ニーズ分析**が行われました(Iwai, Kondo, Lim, Ray, Shimizu, & Brown, 1999)。ニーズ分析の目的は、学内の学生と教員を対象に、ハワイや日本で現実に起こりえると想定されるタスクのうち、どのタスクを学習目標とすべきかについてのアンケートを行うこと、そして、その結果を基にタスク型テストを評価に導入していくことでした（**資料1-3A・1-3B**に、日本滞在中に起こりえると想定されたタスクの見本を示している）。それ以来、本校の日本語科では、初級レベルからパフォーマンス評価を積極的に導入するようにしています。もちろん、いくら真正性の高いテストを作成し実施したいと願っても、初級レベルの学習者の日本語能力には限りがあるため、場面設定やテストに使用される日本語が大幅に制限され、どうしてもある程度は日本語が不自然になってしまいます。しかし、その制限内で、なるべく現実に近い場面設定で、できるだけ自然な日本語の運用能力を評価する努

◎資料1-3A☞168ページ
　資料1-3B☞169ページ

力が必要でしょう。

　Bachman & Palmer は「**相互性**」という観点からもテストの有用性を述べていますが、ここでは、対人場面における社会的相互作用が意味されるのではなく、受験者の特性(言語能力、認知力、課題に対する見識や関心など)と、テストの特色(内容や形式)との間の相互作用を意味します。つまり、テストを作成及び実施する時には、受験者の経験や特性、また、テストに対する受験者の情意的な反応、認知力、対応力などを、十分に配慮しなくてはならないということです。例えば、初心者向け日本語のクラスで使う到達度テストを作成する場合、受験者が大人と子どもとでは、経験、知識、興味、認知力、集中力などに大きな違いがあるので、テスト内容や形式も当然違ってくるはずです。また、テストの内容や形式が受験者にとって興味の持てるものであればあるほど、受験者のテストに対する動機付けも高くなります。

　さらに、Bachman & Palmer は、「**影響力**」という観点からもテストの有用性を述べています。これは、テストが学習者や言語教育(例. カリキュラム、指導法)に及ぼす**波及効果**(washback effect)はもとより、前節で述べた Messick(1989, 1996)の結果的妥当性、すなわち、テストが社会に及ぼす影響に対する考慮も含まれています。◆23 つまり、テストの有用性を判断する場合、そのテストを実施することによって、それが個人、学校教育、そして社会にどのような影響を与えるかを考慮しなくてはならないということです。このようなテストの広域にわたる影響力を、Shohamy(2001)は「**テストのパワー**(The power of tests)」と呼んでいますが、テストの開発及び実施において、考慮しなければならない非常に大切な要素です。

　最後に、テストの「**実用性**」ですが、テストの有用性を考える上で、これも欠かせない要素の一つです。例えば、学習者の日本語熟達度を測定したいと思っても、もし学習者に受けさせたい能力テストが高額だったり、また、他の都市に行かないと受験できなかったりすると、実用性に欠けることになります。また、テストの真正性を高めるために、現実に近い状況でテストを実施したくても、教室の外に出て実際の場面でパフォーマンス評価を行うという方法は現実的ではありません。ある程度人工的なテストになっても、ロールプレイ(role play)などのようなタスク型テストを使って、教室でパフォーマンス評価を行う方が実用的です。

◆23　テストの「波及効果」とは、テストが学習内容や学習過程に与える影響を意味する(Cheng, Watanabe, & Curtis, 2002)。

1.6. 構成概念としてのコミュニケーション能力
Communicative competence as a construct

　日本語学習目標の一つとしてのコミュニケーション能力の育成に、疑問を抱く教師は多分いないと思います。著者の担当してきた日本語のクラスでも、なるべく現実的な場面設定で、目的を持ってコミュニケーションが行えることを学習目標の一つとしていました。しかし、「**コミュニケーション能力**(communicative competence)」と一口に言っても、これが一体何を意味するのかについては、教師によってその捉え方が違うのではないでしょうか。応用言語学界でも、Hymes(1972)が70年代初めに「コミュニケーション能力」という概念を投じて以来、この構成概念をどう捉えるかについて、さまざまな議論が展開されました。当時Hymes(1972)は、自然科学の研究分野におけるChomsky(1965)の言語学的理論(linguistic theory)の理論上の貢献を認めると同時に、その限界も指摘しました。つまり、Chomskyのいう**言語学的知識**(linguistic competence)とは、言語使用の社会的(もしくは状況的)文脈を考慮しない、理想化された状態における文法の規則性についての知識であり、現実的な状況の中で、社会的及び文化的に適切な言語を使うのに必要な知識や使用能力(ability for use)が全く考慮されていない点を指摘したのです。

　本書の目的は、コミュニケーション能力についての議論を展開することではありませんが、コミュニケーション能力の育成を目指す授業で使う到達度テストを作成するにあたり、「コミュニケーション能力」という構成概念についての、ある程度の理解は必要です。教師がこの概念をどう捉えるかによって、テストの内容や形式が変わってきます。つまり、テストの構成概念的妥当性や内容的妥当性に影響するのです。このような理由で、Hymes(1972)の提唱した「コミュニケーション能力」という概念が、その後、どう発達していったのかを、ここで簡単に説明しておきます。

　Hymesの投じたコミュニケーション能力の構成概念の理論的枠組みは、80年代頭に、Canale & Swain(1980)によって明確化され、今日に至っても第二言語教育に多大な影響を与えています。Canale & Swainが、言語能力における社会言語学的な要素の含有を唱えるHymesの理論を踏まえ、コミュニケーション能力の理論的枠組みを発表した当時、その構成要素は「**文法的能力**(grammatical competence)」「**社会言語的能力**(sociolinguistic competence)」そして「**方略的能力**(strategic competence)」の三要素でした。◆24 しかし、後に、Canale(1983)は「**談話的能力**(discourse competence)」をコミュニケーション能力の一要素として加えています(表1-4参照)。

◆24　Canale & Swain(1980)では方略的能力は、「不十分な言語知識などに起因するコミュニケーション上の挫折を修復するのに必要な能力」という意味で使われていた。例えば、自分の表現したい意味を示す単語がわからないときに、他の言葉を使って言い換えるなどの「コミュニケーション・ストラテジー(communication strategy)」(Tarone, 1980)が使える能力のことである。

表1-4．Canale(1983)の提唱するコミュニケーション能力の構成要素
Grammatical competence（文法的能力） 　語彙項目、形態論、統語論、意味論、音韻・音声論に関する知識。文法的に正しい文を作る能力。
Discourse competence（談話的能力） 　全体の意味が通るように、物事を筋立てて述べることのできる能力。 　話の内容が支離滅裂ではなく、文脈に沿った意味のあるコミュニケーションを行う能力。
Sociolinguistic competence（社会言語学的能力） 　コミュニケーションの目的、状況、相手、話題などを考慮しながら、適切に言語を使い分ける能力。 　言葉の使い方が、社会的にどのような意味を持つのかを理解できる能力。
Strategic competence（方略的能力） 　言語的及び非言語的なストラテジーを使い、不十分な言語知識などに起因するコミュニケーション上の挫折を修復する能力。また、何らかの理由で、話し手と意思疎通ができなかった時に、言いかえたり、身振り手振りを加えるなどの工夫をして、効果的にコミュニケーションを続行できる能力。

　90年代に入って、Bachman(1990)が、Canale & Swain(1980)とCanale(1983)のコミュニケーション能力モデルをさらに進展させる形で、「**コミュニケーション言語能力**(communicative language ability)」の理論的枠組みを提唱しました。同モデルでは、個人の持つ「コミュニケーション言語能力」は、まず、その人の「**知識体系**(knowledge structures)」「**言語知識**(language competence)」、そして、言語知識から独立したものとしての「**方略的能力**(strategic competence)」の影響を受けます（図1-4参照）。同モデルでいう「方略的能力」は、補充的なもの（言いたいことがうまく伝わらない時に、それを修復する能力）ではなく、技巧的で円滑なコミュニケーションを行える能力として、もっと広域に捉えられています。さらに、「**与えられた場面状況**(context of situation)」における個人のコミュニケーション言語能力は、性格や身体の状態などの「**心身的メカニズム**(psycho-physiological mechanisms)」の影響も受けると見なされます(p. 84)。

　Bachmanのコミュニケーション言語能力の理論的枠組みでいう「言語知識」に関しては、その構成要素は、Canale & Swain(1980)のコミュニケーション能力の構成要素を、詳細化したものといえます。まず、「言語知識」は「**組織的知識**(organizational competence)」と「**語用論的知識**(pragmatic competence)」の二つに大別されます。「組織的知識」は、「文法的知識」と「**テクスト的知識**(textual competence)」で構成されていますが、ここでいう「テクスト的知識」は、言葉の結束性や修辞に関する知識のことです。一方の「語用論的知識」は、「**発語内行為的知識**(illocutionary competence)」と「**社会言語学的知識**(sociolinguistic competence)」をその下位構成素としています。「発語内行為的知識」は、**言語行為**(speech act)としての言葉を操るための知識を意味します。

図1-4．Bachman(1990, p. 85)のコミュニカティブな言語使用におけるコミュニケーション言語能力の構成要素 (Components of communicative language ability in communicative language use)

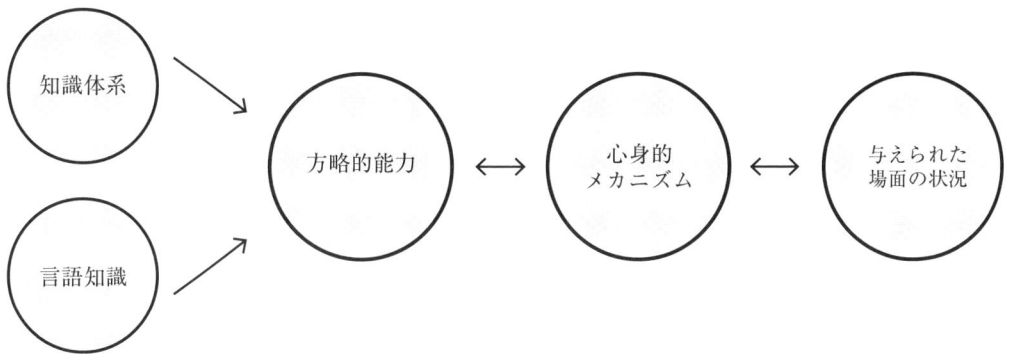

　さらに、21世紀に入ってからは、**ヨーロッパ評議会**(Council of Europe)が、**ヨーロッパ言語共通参照枠**(Common European Framework of Reference for Languages，以下CEFR)を発表しました(Council of Europe, 2001, pp. 13-14)。この枠組みでは、「コミュニケーション言語能力(communicative language competence)」という構成概念が使われていますが、ここでいうcompetenceとは「知識、技術、使用(knowledge, skills, and know-how)」を意味します。その構成要素は、「**言語学的能力**(linguistic competence)」、「**社会言語学的能力**(sociolinguistic competence)」そして「**語用論的能力**(pragmatic competence)」です。つまり、Canale(1983)やBachman(1990)のモデルで説明されている構成要素と、重なる部分が多いといえます。このように、過去に提唱されたコミュニケーション能力や言語能力のモデルには共通点があり、これらのモデルにて提示された構成要素を考え合わせると、コミュニケーション能力とは、いくつかの構成要素(一般教養と言語に関する諸知識)からできているだけでなく、与えられた状況場面や、話者の心理身体的な状態によっても変化する、非常に複雑な構成概念といえそうです。

　さて、前述のCanale & Swain(1980)が、Hymes(1972)の理論を踏み台に、コミュニケーション能力の理論的構造の構築に取り組んでいた80年代の初めには、コミュニケーション能力を育成するための言語教育指針として、**コミュニカティブな言語教授法**(communicative language teaching, CLT)が唱え始められていました(詳しくは、Richards & Rodgers, 1986; Brown, 2001を参照)。「CLT」というと、日本語教師の中には、これを単純に「文法の指導を行わない指導方法」だと誤解している人が少なくないようです(例えば、Sato & Kleinsasser [1999]の調査結果を参照)。確かに、CLTでは、言語の機能や意味が重視されるため、言語の形式や構造に焦点を置く**文法訳読法**(grammar-translation method)や**オーディオリンガル法**(audio-lingual method)に比べると、文法指導の捉え方が、根本的に違います(表1-5参照)。

表1-5．代表的な外国語教授法の比較					
教授法の種類	語彙指導	文法指導	学習者の文法的誤りの扱い方	文脈、場面設定、会話目的などへの配慮
文法訳読法(Grammar-translation Method)	学習者の母語の使用。二ヶ国語単語表の使用。	学習者は母語の文法知識を基に、目標言語の文法を演繹的に学習する。目標言語と学習者の母語は常に比較される。	学習者の誤訳は、直ちに訂正される。	重視されない。
ナチュラル・アプローチ(Natural Approach)	原則として、学習者の母語は使用しない。**直接法**(direct method)を導入し、目標言語だけでインプットを理解させる。	通常、文法の直接的な説明はない。学習者は、与えられたインプットを基に、目標言語の文法を帰納的に学習する。	誤りの直接的な訂正は控える。しかし、正確さを増すために、学習者の誤りが間接的に訂正されることもある。	強調される。
オーディオリンガル法(Audio-lingual Method)	目標言語のみを使用した口頭の音声、語彙、文型練習(反復練習)が中心。スキナーのオペラント条件づけの理論に基づき、言語習得は、習慣形成と見なされる。		学習者の誤りは直ちに訂正される。	重視されない。
コミュニカティブな言語教授法(Communicative Language Teaching)	意味伝達や交渉を重視した言語指導が強調される。文法や語彙の指導も、言語機能だけでなく意味伝達や交渉に焦点を置く方法で行われる。しかし、具体的な文法指導法や、学習者の誤りに対するフィードバック法の詳細は示されておらず、したがって、現場での応用方法には幅がある。また、話し言葉の習得だけに焦点を置くのではなく、書き言葉によるコミュニケーション能力の習得も目指す(Brown, 2001; Richards & Rodgers, 1986)。		重視される。

　例えば、オーディオリンガル法では新出文型の指導を行う時、文型の機械的な反復練習や書き換え練習が中心となり、学習者の文法的な誤りも、直ちに訂正されます。一方のCLTでは、言語機能や意味伝達を重視した**意味伝達練習**(meaningful practice)や、意味交渉を必要とする**意思伝達練習**(communication practice)が中心となります(表1-6を参照)。そのような練習の中で、言語機能や意味伝達に焦点を置いた方法で、文法や語彙の指導や評価が行われます。実際、CLTに関する先行研究で議論されてきたのは、授業で文法を教えるべきかどうかではなく、言語の機能や意味に重点を置いた文法指導を効果的に行うには、どうすればよいのかという点です(例．Kondo-Brown, 2001; 野田 2005; Spada, 1997; Terrell, 1991; VanPatten, 1993)。◆25

◆25　しかし、CLTにおける文法指導に関する研究の結果は、一様ではない。その原因の一つは、文法指導の成果を測定する評価方法に、大きな違いがあることだ。また、CLTで文法の指導をする場合、どの教育現場にもあてはまるベストの文法指導法は、ないのかもしれない。

1.6. 構成概念としてのコミュニケーション能力

表1-6. 初級日本語クラスで使われる典型的な練習の種類とその特徴

比較内容	機械的練習 (Mechanical practice)	意味伝達練習 (Meaningful practice)	意思伝達練習 (Communicative practice)
典型的な練習例	反復練習や置き換え練習が中心になる。	正答の限られた応答練習(例. この机の上に何がありますか→電話です)。質問の正答は、質問をする前から分かっている。	自由解答の応答練習(例. 週末に何をしますか→友達と出かける予定です)やタスク型練習(例. 電話でホテルの予約を入れる)が中心になる。
目的	新出単語、基本文型、発音の練習をする。	既習の単語や文型を応用させる練習をする。	コミュニケーションに向けての練習をする。
場面設定	場面設定は通常されない。	答えがあらかじめ想定されているので、現実的な場面設定がしにくい。	現実に起こりうる場面の設定ができる。
意味伝達と意味交渉	与えられた文型を繰り返せばいいだけなので、意味伝達も意味交渉も不要。	意味伝達は必要だが、意味交渉は不要。例えば、学習者は、質問が理解できないと、答えられない。	意味伝達や意味交渉がなければ、コミュニケーションが成立しない。
評価の焦点	正確さに焦点が置かれる。	正確さが焦点になりやすい。	正確さも大切だが、コミュニケーション目的の達成度に焦点が置かれる。

　CLTなどを導入している授業で、コミュニケーション能力の指導や評価を行う場合、多くの教師は、この能力は個人に属する知識及び技能と見なしています。上記で述べたCanale & Swain(1980)、Bachman(1990)、そして、ヨーロッパ評議会(2001)が、それぞれにcommunicative competence、communicative language ability、communicative language competenceと呼んでいるコミュニケーションの能力も、基本的には、言語能力は個人の特性として捉えられています。著者も、口頭テストなどを行って学習者のコミュニケーション能力を評価する場合、その能力が個人に属しているということを前提にしています。その上で、口頭テスト場面における受験者のパフォーマンスに与えるさまざまな影響(例. テスト形式や内容、試験官と受験者の対応、受験者の心理状態など)を考慮しながら、一番適切と判断できる方法でテストを作成し実施していました。

　ところが、最近の研究では、対人コミュニケーション能力、つまり最低二人の参加者の協働作業としてのコミュニケーションを行う能力を、ただ単に、個人の属性としてのコミュニケーション能力として見なすことに対し、大きな疑問が投げかけられています(McNamara, 1997, 2000; McNamara & Roever, 2006)。つまり、対人コミュニケーション能力を意図しているテストを行った場合、そのテスト結果を、一体誰のパフォーマンスとして解釈すべきかという、言語能力の評価に対する根本的な疑問が投じられているのです。◆26 最近注目されて

◆26　協働的に構築されるものとしてのコミュニケーション能力の流動さは、以前にもSavignon(1983)がその定義の一つとして強調していた。

いる**会話分析**(conversation analysis, 通称CA)研究などでも、言語能力を個人の特性として捉える「コミュニケーション能力」という構成概念は、ほとんど扱われていません。CA研究では、主に、二人もしくはそれ以上の参加者によって協働的に構築され、直接的に観察することのできる**相互行為言語能力**(interactional competence)に分析の焦点が置かれているようです(例. He & Young, 1998; Ishida, 2009; Kasper, 2006; Lee, 2006; Young, 2002)。

確かに、聞き手や読み手があってこそのコミュニケーションであり、社会的相互行為としての個人の言語能力をどう捉え、どう評価するかは、今後考えていかなくてはならない課題でしょう(Chalhoub-Deville, 2003)。特に、日本語での口頭コミュニケーションの場合は、話者のパフォーマンスと聞き手の役割の関係が強調されています(例. 堀口 1997)。また、言語の指標性(indexicality)という観点からも、社会的行為である言語は、与えられた場面状況(コンテクスト)によって、その社会的意味が違ってくると見なされています。例えば、クック(2007)の研究では、日本語の言語形式(敬体・丁寧体・普通体)の示唆する社会的意味が、使用される場面状況によって違ってくることが証明されています。このような社会的相互行為、あるいは社会的行為としての言語を操る能力を、従来のように、基本的には個人に属する特性として見なした上で評価を行うのか、それとも McNamara が提唱するように新しいパラダイムで言語能力の評価方法を考えていかなくてはならないのか。これは面白い問題です。しかし、言語能力を個人に属する特性として見なさないという見方(He & Young, 1998, p.5)は、かなり極端な考え方とも思われます。◆27

まず、現実問題として、妥当性や信頼性を考慮しながら、個人に属さない特性としての相互行為言語能力というものを、教師が教室でどのように評価し、そして解釈すべきなのかという問題があります。第二の問題は、構成概念としての「相互行為能力」の構成要素が何であるのか。そして、それが従来個人に属する能力として見なされてきた社会言語学的能力、語用論的能力、方略的能力などの構造とどう違うのかについて、明確に説明をしていく必要があります。このように、社会的(相互)行為としての言語をどう評価するかについては、残された問題が数多くあるように思われます。

◆27 原文からの引用：
"... abilities, actions and activities do not belong to the individual but are jointly constructed by all participants"(He & Young, 1998, p.5).

1.7. クラス内評価におけるシラバスの役割
The role of syllabus in classroom assessment

本校での授業の初日は、通常、**シラバス**(syllabus)の説明から始まります。シラバスの主な役割は、学習者に対し、授業内容の概要、学習到達目標、教材(教科書や副教材)が何であるか、また、どのような方法や基準で成績の評価がなされるのかを明確に伝えることです。クラスによっては、教授法についての

記述が、シラバスに含まれることもあります。◆28 つまり、シラバスを見ると、そのクラスの授業内容が理解できるだけでなく、どのような知識や技術を習得することを目標とし、また、どのようなクラス内評価が行われるのかを知ることができます。本節では、本校の一年前期日本語クラス（初級レベル）と、日本語プロジェクト・ワーク（project work）のクラス（上級レベル）のシラバスを例に、その内容や使用法について説明します。

　本校はセメスター（semester）制で、1年間のカリキュラムが春学期（1月上旬－5月上旬）と秋学期（8月下旬－12月上旬）の2期に分かれています。一年前期日本語クラスは、毎学期、複数提供されるので、担当教師は学部で定められている共通のシラバスを用い、それに基づいて指導計画を立てて授業を行います。◆29 例えば、2012年現在、『Situational Functional Japanese』を共通の教科書として使用しているのですが、一年前期日本語クラスでは、学習者がシラバスに記された学習目標に到達できるように、一学期に、1課から5課まで指導することになっています。そして、各課の終了後に、学習者が学習目標をどれほど達成できたかを評価するために、単元テストを行っています（2章[2.1]参照）。中間試験（ロールプレイ式口頭試験のみ）と、期末試験（筆記試験とロールプレイ式口頭試験）も必ず行います。このような評価方法はすべてシラバスで説明されています。なお、期末筆記試験に関しては、担当教師が協力し合って共通の試験を毎学期作成していますが、単元テストや中間試験には、全クラス共通のものを利用してもいいし、自作のテストを使用してもいいことになっています。というのは、同じ教科書を使っていても、学習者のニーズや授業の進み具合、また、教師の方針によって指導内容や教授法に多少の違いがあるからです。日本語プロジェクト・ワークのクラスの方は、一学期に複数提供されることはないので、一人の担当教官が、シラバス、教材、そして評価ツールのすべてを用意します。著者が担当した時には、**資料1-4**に示すシラバスを使用しました。◆30

　資料1-4に示すように、シラバスには、授業の概要だけでなく学習到達目標と成績判定方法を必ず説明します。学習到達目標に関しては、一般的で抽象的な能力の記述はなるべく避けて、ある程度具体的で観察可能な知識や技術の記述にするべきでしょう。学習目標は、一般的過ぎたり、抽象的過ぎたりすると、その解釈や評価が難しくなるからです。また、米国の大学では、「学習の結果として、学習者は、何ができるようになるのか」をシラバスで強調する

◆28　本校で使用している初級及び中級の日本語クラスの共通シラバスでは、教授法についてほとんど触れられていない。本校の日本語教師は、同じクラスを教えていても、その教え方はさまざまで、一様にこうだとはいえないからだ。また、Eclecticism（折衷主義）という言葉があるように、多くの教師は、ただ一つの教授法に固執しないで、授業の目的に応じて表1-5に示したような教授法を組み合わせて指導している（Omaggio Hadley, 2001; Tarone & Yule, 1989）というのも理由の一つだ。

◆29　一年前期日本語クラスのシラバスは、本校の日本語科のウェブサイトから入手できる。シラバスには、通常担当教師の名前、連絡先、オフィス・アワーなどが記されるが、一年前期日本語クラスのシラバスは複数のクラスで使われているので、これらの情報が省かれている。
URL http://www.hawaii.edu/eall/jpn/courses.html

● 2章[2.1]☞45ページ

◎資料1-4☞170ページ

● 2章[2.3]☞52ページ
● 3章[3.5]☞85ページ
◎資料2-13A☞196ページ
◎資料2-13B☞198ページ

◆30　プロジェクト・ワークのクラスでは、目標言語を媒介とする、学習者主体型の学習活動が重視される（例．日本社会に関する研究テーマを学習者自身が選び、それに関する情報をメディアやインタビューを通して集め、分析し、そして、発表する）。プロジェクト参加というかたちで、教室内外で目的を持って日本語を使用させ（意味のある日本語使用）、その過程において日本語を習得させることを主な狙いとする（Beckett & Miller, 2006; 岡崎・岡崎 1990; 金城 1994; 久保田 1999; 田中・斉藤 1993）。プロジェクト・ワークの学習成果として、学習者の「言語能力の伸びを測る」のは難しいという指摘もある（金城 1994, p. 82）。しかし、採点ルーブリック（**2章[2.3]**参照）や自己評価（**資料2-13A・2-13B**参照）などを使用することによって、学習過程をモニターし、また、コースの終了時に学習目標達成度を評価することは、可能だ。さらに、学習への動機付けとしてのプロジェクト・ワークの有用性（倉八 1993）、そして、最近では、クリティカル思考（**3章[3.5]**参照）を培うための教授法としても、プロジェクト・ワークに関心が寄せられている（熊谷 2011; 熊谷・深井 2009）。

めに、「**学習到達目標**(learning objectives)」という言葉の代わりに、「**学習成果**(learning outcomes)」という言葉を使用することを要求しています(3章[3.1]参照)。本校もそのような傾向にあり、**資料1-4**に示す日本語プロジェクト・ワークのクラスのシラバスにも、「**期待される学習成果**(expected learning outcomes)」という言葉を使っています。

しかし、シラバス上で「学習到達目標」と「学習成果」のどちらを記すべきかについては、あまりこだわる必要はないのではないかと思います。肝心なのは、シラバスに記された学習到達目標の中身です。そして、学習到達目標を設定する方法として最も理想的なのは、**ニーズ分析**を行い、学習者の言語環境、日本語学習歴、興味、関心、目標などを考慮した上で、学習目標や指導内容を設定するという方法です。例えば、本校の日本語会話のクラス(Japanese for oral communication)は、本章[1.5]で述べたニーズ分析(Iwai et al., 1999)の結果や日本語ナショナル・スタンダーズ(3章[3.2]参照)を参考に、その学習目標が設定されました。授業に使用する教材も、設定された学習目標を柱に、担当教師によって作成されています。四技能に焦点を置く日本語クラスの方は、ある特定の教科書を採用しているため、学習目標がどうしても教科書の内容に準じたものになりがちです。しかし、できる限り学習者のニーズも考慮しながら、学習目標や指導内容を決定するようにすることが大切です。

さらに、著者の日本語クラスでは、シラバスで、学習目標や成績判定方法を説明するだけでなく、欠席や遅刻に関する罰則、宿題提出や試験実施に関する規則、クラス内での日本語使用などについての約束事もできるだけ詳しく説明しています(**資料1-4**参照)。また、成績判定方法をより詳しく説明するために、テストや試験の評価基準やレポート採点表を、初日に説明することもあります。このように、授業の初日に、クラスに関する具体的な情報を、できるだけ多く学習者に伝えることにより、学習者はそのクラスの学習目標、指導内容、そして評価方法を理解した上で、クラスを受講することができます。

このようなかたちで、シラバスを用いて、初日に学習者とクラスに関する相互理解を築き、クラスに関するさまざまな約束事の確認をしておくと、学習到達度に関する教師と学習者間の期待感の差、クラスの規則に対する学習者の誤解といったものをかなり防ぐことができます。成績評価に関する学習者との対応で、教師と学習者との期待度の隔たりやコミュニケーションの欠如によって起こる意見の食い違いは、非常にストレスの溜まるものです。また、クラスの初日に説明した評価基準やクラス規則は、なるべくクラスの途中で変更しないようにしましょう。状況によっては、クラス全体で話し合った結果、シラバスの内容の一部を学期の途中で変更することもあるかもしれませんが、一度決めた基準や規則はなるべく変えない方が無難です。

1.8. 成績判定と報告

Determining and reporting grades

　本章[1.2]で述べたように、CRTである到達度テストは、テストの得点を絶対的な数値として解釈します。著者の日本語クラスでは、**表1-7**に示すような**成績判定基準**(grading criteria)を使って、テスト結果や総合得点の解釈をしています。この成績判定基準は、初日にシラバスの一部として学習者に手渡され、その説明も行います。例えば、百点満点の期末試験で92点という結果だった場合、その学習者はクラスの学習目標を92%達成したという具合に解釈します。そして、**表1-7**に示す基準でテスト成績の判定を行うと、A⁻(優)という結果になります。たとえ、クラスの半数以上が90点以上という結果であっても、テストの得点を目標達成度を決定する絶対数値と見なすので、A⁻(優)という成績判定には変わりありません。

●1章[1.2]☞16ページ

表1-7. 成績判定基準

成績評価		総合得点　(%)
優	A+	100, 99
	A	93, 94, 95, 96, 97, 98
	A-	90, 91, 92
良	B+	88, 89
	B	83, 84, 85, 86, 87
	B-	80, 81, 82
可	C+	78, 79
	C	73, 74, 75, 76, 77
	C-	70, 71, 72
不可	D	60, 61, 62, 63, 64, 65, 66, 67, 68, 69
	F	59 以下

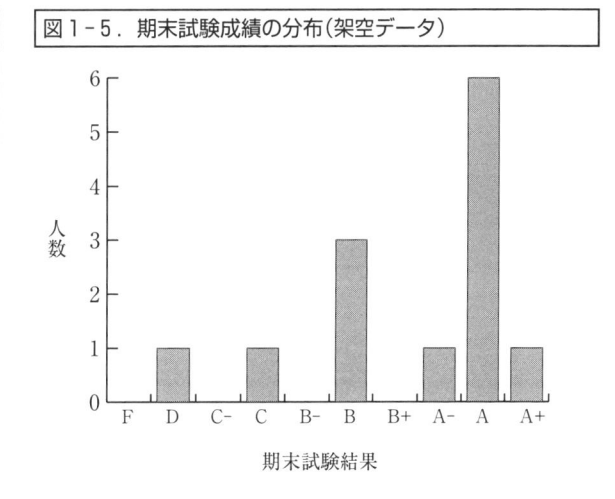

図1-5. 期末試験成績の分布(架空データ)

　仮に、ある期末試験の結果が**図1-5**に示すような結果だったとします。CRTを使用する**絶対評価**の場合、この架空の例に見るように、クラスの過半数が優(A-、A、もしくはA+)の成績をもらっていたとしても、それが妥当性の高い到達度テストを行った上での結果であれば問題ありません。本章[1.4]でも述べたように、CRTでは、このような非正規分布はむしろ理想的ともいえます。もし90～92点の得点を獲得した学習者に、93点以上の学習者が数人いるなどの理由でB(良)の成績を与えたならば、これは到達度テストを使っていながら相対的な解釈を行っていることになり、正しい解釈の仕方とはいえません。クラスの成績判定を、クラス内でのランキングに基づく方法で決定している教師(つまり、相対評価を行っている教師)は、学習者から苦情を受けて当然といえるでしょう。「はじめに」で述べた「優れた大学教師は何をするのか

●1章[1.4]☞21ページ

(What the best college teachers do)」の著者であるベイン氏も、クラス単位の成績判定で「Grading on a curve, … makes no sense（曲線［つまり相対評価］に基づく成績判定は、意味をなさない）」と書いています（Bain, 2004, p. 160）。

　本校の初級日本語クラスで、これまでに数多くの単元テスト、中間・期末試験などを作成し、採点してきましたが、テスト結果の分布は、大抵、**図1-5**に示すように最頻値の山が右寄りになっていました。クラスで行う到達度テストで、クラス全員がAという結果が得られれば、それが一番理想的です。しかし、現実にはクラス全員がAという結果になることはほとんどありません。語学指導をするにあたって、学習者の進度や到達度における個人差の存在は現実のもので（サミミー 2003）、たとえ初心者向けの初級日本語クラスでも、既にかなりの個人差がみられます。もし、クラス全員がAというテスト結果ならば、テストが易しすぎたという可能性があるので、テストの難易度が適切であったかどうかを確認する必要があります。逆に、Aを獲得した学習者が一人もいなかった場合、テストが難しすぎたという可能性が高いので、テスト内容の適切さや、テスト項目の難易度を確認することが必要でしょう。全体的なテスト結果が期待以下であった場合、指導内容とテスト内容に大きなズレがなかったかどうか、また、出題方法が適切であったかどうかについて反省してみた方がいいと思います。

　学習者へのフィードバックとして、テスト答案用紙に直接書き込むフィードバック以外に、一学期に二度（中間試験の採点が終わった時点と、期末試験の直前）、**資料1-5**に示すような成績レポート用紙を使って、その時点での総合成績を学習者一人ひとりに知らせています。総合成績の計算は**エクセル**（EXCEL）を使用すれば簡単にできます。期末試験終了後にも、成績判定の目的で、エクセルを使って、総合成績データの処理を行います。一例としては、期末試験終了後にエクセルを使って、どのように総合成績データの計算ができるのかをここで説明します。まず、**図1-6**に示すように、エクセルのワークシートに、成績評価基準、成績配分、最高合計点、学生名を記入し、各学習者の得点を項目ごとに入力します。図1-6に示した成績データ処理の場合、下のボックス内の公式を一番目の学習者の総合得点のセルである「Ｉ５」（Ｉ欄の５列目のセルという意味：○印で囲んであるセル）に入力すれば、定められた成績配分と最高得点に応じて、総合得点が自動的に算出されます。後は、入力した公式をコピーして、他の学習者の総合得点の欄（Ｉ欄）に貼りつければ、他の学習者の総合成績も自動的に算出されます。このようにして産出された総合得点結果を基に、各学習者の成績判定を行います。

◎資料1-5☞173ページ

◎図1-6☞42ページ

```
=((B5/$B$4)*B$3)+((C5/$C$4)*C$3)+((D5/$D$4)*D$3)+((E5/$E$4)*E$3)+((F5/$F$4)
  *$F$3)+((G5/$G$4)*$G$3)+((H5/$H$4)*$H$3)
```

なお、上の公式は半角で記入します。記号の意味は以下のとおりです。

=	イコール	
*	アスタリスク	「掛け算」の意味
/	斜め線	「割り算」の意味
$	ドル・マーク	「絶対参照」の意味。例えば、$B$4と書くと、コピーしてペースト(貼り付け)した時に、参照先のセルが変化しない。つまり、B4を参照し続けることになる。

例えば、**図1-6**に示した成績データの「学生1」の総合得点は、以下のように計算されます。その結果、学生1の総合得点は「96」(小数点以下は四捨五入)となり、この数値を**表1-7**の成績判定基準に照らし合わせると、学生1の成績は「A」という判定になります。

```
=((96÷100)×25)+((98÷100)×10)+((99÷100)×10)+((380÷400)×30)+((210÷230)×10)+((40
  ÷40)×10)+((10÷10)×5)
```

なお、**資料1-5**に示す成績レポートは、中間試験の後と期末試験試験の直前に渡すので、(当然ながら)期末筆記試験と期末口答試験の結果なしのデータに基いて計算します。このような成績レポートを学期の途中で渡す時には、テスト返却時と同じように、成績が上位の学習者には、「Good job(よくできました)!」や「Keep up the good work(その調子でがんばって)!」などのコメントを添えて、学習者の好成績を称えます。逆に、成績が中位の学習者には、「期末試験で○点取得できれば、BからAの成績になる可能性がありますよ」とか「あともう一歩でBの成績!」などの言葉を添えて励ますようにしています。成績が下位の学習者とは、個人面談も行い、どうすれば学習の遅れを取り戻せるかを話し合います。また、宿題の未提出や欠席の目立つ学習者がいれば、成績表に記された宿題提出や出席の記録とともに、忠告も与えています。このようにして、学習者と、学習到達度に関するコミュニケーションを保ち、学期を通して学習者に励みや忠告を与えることも、教師がなすべき形成的評価の一つです。

◎資料1-5☞173ページ

図1-6. 総合成績のデータ処理例（エクセル使用）

	A	B	C	D	E	F	G	H	I	J
1		成績評価基準								
2		期末筆記試験	期末口頭試験	中間口頭試験	単元テスト	小テスト	宿題提出	出席	総合得点	成績判定
3	成績配分(%)	25	10	10	30	10	10	5	100	
4	最高合計点	100	100	100	400	230	40	10		
5	学生1	96	98	99	380	210	40	10	96	A
6	学生2	87	90	90	320	195	35	10	86	B
7	学生3	74	81	82	250	200	20	8	71	C-
8	学生4	65	72	78	210	190	23	10	66	D

Microsoft® Software

　このように、成績判定の報告は、通常、各学習者に個別的に行われますが、全学習者を前に、全体的なテスト結果やそれに対する意見や感想を述べることもあります。このような場合、あえて学習者間の競争心を触発するような発言をしても、その教育上の効果はあまり期待できません（Crookes, 1998）。学習動機付けに関する第二言語教育研究でも、学習者はクラスメート間の競争心を煽るようなクラスで学ぶよりも、皆で協力し合って学ぼうという姿勢の感じられるクラスの方が、より高い学習効果が期待できると報告されています（Dörnyei, 2001）。ですから、教室で全生徒を前に、全体的なテスト結果に対する意見や感想を述べる時には、「これからも互いに励まし合い、皆で協力し合って学習成果を高めていきましょう」というような一言を加えるといいかもしれません。

話し合おう

1. アセスメントとエバリュエーションの違いは何ですか。本書においては、「評価」という言葉は、主にどういう意味で使用されていますか。
2. 診断的評価、形成的評価、そして、総括的評価とは何ですか。
3. 学習者を支援するための評価という観点からは、どの評価が最も大切ですか。その理由は何ですか。
4. 目標基準準拠テスト(CRT)と集団基準準拠テスト(NRT)の違いを挙げてください。
5. 言語テストの妥当性にはどのような種類がありますか。
6. どのようにすれば、到達度テストの妥当性を高めることができますか。
7. テストの信頼性とは何ですか。信頼性はなぜ大切なのですか。テスト結果の信頼性を高めるために、教師はどのようなことに気をつけなくてはなりませんか。
8. コミュニケーション能力の理論的枠組みとして、代表的なものに何がありますか。その共通点及び違いは何ですか。
9. テストの有用性を高めるには、どのような配慮が必要ですか。
10. シラバスの役割を、評価という観点から述べてください。
11. 日本語クラスで、テスト結果を相対的に解釈する方法で成績判定を行うことの問題点を話し合ってください。
12. 成績判定の報告をする時に、どのようなことに気をつけなくてはなりませんか。

プロジェクト・アイデア

1. 現役の日本語教師や研修生が、「アセスメント」をどう捉え、また、どのような方法で行っているのかを調査してみましょう。そして、その共通点や問題点を分析してください。
2. ある特定の日本語クラスでどのような診断的評価、形成的評価、そして、総括的評価が行われているのかを調べてみましょう。
3. 日本語の到達度テストを一つ選んで、学習目標や指導項目と照らし合わせながら、その構成概念的妥当性、内容的妥当性、結果的妥当性を検討してみましょう。
4. 日本語能力テストを一つ選び、NRTとしての妥当性、信頼性、有用性に関する分析がどのように報告されているかを調べてみましょう。
5. 日本語クラスのシラバスを入手し、評価に関する説明も含めて、内容の適切さを検討してみましょう。また、シラバスの内容に沿ったクラスの成績表を作成してみましょう。
6. エクセルを使って実際の(もしくは架空の)成績データの処理をしてみましょう。

第2章
日本語クラスにおけるテストと自己評価の実践
Practical applications of tests and self-assessments in Japanese language classes

　1章で強調したように、**到達度テスト**を使って、学習者の役に立つ**絶対評価**を行うためには、妥当性や信頼性を考慮した方法で、テストの作成と実施、そして採点をしなくてはなりません。仮に、日本語の会話クラスを教えているとしましょう。そのクラスで使用するテストは、当然、口頭テストが中心になるはずです。もし筆記テストが中心の評価を行っていれば、妥当性のあるテストとはいえないでしょう。また、口頭テストを行っていたとしても、テストで一体何が評価されているのかがはっきりしない、会話テストの内容が学習目標や授業内容と一致していない、会話テストの実施方法や採点法に一貫性がない、などの問題があれば、妥当性や信頼性のあるテスト結果が得られません。

　2章では、1章で述べた言語テスト理論を実践に結びつけながら、**到達度テスト**の作成のポイントや結果の扱い方について、より具体的に説明します。特に、**妥当性**や**信頼性**という観点から、日本語テストの出題方法、解答形式、そして採点法を考察し、具体例を提示します。また、日本語の**コミュニケーション能力**の育成を重視するクラスに欠かせない**口頭のパフォーマンス評価**を取り上げ、その手順や採点法についても説明します。さらに、**採点の一貫性**の推定法やテスト**項目困難度分析**の仕方を、実際のデータを用いながら解説します。最後に、日本語クラスにおける**自己評価**の役割とその方法についても述べます。テストを中心にして行われる評価は教師主導型の評価になりがちですが、自己評価を取り入れた**学習者主導型評価**にも、**形成的評価**としての価値が認められています（例．Ekbatani & Pierson, 2000; Nunan, 1988; トムソン木下 2008）。そこで、日本語クラスの自己評価の利用法についても具体例を示しながら考察します。

第2章の目標

1. 日本語テストの出題方法、解答形式、そして、採点法に関する知識を深める。
2. さまざまな出題方法や解答形式を用いながら、妥当性の高い日本語の到達度テストが作成できる。
3. 到達度テストの項目品質分析のポイントをつかみ、テスト項目の質が適切に判定できる。

4. 試験官としての留意点を念頭に置きながら、口頭のパフォーマンス評価が適切に行える。
5. 主観テストの採点法について学び、評定者としての知識と技術を高める。
6. 基礎的な統計を使って、主観テスト結果の一貫性を推定したり、客観テストの項目困難度分析などが行える。
7. 学習者主導型評価の理解を深め、現場で応用できる。

2.1. 到達度テストの妥当性を高めるには
For enhancing the validity of achievement tests

　ある特定の日本語クラスで、妥当性のある到達度テストを作成するには、まず第一に、そのテストで、どのような日本語の知識や技能の評価を意図しているのかを明確にする必要があります。例えば、著者の担当した初級日本語クラスでは、単元ごとに、**表2-1**に示すような学習目標を設定し、学習者が日本語で何ができるようになることを目標にしているのかを明確にしていました。そして、各単元のテストを作成する時には、その単元の学習目標の達成度が適切に評価できるように、テストの目的、内容、形式、テスト範囲内の主要学習項目などの詳細を記した「**テスト項目細目一覧**(test item specifications)」を用意しました(Popham, 1981)(1章 [1.4] 参照)。**資料2-1**に示すテスト項目一覧表は、第一課の単元テストの目的、内容、形式、採点法、及び主要学習項目を説明したものです。テスト項目細目一覧の内容や形式は、テストの目的によって違いますが、◆¹それを他の教師が使ってテストを作成しても、適切なテストを作成するに十分な情報が与えられているということが大切です(Brown, 2006)。

　作成されたテスト項目細目一覧は、テスト作成の基盤になるだけでなく、テスト準備のためのガイドラインとして、学習者にも手渡すことができます。1章で強調したように、到達度テストの場合、学習目標や指導項目に一致した内容のテストが作成されるので、学習者はテストの内容をある程度予測できるはずです(1章 [表1-2] 参照)。テスト項目細目一覧に基づいたガイドラインを手渡すことにより、学習者は、効率よくテスト準備をすることができます。**資料2-2**から**資料2-5**は、このテスト項目細目一覧を基に作成された、第一課の単元テストと採点基準です(**資料2-2**から**資料2-5**は、次節 [2.2] で詳しく解説します)。

　表2-1に示した学習到達目標を見ても分かるように、本校の初級日本語クラスでは、日本語コミュニケーション能力の育成に重きが置かれています。例えば、第一課では、初対面の場面において挨拶、自己紹介、そして個人に関する簡単な情報交換が口頭でできるようになることが、主な学習目標の一つです。当然、そのような場面における、コミュニカティブな口頭タスクが学習活

●1章[1.4]☞21ページ
◎資料2-1☞174ページ

◆1　例えば、テスト項目細目一覧に、テスト実施条件、テストの一般的説明、テスト項目の見本などが含まれる場合もある。

◎表1-2☞19ページ

◎資料2-2☞178ページ
　資料2-3☞179ページ
　資料2-4☞181ページ
　資料2-5☞182ページ

動に織り込まれます。そして、教師は、学習者が、そのタスクを適切に遂行するのに必要な知識と技術が習得できるように指導しなければなりません。このようにして、単元の目標に応じた授業を行い、なおかつ、教室で行った学習活動に一致した内容の到達度テストを作成していれば、内容的妥当性の高い評価を行うことができます。さらに、テストの内容や形式は、テストの作成者である教師が、「日本語コミュニケーション能力」という観念を理論的にどう捉えているかによっても大きく違ってきます（1章[1.6]参照）。したがって、日本語コミュニケーション能力を重視するクラスで、構成概念的妥当性のあるテストを作成するためには、教師の「日本語コミュニケーション能力」に対する理論的基盤も必要です。

● 1章[1.6]☞31ページ

表2-1．各課ごとの学習到達目標の見本（第1課と第4課より）

原　文	和　訳
Lesson 1 objectives (greetings and introductions) 1. Can understand and correctly use simple daily greetings. 2. When meeting someone for the first time, can introduce oneself (name, school, major, and hometown, etc.) using appropriate beginning and ending remarks. 3. When meeting someone for the first time, can exchange some basic personal information. 4. Can understand the use of *aizuchi* expressions in Japanese and apply them in conversation. 5. Can understand simple self-introductions written with ruby. 6. Can write simple self-introductions using mainly *Hiragana*.	第1課の学習目標（挨拶と紹介） 1. 簡単な日常の挨拶を正しく理解し、使えるようになる 2. 初対面の場面で、適当な挨拶表現を使用しながら、簡単な自己紹介ができる（名前、大学の所属、専攻、出身など） 3. 初対面の場面で、個人に関する簡単な情報を交換できる 4. 日本語におけるあいづち表現の用法を理解し、会話に応用できる 5. ルビ（ふりがな）付の簡単な自己紹介文が理解できる 6. 主に平仮名を使って、簡単な自己紹介文が書ける
Lesson 4 objectives (locations and activities) 1. Can ask and tell whereabouts of things and people using proper communication strategies. 2. Can understand simple instructions and requests (e.g., Please wait here) 3. Can describe future and past experiences with some details, using compound sentences (e.g., Yesterday I studied Japanese and then watched a movie on TV) 4. Can write a simple party invitation with some details (e.g., date, place, activities). 5. Can write an appropriate response to a party invitation.	第4課の学習目標（場所と活動） 1. 物の位置や人の居場所について、適切なコミュニケーション方略を使用しながら質問したり、答えたりできる 2. 簡単な指示や依頼を理解することができる（例．ここで待ってください） 3. 過去や未来の経験について、ある程度の詳細を複文を使って語ることができる（例．夕べ日本語を勉強して、それからテレビで映画を観ました） 4. ある程度の詳細を含んだ簡単なパーティーの招待状（日時、場所、活動など）が書ける 5. パーティーの招待状の返事が適切に書ける

2.1. 到達度テストの妥当性を高めるには

　クラス内評価に使用する到達度テストの場合、上記の内容的妥当性や構成概念的妥当性の判断は、テストの作成者である教師が自分の経験や見識に基づいて行うのが、最も一般的です(1章[1.4]参照)。しかし、1章でも述べたように、もし可能ならば、他教師の協力を得るなどして、複数の意見に基づいた方法で、テスト全体の妥当性検証やテスト項目ごとの**品質分析**(＝**項目品質分析**[item quality analysis])を行うことをお勧めします。そして、テストの作成者である教師一人が行うにしろ、あるいは他の教師の協力を得て行うにしろ、テストの妥当性を判断する時には、表2-2に示すようなチェックリストを利用すれば、テスト全体及びテスト項目ごとの妥当性を効率よく検証することができます。

●1章[1.4]☞21ページ

表2-2．テスト全体の妥当性及び項目品質分析のためのチェックリスト
テスト全体の妥当性検証チェックリスト
□　テストの目的、内容及び形式は、学習目標に準じている
□　出題されるべき主要学習項目が、十分に網羅されている
□　テストの内容に偏りがない
□　テストの量は、適切である
□　日本語の使い方が正しく、不自然すぎない
□　得点配置は、適切である
項目品質分析チェックリスト
□　設問の指示は、明確である
□　テスト作成者が意図したとおりの評価が行える設問である
□　わざと引っ掛ける問題を入れたり、もしくは予測が外れるような設問にしていない◆2
□　受容式応答テスト項目(選択法、組み合わせ法など)の場合、正答は一つだけである
□　産出式応答テスト項目(短文応答、空所補充など)や、タスク型テスト項目の場合、十分な文脈が与えられている
□　産出式応答テスト項目では、採点基準(例. 部分点の与え方)が、はっきりしている
□　タスク型テスト項目の採点基準は、適切である

　到達度テストの妥当性検証を行う時に、日本語テストハンドブック(日本語教育学会 1991a, p. 143)に記載されている、「問題チェックリスト」のような基準も参考にできます。同チェックリストでは、テスト問題が、言語テストとして意味のあるものなのか、出題範囲やテスト形式に偏りがないか、主要項目が含まれているか、また、受験者の情緒面への配慮がなされているかどうかなどの観点から、テストの妥当性を検討することができます。この他、Omaggio Hadley (2001, p. 432)の「テスト項目の検証基準(criteria for test evaluation)」も参考になります。同基準では、まず、テスト項目ごとの妥当性を、真正性(1章[1.5]参照)、出題方法(解答形式)、重要さ、内容の構成や面白さ、そして、問題指示の的確さの観点から、分析します。次に、図2-1に示す判定尺度を使って、テスト全体の妥当性を判定します(原文は英語)。

◆2　『日本語テストハンドブック』(日本語教育学会 1991a)に「受験生を引っ掛ける問題を出題して、受験者がその引っ掛けにはまったことを喜ぶ出題者もときにはみられるが、これも出題者の態度としては、好ましいものではない」(p. 141)と書かれている。選択式テスト項目の選択肢で、受験者が一人も引っかからないような誤答の選択肢は、効果的な錯乱肢選択肢とはいえないが(本章[2.5]の錯乱肢有効度分析を参照)、必要以上に受験者をわざと引っ掛ける問題を入れるなどして、受験者全員の予測が外れるような設定にするという行為は、テストの妥当性という観点から見ると問題である。

●2章[2.5]☞60ページ
●1章[1.5]☞28ページ

第2章　日本語クラスにおけるテストと自己評価の実践

> 図2-1．テスト全体の妥当性の判定基準
>
> **テスト全体**．テスト項目ごとの分析を基に、下の基準にそって、テスト全体を評定してください。（1から5までの尺度で、5が一番良い）
>
> | | | | | | | |
> |---|---|---|---|---|---|---|
> | a. | 言語使用の真正性 | 1 | 2 | 3 | 4 | 5 |
> | b. | 言語能力発達との関連性 | 1 | 2 | 3 | 4 | 5 |
> | c. | タスクと問題指示の明確さ | 1 | 2 | 3 | 4 | 5 |
> | d. | テスト内容の面白さ | 1 | 2 | 3 | 4 | 5 |
> | e. | テスト内容のバランス | 1 | 2 | 3 | 4 | 5 |

出典：Alice Omaggio Hadley(2001, p. 432), Illustration 9.12の資料の一部を和訳

なお、Omaggio Hadleyのテスト項目の検証基準には、テストの難易度に関する判定尺度が含まれていませんが、テスト実施後にテスト項目の難易度を確認することも大切です。例えば、優の成績(90点から百点満点)の学習者が一人もいなかった場合は、何らかの理由でテストの内容が難しすぎたということもありえます。このような場合は、テストの難易度を項目別に分析して、もし学習者のほとんどが誤答を出した項目があれば、その項目がテスト問題として適切であったかどうかを確かめる必要があります(1章[1.8]参照)。

● 1章[1.8]☞39ページ

2.2.　テストの出題方法と解答形式
Test question methods and response formats

● 表1-2☞19ページ
◎ 資料2-2☞178ページ
　資料2-3☞179ページ
　資料2-4☞181ページ
　資料2-5☞182ページ

◆3　著者が、大学の日本語クラスで使用した口頭テストは、すべて教師対学生のもので、学生同士で行わせるペア形式の会話テストを使用したことはない。相手になる学生の言語運用能力が、テスト結果に影響すると考えるからだ。しかし、大学生学習者を対象にした最近の研究で、学生同士でペア会話テストを行ったところ、相手の言語運用能力レベルは、テスト結果にさほど影響がなかったとの報告もされている(Davis, 2009)。*Language Testing*の2009年3号では、ペア会話テストに関する研究が取り上げられている。

　テスト項目の出題方法と解答形式にはいろいろありますが、大きく分けて、**受容式応答テスト形式**(receptive response test format)、**産出式応答テスト形式**(productive response test format)、そして**タスク型テスト形式**(task-based test format)に区別できると思います。表2-3は、これらの形式の特徴を比較したものです。このような特徴を考慮しながら、評価の目的に応じて(1章[表1-2]参照)、テストの妥当性を高めるのに最も適切な出題方法や解答形式を選びます。

　資料2-2から資料2-5は、著者の初級日本語クラスのために作成された単元テスト(第1課)ですが、資料に見るように、さまざまな形式のテスト項目が使われています。著者の初級日本語クラスの単元テストは、大抵「**口頭テスト**」と「**筆記テスト**」の二部に分かれていました。資料2-2は、口頭テストに使用したタスクカードと、教師用の評価用紙です。中間口頭試験の時には、学習者は一人ずつ著者のオフィスに来て口頭試験を受けましたが、単元テストの一部としての口頭テストは、教室で授業中に行うか、もしくはオフィス・アワー(office hour)を利用して行いました。授業中に行ったとき、学習者にペアで練習させている間に、教師が教室を一周しながら各学習者と一対一で会話を

行い、学習者の会話力を素早く評価して回るという方法を取りました。本校の日本語クラスの学習者数は平均15人なので、このような方法で会話テストを行うと、大抵授業の20分ぐらいを使って、テストを終わらせることができました。このように、授業中に素早く行う口頭の単元テストは、一対一の面接式のテストに比べると、テスト結果の信頼性が低くなるかもしれません。しかし、評価に使える時間に制限のある場合は、**資料2-2**のような評価用紙を使うと、教室内で行う即時の判定であっても、ある程度一貫性のある判定ができます。◆3

◎資料2-2☞178ページ

◆3☞48ページ

表2-3. 受容式応答テスト形式、産出式応答テスト形式、そしてタスク型テスト形式の比較

テスト形式の特性 ○ あてはまる × あてはまらない	受容式応答テスト形式 (例. 選択法、正誤法、組み合わせ法、配列法など)	産出式応答テスト形式 (例. 空所補充法、短文応答法)	タスク型テスト形式 (例. 口頭面接、電子メールの応答、作文、電話メッセージの受け取り、アンケートの応答、など)
正解はただ一つである	○	× (○の場合もある)	×
まぐれ当たりの可能性がある	○	○	×
一つ間違えば、必ずもう一つ間違うという具合に、共倒れの可能性がある	○ (組み合わせ法や配列法などの場合もある)	×	×
ある特定の言語要素に焦点が当てられがちである	○	○	×
テストの採点に主観が入るので、適切な採点基準が必要である	×	○	○
採点が容易であり、誰がいつ採点しても、同じ結果になる	○	×	×
言語知識や理解力(受容技能)を評価することができる	○	○	○
言語知識や表現力(産出技能)を評価することができる	×	○	○
文脈(context)が必要である	×	○ (×の場合もある)	○
真正性(現実の場面で起きる言語活動との類似度)の高いテストが作りやすい	×	×	○
学習者数の多いクラスでも、採点が機械的(客観的)にできるため、採点にあまり時間がかからない	○	○ (×の場合もある)	×

筆記テストの方は、**資料2-3**に示すような**聴解力テスト**問題（A-1・A-2）と、**読解力テスト**問題（D）を提出しました。聴解力、そして、読解力テストの設問には、解答にまぐれ当たりがないように、自由記述式の質問を利用することが多かったのですが、もっと素早く客観的に採点ができる、多肢選択法や正誤法を用いることもありました。中級や上級レベルの読解力テストになると、問題文が長くなり、かつ内容も複雑になるので、**資料2-8**に示すように、さまざまな形式の設問を行い、与えられた文章の理解度を多角的な側面から評価します。そうすることにより、テスト結果の信頼性を高めることができます。**資料2-8**の設問5では、正誤法が用いられていますが、このような正誤問題を使用する場合は、二分の一の確率で正答が得られるので、まぐれ当たりを少なくするために、誤答を多めにし、その理由も説明させました。◆4

資料2-3の項目Bと項目Cは、単語、表現、そして文型の知識に焦点を置いた質問です。項目Bの短文応答法は、日本語の簡単な口頭質問に日本語で答えるというものです。ここでは、口頭質問の内容理解を英語で書かせてから、その質問に対する応答を日本語で書かせるという出題形式を取っています。そうすると、質問の理解度（聴解力）と応答力を別々に評価できるので、誤答が出た場合、どこに問題があったのかが分かります。なお、テストで短文応答法や自由解答法を用いる時、その採点に部分点を使う場合は、一定した方法で部分点が与えられるように、あらかじめどのような方法で部分点を与えるのかを決めておいた方がいいでしょう（**資料2-5**参照）。項目Cの方は典型的な四肢選択問題です。選択式問題は、採点が素早く、しかも客観的にできますが、短文応答法や自由解答法よりも作成に少し時間がかかります。

初級レベルの単元テストでは、**資料2-3**の項目Dと項目Eに示すように、「手紙もしくは電子メールを読んで、その返事を書く」というタスクが、よく使われます。項目Eのような初級レベルの簡単な**書きタスク**でも、採点に主観がなるべく入らないようにするために、ある一定の**評定尺度**（rating scale）が必要です（詳しくは3章［3.5］参照）。著者は、単元テストに使う、簡単な書きタスクの採点には、**資料2-5**の採点基準Eに示すようなシンプルな評定尺度を使用しました。**資料2-6**に、別の書きタスクを示してありますが、これも初級クラスで使用したものです。このタスクは、**資料2-3**の書きタスク（項目E）に比べると解答の内容がやや複雑になるので、その採点には**資料2-7A・2-7B**に示す評定尺度を使いました。**資料2-7A・2-7B**に示すような、達成度の目安を何段階かに分けて記述された評定尺度表は、「**採点ルーブリック**（scoring rubrics）」とも呼ばれます。このようなルーブリックを作成して一定の基準に従って採点すると、より信頼性のある評定結果を得ることができます（Arter & McTighe, 2001; Davis & Kondo-Brown, 2012）。

◎資料2-3☞179ページ

◎資料2-8☞186ページ

◆4 資料2-8には使用していないが、日本語クラスにおける読解力の評価に、**クローズ・テスト**（cloze test）が有効に使えるという報告がされている（Douglas, 1994）。クローズ・テストは、新聞記事や小説から文章を抜粋し、そこからいくつかの単語を抜いた後、空白部分に適当な語を記入させたり、選ばせたりする形式のテストだ。日本語のクローズ・テストの場合、単語の抜き方には、一定の間隔ごとに語を抜いていく「定間隔法」と、意味の解釈に決定的である語を抜いていく「変則間隔法」の二通りがある（石田 1992, pp. 160-161）。

●3章［3.5］☞85ページ
◎資料2-5　☞182ページ
　資料2-6　☞183ページ
　資料2-7A☞184ページ
　資料2-7B☞185ページ

テスト項目の種類は、その出題方法によって、**要素別テスト項目**(discrete-point test item)、または、**統合的テスト項目**(integrative test item)に、分けられることもあります(石田 1992)。要素別テスト項目は、文字通り、ある特定の言語要素に焦点を置くテスト項目です。この種のテスト項目は、ある特定の発音、イントネーション、文型、語彙、表記などが、どの程度習得できているのかを判定するのにとても効果的です(Lado, 1960)。要素別テスト項目には、選択法、正誤法、空所補充法が、よく使用されます。**資料2-3**の単元テストの見本では、要素別テスト問題は項目Cだけですが、授業の最初の数分を使って行う小テスト(語彙テスト、文字テスト、文法テストなど)には、実施も採点も手っ取り早く行える、要素別テスト問題の方をよく使いました。

◎資料2-3☞179ページ

要素別テスト問題として、日本語テストによく出題されるのが、**漢字テスト**です。漢字テストの出題形式には、さまざまな方法がありますが、漢字の読みと意味を問う場合、大きく分けて、文脈を与えるものと与えないものに分けられます。そして、**資料2-8**の設問1に見るように、文脈を与える方法で漢字の読みと意味を問うと、文脈のない方法で行うよりも、テストに真正性があるだけでなく、受験者が正答を出しやすくなります(例. Kondo-Brown, 2006; 松本 2002; Mori, 2003; Mori & Nagy, 1999)。例えば、著者の研究(Kondo-Brown, 2006)では、「文脈のある漢字テスト」の結果を、「文脈のない漢字テスト」の結果と比べたところ、漢字の読みに関しては、平均点に、違いがほとんどありませんでした。しかし、漢字の意味解釈に関しては、文脈のあるテストを行った方が、テストの平均点が高くなるという結果でした(図2-2参照)。◆5

◎資料2-8☞186ページ

このように、漢字を読む力を測定する時は、文脈は不要かもしれませんが、漢字の意味解釈に関しては、文脈の有無によって、テスト結果に違いが出てくるので、テストの目的に応じて、漢字の設問形式を選ぶべきでしょう。

◆5 図2-2のような交互作用図を描くと、2つの折れ線が交差しているのが分かる。そこで、この交差が有意であるのかどうかを、まず検証した。つまり、漢字テスト結果に影響すると予測される2要因(要因1=設問の種類[漢字の読み vs. 意味解釈];要因2=文脈の有無)に、有意な交互作用(significant interaction effect)が存在するかどうかを検証した。その結果、交互作用が有意であることが確認できた($F = 25.71$, $p < 0.05$, partial $eta^2 = .39$)。つまり、漢字の読みに関しては、文脈は得点に影響しないが、漢字の意味に関しては、文脈の有無が影響を与えていることが確認できた。次に、漢字の意味解釈に関し、文脈がある時の平均点とない時の平均点を、高得点グループ(more proficient group)と低得点グループ(less proficient group)別に比べたところ、いずれのグループにおいても、両者に有意差が見られた(高得点グループ:$df = 20$, $t = 6.73$, $p < 0.001$;低得点グループ:$df = 20$, $t = 2.75$, $p = 0.012$)(Kondo-Brown, 2006, pp. 130-131)。

図2-2.「文脈のある漢字テスト」と「文脈のない漢字テスト」結果の比較

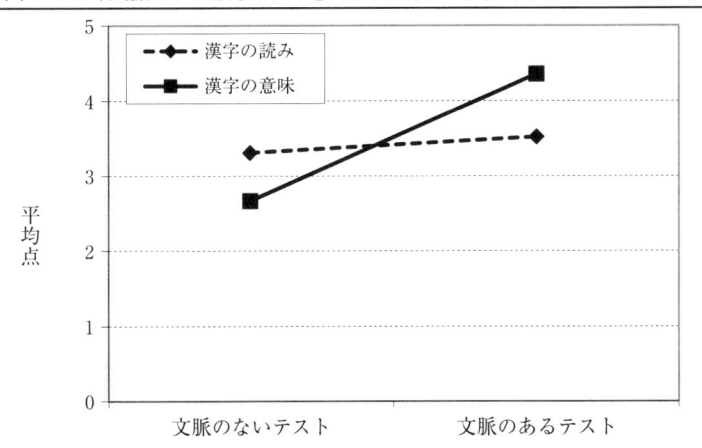

出典:Kondo-Brown(2006, p. 131, Figure 3)に基づく。

単元テスト、中間試験、そして期末試験には、より統合的に日本語能力の達成度が評価できるように、**統合的テスト項目**を主に使用していました。統合テストは、学習者の発音、文型、語彙などの各言語要素に関する知識を評価するのではなく、言語能力を統合的に使用できる能力の評価を目的としています。例えば、**資料2-9**に示すロールプレイ式の口頭テストや、**資料2-3**の読み書きタスク(項目DとE)は、統合的テスト項目の典型といえます。また、**資料2-3**の筆記テストには使用していませんが、初級クラスの到達度テストで**書き取りテスト**(dictation test)を常用している教師もいるのではないかと思います。書き取りテストは、統合的テストの一種で、音を聞き分ける能力、聴解力、そして、筆記能力を同時に評価できます。そういう意味で、書き取りテストは効率の良いテストといえます。また、書き取りテストは、言語能力の熟達度の弁別を効果的に行えるとも報告されています(小林・フォード・山本 1996)。しかし、その反面、統合的テストであるゆえに、書き取りテストが言語能力の一体何を測定しているのかがはっきりしないという批判もあります(Hatasa & Tohsaku, 1997)。したがって、到達度テストに書き取りテストを使用する場合には、どの学習到達目標(または日本語能力)を評価しているのかを考えてから、使用すべきでしょう。著者は、書き取りテストは、主に初級クラスの仮名綴りや音声の小テストに使用していました。

◎資料2-9☞188ページ
　資料2-3☞179ページ

2.3. 口頭のパフォーマンス評価：手順と評定方法
Oral performance assessment: Procedures and rating methods

著者の指導した日本語クラスの口頭テストとして、現実的な言語使用場面を設定した、**ロールプレイ式の口頭テスト**をよく行いました。このような口頭テストは、「**パフォーマンス・テスト**(performance test)」もしくは「**タスク型パフォーマンス・テスト**(task-based performance test)」と呼ばれます。第二言語の分野でいうパフォーマンス・テストとは、真正性のある言語テスト、つまり、現実に起こりうると想定される言語使用場面を設定して行う、言語運用能力テストのことです(McNamara, 2000; Norris, Brown, & Hudson, 1998; Norris, Brown, Hudson, & Yoshioka, 1998)(1章[1.5]参照)。口頭面接、口頭発表、そして作文などの統合的テストも、現実的な場面設定で行われるのであれば、パフォーマンス・テストと見なされます(Norris, Brown, Hudson, & Yoshioka, 1998)。パフォーマンス・テストの真正性は、被験者の言語能力レベルの影響を受けますが、たとえ初級レベルでも、パフォーマンス・テストを使用する場合は、なるべくそれが実際的なタスクとなるようにデザインすることが大切です。◆6

●1章[1.5]☞28ページ

◆6 パフォーマンス・テストを使用した評価は、**パフォーマンス評価**と呼ばれる(1章[1.5]参照)。実技やプロジェクトなど、テスト以外の方法でパフォーマンス評価を行うこともできる。

資料2-9は、著者が初級クラスのパフォーマンス・テストとして、中間試験用に作成したロールプレイ・カードの見本です。このパフォーマンス・テス

トでは、日本で現実に起こりえる三つの場面が想定されており、それぞれの場面で、教師と学習者がロールプレイを行います。各ロールプレイ・カードの下に、サンプル・パフォーマンスを示してありますが、テスト中の会話の流れは、学習者の発話・対応によって変化し、見本通りにはいきません。しかし、そこに示されるレベルのパフォーマンスを満点の目安にして、あらかじめ設定しておいた評価用紙を使って、全体的なパフォーマンスの評定を行います。なお、カードに書かれた指示(**プロンプト**[prompt]と呼ばれる)を一部変更するなどして(例. 110円切手10枚⇒120円切手5枚)、一場面につき2～3枚のロールプレイ・カードを用意します。テスト前に、学習者に「学生同士でテスト内容の情報交換をしないように」と忠告を与えていても、意見交換をしている可能性があるからです。また、パフォーマンス評価を行う時には、学習者にテストの目的、手順、大まかなタスク内容と形式、そして採点方法について、事前に説明しておきます。そうすることにより、学習者はテスト準備をより効果的に行うことができます。

　テスト内容に関しては、到達度テストですので、日頃教室で練習している内容と重なっているべきで、学習者はどんなタスクが出題されるかについて、大方の見当がついているはずです。もちろん、テストで実際に使用されるプロンプトについては、学習者は試験開始まで知らされません。例えば、ファースト・フード店で、何かを注文するという設定のロールプレイ・テストを行うとします。この場合、事前にタスクについての大まかな説明(例. ファースト・フード店で何かを注文する)を学生に与えていても、「マクドナルドでビッグマック一個とMサイズのコカコーラを注文する。支払い金額は、合計で○円...」という具合に、タスクの内容についての詳細を与えすぎると、学習者は正答を丸暗記してからロールプレイに挑む可能性があります。そうすると、実際の場面でタスクを遂行する時に伴う即興性がなくなり、したがって、テスト中のパフォーマンスは、現実の世界で起こりうるパフォーマンスの見本だとはいえなくなります(構成概念妥当性に影響する問題)。

　テスト実施の手順に関しては、まず場面ごとに、学習者にタスク・カードを一枚ずつ手渡し、プロンプトを声を出して読むように指示します。そして、読み終った後で、今から行うテストに関し質問がないかどうかを確認します。この時点においては、学習者からの質問はほとんどありませんが、机の隅に置かれた録音機に目をやりながら「とても緊張してる～！」と声に出す学習者は多くいます。会話テストに不安感はつきものですが、学習者の不安な心理状況は、その場で発揮できる口頭運用能力に影響を与えます(Aida, 1994; Bachman, 1990)。また、外向的な性格の被験者が、内向的な性格の被験者よりも、口頭テストで高得点を得たという結果を報告した研究もあります(Verhoeven & Vermeer, 2002)。学習者(特に、内向的な性格の)が不安を訴えた場合は、「はい、

深く息をして」などと言いながら、気持ちが落ち着くまで少し待ってあげた方がいいでしょう。口頭テストにおいて、試験官の対応の仕方が受験者の運用能力に影響を与えていることは、先行研究で指摘されています(Lazaraton, 2003; McNamara, 1997; Ross & Berwick, 1992)(4章[4.3]及び5章[5.4]参照)。テスト結果の妥当性や信頼性が問題にならないように、一定した対応方法を設定することも大切です。例えば、本校の日本語教育実習生を対象に、クラス内評価に使用する口頭テストの**評定者訓練**(rater training)を行った時には(6章[6.1]参照)、テスト中に試験官が「すべきこと」と「してはいけないこと」を**表2-4**のようにまとめて説明し、できるだけ一定した方法で試験官が対応できるように指導しました。また、嶋田(2010)が、日本語OPI試験官の発話抽出法について考察していますが、そこに示される「テスターのためのチェックシート(より良いインタビューをめざして)」(p. 44)は、クラス内テストとしての口頭テストを行う場合にも、参考になります。

　パフォーマンス評価を行うときには、被験者のパフォーマンス・レベルを判定するための評価尺度が必要です。そのためには、レベルごとの記述(descriptors)が必要になります。例えば、著者の初級日本語クラスの中間口頭試験の採点には、次に説明する二種類の評定尺度のどちらかを用いていました。一つは、**包括的尺度**(holistic scale)◆7を用いる採点法で(**資料2-10A・2-10B**参照)、もう一つは**分析的尺度**(analytic scale)を使う方法です(**資料2-11A・2-11B**参照)。**資料2-10A・2-10B**の包括的尺度では、パフォーマンス・レベルを四レベル(優・良・可・不可)に分けて記述しています。このような包括的尺度を使用すると、学習者に、各レベルにおけるパフォーマンスの特徴を説明しやすくなります。一方の**資料2-11A・2-11B**に示す分析的尺度では、学習者がどのパフォーマンス・レベルに到達したのかを六つの評価項目に分けて評定できます(タスク完成度[task completion]・質問の理解度[comprehension]・言語知識と正確さ[language knowledge & control]・相手話者としての対応術[interactional skill]・発話の流暢さ[fluency]・発音の明瞭さ[comprehensibility/intelligibility])。いずれの採点ルーブリックも、1章[1.6]で述べたコミュニケーション能力の理論的枠組みを参考に作成しました。

　分析的尺度を使った採点ルーブリックを作成する場合、各項目の得点配分を統一する方法(例．百点満点の採点で、評定項目数が五つの場合、各項目の得点配分を20点に統一する)と、評定項目間の相対的な重要度を得点に反映させるために、重要度の高い項目の得点配分を高くする方法があります(加重採点法[weighted scoring method])。**資料2-11A・2-11B**の分析的尺度は、加重採点法を使っており、百点満点の得点配分は、「タスク完成度」と「質問の理解力」が18点で、その他の評価項目の点数配分は16点となっています。つまり「タスク完成度」と「質問の理解力」の比重を、他の評定項目よりもやや高めにしてあります。

● 4章[4.3]☞100ページ
　5章[5.4]☞135ページ
　6章[6.1]☞147ページ

◆7 「Holistic scale」は「総合的尺度」もしくは「全体的尺度」と呼ばれる場合もある。本書では「包括的尺度」と訳す。

◎資料2-10A☞190ページ
　資料2-10B☞191ページ
　資料2-11A☞192ページ
　資料2-11B☞193ページ

● 1章[1.6]☞31ページ

2.3. 口頭のパフォーマンス評価：手順と評定方法

このように、分析的尺度を使用する場合は、教師の判断に基づいて各項目の採点配分を変えることができます。

表2-4．テスト中に試験官が「すべきこと」と「してはいけないこと」

DOs & DON'Ts for the tester during an oral test	口頭テスト中に試験官がすべきことと、してはいけないこと（和訳）
DOs	**すべきこと**
・Make it clear to the student what s/he is required to perform orally for the test. When the student did not complete the required task, and you are not sure why (e.g., the student's inability to complete, simple oversight, etc.), try pointing to the prompt on the task card in order to make sure that the missing part is not due to simple oversight.	・テストで、学習者が口頭で何をすべきであるのかを明確にする。学習者がタスクを完了しなかった時、もし、その理由が明確でなければ（例．学習者にそのタスクを完了する能力がないのか、単なる見逃しなのかなど）、タスクカードの指示を指差しながら、その原因が、単なる見逃しでないことを確認する。
・Remind the student that s/he is expected to take initiative in demonstrating what s/he is able to do in Japanese. For example, the student can do so by actively asking questions and using a variety of *aizuchi* expressions.	・学習者が日本語で何ができるのかを積極的に示すように、注意を促すこと。例えば、自発的に質問をしたり、さまざまな相槌表現を使用することによって、自分の積極性を示すことができる。
・Keep the microphone near the student. Also, at the beginning of the test, if you notice that the student is soft-spoken, ask him/her to speak a bit louder. The recorded sample should be ratable.	・マイクを学習者の近くに置く。もし、テストのはじめに、学習者の声が小さすぎるようであれば、もう少し大きな声で話すように、指示する。録音サンプルは、評定可能なものでなくてはならない。
・Listen carefully to the student responses rather than thinking about what to ask next. Respond with interest to what the student is saying.	・次に何を質問しようかと考えずに、学習者の応答を注意して聞く。そして、学生の応答に興味を示す。
・Speak at a "reasonable" rate of speech. In case of beginning-level students, Do not speak too fast as if you were speaking to a Japanese national.	・適度なスピードで話す。初級レベルの学習者の場合、日本人に話すような調子で、早口に話さないこと。
・If you and the student have overlapping utterances, let the student complete his/her utterance. In a related issue, when the student's utterance was initially wrong, but s/he initiated a self-correction and completed it successfully, do not penalize it. If self-corrections occur too frequently to the extent that they interfere with communication, you may penalize them.	・もし、学習者の発話と教師の発話が重なった場合は、学習者に発話を先に終わらせる。関連事項として、学習者の発話が最初間違っていても、もし自己訂正がうまくできれば、それを減点の対象としない。コミュニケーションに支障をきたす程、頻繁に自己訂正がされた場合は、減点してもよい。
DON'Ts	**してはいけないこと**
・Try not to interrupt the student's utterances unless absolutely necessary.	・絶対に必要でない限り、学習者の発話を中断しないようにする。
・Do not make evaluative statements about the student's performance in the middle of the test.	・テスト中に、学習者のパフォーマンスについて、判定じみた発言をしない。
・Do not take notes during the test. You may fail to pay full attention to the student's utterances and also contribute to the student's anxiety level.	・テスト中にメモを取らない。学習者の発話に集中できないだけでなく、学習者の緊張感や、不安感を高める。
・Do not correct the student's utterances. This is potentially another source of student anxiety.	・学習者の発話は訂正しない。学習者の緊張感や、不安感を高める別の原因となる可能性がある。

表2-5にまとめたように、包括的尺度と分析的尺度では、その目的や特徴が違うので、それぞれの利点や難点を理解した上で、評価の目的に応じて、使い分けるべきでしょう(Arter & McTighe, 2001; Hamp-Lyons, 1991; Weigle, 2002)。例えば、分析的尺度を使えば、被験者の長所や短所を分析できるので、学習者に意味のあるフィードバックを与えることができます。◆8 また、二人の学習者の得点が同じであった場合、分析的尺度を使えば、その二人が違った理由でその得点に達したのか、それとも同じ理由だったのかが分かります。包括的尺度では、このような分析が難しくなります。したがって、診断的評価、または、形成的評価を行う場合は、分析的尺度を使う方がより効果的に行えるかもしれません。さらに、Weigle(2002, p. 120)は、理論的には、複数の得点に基づいて総合的な評定ができる分析的尺度の方が、一つの得点に頼る包括的尺度よりも、評定結果の信頼性が高くなると述べています。◆9 しかし、分析的尺度にこのような利点があっても、総括的な評価目的で大規模集団を対象に能力テストを実施する場合には、採点の早くできる包括的尺度の方が実用的かもしれません。

◆8 ただし、包括的尺度を使ったルーブリックでも、記述文に○をつけたり、下線を引くなどして、被験者の長所及び短所を強調することはできる。

◆9 しかし、分析的尺度を使用したテスト結果と、包括的尺度を使用したテスト結果の信頼性を比べた研究では、その結果は一定していない(Barkaoui, 2007)。

表2-5. 包括的尺度と分析的尺度の目的と特徴の比較

	包括的尺度	分析的尺度
目的	学習者のパフォーマンスを、包括的(総合的)に評価する。	学習者のパフォーマンスを、評定項目ごとに評価する。
利点	・分析的尺度を使用するよりも、早く採点できる。 ・学習者の総合的な能力が評価できる。したがって、総括的評価に適切である。 ・集団基準準拠テストのように大規模集団を対象にテストを実施する時に、実用的である。	・評定項目別に採点されるので、評価の情報量が多くなる。 ・評価の情報量が多いため、学習者に対して、より意味のあるフィードバックが与えられる(例.パフォーマンスの長所や短所が明確にできる)。したがって、学習者の診断的評価及び形成的評価が、効果的に行える。 ・加重採点ができる(評定項目間の相対的な重要度を得点に反映できる)
難点	・評価情報量が少ない。 ・パフォーマンスの長所や短所が明らかにできない。	・包括的尺度よりも、評定尺度の作成や採点に時間がかかるかもしれない。 ・大規模集団を対象に、テストを実施する場合は、実用的ではない。

　口頭テストの評価を行う時は、評定者の採点の厳しさの差異が問題になります。評定尺度の種類に関わらず、どうしても採点の厳しい評定者と甘い評定者が出てくるからです(Banno, 2008; 坂野 2008; Wigglesworth, 1993, 1994)。したがって、入学試験、卒業試験、そして資格認定試験などのような「最重要テスト」で口頭テストを行う場合には、必ず複数の評定者が必要です。もちろん、これは口頭テストに限られたことではなく、筆記の主観テスト(例.作文や論文)で

も、評定者によって採点が厳しくなったり甘くなったりするので、できるだけ公平な評価を行うための配慮が必要です（3章[3.5]参照）。さらに、口頭テストや作文等の主観テストの判定に関する先行研究では、教師グループと一般日本人グループの評価の仕方が比較されています。例えば、日本語口頭能力の判定に関する先行研究に関しては（筆記テストに関する両グループの比較に関しては、3章[3.5]参照）、渡部（2005）が因子分析（factor analysis）を行い、日本語教師も一般日本人も、日本語学習者の口頭能力評価をする時には、「コミュニケーション遂行（例．表現力、タイミング、流暢さなど）」「理解（例．質問の理解度）」「言語規則（例．文法的な正確さ）」の三つの要素が、潜在的な観点として働いていると報告しています。同研究では、これらの要素ごとに、教師と一般日本人の評定の厳しさを比較しているのですが、その結果は、「コミュニケーション遂行」と「理解度」に関しては、教師は一般日本人よりも評定が寛容である一方、「言語規則」に関しては、差が見られないというものでした。

　しかし、このような研究の結果は、どのような教師、もしくは一般日本人を調査対象としたか、またどのような調査ツールを採用したかによっても影響されるため、他の先行研究では、言語規則（Okamura, 1995）、社会的言語表現（待遇表現）（中川・石島 1998）、また発音（Banno, 2008）に関する口頭能力の判定で、教師の方が一般日本人より評価が厳しいとも、報告されています。このように、教師と一般日本人の口頭能力評価の厳しさを比較した先行研究の結果は、必ずしも一定していません。しかし、口頭テストの採点には、評定者の採点の厳しさ（もしくは甘さ）が必ず問題になるので、期末試験のような成績に大きく影響するテストの場合、学習者一人につき二名の評定者がいれば、最も理想的です。このような方法が実際的でない場合は、学習者のパフォーマンスを録音して、テスト直後に直観的に判断して得られた評定と、テスト終了後に録音したものを聞きながら得た評定を比べる程度の手間は、最低限必要でしょう。

● 3章[3.5] ☞ 85ページ

2.4. 採点の一貫性と評定者訓練について
About score consistency and rater training

　1章で述べたように（1章[1.4]参照）、口頭テストの採点結果の信頼性検証法として、最も一般的なのは**相関係数**を計算して、**評定者間信頼性**を推定する方法です。そこで、**資料2-10A・2-10B**に示す包括的尺度を使用して、複数の評定者が口頭テストの評定（採点）を行った場合、その結果に、適切な評定者間信頼性が見られるのかどうかを調査しました。できるだけ信頼性の高い評定結果を得るためには、共通の評定尺度を用いるだけでなく、事前に評定者訓練を行うことが必要です（McNamara, 2000）。たとえ共通の評定尺度が設定されていても、それを使用する評定者が、適切な訓練を受けていないと、信頼性のあ

● 1章[1.4] ☞ 21ページ
◎ 資料2-10A ☞ 190ページ
　 資料2-10B ☞ 191ページ

る評定結果が期待できないからです(Rezaei & Lovorn, 2010)。本調査には、訓練を受けた日本語教育実習生五名が参加しました。これらの実習生は、評定者訓練として、まず、著者から、採点に使用する包括的尺度(**資料2-10A・2-10B**)の説明を受けました。続いて、異なるパフォーマンス・レベル(例. 百点満点中97点[A]、86点[B]、75[C]点など)の訓練用録音サンプルを聞きながら、各自が別々に、サンプルの採点を行いました。そして、採点後に、お互いの評定結果を比べ合い、大きな食い違いがあった場合は、その差異について話し合いました。このような訓練を受けることによって、実習生は自分の評定者としての特性が自覚できるだけでなく、指定の評定尺度の解釈について大体の合意が持てるようになります。評定者訓練の後、各実習生は自分が試験官であった被験者のパフォーマンスの採点を、まず行いました(評定1[first rating])。次に、全被験者(合計14名)のパフォーマンスが2回採点されるように、各実習生に、他の実習生が試験官だった被験者のパフォーマンスの採点も割り当てました(評定2)。

このようにして得られた二組の評定結果(評定1と評定2)の相関係数は、**ピアソン積率相関係数**を使って計算できます(1章[1.4]参照)。ただし、前章で既に説明したように、相関係数の算出は、得点が正規分布であることが前提条件の一つです。したがって、テスト結果の分散が歪み、得点の分散の範囲が狭い到達度テスト(CRT)の得点の信頼性を、相関係数を用いて計算すると、分散がほとんどないという理由だけで相関係数が低くなる可能性があります(Brown, 2005)。ですから、到達度テストの得点の相関係数を算出して、その数値が低かった場合は、分布の歪みが要因の一つとして考えられるので、気をつけてテスト結果の解釈をするべきです。

図2-3は、本調査で収集したテスト得点の分散を提示しています。図に見るように、予測どおり、テストの得点の分散は、最頻値の山が右側に偏った分散でした。

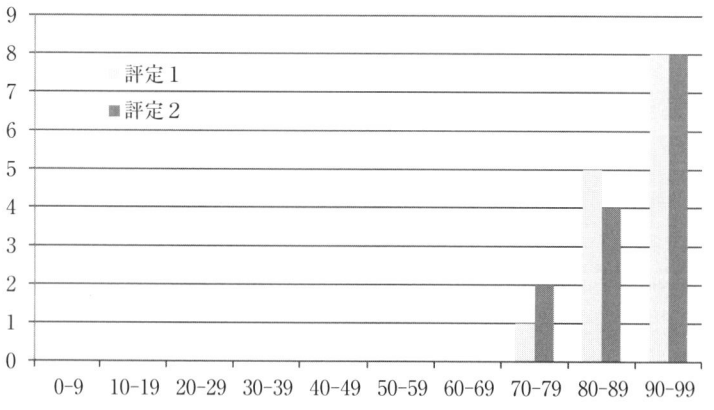

図2-3. 2組(評定1と評定2)の採点結果の分散(被験者数=14名)

2.4. 採点の一貫性と評定者訓練について

図2-4．二組(評定1と評定2)の採点結果の相関(被験者数＝14名)

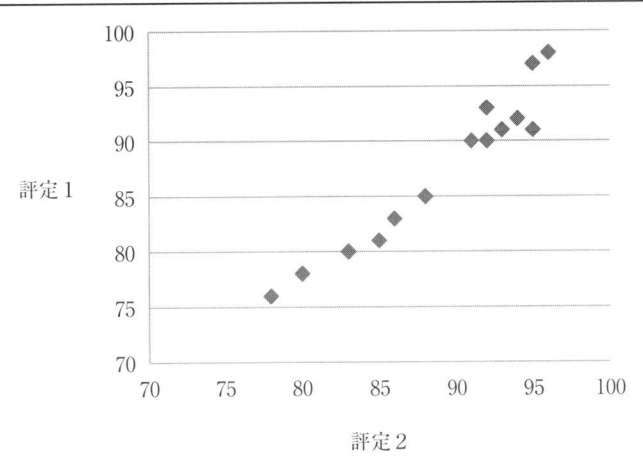

[散布図：横軸「評定2」(70-100)、縦軸「評定1」(70-100)。データは右上がりの強い相関を示す]

　しかし、評定1と評定2の相関を図示化すると(図2-4参照)、得点分散に少なからずの幅があり(70点台から90点台)、また、全体的な傾向として、評定1が高得点であれば、評定2も高くなっていることが分かりました。そこで、ピアソン積率相関係数を算出してみると、確かに「$r=.97(p<0.001)$」という非常に高い相関係数値でした。つまり、評定1と評定2の平均点を各被験者の得点として使えば、この得点は信頼性の高いものだと推定できます。このように、CRTである到達度テストの結果でも、得点の範囲に少なからずの幅があれば、ピアソン積率相関係数を使って二組の採点に強い相関関係があることが検証できます。

　前章でも述べたように、ピアソン積率相関係数の算出は、エクセルやSPSSを使えばデータを入力するだけで簡単にできます。例えば、エクセルを使う場合、図2-5のように二組のデータを入力して相関係数を産出します。◆10 そして、本調査のように、複数の評定者から得た二組の得点を扱う場合には、エクセルを使って算出した相関係数($r=.97$)を信頼性係数推定値としてそのまま報告します。もし二組の得点を、二人の評定者から得たのであれば、相関係数は**スピアマン・ブラウン予言公式**(Spearman-Brown prediction formula)(Brown, 1996, p.187)を使って調整することができ、二人の評定者による得点の平均点の評定者間信頼性係数として報告することができます。◆11

◆10　SPSSの信頼性係数には、クロンバック・アルファ係数が使用されており、エクセルでは、ピアソン積率相関係数が使える。

◆11　二人の評定者から得た二組の採点結果の相関係数を、そのまま信頼性係数値として使用すると、理論的には、評定者一人ひとりの採点結果の信頼性推定値を報告していることになる。しかし、ここで算出したい信頼性係数は、各評定者の採点結果の信頼性係数ではなく、二人の評定者が別々に出した採点結果の「平均点」の信頼性係数である。複数の評定者による採点結果の平均値は、一人の評定者による採点結果よりも信頼できるものであるという理由で、信頼性の調整を行う。したがって、調整された信頼性係数は、常に相関係数よりも高いはずである。本文で述べたように、この調整は、スピアマン・ブラウン予言公式を使用して簡単にできる。スピアマン・ブラウン予言公式は非常に簡単な公式で、二人の評定者から得た得点の平均点の信頼性係数を計算する場合は、エクセルを使って計算した相関係数に2を掛けたものを分子に、そして、同じ相関係数に1を足したものを分母として、割り算するだけだ。例えば、本調査で得られた得点が、二人の評価者によるものだと仮定して、得られた相関係数($r=.97$)を同公式にあてはめると、信頼性係数(reliability coefficient)は($.98=[.97×2]/1.97$)となる。なお、評定者間信頼性係数の計算は、評定者が二名の時には相関係数に基づくが、三名以上の場合にはクロンバック・アルファ(Cronbach's alpha)を用いて**内部一貫性信頼性**(internal-consistency reliability)を計算してから、スピアマン・ブラウン予言公式を応用する。

図2-5. 2組(評定1と評定2)の評定(採点)間の相関係数産出の仕方(エクセル使用)

	A	B	C
1	学生名	評定1	評定2
2	学生A	80	78
3	学生B	96	98
4	学生C	95	97
5	学生D	94	92
6	学生E	95	91
7	学生F	93	91
8	学生G	92	90
9	学生H	92	93
10	学生I	91	90
11	学生J	88	85
12	学生K	86	83
13	学生L	83	80
14	学生M	85	81
15	学生N	78	76
16	平均点	89.1	87.5
17	ピアソン積率相関係数=		0.97

=CORREL(B2:B15,C2:C15)

と入力すると、ピアソン積率相関係数が自動的に産出される。B2:B15、C2:C15は、それぞれ評定1と評定2の採点データがどのマスからどのマスまで入力されているかを示している。

Microsoft® Software

2.5. 目標基準準拠テストの項目品質分析
Item quality analysis of criterion-referenced tests

◎資料2-12☞194ページ
●1章[1.4]☞21ページ

◆12 テスト項目の質の点で大差がない場合、項目数が多いテストを使用する方が、少ないテストよりもテスト結果の信頼性(もしくは信頼度)や一致度が高くなる。本調査で実験的に使用した読解力テストの項目数は6つで、ファイ信頼度指数の保守的な目安であるK-R21(1章[1.4]参照)を使用してテスト結果の信頼度を算出したところ、.567という数値だった。これは、到達度テストとして満足のいく数値ではないが、同質の項目をもっと増やせば、信頼性推定値は改善されるはずだ。例えば、本文中で述べたスピアマン・ブラウン予言公式を用いて、同実験で使用した読解力テストの項目と全く同じ質の項目を2倍に増やせば、どの程度の信頼度推定値になるかを推定した。その結果は.730となり、かなり改善できるという結果だった。

資料2-12に示す日本語読解力テストは、日本語二年課程のプログラム評価用の到達度テストとして実験的に作成されたCRTです(Kondo-Brown, 2004a)。同テストは、日本語201(二年前期)と日本語202(二年後期)の全学習者(142名)を対象に、学期末に授業時間の10分を使って実施されました。この読解力テストを例に、CRTの**項目品質分析**の仕方を説明します。**資料2-12**に見るように、このテストには、六つの四肢選択問題が出題されており、そのうち問1から問4は、二年課程の指導内容に基づく質問、つまり、学習目標基準に達した学習者が答えられると予想される問題でした。そして、問5と問6は、二年課程の指導内容の領域を超えた質問、つまり、学習目標基準を超えた読解力を持つ学習者のみが、正答を出せる問題として出題されました。◆12 したがって、学習目標到達者(合格者)と非到達者(不合格者)の分割点は、6点満点中4点(つまり正答率が66.7%)となります。この分割点を用いて合格者と不合格者に振り分けると、**表2-6**に示すように、56名の日本語二年後期クラス(202)の学習者中、43名(約77%)が合格という結果でした。日本語二年前期クラス(201)の学習者の方は、86名中32名(約37%)が、既に二年課程終了時に期待される合格点に達して

いました。◆13

表2-6. クラス・レベル別のテスト結果

	合格者の被験者数(%)	不合格点の被験者数(%)	合計被験者数
日本語201(n=86)	32(37%)	54(63%)	86(100%)
日本語202(n=56)	43(77%)	13(23%)	56(100%)

到達度テストの項目分析によく使われる統計法の一つは、**B指数**(B-index)です。B指数とはCRTのテスト項目が、受験者の学力の差異をどの程度識別できるのかを示す指標で、学習目標到達者と非到達者のテスト**項目困難度**(item facility [IF], item difficultyとも呼ばれる)を比較することによって計算します。ちなみに、NRTのテスト項目分析の場合は、**項目識別力**(item discrimination [ID])が使われます。B指数がテスト合格者と不合格者のテスト項目困難度の差異を示す指標であるのに対し、項目識別力の方は、成績上位の学習者と成績下位の学習者(上位3分の1と下位3分の1を比べるのが一般的)の項目困難度の差異を示します。さらに、CRTの項目分析には、**差異指数**(difference index [DI])も使用されます。差異指数とは、テスト項目が学習者の学力向上をどの程度反映しているか(つまり、事前と事後の知識や技能の差)を示す指標です。しかし、一回のテスト実施で得たデータから計算できるB指数や項目識別力とは異なり、差異指数は一つのテストを同じ受験者に、事前テストそして事後テストとして2回試行し、その結果に基づいて、項目ごとに事前テストと事後テストの項目困難度の計算をします。したがって、本データでは差異指数は計算できません。

本データのB指数は、エクセルを使って簡単に計算できます。まず、**表2-7**に示すようにすべてのデータを入力し、先程説明したように、正答率66.7%を分割点として合格者と不合格者に振り分けます(表2-7では、灰色の部分が不合格者のデータです)。そして、表の下部に示すように、テスト項目ごとの項目困難度を合格者と不合格者に分けて計算します(下から三列目が合格者の困難度で、下から二列目が不合格者の項目困難度)。項目困難度とは、単純に、その項目に対する正答率のことです。項目困難度は通常0から1までの数値で示され、1であれば100%の正答率(被験者全員が正答)、0であれば正答率がゼロということになります。つまり、項目困難度の数値が低ければ低いほど、より難しい問題ということになります。◆14 例えば、問1の項目困難度は、合格者で0.96、不合格者で0.49という結果でした。つまり、合格者の96%、そして不合格者の49%が正答を出し、両者の正答率に47%の差があったという結果になります。この困難度の差異、すなわちB指数は、テスト項目ごとに表の最後の列に示しています。

◆13 この読解力テストで66.7%を合格者と不合格者の分割点とした場合、どの程度の決定一貫性が得られるのかを、1章[1.4]で述べた「しきい値損失一致度の近似値」を用いて推定した。その結果、一致度推定値は.72となり、計6問という非常に短いテストにしては高い推定値となった。

● 1章[1.4]☞21ページ

◆14 テストの統計において、正答率は、通常「項目困難度」と呼ばれる。しかし、井村(2001)は、「困難度の値が小さいほど難しい項目であるとする定義は常識的に違和感がある」と指摘し、「容易度」という言葉を使用している(p. 23)。

表2-7. B-指数(合格者と不合格の項目困難度の差異)算出のためのデータ例　(被験者数＝142名)

学生番号	クラス番号	項目番号 1	2	3	4	5	6	合計得点	%
113	201	1	1	1	1	1	1	6	100.0
79	201	1	1	1	1	1	1	6	100.0
141	201	1	1	1	1	1	1	6	100.0
74	202	1	1	1	1	0	1	5	83.3
93	202	1	1	1	1	1	0	5	83.3
47	202	1	1	1	1	1	0	5	83.3
85	202	1	1	1	1	0	1	5	83.3
75	202	1	0	1	1	1	1	5	83.3
69	201	0	0	1	1	1	1	4	66.7
43	201	1	1	0	1	0	1	4	66.7
45	201	1	1	1	1	0	0	4	66.7
140	201	1	1	1	0	1	0	4	66.7
52	201	1	1	1	0	1	0	4	66.7
60	202	1	1	1	0	1	0	4	66.7
129	202	1	1	1	1	0	0	4	66.7
65	202	0	0	1	1	1	1	4	66.7
88	202	1	1	1	0	1	0	4	66.7
53	202	1	1	1	0	0	1	4	66.7
合格・不合格分割点									
19	201	1	0	1	0	1	0	3	50.0
1	201	1	1	0	0	1	0	3	50.0
5	201	1	1	0	1	0	0	3	50.0
117	201	1	1	0	0	1	0	3	50.0
112	201	1	1	0	1	0	0	3	50.0
37	201	1	0	1	0	0	0	2	33.3
44	201	1	1	0	0	0	0	2	33.3
109	201	1	1	0	0	0	0	2	33.3
29	202	0	0	0	1	0	1	2	33.3
118	202	0	1	0	1	0	0	2	33.3
25	201	0	0	0	0	0	1	1	16.7
101	201	0	0	1	0	0	0	1	16.7
23	201	0	1	0	0	0	0	1	16.7
8	201	1	0	0	0	0	0	1	16.7
96	202	0	0	0	0	0	0	0	0.0
102	202	0	0	0	0	0	0	0	0.0
合格者の項目困難度(IF)		0.96	0.89	0.92	0.81	0.72	0.64		
不合格者の項目困難度(IF)		0.49	0.58	0.27	0.27	0.25	0.16		
B指数		0.47	0.31	0.65	0.54	0.46	0.47		

以下は、Ebel(1979)の提案した項目識別力の解釈基準だが、B指数の解釈にも使える。

.40以上
識別力の大変良い項目

.30から.39
識別力はかなり良いが、改善の余地がある項目

.20から.29
識別力が許容域境界にある項目で、通常改善の対象となる項目

.19以下
識別力の弱い項目で、破棄もしくは改善されるべき項目

　例えば、表2-7に示すように、今回の実験的テスト開発で得られたB指数は、項目2のB指数(0.31)以外はすべて、0.46から0.65の範囲内に収まっています。Ebel(1979)の提案した項目識別力の解釈基準をあてはめると、どのテスト

項目も多かれ少なかれ、合格者と不合格者を振り分けるには効果的な設問という判定になります。

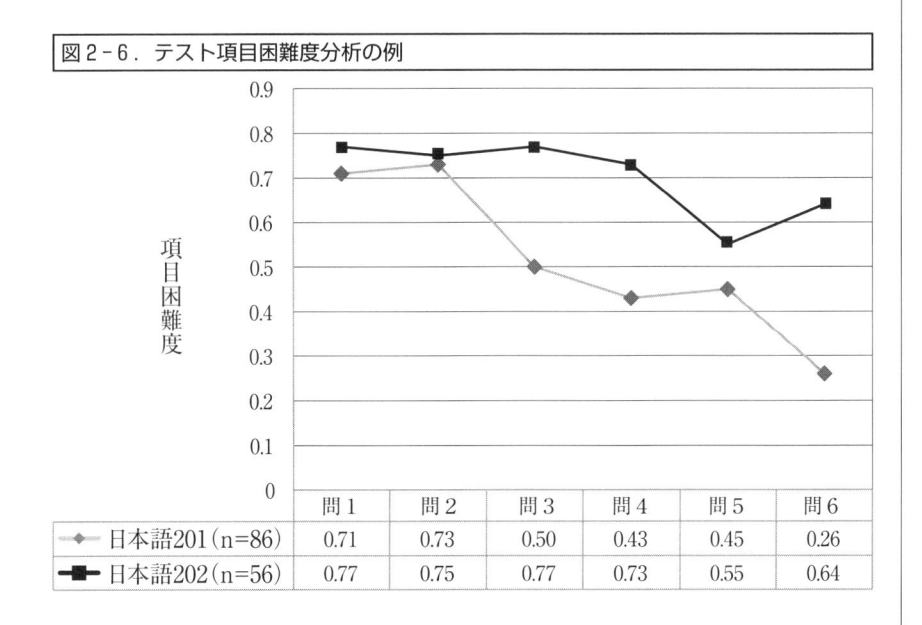

図2-6．テスト項目困難度分析の例

	問1	問2	問3	問4	問5	問6
日本語201（n=86）	0.71	0.73	0.50	0.43	0.45	0.26
日本語202（n=56）	0.77	0.75	0.77	0.73	0.55	0.64

図2-6は、テスト項目ごとの項目困難度をクラス・レベル別（日本語二年前期[201]と、二年後期[202]）に計算した結果を示したものです。先に述べたように、問5と問6は未習内容が含まれており、他の問いよりも困難度の高いものとして出題しました。予測どおり、これらの問いは、他の問いに比べると多かれ少なかれ難しかったようです。また、問3、問4、問6のように、日本語201と202の学習者の正答率を比べて、その差が比較的大きい項目は、日本語201から202にかけての読解力の上達度を測定するのに効果的なテスト項目だといえます。逆に、問1や問2のように、日本語201と202の項目困難度に差がほとんどなかった項目は、日本語201から202にかけての読解力の上達度を測る項目としては効果的ではないといえます。

表2-8は選択肢の**錯乱肢有効度**（distractor efficiency）を項目別に分析したものです。これも単純な計算で行える項目分析で、学習者が四つの選択肢のそれぞれを選んだ比率をテスト項目ごとに示すことによって、誤答の錯乱肢有効度を分析します。例えば、問1では、73％の学習者が正答の選択肢 b を選び、誤答の選択肢 a、c、d に関しては、それぞれ、11％、3％、そして13％という選択率でした。つまり、選択肢 c を選んだ学習者は、全体のわずか3％だったわけで、誤答の選択肢としての錯乱肢有効度はあまり高くなかったといえます。また、問2の選択肢 d は誤答の一つとして作成されましたが、錯乱肢有効度は0％でした。つまり、この選択肢に引っかかった学習者は一人もおらず、錯乱肢として役に立たなかったということになります。このような選択肢

は、削除もしくは改良する必要があります。

表2-8．錯乱肢有効度の分析の例（*正答）

項目番号	選択肢の有効度				
	a	b	c	d	無回答
問1	.11	.73*	.03	.13	.00
問2	.74*	.05	.20	.00	.01
問3	.07	.61*	.15	.17	.01
問4	.17	.11	.55*	.15	.02
問5	.11	.30	.09	.49*	.01
問6	.13	.41*	.04	.40	.01

2.6. 自己評価の方法と役割
Approaches to and roles of self-assessments

　大学の日本語クラスで行われるアセスメントに、著者が頻繁に利用しているのは、到達度テストです。学期を通してさまざまなテストを作成し、採点し、その結果を学習者に報告するという作業を繰り返しています。このような到達度テストを中心とするアセスメントは、教師主導型の評価となりがちなのですが、第二言語教育においては、**学習者主導型評価**の利点も強調されています。例えば、学習者主導型評価の利点として主なものに、学習意欲や学力の向上、学習ストラテジーの習得、学習者としての責任感や自律心の形成などが挙げられています（例. De Saint Léger, 2009; Ekbatani & Pierson, 2000; McNamara & Deane, 1995; Nunan, 1988; Tudor, 1996）。また、Stiggins, Arter, Chappuis, & Chappuis（2004, p. 27）は、教室において適切で効果的な評価を行っている教師は、**図2-7**[15]に示す五つの力量を備えているとし、その力量の一つとして、学生を評価に参加させることのできる能力、つまり、学習者主導型評価を行うための知識と技術を挙げています。学習者主導型評価には、通常「**代替的アセスメント**」と呼ばれる評価方法が使用されます（Herman, Aschbacher, & Winters, 1992）（1章[1.1]参照）。代替的アセスメントには、自己評価やピア評価などが活用されますが、ここでは、第二言語学習の評価ツールとして、最も幅広く研究されている**自己評価**を主に取り上げます。

　自己評価は、「代替的アセスメント」と呼ばれても、現場で、テストに「代替する」単一の評価方法として使用されるわけではありません。テストと平行して、診断的もしくは形成的評価の一部として使用されるのが、より一般的で、効果的な自己評価の使用法です（Johnstone, 2000）。自己評価の妥当性を検証した先行研究の中には、自己評価は、評価しようとしている言語能力を、ある程度まで正確に推定できると報告しているものもあります（例. Bachman &

◆15　Stiggins, Arter, Chappuis, & Chappuis（2004, p. 27）の「Indicators of sound classroom assessment practice: Keys to assessment quality and teacher competencies」を参考に作成された。

● 1章[1.1]☞13ページ

Palmer, 1989; LeBlanc & Painchaud, 1985; Roever & Powers, 2005; Ross, 1988)。同時に、さまざまな個人的特性や心理状況が自己評価に影響を与え、自己評価の結果と実際の言語能力が必ずしも一致しないことも、過去の研究で分かっています(玉岡・松下・元田 2005)。◆16 例えば、年齢(Butler & Lee, 2006)、自尊心や学習動機(Dörnyei, 2001)、学習に対する不安感(MacIntyre, Noels, & Clement, 1997)、文化的背景(Heine, Kitayama, & Darrin, 2001)、自律学習訓練の度合い(小山 1996; 5章[5.6]参照)などの要因が、自己評価結果に影響します。したがって、自己評価を利用する時には、これらの要因を考慮すべきでしょう。

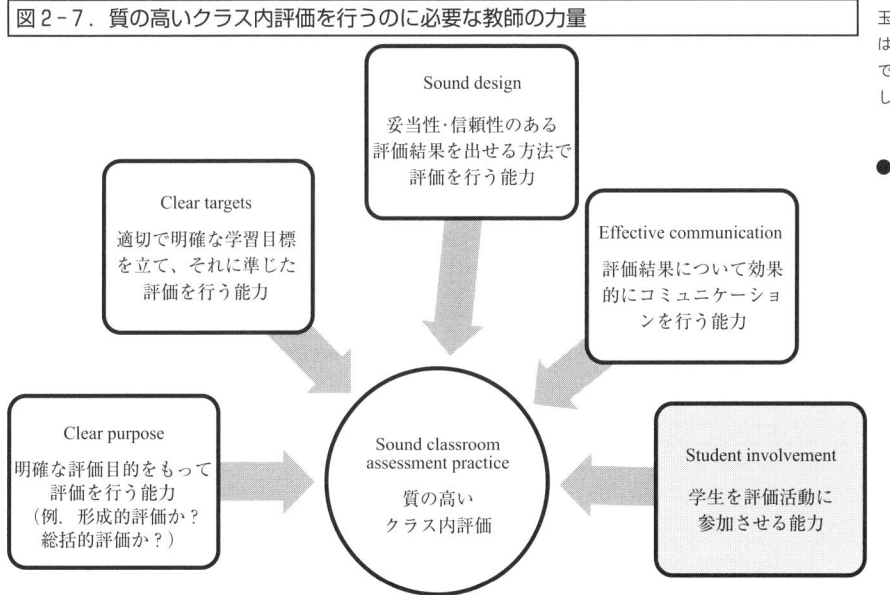

◆16 自己評価の妥当性の検証法として最も一般的なのは、評価を意図している言語能力の自己評価を、実際の評価結果と比較するという方法だ。自己評価の結果と、実際のテスト結果の相関係数を産出する方法は、特に一般的である(5章[5.6]参照)。一例をあげると、玉岡・松下・元田(2005)は、日本の大学・大学院で学んでいる留学生を対象に、「日本語版 Can-do scale」の自己評価の結果と日本語能力テストの得点の相関係数を調べている。この調査では、両者に有意な相関関係が見られなかった。この結果を受けて、玉岡他は、「日本語版 Can-do scale は日本語能力を測定するという意味での妥当性が低い」という結論に達している(p. 76)。

● 5章[5.6]☞142ページ

図2-7. 質の高いクラス内評価を行うのに必要な教師の力量

- Sound design: 妥当性・信頼性のある評価結果を出せる方法で評価を行う能力
- Clear targets: 適切で明確な学習目標を立て、それに準じた評価を行う能力
- Effective communication: 評価結果について効果的にコミュニケーションを行う能力
- Clear purpose: 明確な評価目的をもって評価を行う能力(例. 形成的評価か?総括的評価か?)
- Student involvement: 学生を評価活動に参加させる能力
- Sound classroom assessment practice: 質の高いクラス内評価

さらに、第二言語学習者の自己評価結果の妥当性や信頼性は、テスト結果と同様に、質問内容や形式の影響を受けるだけでなく、学習者が自己評価するタスクを、過去に実際に経験したかどうかによっても大分違ってきます(例. Bachman & Palmer, 1989; Oscarson, 1997; Ross, 1998)。例えば、第二言語能力の自己評価には、通常「私は~ができる」という形式の設問が使用されますが、Ross(1998)は、このような質問を行う場合、回答者が実際に体験した具体的なタスクの方が、抽象的で一般的な言語能力を問うものよりも、より正確に自己評価ができると報告しています。また、Bachman & Palmer(1989)の研究では、ある特定のタスク遂行の難しさを問う質問(例. あなたにとって、レストランで日本語で注文をするのは、どれほど難しいですか)の方が、「~ができますか」という形式の設問(例. レストランで日本語で注文ができますか)よりも効果的だと報告しています。◆17

日本語教育の分野では、トムソン木下(2008)や横溝(2002)らが、学習者への動機付け、そして、自律的学習者の育成という観点から、自己評価の利点を強

◆17 さらに、Oscarson(1997)は、自己評価の質問は、回答者の第一言語で行う方が、目標言語で行うよりも正確であると提唱した。しかし、Roever & Powers(2005)では、自己評価の質問は、第一言語で書かれていても目標言語であっても、自己評価に影響がないと報告している。この他、日本語能力に関する自己評価尺度として開発された「日本語 Can-do-statements」に関する調査では、自己評価項目の内容によって、関連テスト結果(例. 日本語能力試験、日本語プレースメント・テスト)との相関関係の強さが異なると報告されている(例. 島田 2010; 島田・三枝・野口 2006)。

調しています。青木(2008)も「**日本語ポートフォリオ**」を開発し、自己評価を積極的に取り入れた、学習者参加型の評価を奨励しています。第二言語教育分野でいう**ポートフォリオ**(portfolio)とは、学習者が何かの学習目的のために、自分の学びの過程、成果、そして、それに対する内省を長期的に記録したファイルのことを意味します(Barnhardt, Kevorkian, & Delett, 1998)。このようなポートフォリオに、第二言語習得や異文化理解の発達の評価ツールとして高い関心が寄せられています(例. Barnhardt, Kevorkian, & Delett, 1998; Delett, Barnhardt, & Kevorkian, 2001; Genesee & Upshur, 1996; 金田 2011; Schulz, 2008)。特に、書く技術を高める指導に焦点を置くクラスにおける、ポートフォリオ評価の有用性が強調されています(Conrad, 2001; Hamp-Lyons & Condon, 2000; 川村 2005; Weigle, 2002)。完成したポートフォリオは、通常、学習者と教師によって評価されます。年少者が作成するポートフォリオの場合、保護者も評価者として参加する場合もあります(Gronlund & Engel, 2001)。

　上で述べた日本語ポートフォリオ(青木 2008)では、学習者は自分の興味や日本語熟達度に応じた学習目標を自分で選択し、それがいつ、どの程度できるようになったのかを記録していきます。また、同ポートフォリオには、自分の日本語学習進行状況や、学習方法についての評価や内省を促すための質問がたくさん織り込まれています(4章 [4.1] 参照)。このような学習者主導型の評価を行うことにより、学習者の日本語に対する学習意欲を高めるだけでなく、学習者としての責任感や自律心を高めることができるとしています。◆18 米国では「**全米言語教育州管理職者協議会**(The National Council of State Supervisors for Languages [NCSSL])」が中心となって、**リンガフォリオ**(Lingua Folio)というオンライン式ポートフォリオを開発し、主に、K-12(幼稚園から高等学校に至るまでの教育機関)における外国語教育現場で、学習者主導型評価を積極的に導入することを奨励しています(5章 [5.1] 参照)。◆19 リンガフォリオでは、学習者は目標言語で何ができるようになったかについての自己評価を行うだけでなく、自己評価の根拠となる見本(例. テスト結果、作文)も、提示することができます。

　著者が担当した日本語クラスでも、主に、診断的評価や形成的評価の目的で、色々な自己評価シートを作成し、利用しました。自己評価シートを利用することにより、ある特定の学習活動に関し、教師が、どの程度のパフォーマンスを学習者に期待しているのかを具体的に知らせることができます。◆20 そうすると、学習者は、与えられた学習活動を期待のレベルで成し遂げようと努力します。例えば、**資料2-13A・2-13B**の自己評価シートは、上級クラスで行った個人プロジェクトの口頭発表用に作成しました(この自己評価が使われたコースのシラバスは、**資料1-4**に掲載)。この自己評価では、わかりやすい口頭発表(プレゼン)をするのに大切とされる「内容・構成」「話し方」そして「見せ方」(上村・内田 2008; 三浦・深澤 1998; 深澤 2003)だけでなく、クラスメートとの

● 4章[4.1]☞95ページ

◆18　日本語ポートフォリオのウェブページ
URL http://www.let.osaka-u.ac.jp/~naoko/jlp/

◆19　「The National Council of State Supervisors for Languages」
URL http://www.ncssfl.org/index.php

● 5章[5.1]☞125ページ

◆20　本章では主に形成的評価を目的とする自己評価について述べるが、診断的評価に使用する自己評価に関しては1章[1.2]を参照。

● 1章[1.2]☞16ページ

◎資料2-13A☞196ページ
　資料2-13B☞198ページ

◎資料1-4☞170ページ

活気ある対応(rapport)や、クラスメートへの貢献度も評価のポイントになっています。この自己評価シートは、学習者が発表準備に取りかかる前に手渡し、説明します。そうすることにより、学習者は、効果的な発表とはどのような発表であるのか、また、自分の発表がどのような基準で評価されるのかを、事前に知ることができます。そして、発表の後には、教師も同じ基準で学習者のパフォーマンスを評価します。そして、両者による評価を比較し、もし食い違いがあればその違いを学習者に伝え、話し合います。

資料2-14A・2-14Bは、初級もしくは中級レベルの日本語クラスで、宿題として、ウィークリー・ジャーナルを書かせていた時に、一学期を通して長期的に使用した自己評価の記録用紙の見本です。毎週学習者はジャーナルとともに、自己評価シートも教師に提出しました。このような評価シートを使用し、長期的に自己評価の記録をつけることによって、学習者は自身の書くジャーナルの特徴について反省することができます（例. 内容はいいが、文法や綴りに間違いが多い）。ジャーナルの長さは、クラスのレベルによって異なっていました。また、内容については、大抵その週に起こった出来事で、印象的だったことなどを自由に書かせていましたが、週によっては特定のトピック（例. 私の趣味）について書かせることもありました。この自己評価シートには、教師の評価も記入できるようになっています。学習者の自己評価と教師の評価を比べ、内容や文章表現に関して、両者の評価に大きな食い違いがある場合は、それについてのコメントを、その他のフィードバックとともに、ジャーナルの余白に直接書き込みます。このようにして、学習者の自己評価と教師のフィードバックの作業を繰り返すことにより、日記の質が改善されたと感じました。◆21

◎資料2-14A ☞200 ページ
資料2-14B ☞201 ページ

このように、学習指導に自己評価を導入する方法は色々ありますが、いずれの方法においても、学習者の自己評価の過程や結果を教師がモニターし、効果的なフィードバックを与えることが大切です。「学習者主導型評価」とはいえ、学習者は、自己評価やその他の評価結果に対する、教師からの定期的なフィードバックを期待しています。先程も述べましたが、自己評価を積極的に利用することは、学習者任せの成績判定を行うわけではありません（トムソン木下2008）。クラス内評価で、診断的もしくは形成的評価の目的で、教師が自己評価を効果的に導入するためには、適切な自己評価ツール、そして、教師からの効果的なフィードバック（学習者とのコミュニケーション）が不可欠です。

学習者の自己評価へのフィードバックは、教師との個人面談や、クラス内におけるグループでの話し合いを通して、効果的に与えることができます（Genesee & Upshur, 1996）。例えば、上で述べたように、教師は自己評価と教師評価を比べて、もし両者の評価に食い違いがあれば、それについて話し合ったりすることができます。また、自己評価と日本語母語話者による他者評価を比較することによって、フィードバックを与えることもできます。例えば、**資料

◆21 日本語教育現場でジャーナルをする場合、作文教育が主な目的の場合もあれば（例. 河野 2000; 坂本 1995）、文化的相互理解や文化学習を主な目的とする場合もある（例. 倉地 2003）。著者は、ウィークリー・ジャーナルを主に作文教育の目的で、宿題に書かせていた。目的が何であれ、学習者にジャーナルを書かせる時には、どのようにフィードバックを与えるかを考えることが大切だ。作文教育という観点からフィードバックを与える時には、内容に対するフィードバックが中心になる時もあれば、文章表現（正確さや流暢さなど）が中心になる場合もあり、その方法はさまざまだ。また、先行研究によると、学習者の書く力を伸ばすのに、どの学習者・学習環境にもあてはまるベストのフィードバックの与え方というのはないようだ(Omaggio Hadly [2001] などのフィードバックに関するレビューを参照)。詰まるところ、目的に応じて、色々な角度からフィードバックを与えるというのが、ベストの方法なのかもしれない。

第2章 日本語クラスにおけるテストと自己評価の実践

◎資料2-15☞202ページ

2-15に示すインタビュー・タスク(上級クラス用)は、教室の外で日本語母語話者を相手に敬語を使わせることを目的に作成されたものです。このタスクでは、インタビュー協力者である日本語母語話者にもインタビューの評価を依頼します。インタビューの終了後、教師は学習者自身に自分のインタビューをどう思ったかをEメールで報告させ(自己反省)、続いて、個人面接などを行って、日本語母語話者の評価結果について話し合います。一般日本人と日本語教師とでは、日本語第二言語話者の口頭パフォーマンスの評価の視点や厳しさに違いがあるという先行研究もあるので(本章[2.3]参照)、このような外部の日本語母語話者による他者評価を時おり形成的評価に取り入れるといいと思います。

●2章[2.3]☞52ページ

話し合おう

1. クラス内評価に使用する到達度テストの妥当性を高めるために、どんな点に留意しなければなりませんか。
2. 言語テストの出題方法や解答形式には、どのような種類がありますか。それぞれの特徴についても話し合いましょう。
3. 口頭のパフォーマンス評価を行う時に、試験官としてどんな点に留意しなくてはなりませんか。
4. パフォーマンス・テストの採点結果の信頼性を高めるために、評定者はどんな点に留意しなくてはなりませんか。
5. 採点の一貫性、及び、評定者間信頼性とは何ですか。到達度テストの場合、どのようにして検証することができますか。
6. 選択式の到達度テストの項目困難度分析は、どのようにして行いますか。
7. 学習者主導型評価とは何ですか。その利点は何ですか。
8. 日本語のクラスで自己評価表を作成し、使用する時には、どのような点に留意すべきでしょうか。

プロジェクト・アイデア

1. ある特定の日本語クラスから単元を一つ選び、その単元の学習目標と指導項目を基に、内容的妥当性のある単元テストを作成してみましょう。そして、作成したテストをクラスメートと交換し、**表2-2**を使って、テストの妥当性を分析してみましょう。　　　　　　◎表2-2☞47ページ

2. 初級学習者向けの口頭のパフォーマンス・テストを作成しましょう。また、**資料2-10A・2-10B**か**資料2-11A・2-11B**の採点表を参考に、評価基準も作成してみてください。
◎資料2-10A～2-11B☞190ページ～193ページ

3. 2.で作成したテストを使って3～5名の被験者とテストを行い、録音してください。そして、録音したテープを分析的尺度を使って、まず自分で採点をしてみてください。次に、クラスメートに、同じ評価基準を使って、採点してもらいましょう。そして、二組の採点結果を比べて、試験官としての自分に、どんな特徴があるのかを考えてみてください(例えば、正確さに対する判定が厳しいなど)。また、採点結果を基に、評価基準を改良してください。

4. クラスメートの一人と協力し合って、タスク型の筆記テストを作成し、少なくとも5人の学習者を対象に、実施してください。そして、**資料2-7A・2-7B**の分析的評価基準を使って、各自が別々に被験者全員の採点を行います。そして、採点後に、判定結果を比べ合ってみてください。評定尺度をそのまま使ってもいいし、使用目的に応じて一部変更してもかまいません。
◎資料2-7A～2-7B☞184ページ～185ページ

5. **表2-2**の項目品質分析チェックリストを参考に、四肢選択問題を五つほど作成し、できるだけ多くの学習者を対象に実施してください。そして、テスト結果を基に、テスト項目の困難度と錯乱肢有効度を分析してください。　　　　　　　　　　　　　◎表2-2☞47ページ

6. ある特定の日本語クラスで使用できる自己評価を、作成してみましょう。

第3章
日本語プログラムの学習成果アセスメント
Assessing learning outcomes of Japanese language programs

米国の教育界では、教育プログラムを対象にした**学習成果アセスメント**が推進されており、国内の第二言語教育や外国語教育に、大きな影響を与えています（例．Bernhardt, 2006; Glisan & Foltz, 1998; Houston, 2005; Liskin-Gasparro, 1995; Mathews & Hansen, 2004; Pfeiffer & Byrnes, 2009; Ricardo-Osorio, 2008; Windham, 2008）。その第一目的は、プログラムの学習成果を評価し、その結果を教育の質の維持や向上に役立てることです。学校や大学で評価を行う時、授業内容や指導法、つまり「何をどう教えたのか」に焦点を置く方法もあります。ところが、学習成果アセスメントでは「何をどう教えたのか」というよりも、「学習の結果、実際に何ができるようになったのか」に焦点が置かれます。このような学習成果を重視した評価に向けての動きは、米国だけでなく国際的な潮流となっています。◆1

教育成果を重視するプログラム評価は、日本語教育においても、その社会的責任の一端として、今後取り組んでいかなくてはならない大きな課題の一つです（札野 2011）。しかしながら、教師の義務及び責任として受けとめられているクラス内評価に比べ、プログラム評価に対する教師の態度は消極的です。「プログラム評価の価値は理解できるが、時間がない。できれば避けて通りたい…」と感じている教師は少なくありません。そこで、3章は、日本語教育現場で、より多くの教師が、プログラムを対象にした学習成果アセスメントに参加できるようにするにはどうすればよいのか、という点に留意しながら評価を考えます。

まず、米国における、プログラム対象の学習成果アセスメントの現状や動向について述べます。次に、その目的と役割を、**社会に対する教育の責任説明**（アカウンタビリティー）、**教育の質保証認定制度**（アクレディテーション）、そして、**カリキュラムの縦横の連携**（アーティキュレーシェン）の視点から説明します。そして、プログラム対象の学習成果アセスメントが、教育現場で、どのような段階を経て具現化されるのかについても説明します。最後に、直接的及び間接的な学習成果アセスメントのデータ収集法を取り上げます。ここでは、学習成果に関するデータ収集法として一般的な、作文及び小論文の採点法に関する問題、そして、**プログラム修了アンケート**の実施とその利用について考察します。

◆1　日本の教育界でも、文部科学省の中央教育審議会答申「学士課程教育の構築に向けて」の報告書（2008）で、学習成果アセスメントの積極的な導入が提言され、大学教育を中心にどのように学習成果アセスメントを推進していくべきかが、検討されている（川口 2009）。同報告書のウェブページ
URL http://www.mext.go.jp/b_menu/shingi/chukyo/chukyo0/toushin/1217067.htm

第3章の目標

1. 米国におけるプログラム対象の学習成果アセスメントに関し、その社会的背景や動向を把握する。
2. プログラム対象の学習成果アセスメントを行う目的とその役割を、社会に対する教育の責任説明、教育の質保証認定制度、そして、カリキュラムの縦横の連携の観点から理解する。
3. プログラム対象の学習成果アセスメントが、どのような段階を経て行われるのかを理解し、また、どのようにすれば教師から協力が得られるのかを考慮しながら、評価計画が立てられる。
4. プログラム対象の学習成果アセスメントのデータ収集法や、データ結果の利用法についての知識を深め、日本語教育現場で応用できる。
5. 評定者の採点の厳しさの違いや自己一貫性等の問題を考慮した上で、作文や小論文を学習成果アセスメントに利用できる。
6. 間接的な評価データ収集法の一つである、プログラム修了アンケートの利用法や用途を理解する。

3.1. プログラム対象の学習成果アセスメント：現状と動向
Assessing program-level learning outcomes: Current situations and directions

今や国際的な潮流となっているプログラム対象の学習成果アセスメントですが、「**教育の質保証認定制度(accreditation)**」が、その原動力になっています。日本では、大学・短期大学・高等専門学校は、7年内ごとに教育の質保証認定制度を受けることが義務づけられ、文部科学大臣の認証を受けた第三者機関が、認証評価を行っています。米国でも、政府の認証を受けた評価機関(＝アクレディター[accreditor])が、認証評価を定期的に行っています。米国のアクレディターは、学校や大学に対し、教育の質保証における評価の重要性、特に、プログラム対象の学習成果アセスメントの必要性を強調しています。

著者が所属するハワイ大学マノア校は、**米国西部学校・大学協会**(Western Association of Schools and Colleges、通称WASC)から、定期的に教育の質保証の認定を受けています。◆2 WASCは、学校教育及び大学教育一般を対象とする認定機関ですが、この他にビジネス、建築、工学など、特定の専門を対象にしている認定機関も数多くあります。近年においては、教員養成機関の改善を求める声が高まる米国で、**全米教員養成認定審議会(NCATE)**が設立され(1章[1.4]参照)、米国の外国語教員養成課程に大きな影響を与えています(McAlpine & Dhonau, 2007; Pearson, Fonseca-Greber, & Foell, 2006)。例えば、NCATE加盟の外国語教員養成機関は、最低限度の外国語口頭運用能力を身につけた教師候補を現場に送り出していることを証明するために、ACTFL OPIのレベル認定を訓練生に義務づけています。◆3 日本語教育も含め、専門知識や技術としての外

◆2 本校の各学部は、WASCによる教育の質保証認定の他に、5年ごとに、主に他大学から選ばれた教職員や管理職から構成される審査団体による**プログラム審査(program review)**を受けることになっている。

プログラム審査においては、評価対象の学部自らが作成する自己評価報告書(self-study report)が主な評価データとなる。つまり、調査対象の学部やプログラムは、大学の定める自己評価報告書ガイドラインに基づいて、評価データを収集・分析し、外部評価者に提供しなければならない。

● 1章[1.4] ☞21ページ

◆3 米国のNCATE加盟校の教員養成課程では、小・中・高校の日本語教師を目指す学生は、最低「中級－上」以上の日本語会話能力を習得していることが証明できないと、**教員資格を取得できないことになっている**(2011年10月現在)。

国語教育のみを対象とする質保証認定制度は現在存在していませんが、教育現場での積極的な学習成果アセスメントの導入が要求されている今日、そのような制度が米国で将来設立される可能性がないとはいえません。

　米国の教育の質保証認定機関は、教師がクラス単位のみならず、プログラム対象の学習成果アセスメントに定期的に従事することによって、教育の質を維持または向上させることを期待しています。また、プログラム対象の学習成果アセスメントを教育活動の一環として位置づけることにより、学校や大学が外部者に向けて、学習成果に関する情報を開示することを要求しています。教育の質保証認定機関からこのような「プレッシャー」を受けている学校や大学は、当然、学内の教師に、クラス内だけでなくプログラム対象の学習成果アセスメントを充実させることへの理解と協力を求めるようになります。しかし、それに対する教師の反応はさまざまです。プログラム対象の学習成果アセスメントに関心を寄せ、そのような評価に積極的に取り組む「**前向きな姿勢**(proactive)**の教師**」はもちろんいます。しかし、大抵の高等教育機関では、このような教師は残念ながら少数派で、多くは、どちらかといえば消極的です(Katz, 2010)。

　その理由の一つは、米国の教育機関では、クラス単位で行う評価が、教師の義務及び責任として確立しているのに対し、プログラムを対象に行う評価への参加は、基本的に協力を求めるという形で行われており、プログラム評価が教師の義務または責任であるという見方がまだ浸透していないからです。1章と2章で解説したように、教師は、クラス単位における成績判定や指導改善のために、数々の形成的及び総括的評価に従事しています。また、米国のほとんどの大学では、勤務評価の一部として学期末に**授業評価**(course evaluation)を行うことが義務づけられており、教師はそれに基づいてシラバス、教材、教え方などを改善することになっています。また、定期的な勤務評価や**終身在職権及び昇進**(tenure & promotion)の審査時にも、授業評価の結果は大変重視されます。このために、多くの教師は、クラス単位で行う評価に関しては、自分の義務及び責任として真摯に受け止めています。しかし、プログラム対象の学習成果アセスメントの方は、参加しなくても契約違反にはなりません。また、終身在職権や昇進の審査にもさほど影響しないということもあり、これを自分達の義務または責任であると見なし、積極的に取り組んでいるという教師はまだ少数派です。

　クラス単位で行う評価は、ある意味で、プログラムを対象にした形成的評価（1章[1.3]参照）であり、学習者への支援という観点からは、クラス単位で行われる評価こそが大切だという見方もできます。しかし、クラス単位で行われる評価だけでは、個々のクラスで学んだことの集大成として学習者が何ができるようになったのかを知り、また、プログラムの目標達成度を総括的に評価し

● 1章[1.3]☞18ページ

た上で、その結果をカリキュラム開発に生かすことが難しくなります。教師の
プログラム評価への積極的な参加を促すために、それを教師の勤務評価や終身
在職権や昇進審査の対象の一つにしたらどうか、という声も時々校内で聞かれ
ますが、このような提案は、慎重に考慮されなければなりません。

　教員から、プログラム対象の学習成果アセスメントに対する理解と協力を得
ることが難しいもう一つの理由は、それに対して根本的な疑問を抱いている教
師が少なくないことです。「学校や大学で学んだことのすべてが評価可能なの
か」「学校や大学で受けた教育の成果は、卒業時に分かるものなのか」「学習者
の学力や教養の変化をどのように測定するのか」などの疑問が投げかけられて
います。例えば、本校も含め米国の多くの大学では、大学教育の学習成果とし
て、社会人としてのコミュニケーション能力、**倫理的思考**(ethical reasoning)、
クリティカル思考(critical thinking)などの育成を強調しています。◆4　ところが、
「大学教育を受けた結果としてのこれらの汎用的能力の向上を、一体誰がどの
ような方法で評価することができるのか」また「このような能力は、卒業時に
大学教育の成果としてはっきりと見えるものではない」という疑問や意見が、
打ち出されているのです。確かに、教育機関が、プログラム対象の学習成果ア
セスメントを導入する時には、どのような能力が評価可能なのか、また、評価
することに意味があるのかを、しっかりと検討する必要があるでしょう。学内
で何をどう評価するのかについて意見をまとめるのは、時間のかかるプロセス
です。しかし、学習者に期待する学習成果が具体的で、かつ評価可能なもので
なければ、プログラム対象の学習成果アセスメントを具現化するのは難しいと
思われます(Morris, 2006)。

　プログラム対象の学習成果アセスメントを取り扱った最近の第二言語教育研
究でも、プログラム・レベルの評価が奨励される一方で、それを現場で具現化
させる上で、検討しなければならない課題や問題点が数多くあると指摘してい
ます(例. Byron, 2006, 2008; Carstens-Wickham, 2008; Cumming, 2009; Kiely, 2006; Wright,
2006)。例えば、「クラスを超えたレベルで行われる学習成果アセスメントを、
誰が何のために、どのような方法で行うべきなのか」「どのようなプログラム
評価が、模範的な学習成果アセスメントの実践といえるのか」「現場の教師は、
評価というものをどう捉え、評価を行う知識や技術をどのようにして習得し、
向上させているのか」「現場の教師が、プログラム対象の学習成果アセスメン
トと前向きに取り組める環境を整えていくために、組織や国は何をしなくては
ならないのか」などの疑問が、次々に投げかけられています。

　このような現状下、全米各地の教育機関における学習成果アセスメントの理
解と支援を高めることを目的に設立された教育組織が、各地で増えています。
例えば、2008年には、イリノイ大学とインディアナ大学が協力して**全米学習成
果アセスメント研究所**(National Institute for Learning Outcomes Assessment)を設

◆4　全米カレッジ・大学協会(Association of American Colleges & Universities, 以下AACU)は、2005年より「リベラル教育とアメリカの展望(Liberal Education and America's Promise, 通称LEAP)」と呼ばれる教育改革運動を推し進めている。AACUは、米国の大学におけるリベラル教育が目指すべき教育成果(Essential learning outcomes)の全貌を明らかにし(本文で述べたコミュニケーション能力、倫理的思考、そして、クリティカル思考に関する事項も含まれる)、その評価のためのルーブリックも開発した。また、LEAP理念の具現化に向けて、大学教育における「インパクトのある教育実践(High-Impact Educational Practices)」の拡大も、奨励している(例えば、コミュニティー活動に参加し、社会問題を直接的に体験・分析するサービス・ラーニング[service learning]、集中ライティング[intensive writing]、キャップストーン[capstone]、及び、プロジェクト・ワークのコースなどの設置)。このようなLEAP改革運動の影響を本校も受け、校内において、LEAPが目指すリベラル教育を浸透させようとする動きが、今日起こっている。

なお、上記のLEAP理念及びルーブリックは、下のAACUのホームページにて公表されている。
URL http://www.aacu.org/leap/vision.cfm

置し、主に全米の高等教育における成果重視の評価を支援するための活動を行っています。[5] 本校でも、2006年に連邦政府からの助成金を得て外国語プログラム評価プロジェクト(Foreign Language Evaluation Project)が立ち上げられ、2011年現在は校内に立地する**全米外国語研究所**(National Foreign Language Resource Center, NFLRC)によってプロジェクトが維持されています。

[5] 全米学習成果アセスメント研究所のウェブサイト
URL http://www.learningoutcomeassessment.org

さらに本校では、プログラム対象の学習成果アセスメントに対する教師の理解と協力を高めるために、数年前に大学の教務課の管轄下に、評価事務所(Assessment Office)が設置されました。評価事務所はキャンパス内の全学科長(department chair)に対し、学科内で行われている評価活動やその用途(例．カリキュラム編成)に関する評価報告書を、年に一回提出することを要求しています。また、同事務所は、学習成果アセスメントに関する研修を定期的に提供したり、各学科からの評価に関する相談を随時受け付けたりしています。評価事務所が設立されてからは、教師のプログラム対象の学習成果アセスメントに対する意識、特に、プログラム対象の学習成果アセスメントに関する意識は以前より高まり、評価に関する知識や技術を持ち合わせた教師の数も増えたと思います。しかし、先程も述べたように、その一方で「自分の担当クラスの学習者を対象にした成績判定や授業評価を行っていれば、それで十分なのではないか」と考える教師はまだ数多くいて、プログラム対象の評価に対する教員の理解と協力を得るには時間がかかりそうです。また、評価事務所に毎年提出することになっている上述の評価報告書の内容を見ても、本校において、学習成果アセスメントが十分に浸透しているとはいえません。例えば、収集された評価結果が、必ずしもカリキュラム開発や教育環境の改善に役立っておらず、プログラム対象の学習成果アセスメントの難しさが伺えます(University of Hawai'i at Mānoa Assessment Office, 2010)。

著者の属する言語・言語学・文学部(College of Languages, Linguistics, and Literature)では、プログラム対象の学習成果アセスメントへの参加は、基本的には、教師や学習者に協力を求めるという方法で行っています。例えば、日本語学士課程の四年生に、プログラム評価の目的で卒業試験を受けさせたい、またプログラム修了アンケートに参加させたいと願っても、卒業要件ではない卒業試験やアンケートへの参加を学習者に強制できません。しかし、このような制限の下でプログラム評価を行う場合、評価に参加する学習者数がどうしても少なくなり、効果的なプログラム評価を行うのが難しくなります。この問題を解決するために、プログラム評価を、クラス内評価の一部として行う方法を導入している学科や学部もあります。プログラム評価をクラス内評価の一部として行う方法として一般的なのは、クラスの期末試験にプログラム評価用の質問を織り込んで、データ収集を行うという方法です。

また、評価対象の学習課程の必修クラスのいくつかを、**キャップストーン・**

コース(capstone course)に指定し、そこで得た評価データをプログラム評価に用いるという方法も一般的です。「キャップストーン」とは、「ピラミッドの頂点に置かれた石」のことですが、プログラム評価においては「全課程の頂点に立つクラス」という意味で使われています。キャップストーン・コースに指定されているクラスでは、専攻・専門課程で学んだ知識や技術を応用できる能力があるかどうかを総括的に評価します。日本語教授法に関する最近の論文や報告書によると、日本語教育現場で**内容重視教育**(content-based instruction)(Brinton, Snow, & Wesche, 2003)が積極的に導入されているようです(例. 近松 2008, 2009; ハドソン 2011; フーゲンブーム 2011; Morioka, Takakura, & Ushida, 2008)。内容重視教育は、キャップストーン・コース開発という観点からはまだ検討されていませんが、その可能性は十分あると思います。さらに、卒業試験や卒業論文を卒業要件の一つとしているプログラムの場合は、その結果を卒業資格判定に使用するだけでなく、プログラムを対象にした学習成果アセスメントのデータの一つとして分析することもできます。

このように、プログラム対象の学習成果アセスメントに使うデータを収集する方法はいくつかあります。しかし、プログラム評価を体系的に行っていくには、それを率先して行うリーダーの存在と、教育機関からのサポートが必須です。評価を受け入れる体制が十分に整っていないところに、外部や組織の上層部からプログラム対象の学習成果アセスメントを押しつけても、効果がないどころか、教師から反感を買う危険性があります(Kondo-Brown, 2009b)。特に、今日においては、長期化する世界同時不況の煽りを受け、世界各地で語学教師に対するサポートが削減し、外国語教育の質を向上させ、きちんとしたプログラム評価もやっていきたいと願う語学教師のハードルが以前にも増して高くなっています。予算カットの対応に追われる学校や大学側から、クラスの学習者数を増やすことを要求されたり、教職員数削減のため、教師一人当たりの仕事量が増える傾向にあるのです。このような現状下で、教師がプログラム対象の学習成果アセスメントを定期的に行い、教育の質向上に取り組める体制作りを整えていくには、組織からのプログラム評価へのサポートが不可欠です。

3.2. プログラム対象の学習成果アセスメント：目的と多面的役割
Assessing program-level learning outcomes: Purpose and multiple roles

本章の冒頭でも述べたように、プログラム対象の学習成果アセスメントの第一目的は、学習成果に関する評価データを収集分析し、その結果を教育の質の維持・向上に役立てることです。しかし、プログラム対象の学習成果アセスメントは、その他にも大切な役割があります。図3-1に示すように、社会に対する**教育の責任説明**(accountability)、**教育の質保証認定制度**、そして**カリキュ**

ラムの縦横の連携(articulation)は、プログラム対象の学習成果アセスメントが果たす役割の中で、特に大切なものです。

まず、社会に対する**教育の責任説明**という観点から見たプログラム対象の学習成果アセスメントの役割ですが、評価に従事していなければ、保護者、政府機関、地元企業や市民などからの教育の質や成果に関する問いに対し、適切かつ十分な応答をすることが難しくなります(Chase, 2006)。例えば、本校の日本語学士課程の責任説明に関する問いかけに「ハワイ大学で日本語を四年間学習すると、日本語がどの程度使えるようになるのか」「日本語学士課程の教育目標は具体的に何であり、四年間でそれをどの程度達成できているのか」などがあります。また「日本語専攻卒業生の就職状況はどうなのか」「雇用者は彼らの日本語能力に満足しているのか」など、卒業生の就職という観点からみた教育の成果や価値についての説明も求められ、そのような問いに対しても対応していかなくてはなりません。特に、経済不況の続く今日、大卒者の就職難は現実のものであり、大学進学を考えている学生やその保護者から、教育の成果や学位の価値、さらには高騰する授業料の付加価値の有無を要求されても、それは当然のことです。

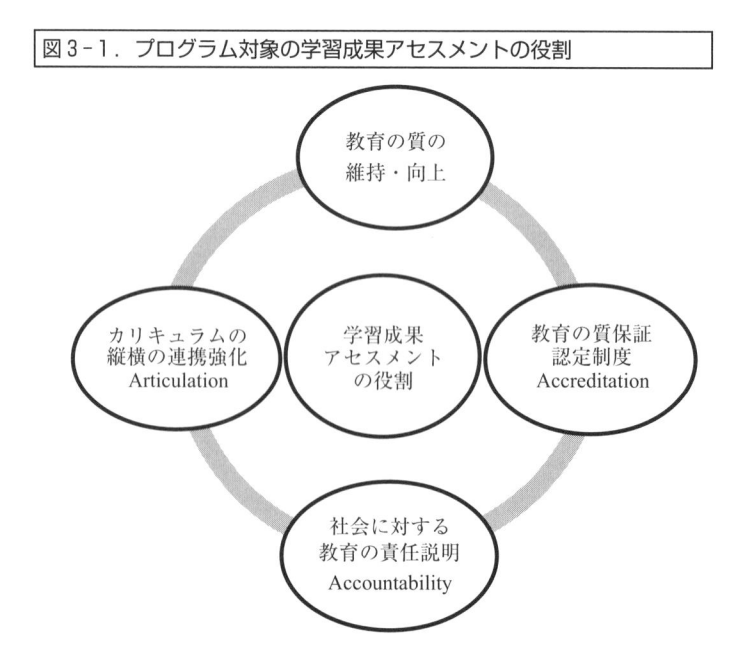

図3-1. プログラム対象の学習成果アセスメントの役割

- 教育の質の維持・向上
- カリキュラムの縦横の連携強化 Articulation
- 学習成果アセスメントの役割
- 教育の質保証認定制度 Accreditation
- 社会に対する教育の責任説明 Accountability

次に、**教育の質保証認定制度**という観点から見たプログラム対象の学習成果アセスメントの役割ですが、米国を例にあげると、前述したとおり、政府から認証を受けた評価機関が、定期的に学校や大学の認定を行うことになっています。高等教育機関の場合、認定を受けた機関のみが学位を発行することができるのです。本章の冒頭で述べたように、本校は、WASCから質保証の認定を受けています。この認定のため、WASCの審査団体は定期的に本校を訪問し、

書類調査や大学関係者との面接を行っています。各学科が適切なプログラム評価を採用し、その結果を参考に、教育改善の努力を行っているかどうかという点も、主な審査項目の一つになっています。WASCによる審査の結果、質保証の認定を失えば、学位を発効することができなくなるわけで、大変なことになります。ですから、WASC訪問の時期が来ると、大学の教務課はその緊張感を隠せないようです。このように、WASCが、高等教育におけるプログラム評価の役割を重視しているということもあり、本校にとっても、その定着化は、教育の質保証認定という観点から避けられないのです。

最後に、**カリキュラムの縦横の連携**という点からも、プログラム対象の学習成果アセスメントは大きな役割を果たしています。例えば、米国の外国語教育界では、教育者や研究者が同じ理解を持って目標言語能力基準について話し合えるようにと、ACTFLは1986年に四技能の言語能力基準を定めました。そして、その13年後の1999年には、同協会らが中心となって**21世紀に向けての外国語学習基準**(Standards for Foreign Language Learning: Preparing for the 21 Century)を作成し、**全米共通の外国語学習基準**として提唱しました(米国では、通称で「ナショナル・スタンダーズ」と呼ばれています)。全米の学校や大学が、共通の言語能力基準や、指導内容基準を参考にしたカリキュラム開発や評価に取り組むことにより、小・中・高校から大学に至るまでの外国語教育の縦横の連携が強化され、より効果的な外国語教育を提供できると期待したからです。これらの基準は、日本の学習指導要領が持つような法的な拘束力はありませんが、**日本語ナショナル・スタンダーズ**(The National Standards for Japanese Language Learning)も作成され、過去10年の間に米国の各州における日本語教育に、大きな影響を与えてきました(牛田 2007)。◆6 また、米国の外国語教育界では、「**プロフィシェンシー強化のための言語教育**(proficiency-oriented language instruction)」が近年になって普及し、言語運用能力を高める教育が支持されてきました(Omaggio Hadley, 2001; Tedick, 2002)。ここで提唱されている言語能力の捉え方や評価の仕方も、ナショナル・スタンダーズやACTFLの言語能力基準の強い影響を受けています。

また、最近においては、国際交流基金が「**JF日本語教育スタンダード2010**」を開発し、世界共通の日本語運用能力基準を提唱しています。これも、世界各地における日本語教育の縦横の連携を強めることをその目的の一つとしています。◆7 JF日本語スタンダード2010は、ヨーロッパ言語共通参照枠(CEFR)の「Can do statements(「私は〜ことができる」という形式の記述)」を基盤に作成されたもので、日本語の熟達度の評価基準として、各熟達度レベルで、どのような場面で、何がどれだけできるのかを示しています(塩澤・石司・島田 2010; 森本・塩澤・小松・石司・島田 2011)。今後、日本語教育現場におけるJF日本語教育スタンダード2010の評価基準としての可能性を、検証していく必要があるで

◆6 日本語教育用のナショナル・スタンダーズのウェブサイト
URL http://www.aatj.org/atj/standards/index.html

◆7 JF日本語教育スタンダード2010のウェブページ
URL http://jfstandard.jp/top/ja/render.do

しょう。例えば、関崎・古川・三原(2011)は、海外日本語教師を対象にした短期研修プログラムにおけるポートフォリオ評価を取り上げ、プログラムの一環として行われた口頭発表の評価を効果的に行うために、JF日本語教育スタンダード2010を基盤に、「自己評価シート」および「他者評価シート」を作成し、その実践過程と成果を報告しています。

このように、プログラム対象の学習成果アセスメントは、今後、世界各地の言語教育界でますます関心が寄せられるようになると思います。前節で述べたように、教育現場でプログラム評価に対する教師や学生の理解と協力を得るのは容易ではありませんが、学部長をはじめ、学科長や教科主任などのリーダー自らが率先して評価に取り組み、教師や学習者が、前向きに評価に取り組んでいけるような環境を築いていかなくてはならないのです(Byrnes, 2001)。

3.3. プログラム対象の学習成果アセスメント：計画と具現化
Assessing program-level learning outcomes: Planning and implementation procedures

プログラム対象の学習成果アセスメントは、通常、図3-2に示すような段階を経て行われます。図に示すように、評価プロジェクトに取りかかる時は、第一に、評価の的を絞り、その目的と用途を具体化することから始めます。プログラム評価と言っても、プログラムのすべての学習目標に関する評価データを、一斉に収集、分析するわけではありません。優先順位を決めるなどして、評価の的を絞って計画を立てなければ、実行が困難になります。複数の学習目標があるのならば、どの目標に焦点を置いた評価を行うのかを、まず最初に決定します。例えば、口頭能力に関する学習目標に焦点を置いた評価にするのか、それとも読解力についての評価なのか、という具合に評価の的を絞るのです。もし、プログラムの明確な学習目標が、まだ設定されていないという段階にあるのであれば、学習目標を設定するところから始めなくてはなりません(Morris, 2006)。

また、プログラム対象の学習成果アセスメントの目的が、ある特定の学習目標に焦点を絞って設定されるのではなく、学びに関する問題提起が動機となって設定される場合もあります(問題提起型評価)。例えば、教育現場で何かが問題視され(例．全体的な学力の低下、不適切なクラス配置、学力に関する卒業生からの不満など)、それに関する改善策を見出すという目的で学習成果の実態調査を行うという方法です。さらに、プログラムの長所や価値を見出すという目的で、学習成果の評価が行われる場合もあります。このアプローチは「**価値を見出すための探求**(Appreciative Inquiry)」と呼ばれています(Preskill & Coghlan, 2004)。この言葉は日本語教育界ではまだ馴染みのない言葉ですが、このアプローチでは、組織の価値や人の長所に注目し、それを伸ばしていくということを目標に

3.3. プログラム対象の学習成果アセスメント：計画と具現化

評価が行われます。つまり、評価を行うことによって、プログラムの価値を再認識し、それを強化することによって、プログラムの価値をより高めていこうというものです。

図3-2．プログラム対象の学習成果アセスメントの手順

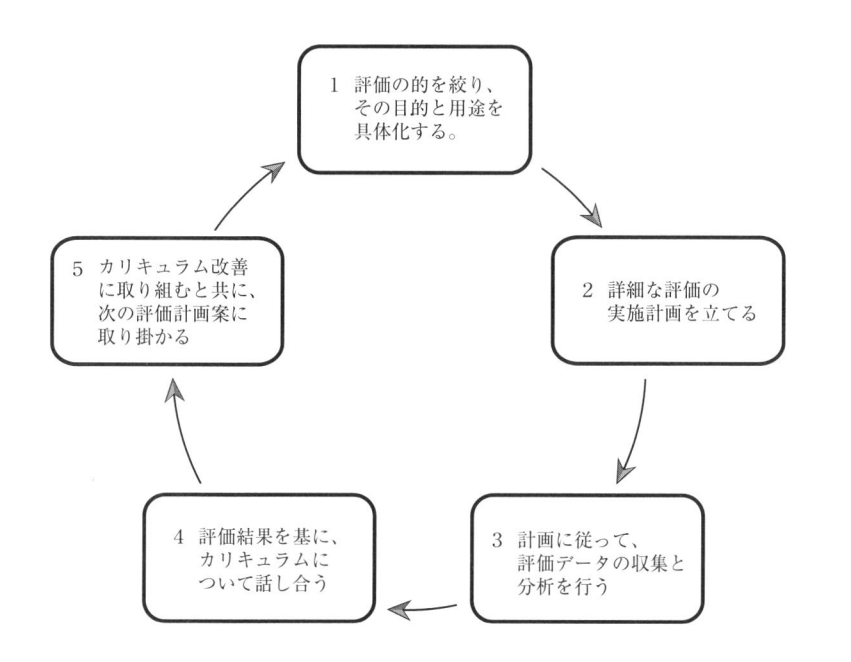

1. 評価の的を絞り、その目的と用途を具体化する。
2. 詳細な評価の実施計画を立てる
3. 計画に従って、評価データの収集と分析を行う
4. 評価結果を基に、カリキュラムについて話し合う
5. カリキュラム改善に取り組むと共に、次の評価計画案に取り掛かる

本章[3.1]で述べたように、プログラム対象の学習成果アセスメントに対して、消極的な態度でいる教師は数多くいます。したがって、教育現場でプログラム評価に対する教師の協力を得るためには、まず、なるべく多くの教師が、前向きな態度で評価に参加できるような評価目的の設定を行うところから始めることが大切だと思います。そして、何をどんな目的で評価するのかが決定したら、次に、詳細な評価の実施計画に取りかかります。例えば、どの学習者を対象に行うのか、誰が何をどうやって評価するのか、いつ行うのか、また、評価結果をどのような方法で分析し報告するのかなどについて、関係教職員(学科長、教科主任、関係教員など)が話し合います。

さらに、プログラム評価に対する教師の協力を得るためには、企画中の評価活動が教師の負担になりすぎることがないか、また、教師のプログラム評価への参加を促すためのサポートをどのような形で与えられるか、という観点から検討することも大切です。例えば、組織が評価予算を組んで、プログラム・レベルの学習成果アセスメントを対象にした、評価プロジェクト助成申請の機会を与えるというのも一つの案です。◆8 また、もし学内に院生がいるのであれば、院生が積極的に参加できる研究プロジェクトとして、評価活動を行うのもいいでしょう(Hutchings, 2010)。例えば、本章の3.1で述べた本校のNFLRCに

● 3章[3.1]☞71ページ

◆8 本校でも、数年前に評価プロジェクト助成金が出された。本校の言語プログラムの学習成果アセスメントに関するアンケート調査(本章[3.4]参照)も、著者が同助成金を受けて行ったものである。

ちなみに、米国の大学では、このような評価プロジェクト助成金は、研究助成費として、主に、終身在職権保持者もしくは終身在職権トラック(tenure-track)の職員に優先して与えられているようだ。本校でもその傾向にある。しかし、米国の大学では、日本語を含め外国語のクラスを教えている職員は、その多くが、非終身在職権トラック(non-tenure track)の教員だ。本校でも、特に初級・中級レベルの外国語のクラスのほとんどは、常勤講師(Instructor：通常1～3年ごとの契約更新)、非常勤講師(Lecturer：通常、学期ごとの契約だが、再契約は可能)、そして院生アシスタント(Graduate assistant：学科によって、契約期間に違いがある)が教えている。米国大学で提供されている外国語プログラムを対象にした評価活動を促進させるには、大学の非終身在職権トラックの教員の評価活動に対する支援も、考えていかなくてはならない。

● 3章[3.4]☞81ページ

よって維持されている「外国語プログラム評価プロジェクト」では、第二言語学科(Department of Second Language Studies)の院生が、リサーチ・アシスタントとして雇われています。これらの院生は、本校や他校のプログラム評価を支援することによって、自分の博士論文のための評価データを集めることができるだけでなく、評価専門家としての経験を積むことができます。

評価データの収集法に関しては、色々な方法がありますが、表3-1に示すように、大きく分けて、**直接法**(direct method)と**間接法**(indirect method)に分類できます。直接法とは、文字どおり、評価を意図している学習成果を直接的に評価する方法で、テスト、ポートフォリオ、論文、口頭発表、観察など、様々なデータ収集法があります。一方の間接法は、評価を意図している学習成果を間接的に評価する方法で、アンケートやインタビューを使用するのが最も一般的です。

表3-1. プログラム対象の学習成果アセスメントのためのデータ収集法の例

直接法	間接法
・能力テスト ・到達度テスト ・ポートフォリオ ・小論文や卒業論文 ・口頭発表 ・観察	・アンケート(プログラム修了者、卒業生、雇用者などを対象) ・インタビュー

テストを使用して、ある特定のプログラムを対象にした学習成果アセスメントを行う時には、事前・事後テストの結果を比較するというデザインの**継続的研究**(longitudinal study)を行うと効果的です(Ortega & Iberri-Shea, 2005)。そうすれば、プログラムの学習成果として、学習者の知識や技能がどの程度上達したのかを、より正確に把握することができます(例. Kondo-Brown, 2002b; Liskin-Gasparro, 1996; Rifkin, 2005)。例えば、Rifkin(2005)の研究では、ミドルベリー大学(Middlebury College)の夏季ロシア語プログラムの成果を分析するために、ACTFL言語能力基準に基づいた四技能テストと文法知識テストを、プログラムの最初と終わりに実施し、その結果を比べています。本校の日本語科でも、日本語二年課程プログラムの学習成果アセスメントを行うために、ACTFL言語能力基準に基づいて作成されたオンライン形式の日本語読解力テストを、事前・事後テストとして使用しました。その詳細は、4章[4.5]で述べますが、事前・事後テストの結果を比較することによって、日本語二年課程プログラムの読解力に関する学習成果の分析を効果的に行うことができました。

● 4章[4.5]☞108ページ

3.4. プログラム対象の学習成果アセスメントのためのアンケート調査：事例研究
A survey for assessing program-level learning outcomes: A case study

　私の所属するハワイ大学言語・言語学・文学部では、日本語をはじめ、約25ヶ国語の外国語を定期的に教えています。これらの言語プログラムで、学習成果アセスメントを計画的に行っていくという目的で、各学科からの代表者で構成された第二言語臨時評価委員会が数年前に結成されました。◆9 同評価委員会が取り組んだのは、本校の一般教養課程の学習目標の一つである「二年間の第二言語学習に匹敵する語学力」の評価をどう行うかでした。◆10 本校では「二年間の第二言語学習に匹敵する語学力」を一般教養課程の第二言語学習の到達目標としながらも、これが一体何を意味するのかということについて、明確にされないままでした。プログラム評価を行うのに、到達目標の具体的な意味が明確でないと、成果重視アセスメントを行うのが難しくなります。そこで、同評価委員会でこの問題が話し合われました。その結果、本校の外国語学科の教員(192名)を対象に、第二言語二年課程の修了者に期待する学習成果、また、その評価方法に関するアンケート(資料3-1参照)を実施することになりました(Kondo-Brown, 2004a)。同調査に使用されたアンケート用紙は、先程述べたナショナル・スタンダーズ、各言語プログラムのシラバス、そして、教科主任や第二言語評価委員会のフィードバックを参考にして作成されました。◆11

　アンケートの結果(48%の回答率)、回答者の大多数が、表3-2に示す八つの言語項目を、第二言語二年課程の学習目標にすべきだ、と考えていることが分かりました(古典言語は分析から除外)。この調査結果をACTFL言語能力基準に照らし合わせると、本学部の教員は、二年課程修了者に対して、少なくとも「中級-下」の言語能力を期待しているようでした。もちろん、目標言語によって年間受講時間数や、カリキュラムに違いがあり、それによって、到達目標レベルも違ってきます。また、英語話者が、欧州系言語以外の言語を外国語として学ぶ場合、欧州系言語を学習する場合よりも、その習得に時間がかかることは、先行研究で報告されています(例. Brecht & Rivers, 2000; Swender, 2003)。アンケートの結果は、以上を考慮に入れながら、第二言語評価委員会や一般教養課程科で検討されました。その結果、表3-2に示す八項目を、「大学における二年間の第二言語学習に匹敵する語学力」の内容基準の目安として採用しました。そして、各タスクがどの程度のレベルでこれらを運用できるかに関しては、目標言語によって多少の幅を持たせるということにしました。

◆9　ここでは「第二言語」は、母語(第一言語)を習得した後、二番目に学んだ言語という意味で使用されている。本校で第二言語を学ぶ学生のほとんどはこれらの言語を外国語として学習しているが、親からの継承語として学んでいる学生も多い。

◆10　本校では、毎学期ごとの総受講登録者数が千名を超える日本語のような大規模な外国語プログラムもあれば、マオリ語やポルトガル語のように、総受講登録者数が20名以下という非常に小規模なプログラムもある。入学時に第二言語学習の経験の全くない学習者は、第二言語学習の卒業要件を満たすために、これらの言語の一つを選び、二年間学習することになっている。本校で受講できる一年生・二年生レベルの第二言語のクラスのうち、日本語はスペイン語やハワイ語に並んで最も人気のある言語だ。なお、すでに第二言語学習の経験のある学習者は、プレースメント・テストを受け、自分の能力に応じたクラスに配置される(4章[4.6]参照)。

● 4章[4.6]☞114ページ
◎ 資料3-1☞204ページ

◆11　資料3-1では、同アンケートの一部を掲載している。アンケートの全内容は、以下のハワイ大学マノア校教養学部のリンクから入手できる。
URL http://www.hawaii.edu/gened/HSL/LLLassess_report04-04.pdf

第3章 日本語プログラムの学習成果アセスメント

表3-2．二年間の第二言語学習に匹敵する語学力の内容基準（ハワイ大学マノア校）

原　文	和　訳
1. Understand conversations about everyday experiences (e.g., school, work, interests, preferences)	1. 日常経験(学校、仕事、興味、好みなど)についての会話が理解できる
2. Understand factual content of paragraph-length descriptions/narratives on familiar topics	2. 馴染みのある話題の叙述や語りを聞いて、その事実関係が把握できる
3. Perform a variety of "real-life" tasks in common social and transactional situations (e.g., shopping, making hotel reservations)	3. 現実に起こりうるさまざまな社交・交渉場面(買い物、ホテル予約など)で、対応ができる
4. Sustain conversations/interviews about self, family, experiences, interests, and preferences	4. 自己、家族、経験、興味、そして、好みに関する会話や面接を維持することができる
5. Understand fully paragraph-length texts dealing with personal and social needs such as personal letters, messages, and memos	5. パーソナルな手紙、メッセージ、メモなど、私的または社交目的のために書かれた段落レベルの文章が理解できる
6. Get main ideas from authentic everyday practical materials written entirely in the target language (e.g., menus, ads for products)	6. 目標言語のみで書かれた日常の現物(メニューや広告など)から、主要な情報を得ることができる
7. Meet practical writing needs and social demands by writing paragraph-length personal letters, messages, applications, and journals	7. 段落レベルのパーソナルな手紙、メッセージ、願書、日誌を書くことにより、社交的また実務的な用を足すことができる
8. Demonstrate understanding of holidays and traditions celebrated in the target culture	8. 目標文化の祝日や伝統についての理解を示すことができる

◎資料4-1A ☞216ページ
　資料4-1B ☞217ページ

◆12　同学会のウェブサイトに「基礎レベルを超えた日本語カリキュラムのための枠組み[草案]（Framework for Post-basic Japanese Language Curricula [draft]）」が提示されている。
URL http://www.aatj.org/atj/prodev/Framework_draft.pdf

◆13　このOPIデータは、公式な資格を持ったACTFL OPIテスターらによる判定に基づく。しかし、被験者は無作為抽出法によって選ばれたのではなく、希望者からデータを取ったので、テスト結果にある程度の偏りがあるかもしれない。

　日本語の場合、**全米日本語教師学会**（Association of Teachers of Japanese [ATJ]）が、「基礎レベルを超えた日本語能力」をACTFL言語能力基準でいう「中級－下」に匹敵すると定義しています（4章の資料4-1A・4-1B参照）。◆12　しかし、口頭能力の場合、本校や他校の日本語プログラムで実施されたACTFL OPIの結果を見ると、大学の日本語二年後期の学習者で、「中級－下」のレベルに達している学習者は多くいるものの、「初級－上」の段階にいる学習者も少なくありません。例えば、2008-09年度に、本校の日本語二年後期終了間近の日本語学習者を対象に行ったACTFL OPIでは、被験者の18名中、「中級－下」もしくは「中級－中」という結果であった学習者が8名で、後の10名は、「初級－上」という結果でした（表3-3参照）。◆13　また、牧野（2001）の報告によると、プリンストン大学でも、日本語二年後期終了時点での到達目標を「中級－下」と定め、学習者が実際にどのレベルで日本語を話せるのかを、学習者全員を対象に調査しています。その結果、「中級－下」は、被験者の「平均的な熟達度」であったと報告しています（p.47）。さらに、ウエッツェル・渡辺（1998）によると、ポートランド州立大学でも、ACTFL OPIをプログラム評価に積極的に取り入れており、日本語二年課程了者が、「A（優）」の成績と判定されるには、「中級－下」の言語能力レベルに達していることが「大まかな目安」に

なっているようです(p.158)。このようなデータを考え合わせると、日本語二年後期のクラス終了時点において、日本語口頭能力の熟達度の目標基準をどこに置くかについては、「中級−下」もしくは「初級−上」が適切かと思われます。

表3-3. ハワイ大学マノア校日本語二年後期のクラス受講者の ACTFL OPI 結果

判定	学年	日本語専攻（○印）	第一言語	ハワイ大学での日本語クラス配置	本校での日本語学期間	中学・高校での日本語学習歴
初級−上	一年		英　語	二年後期クラス	一学期	四年
初級−上	三年		英　語	二年前期クラス	四学期	五年
初級−上	一年		英　語	二年後期クラス	四学期	三年
初級−上	三年	○	英　語	一年前期クラス	四学期	無
初級−上	三年		英　語	一年前期クラス	四学期	二年
初級−上	四年		英　語	一年前期クラス	四学期	二年
初級−上	二年	○	英　語	一年後期クラス	三学期	不明
初級−上	一年		中国語	二年後期クラス	一学期	四年
初級−上	院生		中国語	一年前期クラス	四学期	無
初級−上	三年		中国語	一年前期クラス	四学期	不明
中級−下	一年		英　語	二年後期クラス	一学期	六年
中級−下	三年	○	英　語	不　明	不　明	不明
中級−下	二年		英　語	一年後期クラス	三学期	三年
中級−下	四年		英　語	二年前期クラス	二学期	六年
中級−下	四年		英　語	一年後期クラス	四学期	四年
中級−下	四年		中国語	二年前期クラス	一学期	無
中級−下	四年		韓国語	一年前期クラス	四学期	一年
中級−中	院生		英　語	一年後期クラス	四学期	六年

「二年間の第二言語学習に匹敵する語学力」に関するアンケートでは、評価方法に関する教師の意見も、技能ごとに調査しました。例えば、**表3-4**は「話す能力の評価ツールとして、どれが望ましいか」という質問に対する結果を示しています。

　表に見るように、一番支持率の高かったのは、教師作成の口頭到達度テスト問題を期末試験に織り込む方法で、評価データを収集するという選択です。他の技能でも、プログラム評価用のテスト項目を教師が作成し、期末試験と同時に行うという方法が一番高い支持率を得ていました。逆に、ポートフォリオ評価は、まだ学部の二年生プログラムで使用している教員があまりいないということもあり、支持率が一番低いという結果になりました。

第3章 日本語プログラムの学習成果アセスメント

表3-4. 話す能力の評価ツールとしてどれが望ましいか(回答者数=88名)

ランク	話す能力の評価ツール	望ましいと答えた教員数	%◆14
1	Faculty-made oral achievement test embedded in the final exam（期末試験に織り込まれた教師作成の口頭到達度テスト）	62	77.5
2	Writing a short skit and performing it in front of an audience（短いスキットの台本を書いて、人前で発表する）	55	68.8
3	Available Oral Proficiency Interview test (i.e., ACTFL OPI)（ACTFL OPI など、入手可能な OPI）	53	66.3
4	Writing a report on a topic of interest & presenting it in front of an audience（興味のある内容でレポートを書き、人前で発表する）	50	62.5
5	Available Simulated Oral Proficiency Interview test (SOPI)（入手可能な模擬 OPI）	38	47.5
6	Self-assessment questionnaire（自己評価アンケート）	37	46.3
7	Portfolio assessment（ポートフォリオ評価）	23	28.8
8	Other instrument（specify＿＿＿）（その他の評価ツール：特定せよ＿＿＿）	4	5.0

◆14 総回答者数88名のうち、何パーセント望ましいと答えたかを示している。Kondo-Brown(2004, p.31)に基づく。

● 3章[3.6]☞90 ページ

ACTFL OPI のような OPI の使用に関しては、プログラム評価に使用できる OPI が未開発の言語もあることや、また、開発されていても費用がかかることから、OPI 使用に対する支持率は到達度テストに比べるとやや低めでした(68.8%)。対人ではなく、テープに録音された質問に答えるという方法で OPI が行われる模擬 OPI(Simulated Oral Proficiency Interview test [SOPI])に関しては、支持がさらに落ちていました(47.5%)。しかし、ある特定のプログラム用に教師によって作成された到達度テストだけでは、学習者の言語能力熟達度を、全国的な基準に照らし合わせて判定することが難しくなります。カリキュラムの縦横の連携に役立つプログラム評価を行うには、能力テストが現場で手軽に利用できるようにするなどして、到達度テストと能力テストの両方を使用するのが、最も理想的でしょう。事実、国内におけるプログラム対象の学習成果アセスメントに対する関心が高まるにつれ、ACTFL OPI のような能力テストを評価の目的で使用する外国語課程が、増加の傾向にあるとの報告もされています(Ricardo-Osorio, 2008)。本校の言語・言語学・文学部でも、学部が予算を組んで、2011年度から外国語専攻の学士課程卒業予定者全員(その大半は日本語専攻)を対象に、公式の ACTFL OPI を受ける機会を与えています(本章[3.6]参照)。この評価活動から得た結果は、学内の教師や学習者に利用されるだけでなく、アカウンタビリティーに関するデータの一つとして、また学部レベルにおける評価事例として外部にも開示しています。

3.5. 直接的な学習成果アセスメント：日本語作文テストと採点に関する問題点
Direct learning outcomes assessment: Japanese composition tests and scoring issues

作文、小論文、また書きタスクなどによる筆記テストは、CRTもしくはNRTとして、各クラスで行われる評価はもとより、プログラム評価でも幅広く活用されている直接的評価ツールの一つです。そして、前章でも述べたように、作文などを使ってパフォーマンス・テストを行う場合は、テスト実施前に評価基準や採点ルーブリックを作成し、学習者に説明しておく必要があります（2章[2.3]参照）。例えば、著者は、初級・中級レベルのクラス内テストの一部として行う、比較的簡単な書きタスクを採点するのに、前章の**資料2-7A・2-7B**に示すような採点ルーブリックを使用しました。

●2章[2.3]☞52ページ

◎資料2-7A☞184ページ
　資料2-7B☞185ページ

著者はこの評価ツールを、日本語教師としての経験、そして、作文評価や採点ルーブリック（2章[2.2]参照）に関する文献や先行研究を参考にして作成しました。例えば、田中・坪根・初鹿野(1998)の研究では、日本語教師や一般日本人が何を根拠として、「良い作文」とそうでない作文の区別をしているのかを考察しています。同研究では、まず、日本語教師(71名)と一般日本人(71名)が六つの作文の順位付けを行いました。次に、その順位付けの理由が何であったのかを調べるために、22の評価基準項目を用意し、「良い作文」の判定に、これらの項目がどの程度重視されたのかを問いました。そして、このようにして収集されたアンケート・データを使って因子分析を行った結果、「正確さ」「構成・形式（一貫性・段落分け・文のつながりなど）」「内容（要旨・内容の興味深さ・理解しやすさなど）」「豊かさ（文構造の複雑さ・漢字の使用）」の4因子が抽出されました。さらに、この4因子の平均値をグループ別（日本語教師対一般日本人）に計算・比較したところ、両グループとも「内容」を一番重視していること、逆に、「豊かさ」が一番軽視されているようでした。また、「構造・形式」に関しては、日本語教師の方が一般日本人よりも重視しているという結果でした。

●2章[2.2]☞48ページ

上級日本語コースで小論文やレポートを書かせる場合は、**資料3-2**に示すような「レポート提出チェックシート」を使って、自己点検をさせたり、また、**資料3-3A・3-3B**に示す「日本語小論文の評価シート」を使用して、教師が評価したり、学習者に自己評価をさせます。◆15 このようなチェックリストや評価基準を活用することにより、学習者は評価のポイントを意識しながら、小論文やレポートに取り組めます。教師の方も、より効果的なフィードバックを学習者に与えることができます。**資料3-3A・3-3B**に示すように、同評価シートは、日本語作文の評価に通常使用される「内容」「構成」「文章表現」などの項目以外に、「研究目的」「クリティカル思考」「情報源や引用」も評価の対象としています。◆16

◎資料3-2☞207ページ
　資料3-3A☞208ページ
　資料3-3B☞209ページ

◆15 「チェックリスト」とは、自己評価の一種である。資料3-2に示す「レポート提出チェックシート」（学習技術研究会 2011）のように、チェックリストには、通常、評定基準や尺度が付いていない(これが、ルーブリックと違うところ)。

◆16☞86ページ最下部に記載

さて、前章でも強調したように、作文や小論文の採点には、どうしても評定者の主観が入ります。ですから、信頼性の高い評定結果を得るためには、まず、共通の評定尺度を使って採点することが最低条件となります。次に、教師が主観テストの評定者としての訓練の機会を持つことも大切です。共通の採点ルーブリックがあっても、評定者がその使い方について適切な評定者訓練を受けていないと、妥当性や信頼性のあるテスト結果を得るのが難しくなるからです(McNamara, 2000; Rezaei & Lovorn, 2010)。評定者訓練では、通常訓練生は、まず、指定の採点ルーブリックの解釈や使用法について、具体例とともに説明を受け、その後、いくつかの異なる能力レベルのパフォーマンスの見本を個別に評定します。そして、自分の評定を他の評定者のと比較することによって、評定者間の評定尺度の解釈の違いや、相対的に見た自分の採点の厳しさ、もしくは甘さが理解できるようになります。このようにして評定者の主観の問題を少なくするというのが、評定者訓練の目的です(2章[2.4]参照)。

● 2章[2.4]☞57ページ

　田中・長阪・成田・菅井(2009)は、「アカデミック・ライティング」(例. 小論文)の採点用に作成された二本立ての評価基準(「トレイト[trait]別・基準説明」及び「レベル別・基準説明」)を用いて評定者訓練を行い、その成果を報告しています。◆17 同評価基準で使用されているトレイト、つまり評定項目は、「目的・内容」「構成・結束性」「読み手」「言語能力・正確さ」「言語能力・適切さ」の5項目でした。そして、参加者は、トレイトごとに「1)poor まだまだ」から「6)very good とてもよい」の6段階の基準説明を用いて、小論文を採点する訓練を受けました。訓練後に収集された採点結果の分析を見ると、同評価基準表を使用して訓練を受ければ、ある程度信頼性のある採点結果が得られるようです。同時に、田中他(2009)は、「評価が一致しやすいトレイトとそうでないトレイトがある」点も強調しています(p. 168)。例えば、「言語能力(正確さと適切さ)」に関しては評定が一致しやすく、逆に「構成・結束性(文章全体の構成・適切な段落分け・段落と段落の関係・段落内のつながり)」と「読み手(読み手に対する配慮・読み手にとっての興味深さ)」は、一致しにくかったようです。

◆17 田中・長阪・成田・菅井(2009)に使用された「トレイト別・基準説明」及び「レベル別・基準説明」の改訂版は、以下のリンクから入手できる。
URL http://nihongo.nufs.ac.jp/teacher/39.html

● 1章[1.7]☞36ページ
　 3章[3.1]☞71ページ
◎資料1-4☞170ページ
　資料3-3A☞208ページ
　資料3-3B☞209ページ

◆16 日本語教育の現場では、クリティカルな視点を培うことを学習目標の一つとする教授法や教材開発に関心が寄せられている(例. アンドラハーノフ2006; Iwasaki & Kumagai, 2008; 熊谷 2007; Kumagai & Iwasaki, 2011; 熊谷・深井 2009)。第1章[1.7]で紹介した「日本語プロジェクト・ワーク」のコース・シラバスも、クリティカル思考の育成がコース目標の一つになっている(資料1-4参照)。資料3-3A・3-3Bの「日本語小論文の評価シート」に示す、クリティカル思考に関する評価事項は、本章[3.1]で述べた全米カレッジ・大学協会(AACU)の定義する「クリティカル思考」を参考にした。AACUは、クリティカル思考を「a habit of mind characterized by the comprehensive exploration of issues, ideas, artifacts, and events before accepting or formulating an opinion or conclusion」と定義している。つまり、人の意見や結論を受け入れたり、持論を打ち出したりする前に、物事を総括的・多角的に洞察できる能力ということだ。本章[3.1]でも述べたように、米国の高等教育においては、クリティカル思考の育成が重視されているが、その一方で、クリティカル思考の評価を具現化することに対し、難しさや疑問を訴える教員は、少なくない。資料3-3A・3-3Bに示すような評価基準を用いることにより、日本語教育現場で、クリティカル思考の育成というものを意識した授業を行い、その成果を評価することが、どの程度可能なのかについて、今後調査されるべきだろう。もちろん、日本語学習者が、クリティカルな視点に立つ小論文が書けるようになるためには、クリティカルな視点で、日本語を読む力が前提条件となる。そして、これは、容易なことではない。上級日本語学習者を扱った「読む」という作業に関する先行研究でも、個々の単語の意味解釈などのボトムアップ処理(bottom-up processing)に注意が払われすぎるあまり、全体の流れをつかみながら読むというトップダウン処理(top-down processing)が効率よく行われていないことも分かっている(例. Horiba, 1990; Koda, 1992)。クリティカルな視点に立つ小論文が書けるようになるためには、日本語の語彙力や漢字知識の強化、そして、リーディング・ストラテジーに関する指導を、同時進行で行っていかなければならないだろう。

3.5. 直接的な学習成果アセスメント：日本語作文テストと採点に関する問題点

　また、著者の研究(Kondo-Brown, 2002a)では、資料3-4A・3-4Bに示す「日本語作文採点シート(Japanese Composition Scoring Sheet)」の有用性、そして、同等の資格や経験を持つ三名の日本人教師の作文評定者としての特性を考察しました。この採点シートは、「ESL Composition Profile」(Jacobs, Zinkgraf, Wormuth, Hartfiel, & Hughey, 1981)と呼ばれる、第二言語としての英作文の評価のために開発された採点ルーブリックを一部変更することによって、日本語で書かれた作文の採点に使えるようにしたものです。同ルーブリックは、「内容(content)」「構成(organization)」「語彙(vocabulary)」「言語使用(language use)」「メカニクス(mechanics)」という五つの評定項目からなっています。◆18 「ESL Composition Profile」では、加重得点が使われているので、項目ごとの得点配点が違っていますが、「Japanese Composition Scoring Sheet」では、各項目の平均点の比較が簡単にできるように、得点配分を20点に統一しました。◆19

　三人の評定者は、著者から評定者訓練を受けた後、各自が、同じ条件下で、234の作文(叙述文)を数日に分けて採点しました。そして、このようにして得た採点データは、評定者の採点の厳しさに関する特性を分析するために、「FACETS」(Linacre, 1996)と呼ばれる**多相ラッシュ測定**(Multifaceted Rasch measurement)のできるソフトウェアに入力しました。多相ラッシュ測定の「facet(相)」とは、評価結果に影響を与える要素のことです。多相ラッシュ測定を使うと、テスト結果を受験者の**能力推定値**(ability measure)、テスト**項目困難度推定値**(difficulty measure)、そして、評定者の**厳しさ推定値**(severity measure)の観点から分析できます。多相ラッシュ測定は、作文や論文などの主観テストの評定者の特性(採点の厳しい評定者であるかどうかなど)の測定によく使用されます。

　多相ラッシュ測定を利用した先行研究では、評定者が採点の仕方についての訓練を受けることにより、同一の評定者による採点結果の**自己一貫性**(self-consistency)はある程度改善されるが、採点の厳しさに関しては、訓練の効果が出にくいと報告されています(例. Lumley & McNamara, 1995; McNamara, 1996; McNamara & Adams, 1991; Weigle, 1998)。採点訓練の効果は、評定者に起因するさまざまな要因(例. 評定者の性格、評価に対する個人的信条や基本的方針［＝評価スキーマ］など)に左右されるため、どうしてもある程度の個人差が出ます(宇佐美2010; 占部 2007; Elder, Barkhuizen, Knoch, & von Randow, 2007)。例えば、採点の厳しい人(甘い人)は、いくら訓練を受けても、ある程度厳しい(甘い)ままでいる傾向にあります。したがって、大学入試や就職試験など、テスト結果が個人の進学・進路・就職を左右するような最重要テストで、主観テストが使用される場合、公平な判定を行うためには、評定者の採点訓練を行うことはもとより、最低二人の評定者によってテストが採点されるべきです。

　「FACETS」(Linacre, 1996)を使用して行った、作文の評定結果の**ファセット**

◎資料3-4A☞210ページ
　資料3-4B☞211ページ

◆18 「メカニクス」とは漢字や仮名の綴り、句読点の正しい使い方などに関する項目。

◆19 2章[2.3]で述べたように、分析的尺度を使用する場合、各項目の得点配分を統一するという方法と、評価項目間の相対的な重要度を評価に反映させるために、各項目の重みを変える加重評価法がある。オリジナルのESL Composition Profileの得点配分は、加重評価法を採用しており、30点(内容)、20点(構成)、20点(語彙)、25点(言語使用)、5点(メカニクス)という配分だった。

●2章[2.3]☞52ページ

分析(FACETS analysis)は、図3-3に示しています。一列目の**ロジット**(logit)というのは、**項目応答理論**(Item Response Theory)(4章[4.7]参照)やラッシュモデリングで使われる間隔尺度の単位です。通常、-3.0から+3.0の範囲内に分布しており、0値が平均値になります。図3-3に示すように、「受験者(candidate)の能力推定値」「評定者(rater)の厳しさ推定値」そして「採点項目(category)の困難度推定値」のどれもがロジット尺度で示されます(Bond & Fox, 2001)。0値が平均値ですから、例えば、二列目では0より能力推定値が上の受験者は平均より能力が高いことを示しています。0からの距離が長ければ長いほど、能力推定値が高い(もしくは低い)ことを意味するので、被験者の作文能力に大差があったことが分かります。三列目は評定者の厳しさ推定値を比べています。上位に位置する評定者2 (rater 2)の採点が一番厳しく、評定者3は平均的な厳しさ、そして、下位に位置する評定者1の採点が一番甘かったことを示しています。図3-3では、ロジットの差がさほどないように見えますが、評定者の厳しさ推定値に関する**分離指数**(separation index)の信頼性係数は、0.98という高いものでした(Kondo-Brown, 2002a, p. 14)。◆20 つまり、評定者間の採点の厳しさ推定値は、一貫して差異があった(分離していた)という結果でした。各評定者の採点の自己一貫性に関しては、**表3-5**に示すように、**モデルとの適合度**(fit)が.8から1.0の範囲内にあり、首尾一貫した厳しさ(もしくは甘さ)で採点を行っていることが分かりました。◆21

図3-3の四列目に示す「採点項目(category)の困難度推定値」に関しては、全体的に見て、構成(organization)の採点が一番厳しく採点され、逆に、メカニクス(mechanics)の採点が一番甘いという結果でした。さらに、評定者一人ひとりの採点の癖を**偏り分析**(bias analysis)を用いて分析してみたところ、「構成」と「言語使用」に関しては、図3-4に示すように、どの評定者も平均に近い厳しさで採点していました。ところが、「内容」「単語」そして「メカニクス」の採点の厳しさに関しては、採点の厳しさに個人差のあることが分かりました。例えば、評定者1は、他の評定者より単語の採点が厳しい反面、内容の採点は甘いという結果でした。田中・長阪・成田・菅井(2009)でも強調しているように、日本語教師は、主観テストの評定に関するワークショップに参加するなどして、日本語作文の評定者としての自分の特性を自覚する必要があります(例えば、内容についての採点が厳しい傾向にあるなど)。また、プログラム評価や成績判定を目的に作文や小論文などの主観テストの評定を行う場合は、口頭テストと同様に、テスト結果の信頼性を高めるために、できれば二人以上の評定者を確保する方がいいでしょう(2章[2.4]参照)。

● 4章[4.7]☞118ページ

◆20 ここでいう「分離指数」とは、評定者間の採点の厳しさ推定値がどの程度一貫して異なっていたのか(分離されていたのか)を示す指数のことである。

◆21 多相ラッシュモデルでは、採点時の厳しさの程度に予測以上の乱れが見られる(つまり採点に自己一貫性もしくは内部一貫性がない)評定者は、モデルに適合しないと見なされる。標本数が30以上の場合は、モデルとの適合度が平均値±(標準偏差×2)以内であれば、評定者がモデルに適合していると見なされ、逆にそうでない場合は、**不適合**(misfit)だと見なされる(McNamara, 1996, p. 181[注15])。
本データ(標本数は234)では、モデルとの適合度が0.4から1.2(.8±[0.2×2])の間であり、全評定者がモデルに適合していた。

● 2章[2.4]☞57ページ

3.5. 直接的な学習成果アセスメント：日本語作文テストと採点に関する問題点

図3-3．ファセット分析結果のまとめ(FACETS Summary)

```
logit| Candidate    | Rater   | Category                       |Score|
-----------------------------------------------------------------------
  8 +             +         +                                +(20) +
    |             |         |                                |     |
    |             |         |                                |     |
    |             |         |                                |     |
  7 + .           +         +                                +     +
    |             |         |                                |     |
    |             |         |                                |     |
    |             |         |                                |     |
  6 +             +         +                                + --- +
    |             |         |                                |     |
    |             |         |                                |     |
    | .           |         |                                |     |
  5 + .           +         +                                + 19  +
    |             |         |                                |     |
    | *           |         |                                |     |
    | .           |         |                                | --- |
  4 +             +         +                                +     +
    | .           |         |                                |     |
    |             |         |                                | 18  |
    | .           |         |                                |     |
  3 + *.          +         +                                + --- +
    | ***         |         |                                |     |
    | **          |         |                                | 17  |
    | ***         |         |                                |     |
  2 + ***.        +         +                                + --- +
    | *****       |         |                                |     |
    | ****        |         |                                | 16  |
    | **          |         |                                | --- |
  1 + ***         +         +                                +     +
    | ****.       |         |                                | 15  |
    | ********    |         |                                |     |
    | ****.       | Rater 2 | Organ                          | --- |
  0 * *********.  * Rater 3 | Content   LangUse    Vocab     +     +
    | ********.   | Rater 1 | Mechan                         | 14  |
    | ******      |         |                                |     |
    | *****       |         |                                | --- |
 -1 + *****       +         +                                + 13  +
    | ********    |         |                                |     |
    | *******.    |         |                                | --- |
    | ***         |         |                                | 12  |
 -2 + ****        +         +                                + --- +
    | ***.        |         |                                | 11  |
    | **.         |         |                                | 10  |
    | *           |         |                                | --- |
 -3 + **          +         +                                + 9   +
    | **          |         |                                |     |
    | .           |         |                                | --- |
    | .           |         |                                | 8   |
 -4 +             +         +                                +(7)  +
```

出典：Kondo-Brown(2002a, p. 12, Figure 1)より許可を得て転載。
2列目の*のシンボルは2名の受験者数、点(.)は1名の受験者数を示している。

表3-5．各評定者のモデル不適合度検証結果

	採点の厳しさ推定値 (severity)	誤差 (error)	モデル適合度：インフィット平均二乗 (fit: infit mean scare)
評定者1	-.25	.03	0.8
評定者2	.19	.03	0.6
評定者3	.06	.03	1.0
平均	.00	.03	0.8
標準偏差	.18	.00	0.2

出典：Kondo-Brown(2002a, p. 13)に基づく。

図3-4．評価項目ごとの評定者の偏り検証

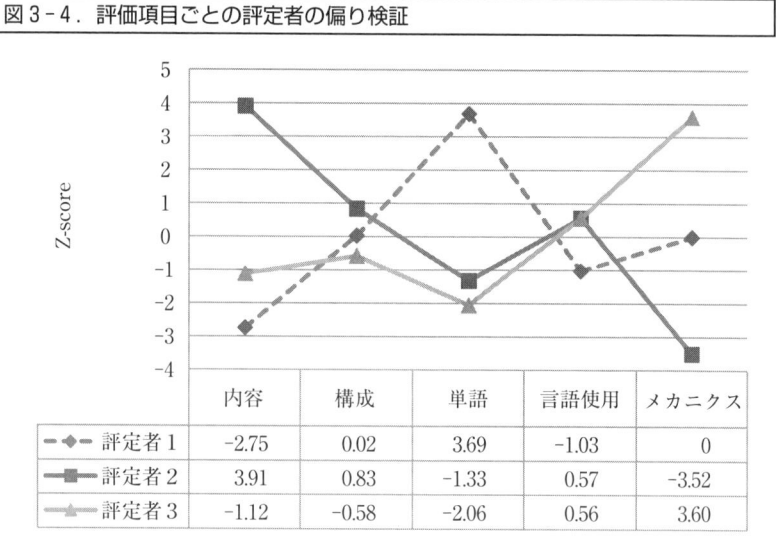

	内容	構成	単語	言語使用	メカニクス
評定者1	-2.75	0.02	3.69	-1.03	0
評定者2	3.91	0.83	-1.33	0.57	-3.52
評定者3	-1.12	-0.58	-2.06	0.56	3.60

出典：Kondo-Brown(2002a, p. 23)に基づく。

3.6. 間接的な学習成果アセスメント：プログラム修了アンケートの方法と用途
Indirect learning outcomes assessment: Procedures and uses of exit surveys

◆22　同オンライン式アンケートの詳細に関しては、学部のウェブサイトを参照。
URL http://www.lll.hawaii.edu

◆23　サーベイモンキーのウェブサイト
URL http://www.surveymonkey.com

◆24　次ページに記載

◎資料3-5☞212ページ
　資料3-6☞213ページ

◆25　同アンケートの実施一年目には、本学部第二言語研究科博士課程の院生アシスタントを二名(John Davis, Yukiko Watanabe)雇用した。彼らの熱意と優れた専門知識がこのプロジェクトの原動力となった。

　間接的な評価データ収集法で、一番使用頻度の高い評価ツールは、アンケートです。本校の言語・言語学・文学部でも、2009年の春学期から主に学位課程(学士課程、修士課程、博士課程)を対象に、オンライン形式の**プログラム修了アンケート**(program exit survey)を毎学期行っています。[22] 同アンケートは、「**サーベイモンキー**(Survey Monkey)」というオンライン形式のアンケート作成ツールを使って、作成しました。[23] アンケートの質問は、主に、プログラムにおける学習体験や学習環境に対する満足度、学習目標の達成感、卒業後の予定などについて問うものです。[24] 同アンケートには、学部共通の質問だけでなく、プログラム評価のニーズに合わせた、プログラム特定の質問も多く含まれています。出題形式は、集計のしやすい選択式がほとんどですが、回答者が自由に回答できる記述式の問いも使用しています。選択式の質問の場合は、データ解釈に役に立つように、回答の理由が記述できる欄が設けてあります。同アンケートで使用した選択式質問と記述式質問の見本は、**資料3-5**と**資料3-6**にそれぞれ示しています。

　アンケートの作成時には、アンケート結果の有用性を高めるために、各学科の学科長や教科主任からの提案やフィードバックを得ながら、推敲を重ねました。本学部のプログラム修了アンケートは、副学部長(2012年現在は著者)の監督の下で、学部の院生アシスタントによって作成、実施、集計、分析されるので、各科の教員に負担をかけることなく行うことができます。[25] そして、年に一回、アンケートの結果分析をまとめた報告書をプログラムごとに作成し、

3.6. 間接的な学習成果アセスメント：プログラム修了アンケートの方法と用途

学部長室から各学科の主任に電子メールで送付しています。このようにして各学科に送付される結果報告書は、各自の職員会議などで話し合われ、カリキュラム改善のためのデータの一つとして使用されます。このように、本校のプログラム修了アンケートは、データ収集→結果分析→学科への報告→学科内教員による結果の検討、という一連の評価サイクルを経て行われます。プログラム修了アンケートを行っても、その結果が教師によって話し合われ、カリキュラムや授業改善のための参考データとして使用されなければ、意味のある評価活動とはいえません。

　本学部におけるプログラム修了アンケートに関する今後の課題の一つは、どのようにして、その回答率をあげるかという点です。大学生・院生を対象にしたアンケートの回答率に影響を与える要因はさまざまであり(Porter & Umbach, 2006)、高い回答率を得るのは簡単ではありません。本学部のプログラム修了アンケートは、その参加が卒業要件の一つではないので、卒業予定者全員からデータを収集することは難しく、評価結果にどうしてもある程度の偏りができます。しかし、ある程度の回収率がないと、結果が意味のないものになってしまうので、回答率を高めるためのさまざまな工夫を行っています。例えば、アンケートがあまり長くなりすぎないようにする、設問をできるだけ簡潔明瞭にする、実施期間について十分に考慮する(例．期末試験の時期を避ける)、一週間ほどの間隔を置いて、締め切りの前後にアンケート参加への再依頼をするなどの工夫をしています。また、学習者に送付されるアンケート協力の依頼メールでは、アンケート結果が教育の質的改善に役立ち、その積み重ねが学位の価値を高めることにもなるという点も強調しています。そのような努力の甲斐もあってか、毎学期平均約50％〜60％の回答率を得ています。

　このようなアンケートを定期的に行うことにより、プログラム修了者の学習体験及び学習成果、そして、それに対する満足度、また卒業後の計画についての傾向をある程度把握することができます。しかし、学習成果に関しては、目標達成度の自己評価はあくまで学習者の主観によるので、データの妥当性を高めるためには、直接的に学習成果を評価する方法も取り入れていかなくてはなりません。

　例えば、先に述べたように、本学部ではOPI予算を組み、2011年度から外国語専攻の学士課程卒業予定者全員が、無料で公式のACTFL OPIを受けられるようにしました。本学部からは、毎年約80名が外国語専攻の学士課程を修了していますが、大半は日本語専攻です。全国基準に基づいたACTFL OPIのような口頭能力テストを利用することによって、卒業予定者の言語能力熟達度を把握し、本学部の外国語教育カリキュラムの改善に役に立てたいと考えています。また、このような直接的評価データはカリキュラム改善に役立つだけでなく、プログラム修了アンケート結果とともに、五年ごとに外部評価者に

◆24 これらの質問以外にも、学習者自身に関する質問がいくつか含まれている。例えば、日本語専攻学士課程(Bachelor's degree in Japanese)の卒業予定者を対象とするプログラム修了アンケートの質問の一つに、「When did you declare a B.A. in Japanese as your major (いつ日本語専攻の出願をしましたか？)」というのがある。日本の大学では、入試願書提出の際に専攻を決めなくてはならないが、米国の大学の場合、通常、専攻を入学出願時に決定しておく必要がない。本校でも、新入生は入学時に専攻を決定しなくてもいいが、三年生(junior)になる前に(55単位取得すれば、三年生とみなされる)、Mānoa Advising Center(マノア・アドバイジング・センター)所属のアドバイザーと相談しながら、専攻を決定しなければならない。しかし、これは、三年生になるまで専攻の出願を待たなくてはならないということではない。新入生は、入学時に専攻を決定してもかまわない。そして、後に専攻を変更することも可能だ(ちなみに、大学院の場合は、日本と同じで、入学出願時に専攻を決定しておかなければならない)。さらに、米国の大学(本校も含め)では、二つの分野を同時に専攻することが可能だ。本学部でも二つの分野を同時に専攻している大学生は毎年数十人いる。日本語専攻の大学生でも、日本語以外の分野を専攻している学生は少なくない(例．日本語と中国語、日本語とビジネスなど)(4章の表4-2参照)。

●表4-2☞106ページ

よって行われる学部レベルのプログラム審査(3章[3.1]参照)や、外部に向けて出す本校の外国語教育プログラム情報としても使用できます。今後、学部内の外国語学科がACTFL OPIのような能力テスト以外に、到達度テストによる評価、ポートフォリオ評価、またキャップストーン評価などを徐々に導入し、意味のあるプログラム対象の学習成果アセスメントを一歩一歩推し進めていけることを願っています。

　さらに、本校では2012年現在、著者の監督のもとに「Foreign Language and Area Studies Fellowship(外国語及び地域研究奨学金)、通称FLAS」と呼ばれる奨学金の受給者の日本語学習の評価を、直接法と間接方の両方を使用して行っています。FLAS奨学金制度は、日本語以外の言語にもあり、奨学生は自分の専攻分野で研究を行うのに必要な外国語の訓練を受けます。◆26 日本語の場合、日本または米国の指定校(例.国際基督教大学[ICU]、ミドルベリー大学[Middlebury College])で提供されている日本語プログラムで、一年間もしくは夏季の三ヶ月間日本語の訓練を受けます。本校のFLAS奨学生のほとんどは、外国語を専攻としない院生です(大学生の奨学生もいますが、少数です)。これらの奨学生の外国語のコミュニケーション能力を向上させることは、同奨学金の大きな目的の一つです。そこで、日本語を学習している奨学生の場合は、口頭能力に関する学習成果を判定するために、ACTFL OPI認定試験官によるOPIをプログラム前(事前OPI)と修了後(事後OPI)に受けさせています。OPIの結果は学習者と奨学金支給者の両方に報告されます。また学習者は、事後OPIの結果を受け取った後で、プログラム修了アンケートにも参加します。その内容は、(a)日本語学習歴・背景、(b)日本語四技能の自己評価、(c)受講した日本語プログラムの活動内容、(d)日本語プログラムの評価(資料3-7参照)、そして、(e)評価ツールとしてのACTFL OPIの批評を問うものです(資料3-8参照)。

　このようにしてFLAS奨学生から集めたアンケート・データの結果を見ると、「参加した日本語プログラムが会話能力向上に本当に役立ったと思う」と答える学生が多くいる一方、そう思わない学生も少なくないことが分かります。事前OPIと事後OPIの結果の方も、OPI判定結果が向上している学生もいればそうでない学生もいました。同評価データの収集及び分析を担当している院生アシスタントの内部報告書(Tominaga, 2011)によると、口頭能力に関する学習成果は、プログラムを始めた時点での能力レベル(初級・中級・上級レベル)、プログラムの位置(日本かハワイか)、プログラムの期間(一年間か3ヶ月か)などの影響を受けているようでした。日本語プログラムの評価におけるOPIの評価ツールとしての妥当性に関する議論はさておいて(4章[4.3]参照)、このような方法で二種類の評価データ(アンケートとOPI)をFLAS奨学生全員から収集することによって、口頭能力に関するプログラムの学習成果がある程度把握できます。◆27

● 3章[3.1]☞71ページ

◆26 米国のFLAS奨学金制度についての詳細は、以下の米国教育省のウェブページを参照。
URL http://www2.ed.gov/programs/iegpsflasf/index.html

◎資料3-7☞214ページ
　資料3-8☞215ページ

● 4章[4.3]☞100ページ

◆27 今後は、OPI以外の直接的な評価ツールを使って、読解力や文章力の評価も行っていきたい。読解力の評価のために、今年(2012年)改訂された日本語のSTAMP読解力テスト(4章[4.1]参照)の使用を現在検討中である。

● 4章[4.1]☞95ページ

話し合おう

1. プログラム対象の学習成果アセスメントとは何ですか。プログラム対象の学習成果アセスメントが注目されるようになった理由は何ですか。
2. 米国の日本語ナショナル・スタンダーズや、国際交流基金が開発したJF日本語教育スタンダードをどう思いますか。日本語教育の現場でプログラム対象の学習成果アセスメントを推進するために、これらの学習内容基準や評価基準をどのように利用できると思いますか。
3. あなたが所属している日本語プログラムでは、プログラム対象の学習成果アセスメントが行われていますか。具体的な例を挙げてください。あまり活発に行われていないとすれば、その原因は何だと思いますか。
4. プログラム対象の学習成果アセスメントを計画する時に、どのような点に留意しなくてはなりませんか。
5. 直接的評価データを使用して学習成果アセスメントを行う時に、妥当性と信頼性の高い評価データを得るために、どのような点に気をつける必要がありますか。作文や小論文を例に話し合ってください。
6. ハワイ大学で使用されている日本語学士課程修了アンケートの内容をどう思いますか。あなたが所属している日本語プログラムで、このようなプログラム修了アンケートを行うとすれば、どのようなアンケートの内容や実施方法で行いますか。

プロジェクト・アイデア

1. ある特定の日本語プログラムを一つ選び、その学習目標が明確であるかどうかを確認してください。その中から学習目標を一つ選び、その目標をどのように評価できるかを検討し、さらに、具体的な評価計画も創案してみましょう。
2. **資料3-3A・3-3B**、または**資料3-4A・3-4B**の評定尺度を用いて、いくつかの論文や作文を採点し、自分の判定を他の人の判定と比べてみましょう。もし判定に大きな差があれば、その理由について話し合いましょう。

    ◎資料3-3〜3-4☞208ページ〜211ページ
3. サーベイモンキーなどのオンライン形式アンケート作成ツールを用いて、ある特定の日本語プログラムの修了アンケートを作成してみましょう。

第4章
日本語の能力テストとプレースメント・テストを利用した評価

Assessing with Japanese proficiency and placement tests

●1章[1.3]☞18ページ

　1章から3章までは、主に、目標基準準拠テスト(CRT)である到達度テストを利用したクラス内評価、そして、プログラム評価を扱いました。4章では、不特定多数の受験者集団を対象に実施される**集団基準準拠テスト**(NRT)を利用した評価を扱います。NRTの代表例は、能力テストとプレースメント・テストです。1章[1.3]でも説明したように、NRTの主な特徴は、受験集団に存在する言語能力の差異を明らかにすることによって、受験者の言語能力熟達度を決定することです。本章の前半では、米国で今日最も影響力のある外国語能力テストの一つであるACTFL OPIと、同じくACTFL言語能力基準に基づいて作成されたオンライン形式の読解力テストについて述べます。まず、熟達度テストとしてのACTFL OPIの妥当性や信頼性について論じ、それから、ACTFL言語能力基準を基盤とするOPIや読解力テストが、本校の日本語プログラム評価でどのように活用されているのかを説明します。

　後半では、**日本語プレースメント・テスト**に焦点を置きます。複数のレベルのコースを提供するプログラムで日本語を教える時、受講希望者の適切なクラス配置を行うためには、有用性の高いプレースメント・テストが必要です。日本の大学における日本語プログラム用のプレースメント・テスト開発に対する報告書や研究論文は数々ありますが(例. 伊東 2005; 今村 2001; 奥野・丸山・四方田 2008; 小森 2011; 品川 2007; 平・米澤・松本・佐尾 2010など)、どれを見ても、妥当性及び信頼性のあるクラス配置判定結果を得るためのプレースメント・テスト開発や導入が、簡単にはいかないことがよく分かります。また、これらの報告書によると、各機関に所属する日本語教師によって開発・改良されたテストを使用している日本語プログラムが、多いようです。米国大学における外国語プログラムを対象に行われた「プレースメント・テスト状況調査」(Brown, Hudson, & Clark, 2004)でも、回答者の多くが、プログラム内の教師によって作成されたテスト、あるいは自己評価を使用して、クラス配置を行っていると答えています。

　また、同調査は、受容技能(読解力、文法知識など)を評価するプレースメント・テストの方が、産出技能の評価(口頭能力、作文力など)よりもより一般的であるとも報告しています。著者の所属するハワイ大学マノア校で2012年現在使用されている日本語プレースメント・テストも、学科内の日本語教師によって

開発されたもので、受容技能の評価が中心となっています。本章では、まず日本語プレースメント・テストの方法、問題点、そして今後の傾向などについて考察します。次に、**項目応答理論**(Item Response Theory, 通称 IRT)を用いて行ったテスト項目の分析について述べます。

第4章の目標

1．ACTFL 言語能力基準についての知識を深める。
2．ACTFL 言語能力基準をヨーロッパ言語共通参照枠と比較し、その共通点と違いを把握する。また、それぞれの基準が日本語の評価ツール開発に、どのような影響を与えてきたかも理解する。
3．能力(熟達度)テストとしての ACTFL OPI を、妥当性と信頼性の観点から理解する。
4．ACTFL OPI などの能力テストの活用法を考慮しながら、日本語プログラム評価の計画が立てられる。
5．日本語プレースメント・テストの方法、問題点、そして今後の傾向などについて、理解する。
6．古典的テスト理論と項目応答理論の基本的な違いを理解する。

4.1. ACTFL 言語能力基準と能力テスト
ACTFL proficiency guidelines and proficiency tests

3章 [3.2] で述べたように、全米外国語教育協会(ACTFL)の言語能力基準は、米国の外国語教育の評価に、大きな影響を与えてきました。中でも、ACTFL OPI は、プログラム評価や資格認定の目的で、米国で最も広域に使用されている外国語口頭能力テストの一つです(例. Carstens-Wickham, 2008; Mathews & Hansen, 2004; McAlpine & Dhonau, 2007; Norris & Pfeiffer, 2003; Rifkin, 2005)。また、ACTFL の言語能力基準に基づく OPI を、プレースメント・テストとしても使用しているプログラムも数多くあります(例. ウエッツェル・渡辺 1998; 荻原 1999; Hudson & Clark, 2008; Kagan & Friedman, 2003; 横山 2000)(本章 [4.6] 参照)。ACTFL 本部によると、今日、65以上の言語で ACTFL OPI が行われています(2011年現在)。また、前章でも述べたように、近年設立された全米教師養成認定審議会(NCATE)加盟校における外国語教員養成課程では、訓練生は全員、公式の ACTFL OPI を受けることになっています(3章 [3.1] 参照)。NCATE 加盟校である本校の教育学部でも、日本語教師希望者は養成課程修了前に ACTFL OPI を受け、最低「中級−上」以上の日本語会話能力を習得していることを証明しなくてはなりません。

ACTFL の言語能力基準は、1986年に **ILR 尺度**(Interagency Language Round-

● 3章[3.2]☞75 ページ

● 4章[4.6]☞114 ページ

● 3章[3.1]☞71 ページ

◆1 米国中央情報局(Central Intelligence Agency [CIA])や国防総省言語研修所(Defense Language Institute [CLI])などの米国政府機関では、高度な外国語能力を有する職員を必要としている。そのため、米国政府は、これらの機関における職員や訓練生を対象に集中的な外国語教育を提供している。
Interagency Language Roundtable(ILR)とは、政府が提供する外国語訓練に関する活動や評価、そして、情報交換を促進することを主な目的とする組織である。詳しくはILRのウェブサイトを参照。
URL http://www.govtilr.org/

◆2 ACTFL言語能力基準は2012年に改定され、「超級」の上に「distinguished」というレベルが加わった。詳しい改定内容は、下のACTFLウェブサイトから入手できる。
URL http://actflproficiencyguidelines2012.org/
ACTFL OPI判定に関しては、今後も、改定前の10段階の能力基準(Breiner-Sanders, Lowe, Miles, & Swender, 2000)に基づいて、行われる。現行のACTFL OPIに使われている能力基準の詳細、面接の手順、試験官への注意事項などは、ACTFL OPI試験官養成用マニュアル(ACTFL Oral Proficiency Interview Training Manual)(ACTFL, 1999)に記されている。同マニュアルは、日本語OPI研究会翻訳プロジェクトチーム(牧野成一 監修)によって、日本語にも翻訳されている。

table Scale)と呼ばれる言語能力基準を参考に開発された言語熟達度基準です。◆1 ILR尺度は、ILRが1968年に、主に連邦政府職員の言語運用能力査定のために作成したもので、レベル0からレベル5までの6段階の尺度から成っています。しかし、高度で専門的な外国語の集中訓練を受けた政府職員の言語能力査定が目的で開発されたILR尺度では、高校や大学で通常の外国語教育を受けた学習者の言語熟達度の差異を、効果的に弁別することができないという問題が出てきました。そこで、ACTFLは、ILR尺度の最下位(ゼロ)レベルからレベル3までの4段階の尺度を細分化し、ACTFL独自の言語能力基準を開発したのです。

ACTFL言語能力基準の熟達度レベルは、2011年現在では、「初級-下」から「超級」に至るまでの10段階に分けられていました。◆2 図4-1は、2011年現在のACTFL言語能力基準を、ヨーロッパ言語共通参照枠(CEFR)の基準と比較しています(Council of Europe, 2001)。◆3 図4-1に見るように、2011年現在のACTFLの言語能力基準は、まず、「初級」「中級」「上級」そして「超級」に区分されます。初級から上級においては、「下位」「中位」「上位」の3段階にさらに細分化されます。つまり、ACTFLの言語能力基準を使用することにより、受験者の言語熟達度が、「初級-下(最下位)」から「超級(最上位)」のどの段階にあるのかを判定することができます。一方のCEFRの言語熟達度基準では、言語熟達度は、「基礎段階の言語使用者(basic user)」「自立した言語使用者(independent user)」そして「熟達した言語使用者(proficient user)」の三段階にまず分けられており、各段階は、さらに二つのレベルに分岐しています(A1/A2, B1/B2, C1/C2)。すなわち、CEFRでは、受験者の言語熟達度は、A1(最下位)からC2(最上位)までの6段階の尺度で判定されます。

図4-1. ACTFLとCEFRで採用されている言語熟達度レベルの比較(2011年現在)

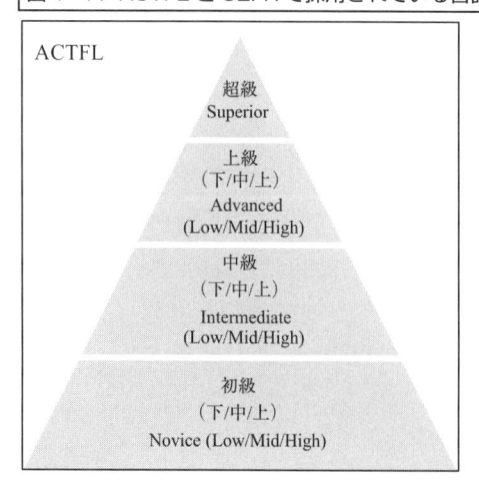

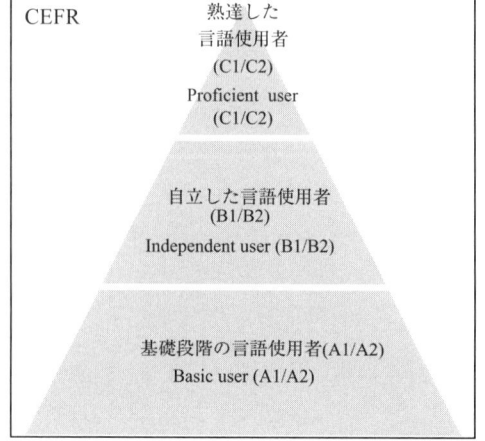

ACTFL
- 超級 Superior
- 上級 (下/中/上) Advanced (Low/Mid/High)
- 中級 (下/中/上) Intermediate (Low/Mid/High)
- 初級 (下/中/上) Novice (Low/Mid/High)

CEFR
- 熟達した言語使用者 (C1/C2) Proficient user (C1/C2)
- 自立した言語使用者 (B1/B2) Independent user (B1/B2)
- 基礎段階の言語使用者 (A1/A2) Basic user (A1/A2)

4.1. ACTFL言語能力基準と能力テスト

ACTFLとCEFRの言語能力基準は、日本語教育現場での評価に強い影響を与えてきました。例えば、全米日本語教師学会（ATJ）の「**基礎レベルを超えた日本語カリキュラムのための枠組み［草案］**(Framework for Post-basic Japanese Language Curricula［draft］)」に、基礎レベルを超えた日本語学習者の目標言語能力が、四技能別に記述されているのですが、この草案は、明らかに、ACTFLの言語能力基準の強い影響を受けています（**資料4-1A・4-1Bを参照**）。また、国際交流基金が開発・推進している「JF日本語教育スタンダード2010」の方は、日本語熟達度の目安として、どのような場面で何がどれだけできるのかを段階的に示していますが、こちらはCEFRが基盤になっています。◆4

さらに、CEFRの強い影響を受けて開発された日本語の評価ツールに、**2章[2.6]**でも触れた**日本語ポートフォリオ**があります（青木2006）。日本語ポートフォリオは、主に留学以外の目的で来日した日本語学習者用に作成されたものですが、ここでもCEFRの「Can do statements（私は～ことができる）」という形式の記述を基盤にした自己評価表が使用されています。日本語ポートフォリオの自己評価項目は、「聞くこと」「読むこと」「やりとり（会話）」「表現（語り）」そして「書くこと」に分けて提示され、学習者は、その中から自分の学習目標にしたい項目を選び、自己評価をすることになっています。◆5

ACTFLの定める言語能力基準に基づいて開発された口頭能力テストで、最も広く活用されているのはACTFL OPIですが、これ以外にも、ACTFLの能力基準の影響を受けた口頭能力テストがいくつかあります。例えば、**米国応用言語学センター**(Center for Applied Linguistics)が開発した録音テープ介入の**模擬口頭能力試験**(simulated oral proficiency interview、以下SOPI)、そして、オレゴン大学の**応用第二言語研究センター**(Center for Applied Second Language Studies [CASLS]) のSTAMP口頭テストなどがあります。◆6 録音テープ介入のSOPIやオンライン形式のSTAMP口頭テストは、多数の学習者が一斉に受けられる上、比較的低価格ということで、実用的な口頭能力テストとして関心が寄せられています。また、対人の口頭テストでは試験官の対応の仕方が、テスト中に受験者の発揮できる運用能力の程度に影響を与える可能性がありますが、SOPIやオンライン形式のSTAMPでは試験官が不要なので、試験官がテスト結果に与える影響を考慮する必要がありません（Kuo & Jiang, 1995; Shohamy, 1994）。しかし、その一方で、機械相手のテストでどこまで対人場面の口頭能力を評価できるのかという、テストの真正性や妥当性に関する根本的な疑問があります。このように、対人式とオンライン式のOPIでは、どちらの形式のテストにも一長一短があるので、テストの目的や実施環境に応じて使い分けるべきでしょう。

オンライン形式のSTAMP日本語能力テストでは、口頭能力以外に読解力、聴解力、及び文章力も評価することができます。STAMP日本語能力テスト

◆3 ヨーロッパ言語共通参照枠(2004)の日本語版は下のリンクから入手できる。
URL http://www.dokkyo.net/~daf-kurs/library/CEFR_juhan.pdf
（吉島茂・大橋［訳］2004）

◎資料4-1A ☞216ページ
　資料4-1B ☞217ページ

◆4 詳しくは、以下のウェブページから入手できる『JF日本語教育スタンダード試行版』（国際交流基金2009, pp. 33–67）を参照。
URL http://jfstandard.jp/information/attachements/000003/trial_all.pdf

● 2章[2.6] ☞64ページ

◆5 「日本語ポートフォリオ改訂版」（青木2006）は、以下のリンクから入手できる。
URL http://www.let.osaka-u.ac.jp/~naoko/jlp/

この他、村上(2009)も、日本在住の就労外国人の日本語能力レベルを判定する目的で、CEFRの影響を受けた「'can do' statement」を基盤とする自己評価ツールを作成し、その妥当性検証も行っている。

◆6 STAMPは「Standards-Based Measurement of Proficiency」の略語。STAMPテストに関する情報は、CASLSのウェブサイトから入手できる。以下は、同サイトに掲載されているSTAMPテストのリンク。
URL http://casls.uoregon.edu/pages/tools/stamp.php

は、2012年に改訂され、現在では、能力判定の上限が「上級－上」に引き上げられていますが、2011年までは、能力判定の上限が「中級－中」となっており、「中級－上」もしくはそれ以上の能力と判定されれば、「上級の手前レベル(Pre-Advanced)」として報告されていました。つまり、中級－上という天井近くで、**天井効果**(Ceiling effect)が起こり、上位での得点が正確に評価できなかったのです。◆7 このため、本校の日本語科では、STAMP読解力テストを主に日本語二年課程のプログラム評価に利用していました(本章[4.5]参照)。STAMPの読解力テストは、「**コンピュータ適応型テスト**(Computer-adaptive test、通称CAT)」と呼ばれるもので、項目困難度が中レベルの問題から始まり、その解答が正解だったかどうかによって、次の問題の困難度が順次変わっていく仕組みになっています。

◆7 能力テストで「天井効果」というのは、内容が易しすぎるなどの理由で、得点が頭打ちになってしまい、意図している能力の測定が、上限付近で正確にできない現象のことを意味する(Brown, 1996, p. 130)。逆にテスト内容が難しすぎると、得点が底打ちになり、下限付近での能力の測定が正確に測定できなくなる。この現象の方は、「**床面効果**(floor effect)」と呼ばれる。本文で述べているSTAMPは、「中級－上」もしくはそれ以上のレベルのテスト項目がまだ開発されていないため、能力判定の上限が「中級－中」となっている。したがって、被験者がそれ以上の能力を持っていても、そのレベルの能力が測定できず、テスト結果は「上級の手前レベル」として報告される。

● 4章[4.5]☞108ページ

4.2. 能力(熟達度)テストとしてのACTFL OPI
The ACTFL OPI as a proficiency test

● 1章[1.3]☞18ページ

　1章[1.3]でも触れたように、ACTFL OPIのような能力テストにおいては、設定された一定の評価基準と手順に従って、言語熟達度の上下弁別の判断が的確に行われなければなりません。ACTFL OPIの各レベルの評価基準は、「**タスク・機能**(global tasks/functions)」と「**場面・話題**(context/content)」「**正確さ**(accuracy)」「**発話の型**(text type)」を四柱として、提示されています(Swender et al., 1999, p. 31)。ACTFL OPI認定試験官としての著者の経験では、これらの四つの評価基準項目のうち、「タスク・機能(＝言葉を使って何ができるか)」と「場面・話題(＝どんな場面で何が話せるか)」に関しては、初級・中級・上級・超級の区分が比較的明確で、客観的に判定しやすいと思いました。しかし、「テキストの型」と「正確さ」に関しては、その判断がどこまで信頼できるのかについて、少し、疑問が残りました。

　例えば、「テキストの型」に関しては、単語・語句中心の発話(＝初級)、単文・連文・複文の使用(＝中級)、段落文の使用(＝上級)、そして、複段落の使用(＝超級)が、大まかな目安となっています。しかし、この大雑把な目安は、初級以上のレベルにおける判定で、多少問題になるように思えます。例えば、上級話者は段落レベルで叙述する能力を持つことが前提になっていますが、荻原・斉藤・増田・米田・伊藤(2001)の発話データ分析に見るように、このレベルにいる被験者は、全ての質問に段落レベルの返答をしているわけではありません。単語・語句・文レベルに落ちた時、その理由が言語能力の不足からくるものなのか、そうでないのかの判断によって、試験官のレベル判定が変わってくる可能性もあります。また、初級レベル以上における「テキストの型」の判

定に関するもう一つの疑問は、「文」「連文・複文」「段落」「複段落」の定義が、試験官の間でどの程度まで一致し、また、その判断にどこまで信頼性があるのかという点です。例えば、上記の荻原他の研究では、「段落の認定は、伊藤他(1996)に準じたが、一文による構成であっても発話全体として内的な完結性のある場合、段落とみなした」と述べています(p. 93)。しかし、このような完結性(つまり、話のまとまり)の判断、特に話し言葉における完結性に関する判断が、試験官の間でどこまで一致しているのかについて、調査する必要があるのではないでしょうか。

　一方の「正確さ」ですが、ACTFL OPI 試験官養成マニュアルによると、ACTFL OPI でいう「正確さ」とは文法能力だけでなく、語用論的能力も考慮されます(Swender et al., 1999, p. 25)。つまり「正確さ」には、言葉を適切に使える能力という意味合いも含まれているということです。例えば、**資料4-2**に示した牧野(2008a)の「OPI 初級から超級までの基準の概略」には、「正確さ」の基準が、「文法」「語彙」「発音」「社会言語学的能力」「語用論的能力」そして「流暢さ」に分けて詳しく記述されています。OPI を実際に行ってみて、確かに、複雑な構文の発話ができる学習者であればあるほど、正確さや適切さも増しているという印象を受けましたが、正確さの程度の判断には、どうしても主観が入ってしまうのではないかと思えました。事実、ACTFL OPI で同じ判定を受けた受験者の文法の正確さを調べた研究では、同レベルであると判定された被験者でも、文法の正確さに大きな幅があるという結果でした(Magnan, 1988)。

　ACTFL OPI の試験官としての養成訓練中には、特に、「タスク・機能」「場面・話題」そして「テキストの型」に注目する方法で、受験者の言語熟達度の判定をすることが、強調されていました。例えば、単文や複文での返答を期待しつつ投げかけた質問に対して、受験者が単語や語句に頼った返答しかできなければ、この受験者は**初級話者**(Novice)と判定されます。身近な話題(趣味、家族、住居など)について語らなければならない質問に、時折単文や複文を使って返答することができても、文レベルの返答が持続できなければ、**中級話者**(Intermediate)とは見なされないのです。つまり、受験者が中級話者と見なされるには、単文や複文を使いながら、身近な話題についての受け答えが維持できなくてはなりません。◆8

　上級レベルの判定では、受験者が個人的に興味・関心のある事柄(好きな番組、最近読んだ本、X町とY町の違いなど)について、内容的にまとまりのある説明や叙述ができるかどうかという点が、中級と上級の境目になっています。受験者が積極的に話題を展開しているかどうか、また、予期しない状況下でのロールプレイに対応できるかどうかという点も確認されます。さらに、最上レベルである**超級話者**(Superior)と見なされるには、受験者は個人的に関心のある事

◎資料4-2☞218ページ

◆8 石田(2001)の OPI 対応プロセス分析によると、会話の受け答えを維持するために、初級話者は、「もう一度」などの反復要求表現を頻繁に使用しているようだ。また、中級話者や上級話者も、個人差はあるものの、聞き返しは少なくなかった。この場合、中級話者は、反復要求表現の使用だけでなく、相手の発話を繰り返すというストラテジーを使っていた。上級話者になると、自分の言葉に言い換えて聞き返すことも多くなっていたようだ。

柄についての説明や叙述が持続できるだけでなく、時事問題など、抽象的な話題について、筋の通った意見が述べられなくてはなりません。また、自己の意見に対して相手から反論を受けても、自分の意見を通し、相手を説得できることや、仮説的な立場や状況に置かれた場合に、その立場から自分の意見が述べられることも条件です。日本語の超級レベルのロールプレイでは、相手や場面に応じて、くだけた話し方と敬語の使い分けができるかどうかも試されます。

　初級、中級、そして上級レベル内の「下、中、上」という下位レベルの決定に関しては、主に、受験者が一つ上のレベルで記述されたものが、どの程度できないかによって、判定されます（ACTFL OPIでいう「突き上げ（Probe）」の過程です）。◆9 しかし、この「何ができないか」の判定に関しても、ある程度主観が入るのではないかと感じました。例えば、ある受験者が中級レベルの最低条件（単文や複文を使って、身近な話題に関する質問や応答が維持できる）をこなせたとします。すると、試験官は「レベル・チェック」が完了したと判断し、受験者の言語能力の上限を探るために、面接中に既に話題となったものから、いくつかを選び（例．趣味としての料理や映画鑑賞）、それについて詳しい叙述や描写を求めます（例．「先ほど、趣味で時々ピザを作ると言いましたが、ピザはどんな手順で作るんですか。作り方を説明してもらえませんか」「先程の話にまた戻るんですが、ボストン出身でしたよね。私はボストンにまだ行ったことがないのですが、ボストンとホノルルではどんな違いがあるんですか。教えてくれませんか」など）。試験官からこのような質問を受け、受験者の発話に「言語的挫折」が見られた場合、つまり、話しの筋が通らなくなったり、支離滅裂な内容になってしまった場合、上級ではないとまず判断されます。次に、この崩れの程度によって、中級－上・中・下のいずれかの段階であるのかが決定されます。しかし、このようにして行われる言語的挫折の程度の判断が、どこまで客観的にできているのかについての調査を行う必要があると思います。

◆9　牧野(2008a, p. 22)は、ACTFL OPIの突き上げの説明を、「つまり、どんなタクスができないかを吟味するために突き上げるわけです。…プロフィシェンシーはどんなタスクができるかということに注意を向けているのですが、レベル決定にはどんなタスクができないかということにも注意を向けなくてはなりません」としている。

4.3.　ACTFL OPIの妥当性と信頼性に関する先行研究
Previous research on the validity and reliability of the ACTFL OPI

　ACTFL OPIは、実は過去において、欧米の言語テスト専門家及び応用言語学者から妥当性の面で、数々の手厳しい批判を受けてきました（例．Bachman, 1988; Bachman & Savignon, 1986; Lantolf & Frawley, 1988; Salaberry, 2000）。例えば、ACTFLの定める手順で行う面接形式の口頭能力テストで、現実の場面における「自然会話（naturalistic conversation）」の能力を、適切に評価できるのかどうかという点が指摘されています。確かに、試験官は30分という限られた時間内に、指定のOPI手順に従いながら評定に必要な発話サンプルを得なくてはならず、その結果、現実の場面における「会話」としてはやや不自然な質問にな

4.3. ACTFL OPI の妥当性と信頼性に関する先行研究

ることもあります。◆10 しかし、先に(本章 [4.1])述べたように、ACTFL OPI の外国語教育学に与える社会的影響力は広がっており、ACTFL OPI 結果の信頼性、妥当性、そして、プログラム評価の一道具としての有用性を調査する論文も発表されています(Chalhoub-Deville & Fulcher, 2003; Malone, 2003)。このような研究結果を参考に、ACTFL OPI は今後も改良を重ね、少なくとも米国では、その影響力を強めていくのではないかと思われます。以下、過去に行われてきた ACTFL OPI の信頼性と妥当性に関する論点や研究の要点をまとめました。

(1) ACTFL OPI 判定の信頼性に関する調査

ACTFL OPI の信頼性に関する過去の研究では、まず、ACTFL OPI 認定試験官(もしくは訓練中の試験官)によるテスト判定の信頼性が、取り上げられています。これらの研究では、一つの OPI につき二名(もしくはそれ以上)の試験官が採点し、そのようにして得られた二組(もしくはそれ以上)の得点の一致度、つまり**評定者間信頼性係数**(2章 [2.4] 参照)が分析されています(例. Dandonoli & Henning, 1990; Surface & Dierdorff, 2003; Thompson, 1995)。そして、これらの論文では、ACTFL OPI によるテスト結果には、適度な信頼性があると報告されています。このように、ACTFL OPI の信頼性は、採点結果の一致度という見地からは、ある程度実証されているようです。しかし、その一方で、ACTFL OPI の実施方法の違い(試験官と差し向かいで行う方法と電話で行う方法)、第一評定者と第二評定者がレベル判定に使う OPI データの違い(第一評定者は、実際に OPI を行った試験官であり、ライブで OPI を行った時の印象などが影響するかもしれないが、第二評定者は、録音された OPI データだけを聞いて、評定を行う)、また、評定者の厳しさ(3章 [3.5] 参照)などの要因が、どの程度 ACTFL OPI 結果の信頼性に影響しているのかが、十分に検討されていないという指摘もあります(Salaberry, 2000)。今後の研究で、これらの要因の OPI 判定に対する影響を調べるべきでしょう。

また、OPI 一般に関する別の信頼性の問題として、試験官と受験者間の対応の一貫性が、過去の研究で取り上げられています(Brown, 2003; Ross, 2007; Ross & Berwick, 1992)。つまり、**発話サンプルの引き出し方**(質問の仕方)に一貫性があるのかどうか、そして、ない場合には、それが受験者の運用能力にどれほどの影響を与えるのか、という問題です。例えば、Brown(2003)の研究では、二人の試験官が同一の受験者と OPI を行い、その過程を比べたところ、両試験官の発話サンプルの引き出し方に、顕著な違いが見られたと報告しています。関連事項として、テスト中に受験者が質問に詰まったりすると、試験官はその場に応じて受験者を助けようとしますが、テスト中の**試験官による助けの行為**(interlocutor/interviewer support)が一定していないと、これもテスト結果の信

◆10 例えば、上記の例では、レベル・チェックの結果、被験者が中級レベルであると判定し、突き上げの段階に入る場合、既に話題となったものの中から、いくつかを選んで、それについて詳しい描写や叙述を求めると説明した。その時に、試験官は「先程の話に戻りますが…」を繰り返したり、必要以上に「できるだけ詳しく」叙述することを強調するので、「自然会話」とはいえない不自然さが残る場合がある。

● 4章[4.1]☞95 ページ

● 2章[2.4]☞57 ページ

● 3章[3.5]☞85 ページ

頼性に影響します(Kondo-Brown, 2004b; Lazaraton, 1996)。ただし、これらの試験官と受験者間の対応に関する先行研究で、調査対象になったOPIは、ACTFL OPIではありませんでした。ACTFL OPIで、試験官と受験者の対応がどのように行われているのかについて、今後調査されるべきでしょう。

信頼性に関連する問題は、さらに実用性という観点からも指摘されています(岩崎 2002)。例えば、ある学校や大学でプログラム評価にACTFL OPIを利用する場合、妥当性や信頼性のある結果を得るには、認定テスターを校内に確保して非公式なACTFL OPIを行うか、あるいは高いテスト料(2011年現在134ドル)を支払って学習者に公式にテストを受けさせなくてはなりません。しかし、認定テスターを校内に確保するには、高額の研修料及び認定維持費、また、認定に時間がかかるということもあり、認定テスターを確保している日本語プログラムは、全米でも非常に少ないのではないでしょうか。◆11 以上のような理由で、ACTFL OPIテスターとして認定を受けていない教師を試験官としてOPIを行う場合は、得られた結果の信頼性を検証すべきでしょう。

(2) ACTFL OPIの妥当性に関する調査

先に述べたように、ACTFL言語能力基準は、米国政府所属の語学研修所で開発されたILR言語熟達度尺度が、その基盤になっており、「タスク・機能」「場面・話題」「正確さ」そして「発話の型」という四つの観点から、言語熟達度が段階的に記述されています。このACTFL言語能力基準に基づいて開発されたACTFL OPIの妥当性に関する批判で、最も多いのは、ACTFL OPIの構成概念的妥当性を取り巻く問題です(1章[1.4]参照)。例えば、ACTFL OPI試験官養成マニュアル(Swender et al., 1999)では、ACTFL OPIの「口頭言語能力(spoken language ability)」の評価ツールとしての妥当性が、強調されています(p. 4)。しかし、ACTFLのいう「口頭言語能力(spoken language ability)」という構成概念は、特定の言語習得理論や言語能力モデルを基盤にしたものではないので、ACTFL OPIで評価されているという「口頭言語能力」が、一体何を意味するのかについての理論的説明に欠けるとの批判を受けてきました(例. Bachman & Savignon, 1986; Fulcher, 1996; Lantolf, 1988; Salaberry, 2000; Savignon, 1985; Shohamy, 1990)。

また、ACTFL OPIに限らず、面接式のOPIでは、現実の日常生活場面における自然会話の能力を適切に判定できないとする研究が、いくつか発表されています(例. He & Young, 1998; Johnson, 2001; Johnson & Tyler, 1998; Lazaraton, 2002; Van Lier, 1989)。これらの研究では、面接式のOPIデータの質的分析がなされており、その結果を基に、OPI中の試験官と受験者間の対応は、話者交替(turn-taking)や意味交渉などの相互行為(interaction)の点で、日常で起こる自然会話と異なると指摘しています(Young, 2002)。◆12

◆11 ACTFL OPIのテスターになるには、かなりの時間と費用がかかる。例えば、OPIのテスターの資格を獲得するためには、まず、4日間のテスター養成ワークショップに参加し、その後認定試験に合格しなければならない。著者の場合、ワークショップ参加から認定試験合格までに、約9ヶ月かかった(これでも早い方)。 その流れの詳細に関しては、日本語OPI研究会のウェブサイトの「OPIテスターになるまでの流れ」などを参照。
URL http://www.opi.jp/nyumon/nagare.html

本校では、数多くの教員がさまざまな言語を対象にしたOPIテスター養成ワークショップに参加している。しかし、テスター資格取得までに時間がかかるために、ワークショップにだけ参加し、資格は取らないという教員は少なくない。また、一度資格を得ても、有効期限が4年のため、資格が無効になる前に更新手続きをしなければならない。更新時にも、場合によってはかなりの時間と費用がかかる。なお、ワークショップの参加は、ACTFLがアメリカ本土の指定の場所で定期的に行っているものに登録するか、大学にACTFL OPIのトレーナーを招くことによって可能にする。いずれの方法でも、かなりの費用がかかる。例えば前者の場合、ワークショップの登録料(2012年現在、ACTFLメンバーであれば685ドル)だけでなく、ワークショップに参加するための旅費や滞在費などもかかる。

● 1章[1.4]☞21ページ

◆12 この問題に関連し、Okada(2010)の会話分析研究では、ロールプレイ式のOPIと自然会話が比較されている。その結果、両者には、対応構造(interactional structure)の上で、多少の違いは見られるものの、ロールプレイ式のOPIであれば、自然会話場面における相互行為言語能力が、大方評価できていると報告している(1章[1.6]参照)。

● 1章[1.6]☞31ページ

この問題に関し、Kasper & Ross(2007)は少し視点を変え、口頭言語能力の評価が目的で行われるOPIを、日常で起こる自然会話と比較するのではなく、**制度的会話**(institutional talk)の一種と見なすことを提案しています。制度的会話では、会話参与者にそれぞれの明確な役割分担があり(例えば、インタビューする人とされる人)、また、会話場面における会話目的が明確です(例.口頭言語能力の測定、採用面接試験など)。このような制度的会話の特徴は、日常の自然会話の特徴と、明らかに違っています。Kasper & Ross(2007)は、口頭言語能力の評価が目的で行われるOPIは、採用面接試験など、他の目的でなされる現実の口頭インタビューと、試験官と受験者(もしくは志願者)間の対応の仕方の上で共通点があるとし、日常で起こる自然会話能力の評価ツールとしてのOPIの妥当性ではなく、制度的会話としてのOPIの妥当性を検討すべきだと提唱しています。

この他、ACTFL OPIの妥当性の問題で、よく取り上げられるのが、超級レベルの能力基準とサンプル抽出法に関するものです。超級レベルの基準は、「教育を受けた母語話者(educated native speakers)」の言語的特徴を基盤に作成されています(Swender, 1999, 2003)。しかし、「教育を受けた母語話者」と一口に言っても、その定義が曖昧で、また、成人した母語話者のコミュニケーション能力や会話スタイルには大差があり、このグループに属すると見なされる母語話者を言語的に特徴づけるのは難しいという問題があります(大西 2006; 木寅 2004; Salaberry, 2000)。例えば、木寅(2004)の研究では、日本人調査協力者(26名)のうち11名は、20代の大卒者でしたが、大卒者を「教育を受けた母語話者」と見なしたとしても、大卒の日本人が「超級基準を完璧に満たすことはかなり難しい」と述べています(p. 92)。超級話者と母語話者の日本語OPIパフォーマンスを比べた別の研究でも、「いくつかの点で、超級話者の方が母語話者よりも勝っているかのような結果」が観察されています(荻原・斉藤・増田・米田・伊藤 2001, pp. 100-101)。さらに、木寅(2004)は、上記の研究で、超級レベルの謙譲・尊敬語の使用が要求されるロールプレイで、実際に謙譲・尊敬語を使っていた日本人調査協力者はわずかであったと報告しています。この他、超級レベルにおけるロールプレイ式のOPIに関しては、フォーマルな場面における設定が不自然になると、自然な敬語の発話の引き出しが難しいという意見もあります(銭坪 2010)。今後の調査で、超級レベルの日本語OPIのサンプル抽出方法及び評価基準がもっと検討されるべきでしょう。

ACTFL OPIの妥当性に関するもう一つの論点は、1章[1.3]でも触れたように、ACTFL OPIを利用して絶対評価ができるのかどうかという点です。ACTFL OPIの試験官養成マニュアルは、同テストが一定の言語能力基準に照らし合わせて、個人の絶対的な言語熟達度を判定するという意味で、「**目標基準準拠評価**(criterion-referenced assessment)」のための評価ツールであると説明

●1章[1.3]☞18ページ

しています(Swender et al., 1999, p. 3)。しかし、言語能力(熟達度)テストは、基本的に、集団基準準拠テスト(NRT)理論の原理に基づいて、開発されています。したがって、能力試験の一例であるACTFL OPIを、目標基準準拠評価(＝絶対評価)のツールとして用いることができるのかどうかというのは、面白い問題です。その可能性はあるかもしれませんが、ACTFL OPIで絶対評価ができると主張するには、それを実証できるデータがもっと必要です。例えば、過去の研究で、目標言語の熟達度が異なると判定された受験者のACTFL OPIデータを基に、レベルの違う受験者間の言語的特徴の違いを比較しています(例. Geyer, 2007; Liskin-Gasparro, 1996; 荻原 2001; 荻原・齊藤・増田・米田・伊藤 2001; Magnan, 1988; Watanabe, 2003)。しかし、その数はさほど多くなく、あったとしても、受験者の言語特徴の一部に焦点を置く、または分析の対象をある特定のレベルに絞るなど、分析に限りがあります。能力テストであるACTFL OPIで、目標基準準拠評価ができることを証明するには、評定結果の異なる被験者の言語特徴を、もっと総括的に分析し、ACTFL言語能力基準(2012年改定)の記述と比較する必要があります。◆13

◆13 日本語第二言語習得研究を目的に、「KYコーパス(鎌田修・山内博之開発)」(鎌田 2006)や「インタビュー形式による日本語会話データベース(上村隆一開発)」などのACTFL-OPIデータを利用して、コーパス分析が行われている(例. 稲熊 2006; 朴 2010)。このようなコーパス・データを利用して、ACTFL OPIの妥当性を研究するのも一つの方法だろう。「KYコーパス」の詳細に関しては、以下の日本語OPI研究会のウェブページからも入手できる。
URL http://opi.jp/shiryo/ky_corp.html

● 3章[3.6]☞90ページ

このように、ACTFL OPI結果の信頼性や妥当性、そして、その解釈の仕方に関して、今後調査していかなければならない点は、数々あります。しかし、ACTFL OPIほど研究され、またその一方で、同試験よりも信頼性や妥当性の点でより優れたテストであると実証できる外国語の口頭テストは、未だ開発されていません。したがって、今後、外国語教育界で評価に対する関心や需要が高まるにつれ、ACTFLの言語能力基準及びOPIは、プログラム評価のための評価ツールの一つとして、その使用が拡大していくと思われます(Ricardo-Osorio, 2008)。例えば、3章[3.6]でも述べたように、著者の所属する言語・言語学・文学部でも、予算を組んで、2011年から外国語専攻の学士課程卒業予定者全員(約半数が日本語専攻)に、公式のACTFL OPIを受ける機会を与えています。日本においても、1990年に結成された日本語OPI研究会では、日本語ACTFL OPIの広まりとともに会員数も増え、同試験に関する研究会や研修が活発に行われているようです。

4.4. 日本語ACTFL OPIを利用した口頭能力の評価
Assessing Japanese oral proficiency using the ACTFL OPI

● 4章[4.1]☞95ページ

全米日本語教師学会(ATJ)が取り組んでいる「基礎レベルを超えた日本語教科カリキュラムのための枠組みの草案」によると(本章[4.1]参照)、同協会の定める「基礎レベルを超えた日本語能力」は、ACTFL言語能力基準でいう「中級－下」に匹敵します(ATJ, 1998, p. 3)。そして、日本語学習者の四技能がこのレベルに達するには、通常三百時間以上の授業時間を要すること、また

4.4. 日本語 ACTFL OPI を利用した口頭能力の評価

「話す能力」と「書く能力」は、「聞く能力」や「読む能力」よりも時間がかかると予測しています。三百時間以上の授業を受けて「中級－下」では、進度が遅すぎるのではないかと思われるかもしれませんが、英語話者が外国語として欧州系言語以外の言語を習得するには、相当の時間がかかります(Brecht & Rivers, 2000; Liskin-Gasparro, 1982)。例えば、Liskin-Gasparro(1982)は、米国国務省付属の**外交官研修所**(Foreign Service Institute [FSI])で、集中訓練を受けた米国人研修生を対象に調査を行い、その結果、日本語を、英語話者にとって習得に最も時間のかかる「分類4」の言語の一つに指定しました。逆に、フランス語、スペイン語、イタリア語のような欧州系言語は、同調査で、英語話者にとって一番習得のしやすい「分類1」の言語と見なされました。◆14

また、Swender(2003)は、米国の五大学において、外国語専攻の三年生と四年生を対象にして行った ACTFL OPI の結果を報告しています。表4-1は、その報告を基に作成したもので、上記の FSI の難易度分類で難易度の一番高いとされた中国語と日本語(分類4)と、逆に、難易度の一番低いフランス語とスペイン語(分類1)の OPI 結果を比較しています。表に見るように、いずれの分類においても、「初級」と判定された学習者は、流石に一人もいませんでした。しかし、分類1の言語では、約半数が「上級－下」、もしくはそれ以上と判定されたのに対し、分類4の言語では、約三分の一が同レベルという結果でした。分類4のサンプル数は少ないものの、このような結果を見ても、外国語としての日本語習得に時間がかかることが分かります。

◆14 日本語以外に、中国語やアラビア語も難易度が「分類4」の言語に指定されている。難易度が二番目に高い言語は「分類3」(例.ロシア語、トルコ語)で、「分類2」(例.ドイツ語、ペルシャ語)と続く。さらに同研修所では、平均的な言語適正を持つ研修生が、日本語のような「分類4」の言語で上級に達するには、平均1320時間の集中訓練を必要とし、これは分類1の言語で同レベルに達するのに必要と推定される時間数の約三倍にあたると報告している。

◆15 この表は、Swender(2003, p. 524)の Table 4 からフランス語、スペイン語、中国語、日本語に関するデータを抽出して、作成した。同調査で、被験者の中に継承語話者がいたかどうかは不明である。

表4-1. 米国五大学におけるフランス語、スペイン語、中国語、及び日本語専攻者の ACTFL OPI 結果

OPI 判定	フランス語とスペイン語(430人)		中国語と日本語(20人)	
超級	8	計 203 (47%)	0	計 7 (35%)
上級－上	21		1	
上級－中	84		2	
上級－下	90		4	
中級－上	154	計 227 (53%)	6	計 13 (65%)
中級－中	71		5	
中級－下	2		2	

(Swender, 2003, p. 524) ◆15

本校の日本語科でも、プログラム・レベルの学習成果アセスメントの試みとして、4年レベルの日本語クラスの受講者を対象にした ACTFL OPI を、2008年秋から2009年春にかけて行いました(Kondo-Brown, 2008)。◆16 当時提供していた4年レベルの日本語クラスから二つのクラスを選び、そのクラスの受講者のほぼ全員(合計21名、そのうち17名は日本語専攻の大学生)が、被験者となりました。試験官は、ACTFL OPI 試験官として公式の資格を持つ日本語教師4名で、被験者は、ポルトガル語を母語とする一名の学習者以外は、すべて英語を

◆16 この評価プロジェクトは、本校の National Resource Center East Asia から研究費を得て行われた。OPI データの収集と分析、そして、被験者の背景に関するデータ収集にあたり、本学部日本語博士課程の富永和歌さんの協力を得た。

母語とする学習者でした。被験者の専攻、クラス配置状況、本校入学（もしくは編入学）前の日本語学習歴、そして、日本留学経験者や**継承語話者**(heritage language speaker)としての背景に関する情報は、表4-2に示してあります。[17] 表に見るように、ほとんどの被験者が、プレースメント・テストの結果、日本語学習二年レベルのクラス、もしくはそれ以上のレベルのクラスに配置されていたことが分かります。また、被験者の日本語学習歴や日本語背景は実に多様で、大学入学前の日本語学習年数に関しては、一年の学習者もいれば、11年という学習者もいました。さらに、一年間日本に留学していた学習者もいれば、全く留学経験のない学習者、さらには、日本語を親（保護者）からの継承語として学習している学習者もいました。

表4-2. 4年レベルの日本語クラス受講者のACTFL OPI結果

OPI結果	学年	専攻	クラス配置*	本校入学前の日本語学習歴（学習年数）	その他
中級－下	四年	日本語	201	他大学（2年）	
中級－下	四年	日本語	301	高校及びコミュニティー・カレッジ（4年）	
中級－下	四年	日本語	101	コミュニティー・カレッジ（1年）	
中級－中	四年	日本語#	201	コミュニティー・カレッジ（1年）	日本留学4ヶ月
中級－中	四年	日本語	301	中学及び高校（4年）	継承語話者
中級－中	四年	日本語	101	コミュニティー・カレッジ他（2年）	
中級－中	四年	日本語	202	公文（期間不明）	
中級－上	三年	日本語	301	高校（2年）	
中級－上	大学院	未定	101	（なし）	日本留学1年
中級－上	四年	日本語	101	中学及び高校（4年）	
中級－上	二年	日本語	420	高校及び日本語補習授業校（11年）	継承語話者
中級－上	四年	日本語	307	高校及びコミュニティー・カレッジ（4年）	継承語話者
中級－上	四年	日本語	201	中学及び高校（4年）	日本夏季留学
中級－上	四年	日本語	201	中学及び高校（4年）	日本夏季留学
上級－下	四年	心理学	301	高校 他（6年）	継承語話者
上級－下	四年	観光業	101	（なし）	日本留学1年
上級－下	四年	日本語#	307	（なし）	継承語話者
上級－中	二年	日本語	407	中学及び高校（5年）	
上級－中	大学院	アジア学	407	他大学（4年）	
上級－中	三年	日本語	421	日本語補習授業校（11年）	継承語話者
上級－上	四年	日本語#	307	日本語補習授業校（期間不明）	継承語話者

*1, 2, 3, 4の番号で始まるクラスは、それぞれ日本語学習一年、二年、三年、四年レベルのクラスとなっている。
#これらの学生は、日本語ともう一つ別の分野を同時に専攻している。

[17] 本書でいう「継承語」とは、国の主要言語で教育を受けている年少者が、主に家庭で習い覚えるマイノリティー（少数派）言語のことを意味する(Valdés, 2001)。ハワイには、外国語のクラスで日本語を継承語として学んでいる児童生徒や学生が数多くいるが、彼らの言語背景や家族構成はまちまちである。ハワイで生まれ育った学生もいれば、日本で生まれ幼少時代にハワイに移住したという学生もいる。このため「継承語話者」と一口に言っても、家庭における親との日本語使用頻度、親の学校選択、大学前の日本語学習経験はさまざまで、当然日本語能力にも大きな幅がある。また、「継承語」という言葉の意義をもっと広域に考え、移民言語(immigrant language)、先住民言語(indigenous language)、植民地言語（colonial language）のすべてを総括して「継承語」と呼ぶ場合もある（継承語の定義について詳しくは、Kondo-Brown, [2003]などを参照）。例えば、ハワイでは、先住民言語であるハワイ語の言語文化復興のために、ハワイ語イマージョン教育が推進されているが、これも広い意味での「継承語教育」と見なされる。

これらの被験者のOPIの結果は、図4-2に示してあります。図に示すように、被験者のちょうど三分の一にあたる七名が「上級」、次の三分の一が「中級-上」、そして残りの三分の一は「中級-中」もしくは「中級-下」という結果でした。つまり、Swender(2003)の分類4の言語に関する調査結果と同様(表4-1を参照)、「上級」の学習者は全体の約3分の1で、「超級」と判定された被験者は一人もいませんでした。本調査で、「上級」もしくはそれにあと一歩というレベルにいる「中級-上」と判定された学習者は、(a)プレースメント・テストの結果、三年、または四年レベルの日本語クラスに配置されていた、(b)一年の留学経験がある、もしくは、(c)継承語話者のいずれかであることも分かりました。しかし、これらの背景を持っていても、「中級-上」のレベルに到達していなかった学習者も若干いたので、これらの背景要因が、中級以上の口頭能力に達するための必要条件の可能性があっても、十分条件とはいえないようです。

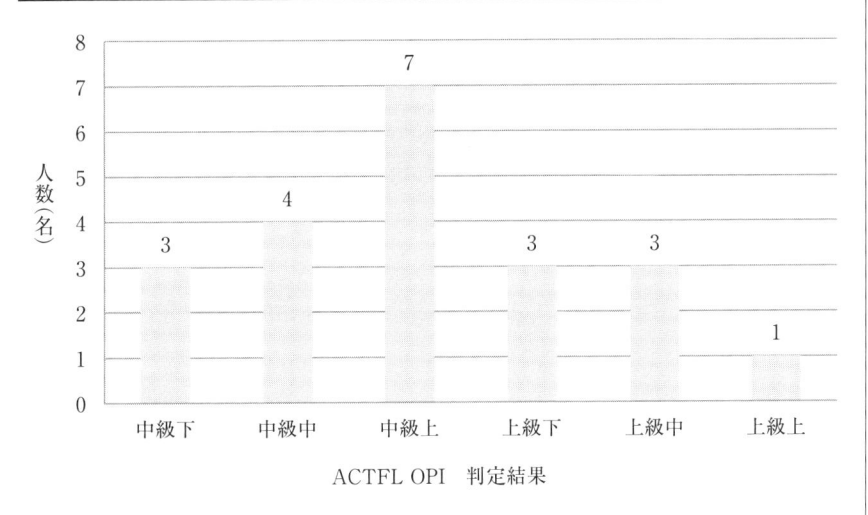

図4-2. 4年レベルの日本語クラス受講者のACTFL OPI結果

ACTFL OPI 判定結果	人数(名)
中級下	3
中級中	4
中級上	7
上級下	3
上級中	3
上級上	1

前章[3.4]でも述べたように、全米日本語教育学会が期待する「基礎レベルを超えた日本語能力」は「中級-下」です。したがって、四年レベルの日本語クラスの受講者であれば、「上級」もしくはそれに近いレベルにある「中級-上」程度の口頭能力達成を期待したいところです。また、本校の日本語学士課程の学習目標の一つは、「さまざまな社交場面で、言語的及び文化的に適切な方法で、口頭のコミュニケーションに従事できる(Engage in oral communication in Japanese in various social contexts, in linguistically and culturally appropriate ways)」ことです。これは会話能力に関する一般的な記述ではありますが、ACTFL OPIの基準と見合わせると、さまざまな社交場面(公式及び非公式な場面)に応じた会話を適切に行うには、「上級-下」少なくとも「中級-上」程度

● 3章[3.4] ☞ 81ページ

の日本語運用能力が必要です。上記した本校でのACTFL OPI結果を見ると、出発時点における個人の学習歴や日本語背景の違いはともあれ、本校の四年レベルの日本語クラスの被験者のうち、約三分の二が「中級 – 上」もしくはそれ以上の日本語口頭運用能力を習得していたことが分かります。このように、能力テストに基づく評価データを定期的に収集し、分析していれば、全国的な基準から見た本校の学習者の日本語口頭能力がある程度把握でき、カリキュラムや指導法の改善を検討する上でも参考になります。

4.5. ACTFL言語能力基準に基づく日本語読解力の評価
Assessing Japanese reading proficiency based on the ACTFL proficiency guidelines

上述のとおり、全米日本語教師学会(ATJ)が「基礎レベルを超えた日本語能力」の目安として採用している言語能力基準は、ACTFLでいう「中級 – 下」に相当します。本節で述べる評価プロジェクトの主な目的は、本校の日本語二年課程修了者に、「基礎レベルを超えた日本語能力」の全国的な水準として提唱されている「中級 – 下」の読解力があるのかどうかを調査することでした(Kondo-Brown, 2011)。セメスター制を採用している本校の日本語二年課程プログラム(つまり、一年生・二年生レベルのコース)は、学習者が、秋学期と春学期に提供される日本語クラスを、四学期継続して学習すると想定してカリキュラムが組まれています。◆18 そこで、図4 – 3に示すように、2006年に評価計画案を作成し、日本語カリキュラム委員会から承諾を得た後、2007年秋学期とその二年後の2009年春学期に、読解力テスト及び日本語学習や言語背景に関するアンケートを二回実施しました。

まず、2007年の秋学期には、四技能に焦点を置く日本語一年前期クラスの学習者全員(被験者数＝173名)を対象に、学期開始約一ヵ月後に、事前テストを授業中に行いました。本調査に使用した読解力テストは、オンライン形式のSTAMP日本語読解力テストです。本章[4.1]で説明したように、同テストは、ACTFL言語能力基準に準じて作成されたコンピュータ適応型能力テストで、テスト結果は開発業者によって処理されます。テスト実施とともに、日本語学習や言語背景に関するアンケートも行いました。そして、二年後の2009年春学期の終了間近には、事後テストとして、同じテストとアンケートを日本語二年後期クラスの学習者全員(被験者数＝102名)を対象に実施しました。このような方法で、2007年秋学期と2009年春学期に、それぞれ事前、事後テストとして同じテストを二年隔てて2回実施することにより、両学期でテストを受けた学習者の日本語読解力の変化を縦断的に分析する予定でした。◆19

ところが、このような計画で二年を隔てて追跡調査を行った結果、図4 – 4に示すように、2007年秋学期の被験者173名のうち37名(約21%)のみが、本校

◆18 本校の日本語二年課程の四技能コースは、週四日制となっている。セメスター制なので、授業(一時限50分)は、春学期と秋学期に分かれている。一年間の延べ授業時間数は、約6000分(約100時間)だ。つまり、二年間日本語を学習すれば、合計200時間の授業時間数となる。しかし、表4 – 2で示したように、本校の日本語学習者の日本語学習歴及び言語背景は実に多様で、日本語二年課程修了時点において、学習者の日本語授業時間数には大きな個人差がみられる。

● 4章[4.1]☞95ページ

◆19 プログラム評価を目的として行われる能力テストを実施する場合、その結果が学習者の成績に影響しないという理由で、全力を出し切らない学習者が出てくる可能性がある。そうするとテスト結果の妥当性に影響するので、学習者に全力でテストを受けるように、協力を求めた。テスト結果は、テスト施行数日後に、担任教師を通じて各学習者に報告した。

の日本語四技能コースで二年継続して、日本語を学習していたことが分かりました。[20] この結果を受け、当初の予定を少し変更し、二年継続して日本語を学習していた被験者37名のテスト結果に関しては、**縦断的分析**(longitudinal analysis)を行い、そうでなかった被験者のテスト結果は**横断的分析**(cross-sectional analysis)を行いました。つまり、2007年秋学期の事前テストのみを受けた136名の一年前期クラスの被験者と、2009年春学期に事後テストのみを受けた65名の二年後期クラスの被験者のテスト結果は、横断的データとして分析しました(図4-4参照)。

図4-3. 日本語二年課程のプログラム評価計画と実施

2006年	2007年秋学期	2009年春学期	2010年
・日本語二年課程のプログラム評価案作成 ・日本語カリキュラム委員会による計画書の承諾	日本語一年前期のクラスで、学習者全員を対象に、学期開始1ヶ月後にSTAMP読解力テストとアンケートを実施	日本語二年後期のクラスで、学習者全員を対象に、学期の終了間近にSTAMP読解力テストとアンケートを実施	結果の分析と報告

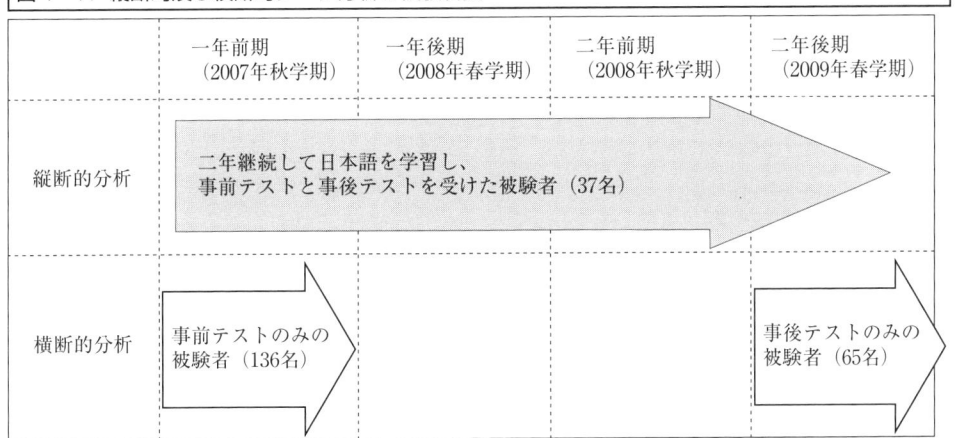

図4-4. 縦断的及び横断的データ分析の被験者数

	一年前期 (2007年秋学期)	一年後期 (2008年春学期)	二年前期 (2008年秋学期)	二年後期 (2009年春学期)
縦断的分析	二年継続して日本語を学習し、事前テストと事後テストを受けた被験者(37名)			
横断的分析	事前テストのみの被験者(136名)			事後テストのみの被験者(65名)

表4-3は、縦断的及び横断的分析における被験者の性別、専攻、母語、日本語学習に関するデータをまとめたものです。表に見るように、被験者の多く

---

[20] 本校の日本語二年課程プログラムには、調査を行った日本語四技能コースの他に、日本語会話コースがあり、2007年秋学期に日本語四技能コースの一年前期クラスを受講していた173名のうち、19名(11%)は、プログラムの途中で四技能コースから会話コースに移動していた。また、休学、転校、必修でないなどの理由で、本校での日本語学習を中止した学生が60名(35%)いた。さらに、夏季講習や集中クラスを受けることによって二年課程プログラムを早く修了した、逆に継続して学習しなかったために修了が遅れたという学生が32名(18%)いた。残りの25名(14%)に関しては、理由が不明である。

は、本校に入学(もしくは編入学)する以前に、地元の高校もしくはコミュニティー・カレッジなどで日本語を学習していました。また、本校の日本語二年課程の学習者の中で日本語専攻希望者は少なく、全被験者の約10%でした。◆21

表4-3. 縦断的及び横断的分析調査の被験者に関するデータ

		縦断的分析調査[a]	横断的分析調査	
			一年前期クラス	二年後期クラス
被験者数		37	136	65
性別	女性	19(51%)	62(46%)	29(45%)
	男性	18(49%)	74(54%)	36(55%)
専攻[b]	日本語専攻を希望する	4(11%)	7(5%)	7(11%)
	日本語専攻を希望しない	33(89%)	129(95%)	46(71%)
	不明	0	0	12(18%)
母語	英語	34(92%)	132(97%)	59(91%)
	中国語	3(8%)	2(1%)	4(6%)
	韓国語	0	1(1%)	1(2%)
	不明	0	1(1%)	1(2%)
現在受講中の日本語クラスを含め、本校において何学期間日本語を学習したか	一学期	0	136(100%)	4(8%)
	二学期	0	0	23(44%)
	三学期	0	0	12(18%)
	四学期	37(100%)	0	9(17%)
	五学期またはそれ以上	0	0	5(10%)
	不明	0	0	12(18%)
本校に入学(編入学)前の日本語学習	学習経験なし	10(27%)	60(44%)	4(6%)
	学習経験あり[c]	27(73%)	76(56%)	49(75%)
		3.0年平均	2.9年平均	3.8年平均
	不明	0	0	12(18%)

a 縦断的分析に使った被験者に関するデータは2007年秋学期と2009年春学期に収集したが、表に示してあるのは2009年春学期に集めたデータの結果である。
b 本校の一般教養課程では二年間の第二言語教育が必修であり(この必修が免除されている専攻もある)、本校で受講できる第二言語のうち日本語は、スペイン語とハワイ語に並んで最も人気のある言語だ(3章[3.5]参照☞85ページ)。毎年、本校の一年生・二年生レベルの日本語のコースをさまざまな専攻(もしくは専攻希望者)の学生が、千二百名以上受講している。
c 日本語既習者のほとんどは、地元の高校もしくはコミュニティー・カレッジで日本語を学んでいた。

◆21 本校には、2012年現在日本語専攻の大学生が二百人以上いるが、本校の大学生は三年生(junior)になるまで専攻を決定しなくてもいいという事情もあって(3章[3.5]参照)、その大半は、三年生と四年生(senior)の大学生である。また、表4-2でも示したように、本校の日本語専攻の大学生の多くは日本語の既習者で、プレイスメントテストの結果、二年レベルの日本語クラス、もしくはそれ以上のレベルのクラスに配置されている。このような理由で、一年生・二年生レベルの学習者を対象とする本調査では、日本語専攻希望者の被験者の数が少ないという結果になった。

● 3章[3.5]☞85 ページ

表4-4は、追跡調査が可能であった37名の被験者の事前テストと事後テストの結果です。表4-4に示すように、一年前期の授業開始から約一ヶ月後の時点では、3名を除く被験者全員が初級レベルにあり、その過半数(19名)は「初級-中」という結果でした。例外であった3名は「中級-下」という予想外の結果でした。二年後期のクラスで実施した事後テストでは、24名(約65%)が中級に達していて、そのほとんどが「中級-下」でした。しかし、中級に達していた被験者24名のうち3名は、出発時点で既に「中級-下」に達していたので、読解力が初級から中級へと実質的に向上した学習者は、37名中21名(約57%)ということになります。

4.5. ACTFL言語能力基準に基づく日本語読解力の評価

表4-4．日本語読解力テスト結果(縦断的分析：37名)

		事後テスト結果(二年後期終了間近に実施)				
		初級-下(1名)	初級-中(1名)	初級-上(11名)	中級-下(21名)	中級-中(3名)
事前テスト結果(一年前期開始から約一ヵ月後に実施)	中級-中(0)					
	中級-下(3名)				2(→)	1(↑)
	初級-上(10名)		1(↓)	1(→)	6(↑)	2(↑)
	初級-中(19名)	1(↓)		9(↑)	9(↑)	
	初級-下(5名)			1(↑)	4(↑)	

注：読解力上達(↑)・変化なし(→)・読解力低下(↓)

　また、表4-4に見るように、縦断的分析調査を行うことのできた37名の被験者のうち32名(86%)の読解力は、多かれ少なかれ上達していましたが、残りの5名に関しては、読解力に変化が見られない(3名)、もしくは読解力が低下する(2名)という予期しない結果でした。この5名の結果に関しては、その原因は不明ですが、事後テストで被験者が全力を出し切らなかったなどの被験者に起因する測定誤差も考えられます。

　横断的分析の結果は、図4-5に示してあります。図に見るように、横断的分析でも、一年前期の時点では、ほぼ全員の被験者が初級レベルにあり(136名中133名[約98%])、特に「初級-中」という結果の被験者が一番多いという結果でした(76名[56%])。二年後期終了間近に集計したデータでは、被験者65名中47名(72%)が、中級レベルに達しており、そのうち「中級-下」の被験者数は26名で、「中級-中」の被験者数は21名でした。

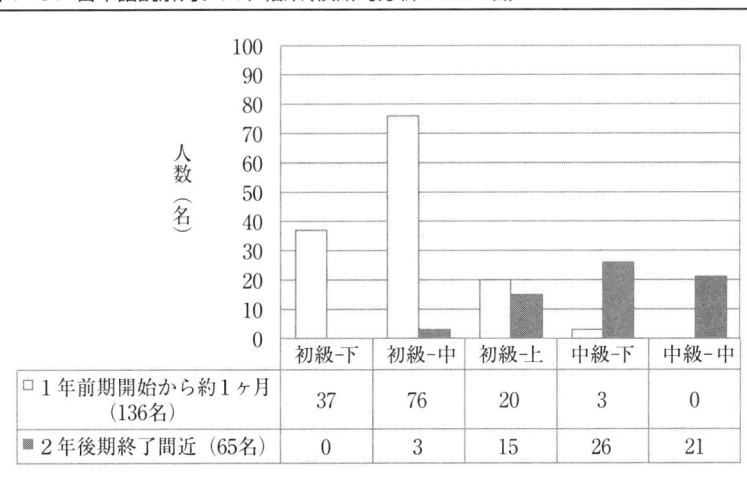

図4-5．日本語読解力テスト結果(横断的分析：136名)

人数(名)	初級-下	初級-中	初級-上	中級-下	中級-中
□ 1年前期開始から約1ヶ月 (136名)	37	76	20	3	0
■ 2年後期終了間近 (65名)	0	3	15	26	21

このように、二年後期終了間近の時点では、縦断的分析でも横断的分析でも、中級レベルの被験者が多数派を占めていました。縦断的分析用のデータと、横

断的分析用のデータを統合すると、被験者全体(合計102名)の約半数(47名)が「中級の下」のレベルにあり、「中級の中」レベルに達した学習者も合わせると、全体の約7割(71名)が中級レベルに達していたことになります。逆に、少数派とはいえ、期待のレベルに達しなかった被験者、つまり初級レベルに留まっていた被験者は、全体の3割を占めており、そのほとんどは初級の上という結果でした。なお、日本語二年後期における被験者102名のうち、日本語専攻希望者は11名でしたが、そのうちの10名は中級レベルに達していました。

　このように、二年後期終了間近における被験者の日本語読解力には、少なからずの個人差が見られました。この差異を説明する要因として可能性のあるものに、日本語学習歴、教室内外での言語環境、学習動機、被験者やテスト自体に起因する測定誤差などが考えられます。したがって、テスト結果の個人差を説明することは容易ではないのですが、テスト結果を解釈するための一データとして、読解力テスト結果と日本語学習年数の関係を調べました。図4-6は読解力テスト結果を横軸に、そして、日本語学習年数を縦軸にとって作成した散布図です。ここでいう「日本語学習年数」とは、本校における日本語学習年数と高校やコミュニティー・カレッジなどにおける学習年数を合計したものです。また、図中の横軸の1から5の番号は、それぞれ、「初級-下」「初級-中」「初級-上」「中級-下」そして「中級-中」を示しています。

図4-6．二年後期終了間近の時点での読解力テスト結果と日本語学習年数の相関図(90名)

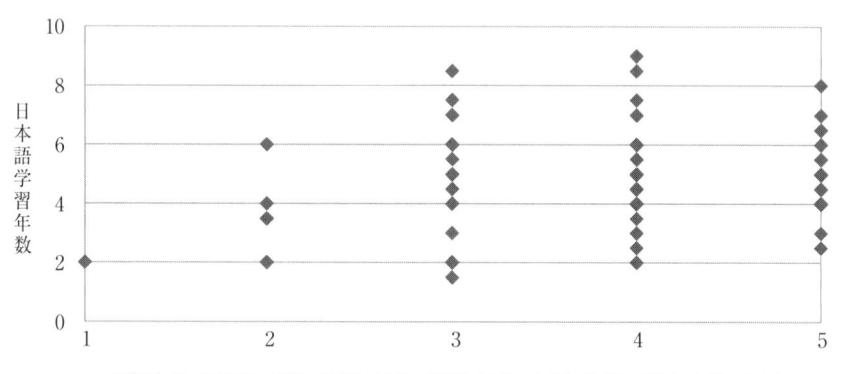

読解力テスト結果：初級-下(1)・初級-中(2)・初級-上(3)・中級-下(4)・中級-中(5)

◆22　2009年春学期に事後テストを受けた学習者102名のうち、90名の日本語学習年数データを収集することができた。

● 1章[1.4] ☞21ページ

　図4-6 ◆22 に示すように、テスト結果が同じでも、日本語学習年数に大きな幅があり、テスト結果と学習年数の間には、相関関係がないように見えます。名義尺度(nominal scale)であるテスト結果を1から5に数値化して間隔尺度(interval scale)と見なし、ピアソン積率相関係数(1章[1.4]参照)を使って**有意差検定**(test of significance)を行いましたが、確かに有意ではないという検定結果でした($r = .18\ ns$)。つまり、学習者の日本語能力を推定するのに、単純に日本語学習年数を目安にはできないということが確認できたわけです。この結果

は、大学、コミュニティー・カレッジ、そして、高校などで日本語を学習する場合、プログラムによって年間の授業時間数やカリキュラムに違いがあること、そして、学習者は必ずしも継続して日本語を学習していないことなどを考慮すると、さほど驚く結果ではないかもしれません。しかし、それと同時に、コミュニティー・カレッジや高校における日本語教育の学習成果を把握する必要性を示唆するものと思われます。

このように、ACTFL言語能力基準に基づいて開発された日本語読解力テストを使用することにより、本校の日本語二年課程プログラムにおける学習者が、全国的な水準から見てどの程度の読解力を達成できたのかを分析することができました。本章で述べた日本語読解力テストの結果と考察をまとめると、以下のようになります。

- 全米日本語教師学会(ATJ)は、「基礎レベルを超えた日本語能力」をACTFL能力基準でいう「中級 – 下」と定めている。本調査の結果、日本語二年後期終了間近の時点で、約7割の被験者が、基礎レベルを超えた読解力、つまり少なくとも「中級 – 下」の読解力に達成していたことが分かった。「中級 – 中」に達していた被験者も、数多くいた。逆に、少数派とはいえ、残りの3割の被験者のほとんどは「初級 – 上」に留まっていた。

- 本校の日本語二年課程プログラムは、学習者が秋学期と春学期の四学期を継続して学習すると想定してカリキュラムが組まれているが、実際にはそのような学習者は全体の約2割に過ぎなかった。これは、現場で縦断的データを収集する方法で学習成果アセスメントを行うことの難しさを示している。しかし、プログラムの出発時点において、被験者の読解力に個人差が少なからず観察された。つまり、横断的分析だけでは、学習者の言語能力の変化を正確に分析するのがどうしても難しくなる。したがって、プログラム対象の学習成果アセスメントを行う時には、できる限り事前テストと事後テストを行い、それに基づいた縦断的分析を行う方法を取り入れるべきだろう。

- 授業開始後約一ヶ月の時点で、被験者のほとんどは読解力が初級レベルであり、そのうち「初級 – 中」と判定された学習者が大半を占めていた。予想外だったのは、この時点で「中級 – 下」と判定された学習者が若干混ざっていたことだ。本校の日本語一年前期クラスの学習者の過半数は日本語既習者であり、「真の初心者」とそうでない学習者が混合している。したがって、スタート時点で読解力に多少の個人差が見られるのは致し方がないが、中級レベルの学習者数名が日本語一年前期クラスに混入していたことは、問題視すべきだろう。測定誤差の可能性もあるが、今後の調査が必要だろう。

4.6. 日本語のプレースメント・テスト
Japanese language placement tests

　大学や学校における日本語プログラムでは、通常クラス開始に先立って、プレースメント・テストを行い、学習者のクラス配置を行います。本校でも、日本語学習の経験の全くない学習者の場合は、テストを受けずに初級レベルのクラスに配置されますが、過去に日本語の学習経験がある場合は、プレースメント・テストを受けてから、日本語能力に応じたレベルに配置されます。**1章[1.3]**でも述べたように、プレースメント・テストは、熟達度テストの一種であり、その目的は受験者の目標言語能力の違いを的確に判定し、その結果に応じてクラス配置を行うことです(Brown, 2005)。したがって、プレースメント・テストの選択や作成にあたって、プログラムのカリキュラムやコース・シラバス、また受け入れ学習者の人数や能力レベルの範囲が考慮されます(Bachman, 1991)。適切なプレースメント・テストを行うことにより、目標言語能力がほぼ同じであると判断された学習者を同じクラスに配置することができ、学習の指導効果を高められます。

●1章[1.3]☞18ページ

　近年開発された日本語の能力テストで、そのプレースメント・テストとしての有用性を、妥当性、信頼性、実用性などの観点から検証されてきたテストに、**日本語能力簡易試験**(Simple Performance-Oriented Test, 以下SPOT)と**日本語技能テスト**(Japanese Skills Test, 以下JSKIT)などがあります。SPOTは、聞き取りテスト、書き取りテスト、クローズ・テストを組み合わせたテストで、被験者は自然な発話速度で読み上げられる一文を聞きながら、解答用紙に記された文中の空欄に、ひらがな1文字を書き取ることになっています。同テストでは、日本語を即時的に処理する能力の測定が意図されており、短時間で実施できる上、テスト結果の信頼性も高いと報告されています(小林・フォード丹羽 1992; 小林・フォード丹羽・山元 1996)。また、能力テストであるSPOTの得点とACTFL OPI結果を比べた研究では、両者に強い相関関係が見られたと報告しています(岩崎 2002)。SPOTは、日本、米国、オーストラリア各地の大学でプレースメント・テストとして広く採用もしくは試用されており、大学レベルの日本語プログラムのプレースメント・テストとしても効果的であるという報告もあります(例. 品川 2007; 橋本 2000; Hatasa & Tohsaku, 1997)。[23] なお、オリジナルのSPOTは筆記テスト方式でしたが、現在では同テストのオンライン化が進んでいます(小林・酒井・フォード丹羽 2007)。テストのオンライン化導入によって、遠距離にいる学習者でもテストが随時受けられるようになります。また、教師の方も、採点や得点入力の手間などが省け、また手作業によるミスや誤りがなくなります。しかし、その一方で、オンライン・テストの実施方法によっては、「試験監督者の不在による不正行為」の問題が浮上してくる場合もあるの

◆23　例えば、品川(2007)は、カリフォルニア大学サンタバーバラ校の日本語プログラムで、SPOTをプレースメント・テストとして試用し、その有効性を、最終成績との相関関係、そして他校(同大学サンディエゴ校)でのレベル分けの基準点(Hatasa & Tohsaku, 1997)との比較という観点から考察している。その結果、「SPOTの有効性を確認できた」としている(p. 128)。

で、実施方法を慎重に検討しなければならないでしょう(小森 2011, p. 94)。

JSKIT の方は、主に英語圏の高校生及び大学生向けに作成された日本語能力テストです。同テストは二部からなっており、第一部は、多肢選択式の聴解力テスト、文法知識テスト、読解力テスト、そして第二部は、口頭テストと筆記テストから構成されています。Eda, Itomitsu, & Noda (2008) は、JSKIT の第一部で使われている多肢選択式テスト項目の信頼性、及び、妥当性の検証を行いました。その結果、同テストを使用すると、一年生レベルと二年生レベルの日本語クラスの配置決定が効果的にできると報告しています。この他、日本語プログラムのクラス配置を目的に、ACTFL OPI を参考に作成された日本語プレースメント用 OPI が使用されています(例. 荻原 1999; 横山 2000)。例えば、横山は、ACTFL のレベル判定基準を用い、プログラムのシラバスに合った内容の OPI と日本語能力試験(「2級と3級を50%ずつの割合で合成したもの」)をプレースメント・テストに使っていると報告しています。さらに、横山は、OPI 判定結果と日本語能力試験得点の相関関係を調べ(N=202)、両者のプレースメント・ツールによる能力判定は関連していたと、報告しています。

本校の日本語のプレースメント・テストは、いわゆる「ペーパーと鉛筆によるテスト(paper-and-pencil test)」と呼ばれるテストで、日本語学科の教師によって、本校の日本語プログラムのカリキュラムを参考に作成されました。2012年現在使用しているテストは、次節で説明する**項目応答理論**を使って行ったテスト項目分析の結果や教師からのフィードバックを参考に、2006年に改訂されたものです。同テストは、四肢選択形式で、聴解力テスト、文法テスト(ローマ字版とルビ付きの仮名版が用意されている)、そして、読解力テストの三部からなっています。◆24 図4-7は、テスト改訂後の2006年春に、各クラスに配置された日本語学習者(123名)の文法テスト結果の分布を示したものです。図に見るように、クラスのレベルが上がるごとに、文法テストの得点が高くなっているのが分かります。各レベルにおいて得点に幅があるのは、クラス配置決定に、学習者の聴解力や読解力、そして、言語背景も考慮されるからです。◆25

◆24 日本語聴解力テストで、島田は選択肢提示形式のテスト結果に対する影響を調査している。日本国内で日本語を学ぶ大学留学生を対象にした研究(島田 2003, 2006)では、文字(日本語)提示形式の方が音声提示形式よりも正答率が高くなるという結果だった。ところが、中国の大学で学ぶ中国語母語話者の日本語学習者を対象にした研究(島田・候 2009)では、文字提示形式が正答率に影響を及ぼしていないことが分かった。島田は「国内の受験者の方が、文字を見ながら日本語を書くという行為に慣れているということが考えられる」と考察している(p. 46)。このように、選択式の聴解力テストを作成する場合に、問題用紙に選択肢が日本語で印刷されている場合は、受験者の読む力が介入する可能性がある。本校で現在使用している聴解力プレースメント・テストは、本文にもあるように四肢選択形式だが、問題用紙に、質問と選択肢が英語で印刷されている(例. What did the man order at a restaurant? a) Pasta, b) pasta and coffee, c) sandwich and coffee, d) pasta, sandwich and coffee)。日本語学習希望者の中には、継承語話者のように、聴解力にすぐれていても、日本語の読み書きができないという者もいて、日本語で選択肢がすらすら読めないという理由で、誤答を出す可能性もあるからだ。なお、選択肢がイラストになっている設問もある。

◆25 本校の日本語プレースメント・テストの改訂後に、聴解力テスト、文法テスト、そして読解力テスト結果の相関関係も調べた。そして、その結果、文法テストは聴解力テストと強い相関関係にあり(r=. 87, p<0.01)、読解力テストとの相関は、前者と比べると緩やかであることが分かった(r=. 68, p<0.01)(Kondo-Brown & Brown, 2000, p. 76)。文法テストと聴解力テストが強い相関関係にあるということは、これらのテストを同時に実施することにより、より信頼性のあるテスト結果が得られるということになる。しかし、その一方で、本校の聴解力テストは、主に文法能力を測定しているという可能性も考えられる。

第4章 日本語の能力テストとプレースメント・テストを利用した評価

図4-7. 各クラスに配置された学習者の日本語プレースメント・テストの結果（文法）

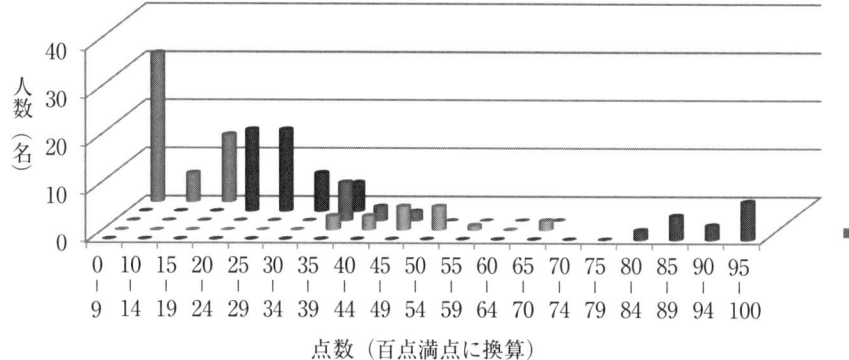

グラフ奥から順に
- 1年前期クラス
- 1年後期クラス
- 2年前期クラス
- 2年後期クラス
- 3年又は4年レベルのクラス

このように、本校での日本語学習希望者の日本語能力は、主に、受容技能のテスト結果を基に推定しています。毎学期、プレースメント・テストを受ける学習者が百人から二百人いるため、多くの学習者を対象に一斉に実施する必要があるというのが主な理由です。しかし、クラス配置後にも、学習者のクラス配置が適切にされているかどうかを、担当教師が自己評価、言語背景アンケート、そして面接などを行って、授業の初日に確認をする必要があります。特に、日本語が使用される家庭で育った継承語話者(本章[4.4]参照)の場合、作文テストや面接なども行って、選択式日本語プレースメント・テストの結果をより慎重に解釈しなくてはなりません。継承語話者の中には、日本語の聴解力や文法知識があり、流暢に話せても、読み書きがほとんどできないという学習者がいるからです。[26] また、継承語学習者の場合、文法テストや聴解力テストで満点を取る学生は、珍しくありません。その場合は、「天井効果」(本章[4.1]参照)によって、意図している能力の測定が上限付近で正確にできていない可能性があるので、追加データを集めてクラス配置を決定します。

● 4章[4.4]☞104ページ

◆26 継承語話者のクラス配置に関する研究には、Kagan & Friedman(2003)やKondo-Brown(2010)、Sohn & Shin(2007)などがある。Sohn & Shin(2007)の研究では、プレースメント・テストで全力を出しきらない継承語話者の存在が、問題視されている。本校では、このような問題の対策法の一つとして（また、地元高校などにおける外国語学習者のプラスの動機付けの一策として）、2001年にBack credit policyが設立された。この方針によって、プレースメント・テストの結果、初心者レベル以上のクラスに配置された学生は、このクラスを「可」もしくはそれ以上の成績で修了すれば、そのクラスの単位だけでなく、それ以下のレベルのクラスの単位も、最高16単位まで(無料で)取得できるようになった。

● 4章[4.1]☞95ページ

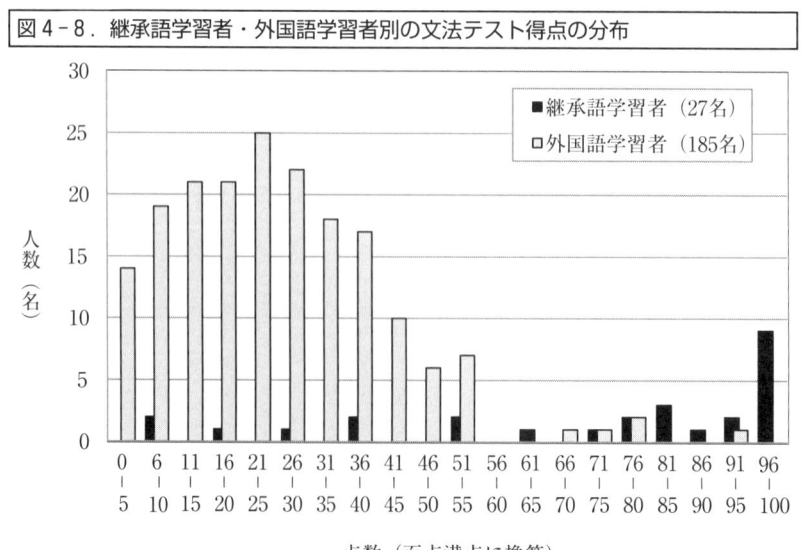

図4-8. 継承語学習者・外国語学習者別の文法テスト得点の分布

- 継承語学習者（27名）
- 外国語学習者（185名）

表4-5. 継承語学習者・外国語学習者別の文法テスト得点の比較

	外国語学習者	継承語学習者
平均値（average）	26点	72点
最頻値（mode）	27点	100点

　図4-8は、2003年度に集計した文法テスト結果を、継承語学習者グループ（27名）と、外国語学習者グループ（185名）に分けて示したものです。[27] 各グループの文法テスト得点の平均値と最頻値（mode）は、表4-5に示しています。図4-8と表4-5に見るように、両グループの文法テスト結果は大きく違います。外国語学習者の場合は、平均値（26点）と最頻値（27点）がほぼ重なり、そこを頂点として、得点の分布が多かれ少なかれ釣鐘型（つまり正規分布曲線）になっています。それに対し、継承語学習者の場合は、テスト結果分布の最頻値の山が、平均値（72点）より右側寄りになっています。このように、本校で日本語学習を希望する継承語学習者の大半は、文法テストで高得点を得ています。しかし、中には、読み書きがほとんどできないという継承語学習者もいるので、先程述べたように、読解力テスト結果や他のデータの結果も見合わせてクラス配置を決定しています。

　以上述べてきたように、本校の日本語科では2012年現在、内部者によって作成されたペーパー・テストを使用していますが、新入生や編入生が遠距離からもプレースメント・テストが受けられるようにという外部からの要望、また、テスト実施・採点が職員に与える負担を軽減するために、今後は、プレースメント・テストのオンライン化を検討していかなくてはならないでしょう。オンライン化に関しては、本章[4.1]で述べたコンピュータ適応型テストであるSTAMPやオンライン形式のSPOTなどの外部で開発された日本語能力テストを使用するのも一つの方法です。しかし、これらの日本語能力テスト（つまり、集団基準準拠テスト）は、1章[1.3]でも述べたように、特別のカリキュラムに準じて作成されたものではありません。日本語能力テストをある特定のプログラムにおけるクラス配置目的で使用する場合は、その妥当性の検証が必ず必要です。能力テストを使用して妥当性の高いクラス配置を行うためには、まず第一に、レベル分けの基準点を設定するためのデータ収集及び分析を行わなければなりません（例. 品川 2007）。典型的な方法に、新プレースメント・テストを各レベルで試用し、各レベルごとの得点の平均点や分布を比較する、学習者に現行のテストと新テストの両方を同じ条件下で受けさせ、その相関を分析するなどがあります。さらに、期末試験などの到達度テスト結果との相関を調べたり、学習者及び教員の新テストに対する満足度を調査するなどして、妥当性の検証を確認することも大切です。

◆27　文法テストの最高得点は55点だったが、本節では、テスト結果を百点満点に換算して報告している。

● 4章[4.1]☞95ページ

● 1章[1.3]☞18ページ

4.7. 項目応答理論を用いたプレースメント・テスト項目の分析
Item analysis of placement tests using Item Response Theory

本校の日本語プレースメント・テスト項目の分析は、「*XCalibre*™」(Assessment systems corporation, 1997)というソフトを使用して、**項目応答理論**に基づいて行いました(Kondo-Brown & Brown, 2000)。項目応答理論とは、受験者のテスト項目に対する反応に基づき(正答か、それとも誤答であるか)、受験者の能力、及び、テスト項目の特性(識別力や難しさ)を、同時に推定しようとするものです。プレースメント・テストや、能力試験のような集団基準準拠テスト(NRT)の項目分析の場合、古典的テスト理論と項目応答理論のいずれを使っても、テスト項目の分析を行うことができます。しかし、どちらを使用するかによって、テスト項目の特性の求め方がかなり違ってきます。以下、その違いについて簡単に説明します。

●2章[2.5]☞60ページ

古典的テスト理論に関しては、2章[2.5]で、選択式読解力テストの項目品質分析を例に、古典的なテスト項目分析の方法を説明しました。その説明の中で述べた項目困難度とは、単純に、その項目に対する受験者の正答率のことでした。したがって、この方法では、正答率が90%であれば「易しい問題」で、20%であれば「難しい問題」という具合に判断します。しかし、この方法で項目困難度を判断することの問題点は、各項目の困難度が受験者集団全体の能力に依拠するため、他の受験者集団を対象に実施すると、困難度が変わってしまう可能性があるということです。例えば、

●2章[図2-6]☞63ページ

2章の図2-6で示したように、問6は、日本語二年前期のクラスの学習者にとって、難しい問題と判断されましたが(平均正答率26%)、日本語二年後期のクラスの学習者にとっては、中ぐらいの難しさという結果でした(平均正答率64%)。さらに、古典的テスト理論では、個人の能力と項目の困難度が切り離せないため、産出されたテスト項目の困難度は、受験者集団のどの受験者にもあてはまると見なされます。しかし、実際には受験者集団内に必ず能力の個人差があり、そして、個人が経験する困難度は、個人の能力レベルによって違ってくるはずです。また、古典的なテスト項目分析では、ある項目の正答率が100%であったとしても、そのうちの何パーセントが、当てずっぽうで正答を出せたのかを推測することはできません。ところが、項目応答理論を使用するとこれらの問題がある程度解決できるのです。

項目応答理論が、古典的テスト理論と大きく違う点は、まず第一に、特定の受験者集団に依存しない方法で、項目ごとの**識別力パラメータ**(discrimination parameter: 問題がどの程度適切に受験者の能力を識別しているか)、**困難度パラメータ**(difficulty parameter: 問題の困難度)、そして、**当て推量パラメータ**(guessing parameter: 被験者が偶然に正答できる確率)が分析できることです(大友 1996; 中村・

大友 2002)。したがって、項目応答理論を用いて得られたテスト項目分析結果は、どんな受験者集団にもあてはまると見なされます。これは大規模に行う熟達度テストを作成する上で、とても大切な特徴です。また、項目応答理論に基づく項目分析では、受験者の応答パターンに基づいて、受験者一人ひとりの「能力値」が推定されます。そして、ある受験生のある質問に対する正答確率(P)は、推定能力値(θ)と項目困難度(b)によって推定されます。先ほど述べた**コンピュータ適応型テスト(CAT)**と呼ばれるオンライン式テストは、実はこのような項目応答理論に基づいて開発されたものです。本章で述べた「STAMP」や「J-CAT(Japanese computerized adaptive test)」などのオンライン形式の日本語能力テストも、項目応答理論に基づいて開発されています(赤木・中園・今井 2009; 今井他 2009)。[28] 日本語教育分野における今後の大規模なオンライン・テスト開発において、CATの持つ可能性は大きいと思われます(伊東 2011; 中村 2011)。[29]

◆28 J-CAT 日本語能力テストのウェブサイト
URL http://www.j-cat.org/

　項目応答理論に基づく項目分析モデルは、いくつかありますが、本校の日本語プレースメント・テストの項目分析には、「$XCalibre^{TM}$」というソフトを使って、「**スリー・パラメータ・ロジスティック・モデル**(three-parameter logistic model)」に基づいた分析を行いました。このモデルを使用することにより、設問ごとに、識別力パラメータ(a)、困難度パラメータ(b)、そして、当て推量パラメータ(c)が推定され、その結果は、**3章[3.5]**で説明した「ロジット」と呼ばれる間隔尺度の単位で示されます。[30] ロジスティック・モデルを使って分析を行う場合には、まず、100%もしくはゼロの正答率であった項目と受験者は、あらかじめ除外しておきます。ある項目の正答率がゼロであった場合、困難度が非常に高いことは分かりますが、テストの床面効果のため、どれだけ難しいのかを示すことができません(本章 [4.1] 参照)。逆に、正答率が100%の項目は、その項目が易しいということが分かっても、天井効果のため、どれほど易しいのかを示すことができないからです。正答率がゼロもしくは100%の受験者も、同じような理論で、両極端にある能力値が正確に推定できないために除外されます。本校の日本語プレースメント・テストの場合、テスト項目を除外する必要はありませんでしたが、正答率100%の被験者が数人いて、これら

● 3章[3.5]☞85 ページ

● 4章[4.1]☞95 ページ

◆29　ただし、項目応答理論を使って、テスト項目の困難度(正答確率)を推定する時、所属集団の持つ特性(例. 第一言語、性別、継承語の背景の有無など)によって、困難度推定値が違ってくる場合がある。この場合、そのテスト項目は、差異項目機能(Differential Item Functioning, 以下DIF)が働いていると見なされる(Holland & Thayer, 1988; 孫・井上 1995)。DIFの概念は、公平なCATを開発する上で、無視できないものである(Sasaki, 1991)。例えば、Brown & Iwashita (1996)の研究では、メルボルン大学における日本語CATプレースメント・テスト(文法テスト)を使用して、受験者の第一言語が、項目困難度にどのように影響するかを調べた。その結果、推定能力値に有意差の観察されなかった英語話者グループ(644名)と中国語話者グループ(456名)間で、文型と助詞に関する問題の項目困難度に有意差が見られた、と報告している。CATのテスト開発に、このようなDIFの調査も行うことによって、テスト結果の解釈をより適切にすることができる。

◆30　このモデルを使ってテスト項目の分析を行うには、通常千人以上の受験者を要する(Henning, 1987)。十分な数の受験者がいない、または、項目応答理論を分析できる環境が整っていないなどの実際的な理由で、同理論に基づく項目分析が実用的でない場合は、古典的テスト理論を使って、分析を行えばいいだろう。例えば、伊東(2005)、今村(2001)、小森(2011)、平・米澤・松本・佐尾(2010)らの研究では、古典的テスト理論に基づいて、日本語プレースメント・テストの項目分析が行われている。

の被験者は除外しました。

　XCalibre™ を使用すると、問題のある項目は、自動的にフラッグ(flag: 提示)されます。問題のある項目とは、識別力が低すぎるもの(ロジット値が0.30以下)、困難度が低すぎるもの(ロジット値が-2.95以下)、逆に高すぎるもの(ロジット値が2.95以上)、当て推量確率が高すぎるもの(ロジット値が0.40以上)、そして最後に、誤差(実測値と理論値の差)が大きいもの(ロジット値が2.0以上)です。例えば、プレースメント・テストで文法に関する質問は、70問ありましたが、そのうちの20問は、上記のいずれかの理由で問題があると提示されました。そこで、この20問を取り除き、オリジナルのテスト(70問)の結果と、20問を取り除いた改訂テスト(50問)の結果の信頼性係数を比較したところ、両方とも非常に高いものでした(オリジナルのテスト結果の信頼性係数は $\alpha=0.96$ で、改訂テストは $\alpha=0.95$)。[31]つまり、問題のあるテスト項目を20問取り除くことにより、テスト結果の信頼性係数に影響を与えずに、テスト時間を短縮させることができました。

　表4-6は、改訂テストの50項目を、上から困難度の低い順に、並べたものです。項目応答理論では、困難度パラメータのロジッド値が0(ゼロ)であれば、その項目は、平均的な推定能力値($\theta = 0$)の受験生が50％の正解率で正答を出せる項目、つまり平均的な困難度の項目と解釈します。表4-6の困難度パラメータの欄を見ると、困難度が平均以下のテスト項目(ロジット値がマイナスのもの)が11個あり、残りの39個のテスト項目は平均以上の困難度(ロジット値がプラス)になっています。これは、推定能力値の低い学生間の能力の差異を効果的に弁別するために、困難度の低いテスト項目をもっと作成する必要があることを示しています。さらに、表4-6を作成することによって、ロジスティック・モデルを使って推定された項目困難度の順序と、教師の予測した各項目の相対的な難易度が、必ずしも一致していないことも分かりました。例えば、初級レベル用として作成した項目のいくつかが、何らかの理由で、予想以上に難しかったという結果になっていました。このように、教師の判断にだけ頼る方法で、プレースメント・テスト項目の困難度の推定を行っていると、誤ったテスト結果の解釈をする可能性があります。したがって、教師作成のプレースメント・テストを使用する場合は、教師の予測するテスト項目の識別力や困難度を実際のデータに基づいて確認することが必要です。

◆31　信頼性係数は、クロンバック・アルファ係数(1章[1.4]参照)を用いて算出した。

●1章[1.4]☞21ページ

4.7. 項目応答理論を用いたプレースメント・テスト項目の分析

表4-6. 改訂文法テストの項目の3パラメータ項目応答分析結果
[Three-parameter IRT Analysis of the Items in the Revised Grammar Test] (50項目、1284名)

Item No. (項目番号)	(a) Discrimination Parameter (識別力パラメータ)	(b) Difficulty Parameter (困難度パラメータ)	(c) Guessing Parameter (当て推量パラメータ)	Residual (誤差)
24	.80	-.90	.09	.48
43	.84	-.78	.09	.94
26	1.14	-.69	.09	.53
21	.67	-.54	.09	.72
31	.63	-.42	.09	1.00
34	.98	-.38	.09	.62
19	1.13	-.37	.09	.17
22	.85	-.20	.09	.67
55	1.26	-.19	.09	.73
32	.90	-.10	.09	.98
33	.95	-.01	.09	.88
29	1.03	.06	.08	.59
42	1.57	.15	.08	.50
72	1.09	.28	.08	.74
23	.97	.34	.08	.84
47	1.25	.34	.10	1.13
38	1.34	.41	.08	.77
40	1.21	.42	.08	.63
27	1.04	.43	.10	.80
44	1.47	.43	.08	.68
70	1.72	.44	.10	.86
80	1.76	.47	.07	1.00
74	1.21	.58	.08	.88
48	1.35	.67	.09	.91
81	.93	.71	.09	.84
35	1.12	.86	.09	.79
62	1.77	.91	.08	.70
57	1.79	.95	.06	1.35
71	1.79	.97	.08	.69
56	1.42	1.01	.08	1.03
52	1.03	1.04	.08	.85
45	1.12	1.12	.08	1.31
58	1.14	1.18	.07	1.02
61	2.00	1.18	.06	1.07
84	2.00	1.18	.07	1.05
75	2.17	1.20	.06	1.49
28	1.22	1.23	.10	.67
73	1.05	1.30	.09	.88
60	1.66	1.33	.07	.84
79	1.10	1.35	.09	.79
51	1.75	1.42	.09	.56
77	1.70	1.49	.09	.72
67	1.28	1.54	.10	.92
63	1.65	1.55	.08	.78
69	1.58	1.60	.06	1.21
64	1.37	1.67	.10	1.10
36	1.11	1.80	.08	1.07
85	1.39	2.02	.14	1.50
78	1.95	2.09	.06	1.23
82	1.89	2.22	.08	.97

出典：Kondo-Brown & Brown (2000, pp. 63–64, Table 13)に基づく。

話し合おう

1. ACTFLとCEFR言語能力基準は、外国語教育、特に、日本語教育にどのような影響を与えてきましたか。
2. ACTFL OPIで、初級、中級、上級、そして超級話者の特徴は何ですか。
3. 先行研究で、ACTFL OPIの信頼性と妥当性について、どのような点が問題視されてきましたか。
4. 日本語教育現場で、どのようなプレースメント・テストが使用されていますか。そして、その有用性は、どのような角度から検証されていますか。
5. 古典的テスト理論と項目応答理論では、個人の能力や、テスト項目の困難度の捉え方が、どう違いますか。

プロジェクト・アイデア

1. ある特定の日本語プログラムを選び、そのプログラムの学習目標と、JF日本語教育スタンダード2010の評価項目を照らし合わせ、学習目標に関連している評価項目を選んでください。選んだ評価項目を基に、自己評価表、もしくは、テストを作成してみましょう。
2. ACTFL OPI以外の日本語能力テストを一つ選び、そのテストの信頼性や妥当性について、どのような先行研究がなされているかを調べてみましょう。
3. 何人かの日本語学習者に「日本語ポートフォリオ(青木 2006)」などを使って自己評価を行ってもらい、自己評価と観察された評価が、どれほど一致しているかを調べてみましょう。
4. ある特定の日本語プログラムで、クラス配置がどのように行われているのかを調べましょう。改善すべき点がないかも考察してみてください。

第5章
年少者対象の日本語プログラムの評価
Assessing Japanese language programs for young learners

◆1　年少者(young language learners)とは、通常5歳児から12歳児までを指す。

　近年、年少学習者を対象にした第二言語評価研究に、関心が寄せられています(例. Donato, 1998; Hasegawa, 2008; Johnstone, 2000; McKay, 2006)。◆1 米国の小学校における日本語プログラムの評価に関しては、ピッツバーグ大学の附属小学校で行われた評価研究が代表的です(Antonek, Donate, & Tucker, 2000; Donato, Antonek, & Tucker, 1994; Donato, Tucker, Wudthayagorn, & Igarashi, 2000)。**5章では、ホノルル郊外の公立小学校(H小学校)で、日本語プログラムを対象に行った評価活動**(Kondo-Brown, 2002b, 2004)**を事例に取り上げ、年少者対象の日本語プログラムの評価**について考えます。H小学校では、調査当時、日本語は必修科目の一つとして提供され、高学年の児童は、40分の日本語授業を週に二回受けていました。米国の外国語教育において、日本語は国の安全保障、経済発展、そして、外交上最も重要とされる優先言語(priority language)の一つであり、連邦政府から資金援助を優先的に受けています。H小学校の日本語プログラムも、連邦政府の助成金を受けて拡張されたものでした。◆2 H小学校で行ったプログラム評価の主な目的は、日本語学習者が、同校で二年間日本語を学習することにより(4学年と5学年)、日本語学習目標をどの程度達成できたのかを追跡調査することでした。

◆2　スペイン語、フランス語、そしてドイツ語以外の言語は、米国で「学習機会の少ない言語(Less commonly taught languages、通称LCTL)」と呼ばれる。LCTLのうち、米国の安全保障、経済発展、また、外交上最も重要とされる言語は、国の優先言語に指定されている。日本語は、優先言語の一つである。また、国土安全上最も重要とされているLCTL(例. アラビア語、中国語、ロシア語など)は、重要言語(critical language)にも指定されている。外国語教育に関する連邦の助成金や奨学金は、優先言語や重要言語を目標言語とするプログラムを優先している(詳しくはKondo-Brown [in press]を参照)。

　本章では、まず、年少者を対象にした日本語プログラムと、その評価方法について述べます。次に、H小学校での日本語プログラム評価のために作成された**口頭テスト**(目標基準準拠テスト)に焦点をあて、その作成過程、実施方法、採点法、そして、テスト結果の分析方法について述べます。また、口頭テストの結果を、同プログラム評価のために作成された**聴解力テスト**及び**自己評価**の結果と比較し、聴解力テストや自己評価を使用して、口頭能力を間接的に評価することの可能性、及び、問題点を考察します。

第5章の目標

1. 初等日本語教育プログラムの評価法に対する知識と理解を深め、形成的及び総括的な評価の計画が立てられる。
2. 年少日本語学習者用の口頭到達度テストの作成や、その採点法に関する留意点を理解し、実際に作成できる。
3. 面接式口頭テストの実施にあたり、試験官と年少被験者の対応の仕方に関する知識を深め、信頼性の高いテスト結果が得られる方法で、テストが行

える。
4．聴解力テストや自己評価などを使用して、学習者の口頭能力を間接的に推定することの可能性、及び、問題点を理解する。
5．分散分析や t 検定（t-test）などの基礎的な統計を使って、テスト結果のデータ処理ができる。

5.1. 年少者対象の日本語プログラムの評価方法
Approaches to assessing Japanese language programs for young learners

　米国の小学校では、90年代に日本語学習者が急増し（Kataoka & Furuyama, with Frets, 1999）、今日も数多くの年少者が日本語を学習しています。近年においては、米国の小学校における日本語学習者数はやや減少の傾向にある（Rhodes & Pufahl, 2009）ものの、ハワイ州の小学校では、日本語は2012年現在も学習者数の最も多い外国語です。例えば、2007-08年度のハワイ州教育局白書（fact book）によると、ハワイでは49校の公立小学校で日本語の授業が提供されています。◆3 米国の初等教育における日本語プログラムには、二ヶ国語併用の**イマージョン**（immersion program）、**初等外国語教育**（Foreign Language in the Elementary School, 以下 FLES）、そして、**外国語体験**（Foreign Language Experience/Exploration, 以下 FLEX）の三種類がありますが、そのほとんどが FLES か FLEX のいずれかです。ハワイ州の初等日本語教育プログラムも、そのすべてが FLES もしくは FLEX です。FLES が外国語習得を第一目標とし、週に最低75分の外国語授業を提供しているのに対し、FLEX は外国語や文化を体験することが目的であり、必ずしも言語習得を目標にしたものではありません（Curtain & Pesola, 1994）。したがって、FLEX の授業時間数は FLES よりずっと少なく、カリキュラムにも大きな違いがあります。

　ハワイ州の初等日本語教育は、ハワイ州の世界言語教育基準（Hawai'i Department of Education World Language Standards）を基盤にしてカリキュラムが組まれています。本章で紹介する H 小学校の日本語プログラムのカリキュラムも、ハワイ州の世界言語教育基準を基盤にしています。州の世界言語教育基準は、「ナショナル・スタンダーズ」と呼ばれている全米の世界言語教育基準に基づいており（3章［3.2］参照）、コミュニケーション（communication）、文化（culture）、そして、目標言語と母語との比較（comparisons）という三柱で構成されています。そして、柱ごとに、どの学年で何ができるようになるべきかについて、その判断の基準が示されています。コミュニケーションに関する基準は、さらに細分化され、対人（interpersonal）、解釈（interpretive）、そして、発表（presentational）の三つの形式（mode）に分けて提示されています。◆4 上述のイマー

◆3　ハワイ州の公立小学校では、日本語の他、スペイン語（15校）、ハワイ語（6校）、そして中国語（3校）も学ぶことができる。1990年代には、ハワイ州では、51校の公立小学校で9千名近くが学習していた（Kondo, 1998）。現在でも、日本語はハワイの小学校で一番人気のある外国語だ。高校に至っては、ほとんどの公立・私立高校で日本語を学習することができる。

●3章［3.2］☞75 ページ

◆4　ハワイ州では、州の言語教育基準に基づいた初等日本語教育を推進するために、「Japanese for Kids（子供のための日本語）」とよばれるビデオ教材が開発された。このビデオは、教師用の指導書とセットになっており、日本語教師対象の研修も定期的に提供されている。ハワイ州が日本語ビデオ教材開発に取り組んだ理由は、一つには、日本語教育現場における州の言語教育基準の浸透があげられるが、もう一つの大きな理由は、小学校における日本語教師への支援である。ハワイ州公立小学校で日本語教育を推進するにあたっての最大の壁は、日本語を教えている教師の大半が、十分な日本語運用能力を持っていないということだ。本章で紹介する評価活動が行われた日本語プログラムでは、日本語教育を専門にする日本人教師が教えていたが、このようなプログラムは、実は、ハワイ州ではあまり多くない。そこで、日本語ビデオ教材を開発し、定期的な言語研修も行うことによって、日本語教師の日本語運用能力、そして、日本語の指導法や評価の仕方についての知識や技術を高めようとしている。

ジョン・プログラムやFLESプログラムでは、目標言語による対人コミュニケーション(interpersonal communication)能力の習得が、学習目標の一つとして強調されています。

年少者を対象に日本語の口頭能力の評価を行う場合、色々な方法がありますが、以下で述べる三つの方法が、最も一般的です。一つ目の方法は、プログラムの学習目標に準じた達成度テスト(目標基準準拠テスト[CRT])を作成し、使用することです。CRTの結果を分析することによって、学習者が、口頭能力に関する学習目標を、どの程度達成できたのかを知ることができます(1章[1.3]参照)。本章で取り上げるプログラム評価でも、総括的評価のための評価ツールとして、主にCRTを使用しました。小学校で日本語を二年間学習することによって(4学年と5学年)、学習目標を、どの程度達成することができたのかを把握するために、5学年の日本語学習目標に準じたCRTを作成し、二年間に亘る追跡調査を行いました(詳しくは次節 [5.2]で述べます)。

● 1章[1.3]☞18ページ

● 5章[5.2]☞129ページ

年少者の口頭能力を評価する二つ目の方法は、他者によって開発された能力テスト(集団基準準拠テスト[NRT])を使用することです。NRTを使用すれば、児童の口頭能力の熟達度を、大規模なテスト受験者集団の水準に照らし合わせて把握することができます(1章[1.3]参照)。代表例に、応用第二言語研究センター(The Center for Applied Second Language Study)が中心となって開発した「ノエラ(National Online Early Language Learning Assessment、以下NOELLA)」と呼ばれるオンライン形式の能力テストがあります。NOELLAは、ACTFL言語能力基準、及び、全米外国語教育基準(ナショナル・スタンダーズ)を参考にして作成されたテストで、主に聴解力と口頭能力の熟達度を評価することを目的とします。◆5 米国応用言語学センター(CAL)が開発したCAL口頭能力試験(CAL Oral Proficiency Exam)も、年少者の言語熟達度を評価するNRTです。同テストは、二人の児童を一組にして行うペア式面接テストで、イマージョン・プログラムの学習者を主な評価対象としています。

◆5 NOELLAのウェブサイト
URL http://casls.uoregon.edu/noella.php

さらに、6歳から15歳までのバイリンガル年少者向けの「**バイリンガル会話テスト**(Oral Proficiency Assessment for Bilingual Children、以下OBC)」という面接式の日本語口頭能力テストが、カナダ日本語教育振興会(Canadian Association for Japanese Language Education、以下CAJLE)によって開発されています(中島2001; 中島・桶谷・鈴木1994)。◆6 OBCは、絵カードを用いながら、年少受験者の日本語口頭能力を「基礎面(文型中心)」「対話面(ロールプレイ中心)」そして「認知面(描写、説明、意見など)」の観点から評価します(図5-1参照)。また、OBCは「子どもの年齢差と言語環境差で、タスクの質・量を調整し、ゼロからStage 6までの幅広いバイリンガルの会話を測定する」ように考案されています(中島2001, p. 165)。例えば、幼児や小学校一年生を対象にテストを行う場合は、語彙カードやことば集めゲームなどの「ウォーミングアップ」が中心に

◆6 カナダ日本語教育振興会のウェブサイト
URL http://www.cajle.info/home

なります。

　低学年及び高学年の児童がテストを受ける場合は、導入会話でレベル・チェックを行った後、基礎タスクに進むか、それとも、対話タスクに進むかをまず決定します。そして、対話タスクに進んだ場合は、対話タスクから認知タスクに進むか、それとも、対話タスクに留まるかの選択があります。同テストは、日本で母語・継承語・バイリンガル教育研究会主催のOBC実践ワークショップが行われるなど、バイリンガル児の日本語口頭能力の評価ツールとして、その影響力を広めているようです。◆7 年少者を対象とするバイリンガル教育、及び、継承語教育の盛んな欧米でも、バイリンガル児童の言語能力を適切に評定できる評価ツールの開発は急務です。◆8 今後の調査で、日本内外での教育現場でOBCがどのように活用できるのか、また、能力テストとしてのその有用性（1章[1.5]参照）についての研究報告が活発にされることを期待します。

◆7 母語・継承語・バイリンガル教育研究会のウェブサイト
URL http://www.mhb.jp/

●1章[1.5]☞28ページ

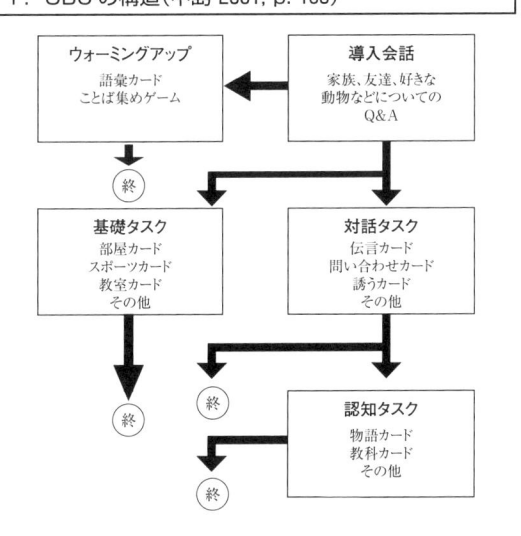

図5-1. OBCの構造（中島 2001, p. 165）

[図：ウォーミングアップ（語彙カード、ことば集めゲーム）→導入会話（家族、友達、好きな動物などについてのQ&A）→基礎タスク（部屋カード、スポーツカード、教室カード、その他）／対話タスク（伝言カード、問い合わせカード、誘うカード、その他）→認知タスク（物語カード、教科カード、その他）]

　年少者の口頭能力を評価する方法として、三つ目に一般的なのは、自己評価、ペア評価、ポートフォリオ評価を導入して、学習者主導型評価を行う方法です。自己評価とペア評価は、ポートフォリオ評価の一部として、総括的な評価目的で行われる場合もありますが、形成的な評価が目的で使用されることの

◆8 米国における継承語教育とバイリンガル教育は、両方とも言語少数派グループが家庭で使用する言語を取り扱う分野であるため、当然重なる部分もある。しかし、その違いは明確である。米国のバイリンガル教育の方は、その目的を英語習得だけに絞るべきか、それともバイリンガル育成とすべきかを巡って何十年も激論が続いてきたが、実際には、英語だけを目標言語とする移行型バイリンガル・プログラムがほとんどである。ブッシュ前政権下で「落ちこぼれゼロ法（No Child Left Behind Act）」が採用されてからは、米国のバイリンガル教育の目的はあくまでも英語習得であって、バイリンガル育成ではないことがより明確になった(Shin, 2006)。また、英語習得を最終目的とする米国の移行型バイリンガル教育は、小学生を主な対象にしており、スペイン語話者がその大半を占める。一方の継承語教育の方は、英語を第一言語として話すようになった少数派言語の背景を持つ児童生徒や大学生を主な対象としており、目標言語の継承語教育を提供することにより、彼らのバイリンガルの程度を強化していくことを目標とする。米国の継承語教育は、その大半が、放課後（もしくは週末）に民間団体や保護者の協力を得て提供される継承語教室、小学校での二言語双方向のイマージョン・プログラム（two-way immersion、主に英語とスペイン語のイマージョン）、または大学の特別外国語プログラムである。その目標言語は幅広く、スペイン語話者を主な対象とするバイリンガル教育とは違う。日本語の場合は、補習授業校も米国の継承語教育に大きな役割を果たしている(Kondo-Brown, 2010)。

第5章 年少者対象の日本語プログラムの評価

●2章[2.6]☞64ページ

●表5-2☞130ページ

方が一般的です(2章[2.6]参照)。本章で紹介するH小学校の日本語プログラムでも、主に形成的な評価を目的に、自己評価を使用していました(本章表5-2参照)。ポートフォリオ評価の方は、形成的評価にも総括的評価にも使用できます(Hansen, 1998; Padilla, Aninao, & Sung, 1996)。近年においては、年少の外国語学習者が活用できるオンライン形式のポートフォリオが開発され、注目されています。

　例えば、全米言語教育州管理職者協議会(NCSSL)によって開発された「リンガフォリオ」という無料のオンライン形式のポートフォリオがあります(2章[2.6]参照)。[9] リンガフォリオは、ヨーロッパ評議会(CE)によって考案されたオンライン形式の**ヨーロッパ言語ポートフォリオ**(European Language Portfolio)を参考にして開発された、言わば「米国版オンライン式ポートフォリオ」です。[10] ヨーロッパ言語ポートフォリオで使用されている自己評価表は、前章で説明したヨーロッパ言語共通参照枠(CEFR)を基盤に作成されたものですが、リンガフォリオが提供する自己評価表の方は、ACTFLの言語能力基準、及び、米国の外国語ナショナル・スタンダーズに準じて作成されています。リンガフォリオを使用することにより、学習者は、自分の学習成果を定期的に記録し、また、学習進行状況についての自己評価を行うことができます。例えば、自分の言語サンプル(例えば、作文、オーディオ・クリップなど)をオンライン上のポートフォリオにアップロードし、そのサンプルに基づいて、学習者は自己評価を行えます。[11] このようなリンガフォリオは、学習者としての責任感や自律心、そして、言語学習への動機付けを高める可能性のあるオンライン評価教材として注目されています。しかし、リンガフォリオのようなオンライン形式のポートフォリオの、評価ツールとしての有用性、また、その学習効果を実証する研究はまだほとんどないので、今後の研究課題の一つとして調査されるべきでしょう(Cummins & Davesne, 2009)。

◆9　リンガフォリオのウェブページ
URL http://www.ncssfl.org/LinguaFolio/index.php?linguafolio_index

◆10　ヨーロッパ言語ポートフォリオのウェブページ
URL http://www.coe.int/t/dg4/education/elp

◆11　リンガフォリオで使用されている自己評価のためのチェックリストの見本は下から入手できる
URL http://www.ncssfl.org/LinguaFolio/index.php?checklists

　このように、年少者の口頭能力の評価を行うための方法はいろいろあります。これらを用いて、年少者を対象にした評価計画を立てる時に、McKay(2006, pp. 109-110)は以下の点に注意すべきだと述べています。これらの注意点のほとんどは、高校生や大学生を対象にした評価にもあてはまるものです。

年少者を対象にした評価計画の際に考慮すべき点
- 学習者の特性(年齢、興味、関心など)を考慮する。つまり、子どもの発達段階に応じた評価を行う。
- 学習目標に沿った言語能力を評価する。
- 評価ツールは、妥当性と信頼性のある結果をもたらし、学習者に良い影響を与えるものを使用する。
- 学習者の到達度に対し、高い期待感を持ち、また、学習者が自分の普段の実力を発揮できるような方法で、評価を行う。

- 学習者の言語レベルに応じた評価を行うことは大切であるが、初歩レベルのクラスでも、学習者の知的好奇心を促す内容の評価を行う。
- 学習者の言語能力の判定は、一つの評価ツールに頼らず、複数の情報を基に判断する。

5.2. 小学校における学習成果アセスメントの計画と実施
Planning and implementing learning outcomes assessments at an elementary school

H小学校の日本語プログラム評価は、形成的評価と総括的評価の両方を考慮しながら行いました。表5-1に示すように、ある一つの評価計画を立てる時には、(a)誰が評価を行うのか、(b)どのように行うのか(どんな評価ツールを使うのか)、そして(c)何のために行うのかを、明確にしておく必要があります。

表5-1. H小学校の2000-2002年度プログラム評価計画

	誰が評価を行うのか (Who are doing the assessment?)	どのように評価を行うのか (How to assess?)	何のために評価を行うのか (Assessment for what?)
形成的評価 (formative assessment)	・担任教師 ・児童	・自己評価(日本語で何ができるか、日本語使用、態度、など) ・観察チェックリスト ・教師作成のクラス内評価用の到達度テスト ・外部評価者が作成したプログラム評価用の到達度テスト(日本語口頭テストと聴解力テスト)	・学習者にフィードバックを与える ・学習者の学習意欲や自律性を高める ・授業内容や指導法の調整をする ・カリキュラム改善や指導法向上の参考にする
総括的評価 (summative assessment)	・担任教師 ・外部評価者 (著者)	・教師作成のクラス内評価用の到達度テスト ・外部評価者が作成したプログラム評価用の到達度テスト(日本語口頭テストと聴解力テスト)	・学習者と保護者に、日本語で何がどの程度できるようになったのかを知らせる ・学習者の成績判定を行う ・プロジェクト助成金提供者、ハワイ州教育省、及び学校長などに、プログラムの価値や効果を報告する

表に見るように、自己評価と観察チェックリストは、主に形成的評価に使用し、そして、教師作成のクラス内評価用の到達度テストと、外部評価者(本調査では著者)作成のプログラム評価用の到達度テストの結果は、形成的評価と総括的評価の両方に用いました。H小学校の日本語プログラム評価では、能力テストは使用しませんでした。当時、H小学校の学習者の日本語能力を評価する道具として、適切と思える能力テストが入手できなかったというのが、大きな理由です。

第5章　年少者対象の日本語プログラムの評価

表5-2．日本語能力に関する自己評価結果（32名）

自己評価項目	平均値	自己評価の分布			
		1点	2点	3点	4点
1. I can greet and use simple courtesy expressions in Japanese 日本語で簡単な挨拶ができる	3.4	1 (3%)	6 (19%)	5 (16%)	20 (63%)
2. I can introduce myself in Japanese [name and age] 日本語で自己紹介ができる（名前と年齢）	3.3	1 (3%)	7 (22%)	6 (19%)	18 (56%)
3. I can ask and answer simple questions about likes and dislikes 好きなものと嫌いなものについて、簡単な質問ができて、応答もできる	3.7	1 (3%)	2 (6%)	4 (13%)	25 (78%)
4. I can use Japanese when playing Japanese games 日本語のゲームをしている時に日本語が使える	3.1	1 (3%)	8 (25%)	10 (31%)	13 (41%)
5. I can talk about weather in Japanese [weather, wind, and temperature] 日本語で天気について話せる（天候、風、気温）	3.1	2 (6%)	7 (22%)	9 (28%)	14 (44%)
6. I can understand and follow classroom directions in Japanese 日本語の指示が理解できて、それに従える	3.0	3 (9%)	10 (31%)	4 (13%)	15 (47%)
7. I can read days of week, dates, and months of year in Japanese 日本語の曜日と日付が読める	3.2	11 (34%)	3 (9%)	15 (47%)	3 (9%)
8. I can write my first name in Japanese with correct stroke order 自分の名前を日本語で、しかも、正しい筆順で書ける	2.9	2 (6%)	11 (34%)	6 (19%)	13 (41%)
9. I can use Japanese outside of the classroom 日本語を教室の外で使える	3.1	3 (9%)	7 (22%)	5 (16%)	17 (53%)

自己評価に使われた評定尺度：
1点（できない[I can't really do this]）　　2点（助けてもらえばできる [I can do this with help]）
3点（大抵一人でできる [I can usually do this alone]）　　4点（絶対にできる [I really can do this]）

表5-2は、4学年終了時に集計した「日本語能力に関する自己評価」の結果を示しています。表に示すように、児童の大半は、すべての項目において、「大抵一人でできる」もしくは「絶対にできる」と答えていますが、「できない」または「助けてもらえばできる」と答えた児童も少なくありません。教師は、このような自己評価による形成的評価結果も参考に、授業計画を立てたり、また、個人的な指導を行ったりします。

表5-3は、5学年の初めに集計した「日本語学習・使用・環境に関するアンケート」の結果を、まとめたものです（Kondo-Brown, 2002b, p. 176）。表に示すように、全体的に、児童の日本語学習に対する態度は肯定的でしたが、同時に、教室外での日本語の接触や使用が、非常に限られたものであることも、分かりました。なお、表5-3は、英語を母語とする児童からの回答のみを集計したものですが、H小学校には、「**継承語学習者**（heritage language learner）」（4章[4.4] 参照）と呼ばれる日本人を両親に持つ児童も各学年に2～3名いて、他の児童と同じクラスで日本語を学習していました。◆12

●4章[4.4]☞104ページ

◆12　継承語学習者の日本語能力は、教室外で日本語接触のほとんどない外国語学習者に比べると、大差がある。しかし、H小学校では継承語学習者の児童数が非常に少ないため、これらの児童の日本語能力に応じたレベルの日本語クラスを編成することができない。この問題は、H小学校に限ったことではなく、ハワイ各地の日本語FLESプログラムでも、継承語学習者が数人混じっているというのは、珍しいことではない。H小学校で、著者が担任教師と協力して作成したプログラム評価用の到達度テストは、継承語学習者に対する配慮も行いながら、作成された。

表5-3. 日本語学習・使用・言語環境に関するアンケート(30名)

Learning Japanese language 日本語学習	Yes はい	Maybe 多分	No, not really いいえ
・Do you like Japanese language class? 日本語のクラスが好きですか。	24 (80%)	6 (20%)	0 (0%)
・Would you like to go to Japanese language class more often? 日本語のクラスに、もっと行きたいですか。	23 (77%)	2 (7%)	5 (17%)
・Do you think you know more Japanese now than last August? 去年の秋よりも、もっと日本語を知っていますか。	26 (87%)	3 (10%)	1 (3%)
・Would you like to continue studying Japanese? 日本語を続けて勉強したいですか。	22 (73%)	6 (20%)	2 (7%)
Attitudes toward Japan and Japanese people 日本や日本人に対する態度	Yes はい	Maybe 多分	No, not really いいえ
・Would you like to visit Japan? 日本に行きたいですか。	20 (67%)	5 (17%)	5 (17%)
・Would you like to become friends with students from Japan? 日本人とお友達になりたいですか。	16 (53%)	10 (33%)	4 (13%)
Use of Japanese outside the class 教室外での日本語使用	A lot たくさん	Some-times 時々	Never 全然
・How often does your family speak Japanese at home? 家族は、家で日本語をどのぐらい話しますか。	0 (0%)	12 (40%)	18 (60%)
・Do you spend time with people from Japan outside school? 学校の外で、日本から来た人と時間を過ごしますか。	0 (0%)	10 (33%)	20 (67%)
・How often do you try speaking Japanese outside of class? 教室の外で、日本語をどのぐらい話しますか。	2 (7%)	24 (80%)	4 (13%)
・How often do you try reading Japanese signs, books, menus, etc.? 日本語の看板、本、そしてメニューなどを、どのぐらい頻繁に、読むようにしていますか。	5 (17%)	14 (47%)	11 (37%)
・How often do you try writing anything in Japanese outside of class? 教室の外で、どのぐらい頻繁に、日本語で何かを書くようにしていますか。	3 (10%)	11 (37%)	16 (53%)

出典：Kondo-Brown(2002b, p.176, Table 1)に基づく。

図5-2. H小学校の口頭及び聴解力テスト実施計画

3学年終了時
口頭テスト（事前テスト）

4学年終了時
口頭テスト（事後テスト1）
聴解力テスト（事前テスト）

5学年終了時
口頭テスト（事後テスト2）
聴解力テスト（事後テスト）

　さらに、先に述べたように、H小学校の学習者が、対人コミュニケーションに関する学習到達目標を、どの程度達成できたのかを評価するために、五年生の学習目標に準じた面接式の口頭テストと読解力テストを作成しました。そして、図5-2に示すように、口頭テストは、3学年終了時(事前テスト：評価の土台となるデータ)、4学年終了時(事後テスト1)、そして、5学年終了時(事後テスト2)に同じ条件下で実施し、その得点の変化を二年間追跡分析しました(縦断

的分析)。聴解力テストの方は、プロジェクトの二年目に作成されたので、4学年終了時(事前テスト)と5学年終了時(事後テスト)に実施しました。◆13 これらのテストは、H小学校の日本語学習者全員を対象に実施され、3学年終了時の時点では被験者数は51名でした。しかし、二年間の評価期間中に18名が転校し、また、長期の病欠のあった児童も一人いて、結局二年間の追跡データが得られたのは32名の児童だけでした。このうちの二名は継承語学習者で、残りの30名は英語話者の児童でした。◆14

● 1章[1.4]☞21ページ

◆13　1章[1.4]で、練習効果、つまり同じテストを二回もしくはそれ以上受けるという行為自体がテスト結果に影響を及ぼすこと、そして、短期間を隔てて事前テストと事後テストを行う場合には、練習効果による測定誤差を最小限に留めるために、データのカウンターバランスが必要であることを述べた。しかし、H小学校で行ったテストは一年という長い期間を隔てて、事前・事後テストを実施したので、練習効果はさほど大きくないと判断し、データのカウンターバランスは行わなかった。

◆14　Kondo-Brown(2002b)で報告した口頭テスト結果は、継承語学習者は除外されていたが(30名)、本書[5.3]で述べる口頭テスト結果分析は、2名の継承語学習者から得たデータも含めて再分析した。したがって、合計被験者数は32名である。

5.3. 年少者用の日本語口頭テストと採点方法の開発
Developing Japanese oral tests and scoring methods for young learners

◎資料5-1☞220ページ

　H小学校で使った口頭テストは、5学年の学習目標を参考に、授業で習った課題の中から、10の課題(家族、天気、日時、食べ物など)を選んで作成したものです。**資料5-1**に示すように、各課題につき「**学習目標レベルのタスク**(Mastery-level tasks)」、そして「**超学習目標レベルのタスク**(Beyond mastery-level tasks)」という二組のタスクを用意しました。「学習目標レベルのタスク」は、5学年の日本語学習目標が、達成できているのかどうかを評価するのが目的です。このレベルのタスクのほとんどは、絵カードや実物を使用しながら、与えられた課題に関する簡単な質問に答えさせるというものです。質問は、授業で使用されている丁寧体(例.「お名前は何ですか」)、または、普通体(例.「今日は何曜日?」)で、用意しました。絵カードを見せながら、英語で指示を与えるというタスクもいくつか含まれています(例.「These are your friends. Can you tell me what the person is doing?」)。また、日本語の質問に答えさせるだけでは、被験者が日本語で質問ができるのかどうかをチェックできないので、被験者が試験官に日本語で質問するという形式のタスクも用意しました(例. Urge the student to ask "what time is it?" in Japanese)。一方の「超学習目標レベルのタスク」は、主に継承語学習者用の追加質問として作成しました。継承語学習者にも、課題ごとに、一とおり学習目標レベルのタスクをさせて、そのタスクが問題なくこなせたならば、超学習目標レベルのタスクも行うという手順で、テストを行いました。

　さらに、試験官が一定の評定尺度で採点できるように、プロジェクトの一年目には、どのタスクにも共通して使用できる**タスク共通尺度**(task-independent

5.3. 年少者用の日本語口頭テストと採点方法の開発

scale)を作成しました(資料5-2A・5-2Bを参照)。2章[2.3]で説明したように口頭テストのような主観テストの採点には、通常、**包括的尺度**、もしくは、**分析的尺度**のどちらかを用いて採点します。H小学校での口頭テスト用に作成された評定尺度は包括的尺度で、目標到達基準は、「期待以下の達成(1〜3点)」「期待レベルの達成(4〜6点)」そして「期待以上の達成(7点)」という三段階に分けて記述されています。「期待以上の達成」は、主に継承語学習者用として作成しました。この評定尺度は、被験者が、何をどの程度できたかという視点からだけでなく、テスト実施中に試験官からの助け(例. 質問の繰り返し)をどれほど必要としたのかという点も考慮しながら作成しました(試験官からの助けに関しては、本章[5.5]参照)。

　このようにして作成された口頭テスト、及びその評定尺度は、実施前に、同校の児童の何人かを対象に試行され、問題点がないかどうかを事前に確認しておきました。また、毎年、テスト実施直前には、テスト結果の信頼性が高くなるように、試験官を集めて評定者訓練(2章[2.4]参照)を行いました。そして本番の口頭テストは、担任の協力を得て、学校の外部者である三名の試験官(著者はそのうちの一人)が校内で実施しました。被験者と試験官の応答は、すべてテープに録音され、録音テープはテストを行った試験官と、もう一人の試験官によって、別々に採点されました。そして、二人の試験官が別々に出した得点の平均値を、被験者のテスト得点と見なしました。このようにして得た一年目と二年目のテスト結果の評定者間信頼性係数は、両方とも、とても高いものでした(それぞれ $r = .98$, $p<0.01$ と $r = .95$, $p<0.01$)。◆15 ◆16

　二年目のテスト実施時(4学年終了時)には、実験的に、一年目に得たデータを基に**タスク別尺度**(task-dependent scale)も作成しました。そして、タスク共通尺度を使って既に評定された20名の被験者のパフォーマンスを、タスク別尺度を使って、同じ評定者に採点してもらいました。タスク別尺度では、目標到

◎資料5-2A☞222ページ
　資料5-2B☞222ページ

● 2章[2.3]☞52ページ

● 5章[5.5]☞139ページ

● 2章[2.4]☞57ページ

◆15　一年目に実施したテスト(事前テスト)で得られた評定者間信頼性係数($r = .98$)は、二組の採点結果の相関係数($r = .97$)に、スピアマン・ブラウン予言公式を応用することによって推定した(2章[2.4]参照)。このように、テスト実施一年目に得た二組の採点の相関係数は、非常に高いという結果だった。その理由の一つは、被験者に継承語学習者が2名含まれており、このため得点の分散幅が広くなったからだ。事実、継承語学習者を除外して、外国語学習者だけから得たデータの二組の採点の相関係数を計算すると、$r = .80(p <.001)$ という $r = .97$ よりも低い数値になる(Kondo-Brown, 2002b, p. 178)。この $r = .80$ という相関係数は、外国語学習者のみを対象にした場合でも、二組の採点結果に強い相関関係が得られることを示す数値ではあるが、2章[2.4]でも説明したように、能力幅の狭い受験集団を対象にしたテストの結果(特に事前テスト)の信頼性を推定する場合は、算出される信頼性係数は低くなる可能性がある。

◆16　二年目に実施したテスト(事後テスト1)では、継承語学習者の結果を入れても除外しても、評定者から得た二組の採点結果の相関係数は、$r = .95(p<0.01)$ だった。その理由の一つは、事前テストでは、テスト結果にあまり幅のなかった外国語学習者の得点が、事後テスト1で幅のあるものとなったからである。例えば、以下の表を見ると、継承語学習者を含めたグループと、外国語学習者のみのグループのデータを比べると、事前テストで観察された両グループ間の分散度(指標として、**範囲**[range]と**標準偏差値**[Standard Deviation]を使用)の差異は、事後テストで減少していたことが分かる。ちなみに、得点(測定値)と平均値の間の距離の二乗の平均が「**分散**(variance)」と呼ばれるもので、分散の平方根が「**標準偏差**」である。

	事前テスト		事後テスト1		事後テスト2	
	外国語学習者のみ	継承語学習者も含む	外国語学習者のみ	継承語学習者も含む	外国語学習者のみ	継承語学習者も含む
範囲	15.0	52.5	40.5	49.8	35.0	45.0
標準偏差値	4.2	10.3	9.4	10.5	8.8	9.7

◎資料5-3A ☞223ページ
　資料5-3B ☞223ページ

達基準が「期待以下の達成」「期待レベルの達成」そして「期待以上の達成」という三段階に分けられているだけでなく、各段階における得点の解釈が、タスクごとにより詳細に記述されています(一例として、タスク1の評定尺度の見本を**資料5-3A・5-3B**に提示)。このようにして二種類の評定尺度を使って得た二組のテスト結果は、その同等性(equivalency)を確認するために、統計的に分析しました(Kondo-Brown, 2002b, pp. 177-179)。まず、二組の得点の平均点をタスク別に比べたところ、**表5-4**に示すように、どのタスクにおいてもほぼ同じ平均点という結果でした(例えば、タスク1は4.7点と4.6点)。次に、ハートレイの $Fmax$ 検定(ハートレイ検定[Hartley test])を使って、分散の等質性(等分散性＝equal variances)を調べてみましたが、どのタスクにおいても、二組の分散は等質でした。◆17 さらに、二組の得点の相関関係もタスク別に調べましたが、**表5-4**の最下行に示すように、タスク共通尺度で得た点数と、タスク別尺度で得た点数の間に、高い正の相関関係が見られました(例えば、タスク3の相関係数は $r = 0.94$)。

表5-4. タスク共通及びタスク別尺度を使用したテスト結果の比較

タスク番号		1	2	3	4	5	6	7	8	9	10
タスク共通尺度使用のテスト結果	平均値(得点)	4.70	3.75	4.40	5.15	3.45	3.65	3.70	3.70	1.40	3.70
	標準偏差	1.05	1.58	1.39	1.06	0.92	1.31	1.52	1.55	1.07	1.35
タスク別尺度使用のテスト結果	平均値(得点)	4.60	3.94	4.55	5.05	3.25	3.50	3.90	3.85	1.25	3.75
	標準偏差	1.11	1.70	1.32	1.07	0.77	1.32	1.45	1.46	0.77	1.34
$Fmax$ 値		1.00	1.13	1.16	1.00	1.43	1.00	1.10	1.56	1.93	1.16
相関係数		0.92	0.94	0.94	0.92	0.90	0.87	0.90	0.97	0.98	0.96

出典：Kondo-Brown(2002b, p. 178, Table 4)に基づく。

このようにして統計的な分析を行った結果、いずれの評定尺度を用いても、テスト結果はほぼ同じであるという結論に達しました。しかし、二人の試験官(評定者)から、タスク別尺度の方が採点をしやすいという意見があったこと、また、教師からも、タスク別尺度の方が点数の意味を解釈しやすいとの意見が出たので、三年目(5学年終了時)の採点には、タスク別尺度だけを使用することになりました。タスク別尺度を使って得られた二人の評定者による採点の相関係数も、かなり高いものでした($r = .98, p<0.01$)。このように、本調査では、二種類の評定尺度を使用する結果となりましたが、追跡的分析を行う時には、

◆17　ハートレイ(Hartley)の $Fmax$ 検定は、「ハートレイ検定」とも呼ばれ、二つの分散の等質性の検定を行う代表的な方法の一つである。まず、簡単な割り算を行って $Fmax$ 値を計算する($Fmax$ 値は、大きい数値の標準偏差の二乗[分散]を分子、そして、小さい数値の標準偏差の二乗を分母として割り算をして得た数値)。例えば、タスク2の $Fmax$ 値($Fmax$ value)は1.13([1.7×1.7]÷[1.58×1.58]＝1.13)だ。この数値が、有意水準5%(もしくは有意水準1%)の臨界値(critical value)を超えていなければ、等分散仮説は破棄できず、2組の分散は等質と見なされる。ハートレイ検定の臨界値表(URL http://www.unity.edu/FacultyPages/woods/CVFmax.pdf)を見ると、臨界値(critical value)は2.07(df=31, k=2)であり、タスク2の $Fmax$ 値は臨界値を超えていないことが分かる(1.13<2.07)。つまり、二組の分散は等質と見なしてよいことになる。

最初から同じ評定尺度を用いるのに越したことはありません。もし何かの理由で、途中で評定尺度に修正を加える場合は、上で示したように、二組のテスト結果の同等性を、平均値、分散の等質性、そして相関関係などの角度から確認し、評定尺度の変更が得点に影響を与えなかったことを確認する必要があります。

5.4. 口頭テスト実施中の試験官と被験者との相互作用
Tester-candidate interactions during oral tests

前章でも述べたように、テスト中の**試験官による助けの行為**にある程度の一貫性がなければ、テスト結果の妥当性や信頼性に影響を与える可能性があります(Lazaraton, 1993)。OPI 中の試験官による助けの行為に注目した先行研究はいくつかありますが、主に一般人や大学生の被験者を対象にしたものです(4章[4.3])。例えば、Brown(2003)は、二人の試験官に同一の成人被験者と OPI を行わせたところ、両者に発話サンプルの引き出し方や助けの行為に顕著な違いがあったと報告しています。このような試験官による助けの行為に関する問題は、年少者との口頭テストにもあてはまります。例えば、年少の被験者と口頭テストを行うと、テスト実施中に、被験者が質問に応答できずに黙り込む、母語で返答する、また誤った解答をするなどのさまざまな問題場面に頻繁に遭遇します(Carpenter, Fujii, & Kataoka, 1995)。すると、試験官は、その場に応じて被験者を助けようとします(Kondo-Brown, 2004)。この際、試験官による助けの行為に関する規準があれば、ある程度一定した方法でインタビューを行うことができます。例えば、本章[5.1]で述べた日英バイリンガル児童用の「バイリンガル会話テスト(OBC)」では、テスト実施中に問題場面に遭遇した場合、試験官は以下のような方法で対応することになっています(CAJLE, 2000, p. 29)。

● 4 章[4.3]☞100 ページ

● 5 章[5.1]☞125 ページ

- 日本語以外の言葉で話し始めた場合は、「日本語で話してください」など、二度まで注意を促す。
- 被験者が試験官の言葉を理解できない場合は、三回まで繰り返してよい。話すスピードを変えたり、言葉を置き換えてはならない。
- 被験者の言葉が聞き取れなかった場合は、「もう一度言ってください」などと言って、もう一度繰り返してもらう。
- 被験者の返答に誤りがあった場合、試験官は訂正したり、説明を加えてはならない。ただし、被験者が分からない言葉を尋ねた場合は、その言葉を与えてもよい。

しかし、上記の試験官の対応規準は、主にバイリンガル児童を対象にした会話テスト用に用意されたものであり、H 小学校の外国語としての日本語学習者と口頭テストを行う時には、別の対応規準が必要と思われました。ところ

が、その基盤となるデータが当時ほとんどなく、結局 H 小学校でのデータ収集一年目は、テスト中に被験者が問題に遭遇した場合には、一度は自己修正の機会を与えてもよいという指示だけを与え、被験者との対応に関する細かい規準を設定せずに、テストを行いました。そして、収録データを使って、実際に試験官がどのような対応をしているかを分析し、それに基づいて試験官の対応基準を検討することにしました。

このような事情で、データ収集一年目には、テープに録音された会話テストの中から、日付、時間、食べ物の課題を無作為に選び、この課題で行われた会話テストをすべて文字に起こしました。そして、そのデータを基に、被験者（継承語学習者は除外）の遭遇する問題に、試験官がどのように対処していたのかを分析しました（Kondo-Brown, 2004b, pp. 606-607）。表5-5は、観察された試験官と被験者の対応型と、その頻度を示したものです。表に見るように、一番頻度の高かった対応型は、質問（試験官）→正答（被験者）→肯定（試験官）です。この対応型は、全体の約59％を占めていました。二番目に多かったのは、被験者が質問に対して正答を出せず、それに対して、試験官は自己修正の機会を与えずに、次の質問に進むという対応型です。「一度は自己修正の機会を与えてもよい」という指示にも関わらず、この対応型は、全体の約24％を占めていました。また、この対応型では、試験官は次の質問に進む前に、下に示すように、無応答に対して正答を与えたり、また、誤答の場合は、不明示的な方法で正答を与えたりして、次の質問に進んでいました。◆18

◆18 非明示的な方法で誤答を訂正する行為は、第二言語習得文献では「リキャスト（recast）」と呼ばれており、フィードバックの一種としてのその効果は、ある程度検証されている（Nicholas, Lightbown, & Spada, 2001）。

a. 無応答に対して正答を与える （例）試験官：何曜日ですか。 　　　被験者：…… 　　　試験官：水曜日。水曜日。	b. 誤答に対して、不明示的な方法で正答を与える （例）試験官：何時ですか。 　　　被験者：…九（きゅう）時。 　　　試験官：はい、九（く）時。

　三番目に多かったのは、被験者が問題場面に遭遇した時に、試験官は被験者に自己修正の機会を一度与え、そして、その場で正答が出せたかどうかに関わらず、次の質問に進むという対応型です。この対応型は、全体の約14％を占めていました。この対応型で修正の機会を与えられた被験者は、多くの場合、自己修正ができているようでした。さらに、頻度は多くありませんでしたが、一回の質問につき、試験官が自己修正の機会を二度与えているケースが、何度か観察されました（3％）。しかし、この場合は、被験者は修正の機会を二度与えられても、自己修正がほとんどできていませんでした。

　試験官が被験者に自己修正の機会を与える時に、どのような方法が使われていたのかも分析しました。その結果、137-138ページに示すように、七つの方法が使用されていることが分かりました（Kondo-Brown, 2004b, pp. 606-607）。また、

表5-6に示すように、これら七通りの自己修正の促し方で一番頻度の高かったのは、「質問の繰り返し(47%)」でした。そして「返答の確認(25%)」と「誤答の気づかせ(13%)」と続き、これらの方法は全体の85%を占めていました。

表5-5．試験官と被験者の対応の型と頻度

試験官と被験者の対応の型	例	頻度(%)
1. 質問(試験官)→正答(被験者)→肯定(試験官)	試験官：何時ですか。 被験者：…二時。 試験官：はい、そうですね。	352 (59%)
2. 質問(試験官)→誤答(被験者)→自己修正の機会を与えずに次の質問に進む(試験官)	試験官：何時ですか。 被験者：…九(きゅう)時。 試験官：はい、九(く)時。	146 (24%)
3. 質問(試験官)→誤答(被験者)→自己修正の機会を一度与える(試験官)→正答もしくは誤答(被験者)→次の質問に進む(試験官)	[試験官はカレンダーの8日を指している] 試験官：これは何日ですか。 被験者：四日。 試験官：四日はこっち。これは？ 被験者：…八日。 試験官：はい、八日。	86 (14%)
4. 質問(試験官)→誤答(被験者)→自己修正の機会を二度与える(試験官)→正答もしくは誤答(被験者)→次の質問に進む(試験官)	試験官：人参が好きですか。嫌いですか。 被験者：… 試験官：人参が好きですか。嫌いですか。 被験者：… 試験官：人参が好きですか。嫌いですか。 被験者：好きで‥好きき‥好きですか。	14 (3%)
合　計		598 (100%)

出典：Kondo-Brown(2004b, p. 607, Table 2)に基づく。

表5-6．試験官の自己修正の与え方とその頻度

自己修正の与え方	頻度
a. 質問の繰り返し	54 (47%)
b. 返答の確認	29 (25%)
c. 誤答の気づかせ	15 (13%)
d. 誤答の反復	6 (5%)
e. 英語(母語)の使用	5 (4%)
f. 正答への誘導	3 (3%)
g. 相槌の使用	2 (2%)
合　計	114 (100%)

出典：Kondo-Brown(2004b, p. 606, Table 1)に基づく。

a. **質問の繰り返し**(同じ質問を繰り返す)
(例)　試験官：今日は何日ですか。
　　　被験者：….
　　　試験官：**今日は何日ですか。**
　　　被験者：十七日。
　　　試験官：はい、十七日。

b.	**返答の確認**（返答内容の確認をする）	
（例）	試験官：お名前は何ですか。	
	被験者：ジョ..です。	
	試験官：**もう一度？**	
	被験者：ジョンです。	
	試験官：ジョン。ああ、そうですか。	
c.	**誤答の気づかせ**（返答が誤答であったことに、直接的に気づかせる）	
（例）	試験官：[カレンダーを見せながら] じゃあね、これは何日？	
	被験者：...む..六日？	
	試験官：**六日はこっち。**	
	被験者：..七日。	
	試験官：そう。	
d.	**誤答の反復**（被験者の誤答を繰り返すことにより、誤答であったことを、間接的に知らせる）	
（例）	試験官：じゃ、トマト、好きですか。嫌いですか。	
	被験者：はい。	
	試験官：**はい？**	
	被験者：好き。	
	試験官：ああ、そうですか。	
e.	**被験者の母語の使用**	
（例）	試験官：[カレンダーを見せながら] じゃあ、何曜日？	
	被験者：I don't know.	
	試験官：You don't know. Okay. Can you say Friday in Japanese?	
	被験者：..Uhm..金曜日？	
	試験官：Good. You know! Okay. 金曜日ですね。	
f.	**正答への誘導**（被験者から正答が引き出せるように、誘導する）	
（例）	試験官：[カレンダーの12日を指しながら] これは何日？	
	被験者：Um, 三十日。	
	試験官：**うん、じゅう...**	
	被験者：十三日。	
	試験官：Okay. これは十二日ね。	
g.	**相槌の使用**（被験者が答え終わらないうちに、相槌によって返答を肯定する）	
（例）	試験官：[りんごの絵をさしながら] これは？	
	被験者：り..[Um..Ap...	
	試験官：　　　[Huh-huh.	
	被験者：りんご。	
	試験官：はい、りんご。	

　このように、試験官の助けの行為に関する細かい指示なしでOPIを行うと、被験者が応答に行き詰まった時や誤答を返してきた時に、試験官はさまざまな方法で対応していたことが明らかになりました。例えば、正答を出せなかった被験者に対し、試験官は自己修正の機会を与える場合もあれば、修正の機会を与えることなく、直接的、または間接的に正答を与えた後で、次の質問に進むというケースが観察されました。また、被験者に自己修正の機会を与えた時に、一回目の機会で頻繁に自己修正ができていたこと、逆にできなかった場合に、再度修正の機会を与えても、正答が出てこないケースが多かったことも分かりました。これらの結果に基づき、二年目からのデータ収集では、被験者が

問題場面に遭遇した場合、自己修正の機会を一度は与えること、そして、その結果、自己修正ができなければ、直接的もしくは間接的に正答を与えてから、次の質問に進むことにしました。◆19 また、自己修正の機会を与える時には、「母語の使用」や「正答への誘導」は控えるように指示しました。このような対応は、被験者を正答へとあからさまに導いていくわけで、テスト結果の妥当性に問題を起こすのではないかと判断したからです。

このように、年少者と口頭テストを行う時には、試験官が一定した方法でテストに応じられるように、児童が応答に行き詰まった時や誤答を返してきた時に、どのように対応するのかを事前に決定しておいた方がいいでしょう(例. 自己修正の機会を与えるのかどうか、もし与えるのであれば、一つの質問につき何回与えるのか、どのような方法で与えるのかなど)。また、児童対象の口頭テストの評定尺度を作成する時には、児童が何をどの程度できたのか、という点だけを考慮するのではなく、試験官からの助けをどの程度必要としたのかについての記述も入れた方がいいと思います。そうすれば、被験者のパフォーマンスに関する情報がより多く得られることになり、テスト結果の妥当性や信頼性を高めるのに役立ちます。

5.5. 口頭テスト結果の追跡(縦断的)分析の仕方
Longitudinal analysis of oral test results

口頭テストのデータ分析は、まず、合計得点の分析から行いました。図5-3の棒グラフは、3学年、4学年、5学年の終了時に収集した口頭テストの合計得点の分布を示しています。このような分布図を作成すると、被験者のテスト合計得点が、学年を追うごとに徐々に高くなっていく様子が、一目で把握できます。例えば、3学年終了時(土台データ)では、予想通り、二名の継承語学習者は、既に40点以上の合計得点を獲得していましたが、それ以外の児童、つまり外国語学習者は、すべて30点以下という結果でした。ところが、5学年終了時になると、約84%の学習者が期待した合計得点(40点〜60点＝期待レベルの達成[4点〜6点]×10のタスク)に到達していました。

● 2 章[2.3]☞52 ページ

◆19　一般人や大学生を主な受験者とするACTFL OPIの試験官養成マニュアルでは、試験官が発話の訂正をしたり、正答を教えたりしてはいけないとされている(p. 65)。2 章[2.3]でも述べたように、本校で大学生を対象にした口頭テストでも、実習生に対して学生の発話を訂正することは控えるように指導している。しかし、H 小学校での口頭テストの場合は、年少者を相手にした非常に初歩的な口頭到達テストであったので、自己修正ができなかった場合は、直接的もしくは間接的に正答を与えてもよいとした。試験官のこのような対応の仕方に対して、児童が動揺する、もしくは辱められるというような様子は見られなかった。なお、正答を与えることによって、テスト結果にどのような影響があったのかに関しては観察できなかった。これに関する調査を今後行うべきだろう。

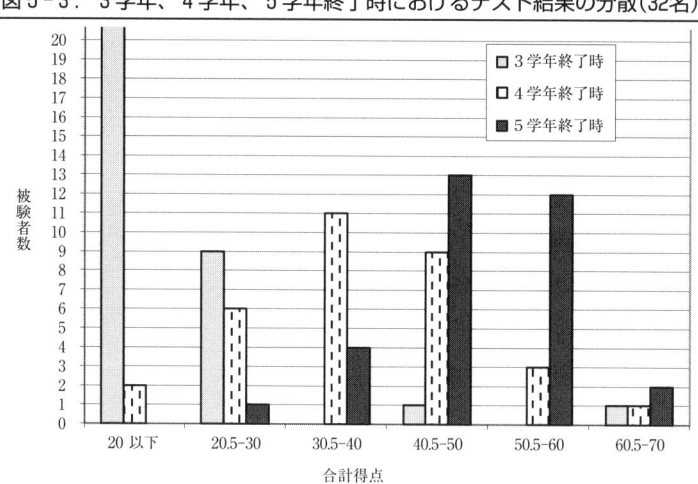

図5-3. 3学年、4学年、5学年終了時におけるテスト結果の分散(32名)

表5-7. 3学年、4学年、5学年終了時におけるテスト結果の比較(32名)

テスト施行時	3学年終了時	4学年終了時	5学年終了時
平均値(点)	21.0	37.3	48.4
標準偏差値(SD)	10.3	10.5	9.7
最低値	11.5	16.5	26.0
最高値	63.0	65.0	70.0

表5-7は、3学年、4学年、5学年終了時における合計得点の平均値、標準偏差値、最低値、最高値を比較したものです。表を見ると、図5-3と同じように、学年を追って合計得点の平均値が高くなっていることが一目瞭然で分かります。しかし、観察された平均値の差が有意であるのかどうかを検定する場合は、データを統計的に処理しなくてはなりません。この場合、平均値を比較する検証法は色々あるので、調査研究のデザインにあった検定法を選ぶことが大切です。例えば、今回の追跡調査では、同じ被験者に一つの同じテストを三回受けさせ(3学年、4学年、5学年終了時)、その結果の平均値を比べるというデザインです。このようなデザインでテストの平均値の比較をする場合には、「**反復測定一元配置分散分析**(one-way repeated measures $ANOVA$)」と呼ばれる分析方法を使います(資料5-4参照)。[20] また、H小学校の口頭テストでは、児童が一つの同じテストを3回受けましたが、同校の聴解力テストのように、一つの同じテストを2回受けたのであれば、**対応のある二標本のt検定**(paired t-test)を使用します(資料5-5参照)。このようにテストの平均値を比較する場合は、その調査方法によって統計処理の仕方がかなり違ってきます。[21]

本調査で得られた三つの平均値を、上で述べた分散分析で比較すると、確かに平均値に有意差があることが検証できました($F[2, 62] = 228.226, p<0.01$)。しかし、分散分析だけでは、平均点の有意差がどの平均値と、どの平均値の比較に存在しているのかを示すことはできません。三つの平均値を比較して、どの

◎資料5-4☞224ページ
資料5-5☞228ページ

◆20 実施テスト数が二つである場合は、反復測定一元配置分散分析を2回行う。ただし、もし実施テスト数が二つあり、しかも、二つのテストの平均値の比較も行う場合は、**反復測定二元配置分散分析**(two-way repeated-measures $ANOVA$)を使う。

◆21 平均値の有意差を検証するこれらの統計では、各群の観測値の母集団分布が正規分布であること(正規性)、また、各群の母集団分散が等しいこと(分散の等質性)などが条件となっているので、条件に満たないデータを扱う場合は、結果の解釈を慎重に行うべきである。

平均値間に有意差があるのかを検証するには、**ボンフェローニ補正法**(Bonferroni adjustment)などを用いて，事後(多重比較)検定(post-hoc [multiple comparison] tests)を行う必要があります。本調査では、事後検定の結果、3学年と4学年終了時の平均値差、そして、4学年と5学年の平均値差の両方に有意差があることが検証できました。◆22 つまり、全体的に見て、学習者の日本語の学力が毎年延びてきたことが統計的に確認できたのです。資料5-4にて、SPSSを使用した被験者内要因の一元配置分散分析と、ボンフェローニ補正法の仕方を詳しく説明してあります。

◎資料5-4☞224ページ

　図5-4は、3学年、4学年、5学年の終了時に収集した口頭テストの平均点を、課題(タスク)ごとに示したものです。このような方法でテスト結果を分析すると、課題ごとの平均点の伸びを分析することができます。例えば、4学年終了時における平均点は、九つの課題で多かれ少なかれ高くなっていましたが、「日常活動」だけ、平均値が全く上がっていないという結果でした。このような結果から、日常活動に関する名詞や動詞の導入を強化する必要のあることが分かります。実際、このテスト結果を受けて、5学年で日常活動に関する学習項目が強化され、図5-4に見るように、その効果は、5学年終了時に収集したテスト結果に顕著に表れています。

図5-4．3学年、4学年、5学年終了時におけるタスクごとの平均値の比較(32名)

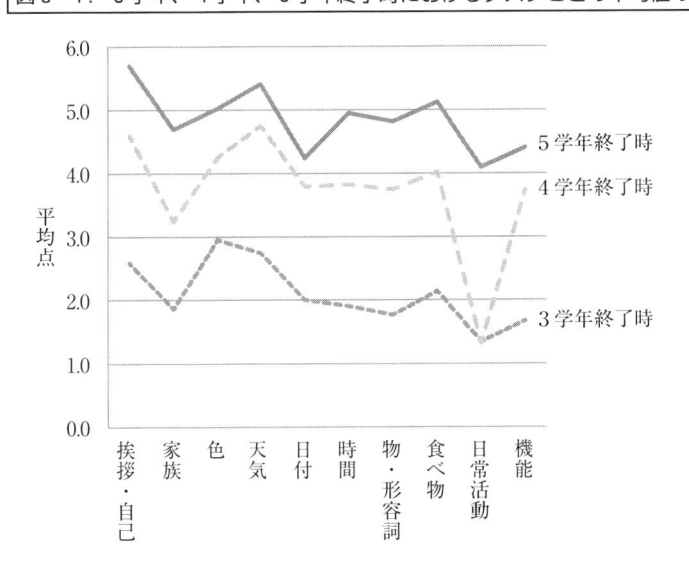

◆22 ボンフェローニ補正法を使用して多重比較(multiple comparisons)を行う場合は、全体の有意水準(significance level)を5％水準($p = .05$)とするために、5％を比較の回数で割った水準で行われる(例えば、3回比較すれば、0.05/3=0.017という具合に)。したがって、ボンフェローニ補正法は有意差が確認しにくく、保守的な検定法といえる。しかし、Brown(2008)らは、特に平均点の比較の場合、この保守的な検定法を使用することの大切さを強調している。観察された差が、有意であるかどうかを検証する場合、有意水準として、通常、5％水準($p = .05$)、もしくは1％水準($p = .01$)が採用される。つまり、観察された差が95％、もしくは99％以上の確率で、偶然に起こったものではないこと(すなわち、有意差であること)を証明する。一つの研究で比較の回数が多い場合に、もしボンフェローニ補正法を使用しないのであれば、より確実な検定結果を得るために、1％水準を使うことを勧める。

5.6. 口頭テスト、聴解力テスト、及び自己評価結果の比較
Comparing oral test, listening test, and self-assessment results

●表5-1☞129ページ

●5章[5.2]☞129ページ

◎資料5-6☞230ページ

　学習者の言語能力の判定は、なるべく単一の評価ツールに頼らず、複数の情報を基に判断すべきです。評価の情報は多ければ多いほど、妥当性や信頼性の高い評価が行えるからです。H小学校でも、**表5-1**に示したように、複数の評価ツールを用いて、形成的評価と総括的評価が行われました。本章[5.2]で説明したように、二年目（4学年終了時）と三年目（5学年終了時）には、口頭テストと同時に、聴解力テストも実施しました。聴解力テストも口頭テストと同様に、担当教師と協力して、5学年の学習目標に基づいて作成された到達度テストです。聴解力テストでは、31の四肢選択問題が英語で印刷されており、児童は録音テープを聴きながら、授業中にテストを受けました（**資料5-6**に示した見本を参照）。同テストは、挨拶表現、語彙、質問文、教室における指示表現、そして、会話文の聴解能力の評価を目的に、作成されました。**表5-8**は、聴解力テストの平均点と、標準偏差値を学年別に示しています。表に見るように、4学年終了時と5学年終了時のテスト平均点は、それぞれ20.1点と23.5点でした。この平均点の差が統計的に有意であるのかどうかを確かめるために、前節で述べた「対応のある二標本のt検定」を行いました。その結果、2組の平均値に有意差があったことが分かりました（$t[31]=6.79, p<0.01$）。つまり、口頭テストの結果と同様、全体的に見て、日本語の聴解力が一年で向上していたことを示す結果でした。

　図5-5は、4学年終了時の口頭テスト得点（縦軸）と、聴解力テスト得点（横軸）の相関関係を示す散布図です。図を見ると、口頭テストの得点が高くなればなるほど、聴解力テストの得点も高くなる傾向にあるのが分かります。実際、ピアソン積率相関係数を算出すると、二組の得点は強い正の相関関係にありました（$r=.84, p<0.01$）。つまり、選択式の聴解力テストを行えば、被験者の相対的な口頭能力の上下が、ある程度予測できるという結果でした。しかし、相関係数が1に近い数値でない以上、聴解力テストと口頭テストの2組の得点を高得点から低得点に別々に並べた場合、その順位は多少違ってきます。また、**図5-5**に見るように、聴解力テストの点が同じ児童でも、口頭テスト結果に多少の上下が見られます。選択式の聴解力テストは、実施と採点は簡単かもしれませんが、口頭能力に関する学習目標の達成度を評価するには、時間と手間がかかっても、やはり口頭テストを使用する方がより確実です。

5.6. 口頭テスト、聴解力テスト、及び自己評価結果の比較

表5-8．日本語聴解力テスト結果

	2年目（4学年終了時）2001年	3年目（5学年終了時）2002年
平均値	20.1	23.5
標準偏差値	4.6	3.7
平均値の標準誤差	.81	.65

図5-5．口頭テスト結果と聴解力テスト結果の相関（32名）

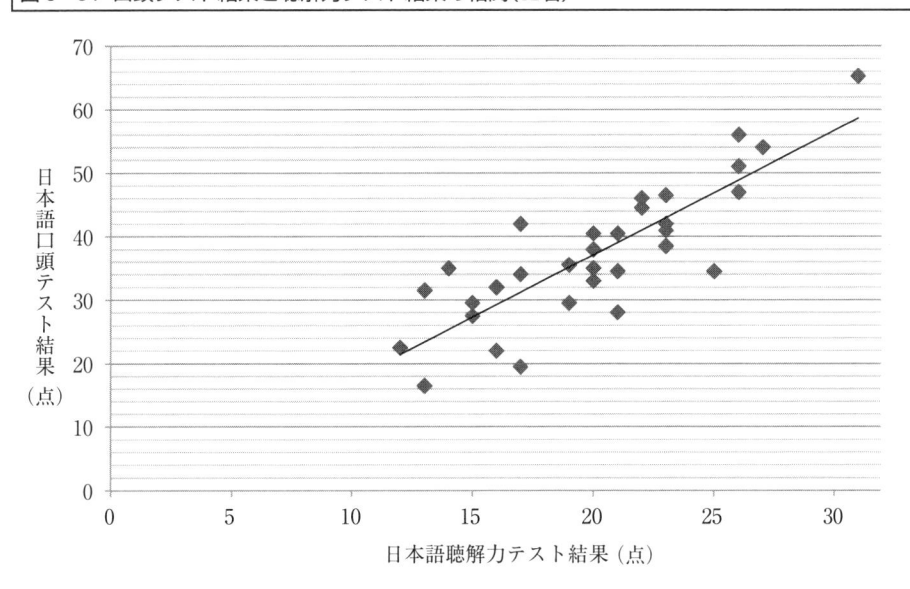

　H小学校で収集した4学年終了時の口頭テストの結果を、「〜ができる」という質問形式の自己評価の結果とも比較しました。自己評価には、**表5-2**に示す九つの自己質問のうち、自分の口頭能力について評価する七つの質問を使用しました。学習者は、4段階の評定尺度を使って（1点［できない］、2点［助けてもらえばできる］、3点［大抵一人でできる］、4点［絶対にできる］）を使って、下の七つのタスクがどの程度できるかを、タスクごとに自己評価したのです。

●表5-2☞130ページ

- 日本語で簡単な挨拶ができる
- 日本語で自己紹介ができる（名前と年齢）
- 好きなものと嫌いなものについて、簡単な質問ができて、応答もできる
- 日本語のゲームをしている時に日本語が使える
- 日本語で天気について話せる（天候、風、気温）
- 日本語の指示が理解できて、それに従える
- 日本語を教室の外で使える

● 2章[2.4]☞57ページ

項目数が七つという非常に短い自己評価でしたが、クロンバック・アルファ係数を用いて内部一貫性信頼性を計算すると、α=.81という満足のいく数値でした（2章[2.4]参照）。**図5-6**は、口頭テストの総合得点（縦軸）と、自己評価の総合得点（横軸）の相関関係を示す散布図です。口頭テストと自己評価の得点は、緩やかな正の相関関係にあるように見えますが、口頭テストと聴解力テストの得点間に見られた程度の高い相関関係は、観察できませんでした。実際、ピアソン積率相関係数を使って、口頭能力と自己評価の得点の相関係数を算出すると、二組の得点は確かに、緩い正の相関関係にありました（$r=.62, p<0.01$）。つまり、自己評価を行えば、学習者間の相対的な口頭能力の上下が、ある程度、推測できるという結果でした。

図5-6．日本語口頭テストと口頭能力自己評価との相関関係図

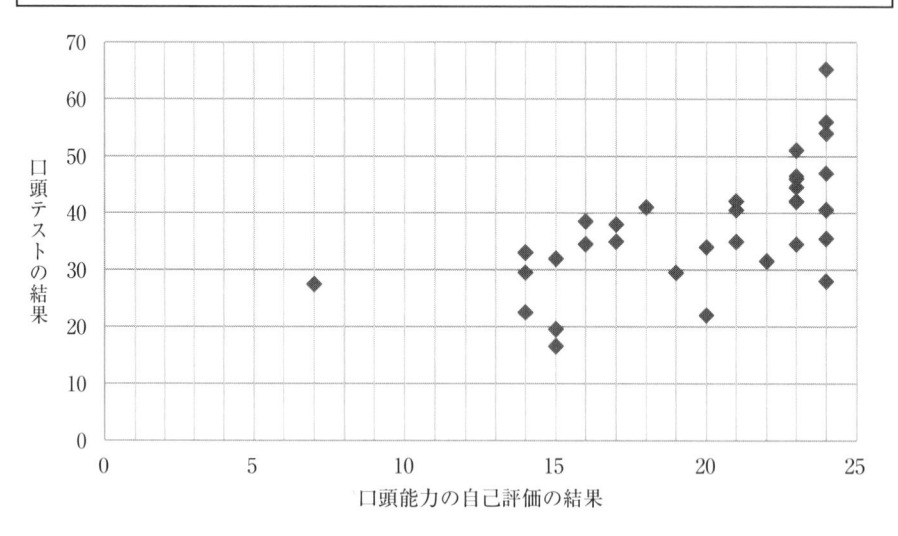

（散布図：縦軸「口頭テストの結果」0〜70、横軸「口頭能力の自己評価の結果」0〜25）

● 2章[2.6]☞64ページ

しかし、**図5-6**に見るように、口頭テストの得点が同じ学習者でも、自己評価にかなりの違いがあります。つまり、自分の口頭能力テストを過大評価する児童もいれば、過小評価する児童もいるということです。小山（1996）の就労者を対象にした日本語教育研究でも、自己評価で過大評価する者と、過小評価する者の存在が報告されており、「個々の学習者の学習体験や自律学習訓練の度合いといった主観的な要因に追うところが大きいように思われる」と、説明しています（pp. 100-101）。この他にも、**2章[2.6]**でも述べたように、質問内容や形式、そしてさまざまな個人的特性や心理状況（例．年齢、自尊心や学習動機、学習不安感、回答者の文化的背景など）が、自己評価の結果に影響します。したがって、自己評価を使用するときには、これらの要因を考慮しながら作成し、また、解釈すべきでしょう。

話し合おう

1. 年少者を対象に日本語の口頭能力の評価をする場合、どのような方法がありますか。それぞれの方法の長所と短所について話し合ってください。
2. 本章で紹介したH小学校における日本語FLESプログラムでは、どのような口頭テスト、及び、評定尺度が作成されましたか。また、使用された口頭テストの有用性を、妥当性、信頼性、実用性、相互性、そして真正性の点から検討してください。
3. 2で述べた口頭テストの結果は、どのような統計を用いて分析されましたか。
4. 年少日本語学習者と口頭テストを行う時、結果データの信頼性や妥当性を高めるために、試験官は、どのような対応規準に基づいてテストを行うのが、一番適切だと思いますか。
5. 年少者対象の日本語プログラムで、聴解力テストや自己評価を使用して、学習者の口頭能力を推定する場合、どのような注意が必要でしょうか。

プロジェクト・アイデア

1. 年少者を対象にした、ある特定の日本語プログラムを選び、口頭能力に焦点を置いたプログラム評価の計画を立ててみましょう。
2. 1の計画に基づいて、プログラムの学習目標と一致した口頭テストと、評定尺度を作成してみましょう。
3. 2で作成した口頭テストを、実施してみましょう。口頭テストは録音し、後で録音テープを聞きながら、試験官としての自分の対応の仕方を反省してみてください。
4. 2で作成した評定尺度を使い、口頭テストの採点を行い、他の評定者の出した採点結果と比べてみましょう。
5. ヨーロッパ言語共通参照枠もしくはACTFLの言語能力基準に基づき、年少者向きの日本語プログラムで使用できる自己評価表を作成してみましょう。
6. 架空もしくは現実の到達度テストの追跡的データを用いて、分散分析及びt検定を行ってみましょう。

第6章
日本語教育実習における評価
Assessing in a Japanese language teaching practicum

　本書の「はじめに」でも述べたように、プロの日本語教師とは、日本語を教えるための基礎的な知識と技術を身につけているだけでなく、何をどう教えるかについて自分なりの方針を持ち、それに則った適切な指導と評価ができる人だ、と著者は考えます。著者が所属するハワイ大学マノア校東アジア言語・文学部の日本語科では、プロ意識を持った日本語教員養成のために、主に、日本語言語学修士及び博士課程の院生を対象に、日本語教育実習(Teaching practicum in Japanese language)を提供しています。一学期に約五名の実習生を受け入れており、各実習生は指導教官のアドバイスを得ながら、教案を立て、教材を作成し、本校の初級日本語クラスで、実際に教えています。実習生の体験と成果を改善していく上で、評価は、重要な役目を果たしています(古川 1991)。**6章**では、本校の日本語教育実習生を対象にした形成的及び総括的評価を取り上げます。

　1990年代に、第二言語教育(日本語教育も含む)における教員養成や研修は、知識や技術の習得のための訓練("teacher training")を超えたもの、つまり、教師の成長("teacher development")を総合的にサポートするものでなくてはならないとする見方が、登場しました(例. 岡崎・岡崎 1997; Richards, 1998; Richards & Lockhart, 1996)。教員養成に対するこのような見方は、日本語教育実習にも大きな影響を与え、自己評価や他者評価による内省的実践を積極的に取り入れることによって、実習生の教師としての自信と成長を促すことの大切さが、強調されています(例. 池田・小笠・杉浦 2002; 福岡 2009; 山本 2011)。本校においても、日本語教育実習を知識や技術の習得・応用の場としてだけでなく、新米教師としての自信と成長を促す場として捉え、提供しています。例えば、本校の日本語教育実習では、**ポートフォリオ評価**(portfolio assessment)を主な評価方法としていますが、この評価法は、教師の自己成長を促すのに効果的であると報告されています(例. Antonek, McCormick, & Donato, 1997; 川口・横溝 2005; Johnson, 1996; Moore & Bond, 2002)。

　第二言語教育の分野では、ポートフォリオとは、学習者が何かの目的のために、自己の学びの過程と結果、そして、それに対する内省を長期的に記録したファイルのことを意味し、その内容や形式はさまざまです。現職教師や教育実習生が、教師としての資質や力量の向上、勤務評価、資格認定などの目的で作

成するポートフォリオは、通常「**ティーチング・ポートフォリオ**」と呼ばれます。ティーチング・ポートフォリオは、本校の日本語教育実習における形成的及び総括的評価で、中心的役割を果たしています。本章では、本校の日本語教育実習で、ティーチング・ポートフォリオを活用した評価を著者がどのように行ったのかを、具体例を示しながら説明します。また、他の実習生及び指導教官による**授業観察**と、その**フィードバック**に基づく形成的評価についても、その目的、手順、そして、留意点などについて詳しく述べます。

第6章の目標

1. 日本語教育実習の目的と内容を把握する。
2. ティーチング・ポートフォリオの内容、評価基準、そして、有用性について理解する。
3. 効果的なティーチング・ポートフォリオを作成することができる。
4. 実習中の授業観察の目的や手順について理解し、授業観察者として効果的なフィードバックが、与えられるようになる。

6.1. 教育実習の目的、内容、及び評価
Purpose, content, and assessment of a teaching practicum

資料6-1は、著者が本校で指導した日本語教育実習クラスのシラバスです。シラバスに示すように、日本語教育実習の主な目的は、実習生が、大学で初級日本語クラスを効果的に教えるのに必要な知識と技術を身につけ、プロの日本語教師としての自覚と自信を高めることです。本校での実習経験を通して、実習生は、日本語教授法に関する自己の教育方針を振り返る機会を持ち、指導教官の助言を得ながら、初級日本語クラスの教案、教材、評価ツールなどを作成します。また、現場で自分の作成した教案や教材を用いて、実際に教えるだけでなく、クラス内評価を行う機会も与えられます。このような現場での実習体験を基に、指導教官や他の実習生からのフィードバックも参考にしながら、自分の作成した教材及び評価ツール、そして教え方などについて反省し、プロの日本語教師としての意識、専門性、そして力量を向上させていきます。

◎資料6-1☞232ページ

同校の日本語教育実習生は、日本語言語学、第二言語習得理論、そして、日本語教授法について、ある程度、基礎的な知識を持っている院生ですが、教育実習と平行して、実習の指導教官が提供する週一回の実習セミナーも受講することになっています。教育実習とセミナーの両方に参加することにより、実習生は、理論を実践にどう応用できるかについて話し合い、また、現場で教えるという体験の中から出てきた問題点の解決策についても検討できます。小玉・木山・有馬(2007)の報告書によると、日本語教師は、学習者にとって「面白

く、楽しく、そして分かりやすい」授業を行いたいと願っています。そのような授業を行うために、どのように日本語の文法や語用を説明し、授業に導入するかということもセミナー中に話し合います。また、日本語学習者を支援するために、どのような形成的評価や総括的評価を行っていくかについても学びます。例えば、口頭テストに関しては、セミナー中にテストの作成、実施、そして採点について学ぶだけでなく、試験官及び評定者としての訓練も受けます（2章[2.4]参照）。その他、セミナー活動の一つとして、実習生は、**資料6-2A・6-2B**に示すような教科書分析基準を用いて、**教科書分析**(textbook analysis)を行うこともあります。教科書をどのような観点から分析するのかを学ぶことにより、教科書の持つ特徴を理解し、より効果的に使用することができるからです（Richards, 2001, pp. 256-259）。実習中に、教科書を見る目を養うことによって、今後の教科書選びや教材開発に役に立てることもできます。

著者がハワイ大学で担当した日本語教育実習の目的と概要は、**資料6-1**に示すシラバスで、次のように説明しています。

●2章[2.4]☞57ページ

◎資料6-2A☞234ページ
　資料6-2B☞235ページ

◎資料6-1☞232ページ

日本語教育実習の目的と概要（資料6-1のCourse goal and descriptionの和訳）

本校における日本語教育実習の目的は、大学で初級日本語クラスを効果的に教えるのに必要な知識、技術、そして自信を身につけることです。そのために、実習生は、一学期を通して初級日本語クラスで定期的に教え、観察し、クラスで使用する指導教材や評価ツールを作成します。さらに、週に一回の日本語教授法セミナーに参加し、ティーチング・ポートフォリオを作成する機会も持ちます。実習生は、クラスで実際に授業を行い、セミナーにも参加することによって、初級日本語学習者に対し、日本語や日本文化をどのように説明するべきか、また、効果的に教えられるのかを学んでいきます。この過程で、実習生は日本語教育について自分がどんな信念を持っているのか、そして、それが自分の日本語教師としてのあり方にどのように影響しているのかも考察します。このような内省や、ピア評価に定期的に従事することにより、実習生の日本語を教える能力を高めることを目指します。学期末には、プロの日本語教師としての専門性や力量が向上したことを証明するティーチング・ポートフォリオを提出することになっています。

本校の実習生は、指導教官のアドバイスを得ながら、協力し合って、一コマの初級日本語クラスを交替で教えます。シラバス、スケジュール、教科書、そして期末筆記試験など、本校の他の初級日本語クラスと共通の教材もしくは評価ツールとして使用されているものは、事前に指導教官から提供されます。初級日本語クラスは、週四日制（月・火・水・金）で、一コマの授業時間は50分です。約16週間に亘る一学期の間に、実習生は、一人当たり8回から10回の授業

を受け持ちます。このように、チームで一クラスを教える場合、授業の引き継ぎがスムーズに行われなくてはなりません。例えば、授業中に予期しなかった出来事が起こったり、ある特定の項目の指導に予想以上の時間がかかったりして、教案どおりに授業が進まないというのはよくあることです。引き継ぎに支障がないように、実習生は翌日のレッスンを担当する実習生と話し合います。

各実習生は、授業を行う数日前に、教案、教材プリント、小テスト、そして、宿題などを用意し、指導教官からフィードバックを受けることになっています。そして、そのフィードバックを参考に改善した教案や教材を使って、授業を行います。**資料6-3**に示すように、**教案**(lesson plan)には、「学習指導目標」「新出文型・表現・単語」「準備する教材・設備」「授業の流れ」そして「フィードバック及び反省」の欄があります。「フィードバック及び反省」の欄は、授業後に、指導教官の講評や他の実習生からのコメントを参考に書き込み、授業を行った数日後に、指導教官に提出することになっています。自分の担当授業について内省を行う時には、以下のような点について考察するように指導しています。

◎資料6-3☞236ページ

(1) 教案や教材について
・ 担当授業の目標は、明確かつ適当だったか
・ 授業に使用した教材や学習活動は、効果的だったか
・ 学習者は、使用した教材や学習活動にどのように反応したか

(2) 指導法について
・ 授業は、計画どおりに進んだか
・ 計画どおりに行かなかったとしたら、何が原因だったのか
・ 授業の目標が達成できたか
・ 授業の進み具合は、適切だったか
・ 説明や指示が、明確にできたか
・ 学習者の誤りは、どのように対処したのか
・ 日本語を十分かつ効果的に使用できたか
・ 日本語を使う機会を十分に与えていたか

(3) クラス管理について
・ 授業を定刻に始め、終わることができたか
・ クラスの雰囲気はどうだったか
・ 予期しない出来事が起こった場合、適切に対応できたか
・ 黒板や視聴覚教材が効果的に使用できたか

◎資料6-4☞237ページ

●6章[6.5]☞157ページ

●1章[1.8]☞39ページ

◎資料6-1☞232ページ

各実習生は、他の実習生が授業をする日には、**資料6-4**に示す授業観察用紙を使って観察者として授業に参加します。実習生が連日の**授業観察**(class observation)から学ぶことは多く、また、授業観察をすることによって、担当実習生にフィードバックを与えることができます(本章[6.5]参照)。さらに実習生は、指導教官のアドバイスを受けながら、交替で単元テストの作成、実施、そして採点を行うので、初級日本語クラスの学習者の評価にも、積極的に参加することができます。実習生によって採点されたテストは、指導教官によって確認され、学習者に返されます。成績に関するデータも実習生によって収集されますが、そのデータ分析は指導教官によって行われ(1章[1.8]参照)、その過程で実習生は成績判定の仕方も学んでいきます。**資料6-1**のシラバスにも記してあるように、このようにして行われる本校の日本語教育実習の修了時に、実習生に対して期待される学習成果、及び、その成績評価基準は、以下のとおりです。

日本語教育実習修了時に期待される学習成果
(資料6-1のExpected learning outcomesの和訳)

初級日本語クラスでの授業に関し、実習生は以下ができるようになる。
1. 効果的で適切な日本語指導教案を作成することができる。
2. 日本語に関する広い知識(音声、語彙、文型、語用、文化など)が現場で応用でき、効果的に教えられる。
3. 第二言語の指導や学習に関する知識を、教材やストラテジーの開発に応用できる。
4. 日本語能力や教授法に関する自分の信念についての自覚を高め、それが授業にどのように影響しているのかについて考察できる。
5. 適切で効果的な評価ツールや手順が考案でき、また、評価結果を、形成的及び総括的な目的で使用できる。
6. 「役に立つ批評の仕方」に関する知識と技術を獲得し、学習者や他の実習生に対し、建設的なフィードバックが与えられる。

日本語教育実習の成績評価基準
1. 実習セミナーの準備と参加 ....10 %
2. 教案作成と実技 ....30 %
3. 授業観察と他の実習生へのフィードバック......20 %
4. ティーチング・ポートフォリオ.........................40 %

上記の成績評価基準に示すように、実習生の成績判定で、著者が最も重視したのは、次節で説明する**ティーチング・ポートフォリオ**(teaching portfolio)で

す。教育実習プログラムによっては、実習生が、第二言語習得理論、日本語言語学、また、日本語教授法に関する知識をどの程度習得しているのかを、ペーパー・テストの結果に基づいて、評価しているプログラムもあるかもしれません。しかし、本校の日本語教育実習では、言語教育や日本語に関する基礎知識の習得が学習目標ではなく、上述のとおり、実技を通して、プロの日本語教師としての資質や力量を高めることが目的なので、ポートフォリオによる評価が中心となります。◆1 また、著者の担当した日本語教育実習では、このようにして指導教官が実習生の評価を行うだけでなく、学期末には、逆に実習生が実習内容や指導教官の評価を行いました(資料6-5A・6-5Bを参照)。その結果を参考に、教育実習で改良すべき点がないかどうかなどの反省を行い、指導法を改善することができました。

◆1 本校の日本語教育実習では行われていないが、アクション・リサーチを取り入れている教育実習プログラムもあるようだ(迫田2000; 横溝・迫田・松崎 2004; 横溝2000)。

◎資料6-5A ☞238 ページ
　資料6-5B ☞240 ページ

6.2. ティーチング・ポートフォリオとは

What is a teaching portfolio?

「ティーチング・ポートフォリオ」とは、現職教師や教育実習生によって作成されるポートフォリオのことです。第二言語分野では、ティーチング・ポートフォリオは、教育実習における評価ツールの一つとして、関心が寄せられてきました(Antonek, McCormick, & Donato, 1997; Brown & Wolfe-Quintero, 1998; Johnson, 1996; Moore & bond, 2002)。ティーチング・ポートフォリオを作成することにより、授業活動を通しての自己成長の記録を残し、振り返り、また、教師としての資質や力量を向上させることができます(川口・横溝 2005; Winsor & Ellefson, 1995; Wolfe-Quintero & Brown, 1998)。また、ティーチング・ポートフォリオは、職場での勤務評価、資格認定、そして、就職活動にも使われます(Sullivan, 2004)。本校の日本語科でも、**ティーチング・アシスタント**(Teaching Assistant)である院生は、勤務評価の審査にティーチング・ポートフォリオを提出することになっています。さらに、実習生は研修中にティーチング・ポートフォリオの経験を持つことによって、自分が将来担任する授業でポートフォリオを利用することに対し、より前向きな態度を持つようになるとも報告されています(Mokhtari, Yellin, Bull, & Montgomery, 1996)。

米国高等教育協会(The American Association for Higher Education [AAHE])は、効果的なティーチング・ポートフォリオの特徴として、以下の三点を強調しています。◆2

◆2 米国高等教育協会のウェブサイト
URL http://www.aahea.org/

(1) 内容が整然としており、全体的にまとまりがある。
(2) 教師としての経験や成長を包括的に示している。
(3) 作成した教材や関係資料の全てをファイルするのではなく、精選された内容である。

(1)の内容のまとまりに関しては、教材や関係資料をリング・バインダーなどに綴じる時に、目次や見出しをつけるだけでも、整然とした内容のポートフォリオであるという印象を読者に与えることができます。(2)の包括性については、本校の実習生は、通常、初級日本語クラスだけで実習を行うことになっているので、実習生としての経験や自己成長を包括的に示すために、複数の単元から収集した教材、テスト、学習者へのフィードバック、そして、それに関する内省を収めるように指示しました。(3)では、内容の精選性が強調されています。つまり、ポートフォリオは、内容量で評価されるのではなく、その質が評価されます。したがって、ポートフォリオには、自作の教材のすべてをファイルするのではなく、その中から、最も適切で効果的な教材を選ぶことを、説明しておくべきでしょう(Brown & Wolf-Quintero, 1998; Shulman, 1988)。このように、ポートフォリオ評価を行う時には、実習生に対し、その目的、内容、構成、そして評価方法について説明をするだけでなく、効果的なポートフォリオの特徴について説明しておく必要があります(McMullan et al., 2003)。

著者が指導した日本語教育実習では、初日にポートフォリオ評価について説明し、ポートフォリオの内容、構成、そして、評価基準が具体的に何であるのかを明確にしていました。例えば、**表6-1**に示すようなポートフォリオの「内容チェックリスト(content checklist)」を手渡し、何を基準にしてポートフォリオが評価されるのかを説明しました。

チェックリストにあるように、ティーチング・ポートフォリオには表紙を付け、「目次」「履歴書」「教育実習を行ったクラスに関する情報(例. シラバス、クラス・スケジュールなど)」「教育理念レポート」そして「(学習者による)実習生評価結果のまとめ」などを前半部分に保管します。ここで「**教育理念レポート(teaching philosophy statement)**」というのは、日本語教師としての目標や日本語教育理念について書くレポートのことです。例えば、ポートフォリオに集められた実習教案、教材、評価ツールなどを、どのような信念に基づいて作成したのかを述べます。また、教材開発、日本語指導、評価方法などに関し、自分が特に影響をうけた理論(例. カリキュラム理論、第二言語理論、外国語教授法)や、経験について述べるのもいいでしょう。さらに、教育理念レポートで、教師としての自分の長所を強調し、同時に、今後改善していきたい点について考察することも大切です。指導教官は、ポートフォリオを評価する時に、教育理論レポートの内容が、ポートフォリオに収められた内容に反映されているかどうかを確かめます。

それから、**表6-1**に示す「無記名の実習生評価結果のまとめ」ですが、著者の指導した実習生が教えていた日本語クラスでは、学期の後半に、日本語学習者を対象に、**資料6-6A・6-6B**に示すような実習生の授業評価アンケートを実施しました。同アンケートは、著者によって集計され、その結果のまと

◎資料6-6A ☞242ページ
　資料6-6B ☞244ページ

めは各実習生に手渡されました。そして、実習生は、この評価アンケートの結果のまとめをポートフォリオに保管することになっていました。

表6-1. ポートフォリオの例

ポートフォリオの内容チェックリスト	和訳と解説
☐ Title page	☐ 表紙
☐ Table of contents	☐ 目次
☐ Curriculum vitae	☐ 履歴書
☐ Information about the course (common materials such as course syllabus, schedule, tests, surveys, report cards, etc.)	☐ 教育実習を行ったクラスに関する情報（シラバス、スケジュール、テスト、アンケート、成績評価表など）
☐ A summary report of anonymous teacher evaluation results	☐ 無記名の実習生評価結果のまとめ
☐ Teaching philosophy statement (about 2000 words)	☐ 教育理念レポート（約2千字）
Select samples of your work that best reflect your stated philosophy, teaching practice, and effort for and evidence of learning as a teacher for the following five categories. For each category, attach a reflection paper as well.	以下の五つのカテゴリーごとに、自分の教育理念、授業活動、また、教師としての自分の努力や学びを最もよく示していると思われる教材を精選する。内省レポートも保管すること。
☐ Three sets of revised lesson plans and instructional materials	☐ 教案と教材（自作の教案と教材を改良し、その中からベストと思える三組の教案と教材を選び、保管する）
☐ Three revised homework assignments	☐ 宿題の見本（自作の宿題を改良し、その中からベストと思える三つの宿題を選び、保管する）
☐ Three revised daily mini-tests and one revised lesson test	☐ 小テストや単元テストの見本（自作の小テストや単元テストを改良し、その中からベストと思える三つの小テストと、一つの単元テストを選び、保管する）
☐ Samples of feedback on student work, e.g., assignments, tests, project work, etc. (best three)	☐ フィードバックの見本（学習者の宿題、テスト、プロジェクトなどに与えたフィードバックの見本を三つ選び、保管する）
☐ One videotaped class and the relevant lesson plan	☐ 授業の収録DVD（自分が授業を行った様子を収録したビデオを一つ選び、その授業の教案とともに、保管する）

　ポートフォリオの後半部分には、実習中に自分が作成した教案や教材の中から、自分の教育理念や、実習の成果を最もよく示していると思われるものを、カテゴリーごと（教案・教材、宿題、評価、フィードバック、そして、授業の録画DVD）に精選し保管します。そして、それぞれのカテゴリーにおいて、半ページから一ページ程度の**内省レポート**(Reflection paper)も書いて、一緒にファイルします。

6.3. ティーチング・ポートフォリオの評価方法
Approaches to assessing teaching portfolios

　前節で述べたように、教育実習にポートフォリオ評価を効果的に導入するた

◎資料6-7☞246ページ

めには、実習生に対し、その構成だけでなく、評価基準もできるだけ詳しく説明しておかなくてはなりません。**資料6-7**に示すように、著者の担当した教育実習では、実習生の提出したティーチング・ポートフォリオは、七項目に分けて評価しました。各評価項目で、A(優秀：excellent)・B(満足：satisfactory)・C(標準以下：substandard)の三段階評価を使って成績判定をしましたが、場合によっては、プラス・マイナスを付ける場合もありました(例．A-、B+ など)。**資料6-7**に示された七項目の評価基準を和訳すると以下のようになります。学期の終了後に、ポートフォリオの評価結果を実習生に渡した後、各実習生と面接し、口頭でフィードバックも与えたこともあります。

ポートフォリオの評価基準(資料6-7のポートフォリオ評価基準の和訳)

(1) 教育理念
　__ 日本語教師としての明確な目標を顕示している(短期的もしくは長期的目標)
　__ 日本語教育理念や、日本語教授に関する信念を、明確かつ適切に記述している(教育実践の理論的基盤)
　__ 日本語教師としての自分の長所や改善点を十分に熟考した上で、述べている

(2) 教案
　__ その日のレッスンの目標が、明確かつ適切である
　__ さまざまな授業活動が用意されている
　__ 授業活動の流れは、理にかなっている
　__ レッスンの目標と、授業活動が一致している
　__ 内省レポートで、教案に関する工夫や学びの態度が見受けられる

(3) 授業教材開発(主に教室で渡すプリント)
　__ 指示や説明が、明確に提示されている
　__ 内容が効果的に提示されている(効果的な形式、見出し、挿絵など)
　__ 日本語の使用が、正確で効果的である
　__ 意図した学習成果の達成に向けて、学習活動が思慮深く立案されている
　__ 創造力、または、教材開発の能力が、顕示されている
　__ 教育理念と教材開発内容が、一致している
　__ 内省レポートで、授業教材開発に関する工夫や学びの態度が見受けられる

(4) 評価教材開発(小テスト及び単元テスト)
　__ 指示や説明が、明確に提示されている
　__ 内容が効果的に提示されている(効果的な形式、見出し、挿絵など)
　__ 日本語の使用が、正確で効果的である
　__ 構成概念的妥当性や、内容的妥当性への考慮がなされている
　__ 明確で適切な採点基準が用意されている
　__ 内省レポートで、評価教材開発に関する工夫や、学びの態度が見受けられる

(5) 宿題
- __ 指示や説明が明確に提示されている
- __ 内容が効果的に提示されている(効果的な形式、見出し、挿絵など)
- __ 日本語の使用が、正確で効果的である
- __ 既習内容の復習や、次のレッスンの準備をする機会を、十分かつ適切に与えている
- __ 内省レポートで、宿題に関する十分な思慮が見受けられる

(6) 学習者へのフィードバック
- __ テストや宿題に記す学習者へのフィードバックが、適切である
- __ 内省レポートで、フィードバックに関する十分な思慮が見受けられる

(7) 録画授業への内省
- __ 録画されたレッスンの目標と、授業活動に関する明確な説明がある
- __ 自分の教え方の特徴や、スタイルに関する思慮深い観察が伺える
- __ 自分の教え方が、学習者の観点から考察されている
- __ 予期しなかった出来事と、その対応についての説明がされている
- __ 授業でうまくいった点や、将来の授業で繰り返したいと思っている点について、述べられている
- __ 将来の授業で、異なる方法で教えたい、もしくは改善したいと思う点について、考察がされている

6.4. ティーチング・ポートフォリオ評価の有用性について
About useful portfolio assessment

　Bachman & Palmer(1996)は、テストの有用性を、信頼性、構成概念的妥当性、真正性、相互性、影響力、そして、実用性の観点から述べています(1章[1.5]参照)。実は、これらの要素は、教育実習に用いる評価ツールとしてのティーチング・ポートフォリオの有用性にもあてはまります。実習生の役に立つ方法で、ティーチング・ポートフォリオ評価を行うには、以下の点に留意するべきでしょう。

● 1章[1.5]☞28ページ

(1) 信頼性

　ポートフォリオ評価の結果に一貫性や安定性がなければ、信頼性があるとはいえません。例えば、ある実習生のティーチング・ポートフォリオを二人の評定者が評価を行い、その結果に著しい違いがあれば、評価結果の信頼性は高いといえません。ポートフォリオ評価を行うときに、その結果の信頼性を高めるためには、前節で示したような明確なポートフォリオの評価基準は、最低限必要です。

(2) 構成概念的妥当性

　教育実習の評価ツールとしてのティーチング・ポートフォリオの妥当性を考える場合、まず、ポートフォリオの内容や評価基準が、教育実習の目標と内容に沿ったものであるのかどうかを確認しなくてはなりません（内容的妥当性）。また、ポートフォリオの内容や評価基準が、実習生の専門的知識の応用力、また、教師としての資質や力量を判定する評価ツールとして、適切であるのかどうかという点からも吟味する必要があるでしょう（構成概念的妥当性）。最近の研究で、オンライン式ティーチング・ポートフォリオの妥当性を検証したものがあります（Yao, Thomas, Nickens, Downing, Burkett, & Lamson, 2008）。この研究は、語学教師を対象にしたものではありませんが、ポートフォリオの評価結果と、教員資格認定試験の結果を比較することによって、妥当性の検証を行っています。第二言語教育分野で、ティーチング・ポートフォリオの構成概念的妥当性を取り扱った研究はあまりなく、妥当性は、主に結果的妥当性、特に、実習生に対する影響という観点からなされています。例えば、ポートフォリオ評価が、実習生の専門性向上や、自己成長などに役立ったという内容の報告がされています（例. Antonek, McCormick, & Donato, 1997; Liu, 2009）。

(3) 真正性

　真正性のある日本語教育実習の評価とは、実際の教育現場における実習生の日本語指導力を、ある程度正確に予測しているものです。現場における実技体験を基に、自己の教師としての資質や力量をさまざまな角度から分析するポートフォリオ評価は、教師としての能力を間接的に評価するペーパー・テストよりも、評価ツールとしての真正性が高いと思われます。

(4) 相互性

●1章[1.5]☞28ページ

　1章[1.5]で説明したようにBachman & Palmerのいう「相互性」とは、主に人と評価ツールとの相互作用です。つまり、ティーチング・ポートフォリオを教育実習の評価ツールとして使用する時は、実習生の経験、知識、興味、認知力を考慮し、ポートフォリオ評価に対する肯定的な態度を育てる方法で、行われるべきでしょう。また、ポートフォリオ評価を行うことにより、実習生の教育実習に対する意欲も高められるべきです。

(5) 影響力

　上で述べたように、先行研究で、実習生に与えるポートフォリオ評価の影響が分析されています（例. Antonek, McCormick, & Donato, 1997; 小玉・木下・有馬 2007; Liu, 2009）。このような研究を行うことによって、ポートフォリオ評価が実習生に対して、意図どおりの好影響を与えることができたのかどうかを考察

し、評価方法を改善することができます。また、ある特定の教育実習でポートフォリオ評価を導入するときには、それが教育実習カリキュラムにどのような影響を与えるかということも考慮すべきでしょう。

(6) 実用性

　ある特定の教育実習プログラムで、ポートフォリオ評価が実用的な評価ツールであるかどうか、という点も考慮する必要があります。例えば、どのような形で教育実習を行うのか。また、指導教官はポートフォリオ評価について、どの程度の理解があるのかなど、ポートフォリオ評価を導入するときは、実行するための環境がどこまで整っているのかを事前に吟味する必要があります。

6.5. 授業観察及びフィードバックの目的と手順
Purposes and procedures for class observations and feedback

　第二言語の現役教師や研修生にとって、授業観察とそれに伴う**フィードバック**(feedback)の授受は、教師として成長していく上で欠かせない評価活動の一つです。したがって、実習期間中に、授業を観察し、分析するための知識と技術を身につけることは、とても大切です(Akcan & Tatar, 2010; Genesee & Upshur, 1996; Wajnryb, 1993)。著者も、長年の教員生活で、数多くの日本語授業を観察してきましたが、学ぶことのなかった授業というのは一度もありませんでした。先に述べたように、本校の日本語教育実習においても、授業観察は重要な役割を果たします。実習生は、学期を通して、指導教官や他の実習生に自分の授業を観察されるだけでなく、他の実習生による日本語指導を観察し、それに対して形成的フィードバックを行う機会が与えられます。また、実習生は、各自が自分の信念や特性にあった方法で授業を行うので、多かれ少なかれ、教え方に違いが出てきます。そのような違いを観察することによって、教え方のヒントを得たり、自分の教え方について反省したりすることもできます。

　授業観察を行う時には、その目的に応じて、さまざまな形式の観察記録用紙が使われます。教育実習や研修が目的で行われる観察記録用紙には、自由記述のものもあれば、観察のポイントや基準が、細かく提示されているのもあります(川口・横溝 2005)。著者の担当した教育実習では、**資料6-4**に示すような授業観察フィードバック用紙を使っていました。同フィードバック用紙の和訳は、次のページに示しています。観察者は、用紙にリストされている各評価項目に関し、申し分のない出来ばえであった場合や、指摘する点が特にない場合は、その項目の括弧に、○印をつけます。逆に、担当実習生の助けになると思える観察事項や提案事項がある場合や、観察時間内に評価できなかった場合は、○印をつけずに、余白の部分にその旨を簡潔に記します。また、フィード

◎資料6-4☞237ページ

バック用紙の最後に自由記述の質問を二つ入れ、授業で良かったと思う部分や、改良点についても自由に記述できるようにしてあります。

授業観察フィードバック用紙（資料6-4 の Teacher Observation Form の和訳）

A. **教案**
（　）レッスンの目標は、明確かつ適当であった。
（　）レッスンはさまざまな授業活動や対応型（例．講義、ペア活動など）からなっており、その流れは理にかなっていた。
（　）授業活動は、学習者の年齢やクラスのレベルに適していた。
（　）授業活動は、レッスンの目標に直接的に関係していた。

B. **実際の授業**
（　）授業は定刻に始まり、終わった。
（　）授業の進み具合は、早くも遅くもなく、ちょうど良いと思った。
（　）指示や説明は、簡潔かつ明瞭だった。
（　）学習者の誤りに注意を払い、必要であれば、直接的もしくは間接的に修正していた。
（　）学習者全員に聞こえるのに十分な声量で、はっきりと話していた。
（　）学習者のレベルに応じた日本語の使い方が、効果的かつ十分にできていた。
（　）学習者に、日本の文化的側面を学ぶ機会を与えていた。
（　）学習者に、日本語を使用する機会を十分に与えていた。
（　）板書や視聴覚教材の使用は、効果的だった。
（　）親しみやすい教室の雰囲気を作り上げ、教師と学習者間の対応も良好だった。

1．今日観察した授業で、今後の自分の授業でも同じようにしたい、または、取り入れたいと思う内容を少なくとも一つ書いてください。

2．今日観察した授業で、自分の授業では、違った方法で行うかもしれないと思うことがあれば、一つ書いてください。

授業のフィードバックは、記憶が新鮮なうちに与えられるように、授業終了直後に、その日の授業の反省会を行います。反省会では、通常担当実習生が、まず、その日の教案や授業についての感想を述べました。その日の学習目標を達成するために、特に、どの点に工夫を凝らしたのか、今日の授業の出来ばえに満足しているのかどうか、授業に対する学習者の反応をどう思うかなど、授

業直後の自分の感想や反省を観察者に伝えます。また、教案通りに授業が展開していかなかった場合は、いつ、どこで、どのような意思決定を、どんな理由で行ったのかについても述べます。池田(2004)によると、日本語実習生の授業中の意思決定は、教えるクラスの授業形態(目的や教師の役割)の影響をある程度は受けますが、学習者の反応に基づく意思決定が一番頻繁に行われているようです。反省会では、実習者が、授業中に行った自分の意思決定について語り、内省する場を与えます。さらに、私の担当した教育実習では、観察者である指導教官と他の実習生が、上で述べたフィードバック用紙に記した講評やコメントを基に、口頭でフィードバックを与えました。そして、このフィードバック用紙は、反省会の後で担当実習生に手渡されました。

　このようにして行われる反省会は、教育実習の形成的評価として大切な役割を果たすだけでなく、担当実習生に対し、観察者が励ましの言葉を与える場でもあります。Senior(2006)の研究で、語学教師が、自分の仕事にやりがいや喜びを最も感じるのは、授業がうまくいったと思えた時、また、学習者の役に立つことができたと感じた時だと報告しています。したがって、担当実習生が反省会で、「全体的に見て、今日の授業はうまくいったと思う」や「○○の説明は、まあまあの出来だったのではないか」と、肯定的感想を述べた場合は、そのような感想を認めてあげたり、また、授業をさらによくするための助言を与えたりします。逆に、授業が計画通りに進まず、担当実習生に失望や落胆の様子が見られた場合は、将来に向けてのアドバイスをするだけでなく、授業でよかったと思える点を強調してあげるといいでしょう。福岡(2001)の研究では、実習生は「自分の実習に自信がなく、他者への実習を高く評価する傾向にある」と報告しています(p. 32)。そのような実習生にとって、他の実習生からの褒めや励ましの言葉は、自己への自信に繋がっていくことでしょう。

6.6. 実習中のフィードバックの与え方と受け止め方
How to give/receive feedback during a teaching practicum

　このように、教育実習中は、授業観察とそれに関するフィードバックの授受が、連日繰り返されます。その過程で、実習生は「良い授業」について学ぶだけでなく、効果的なフィードバックの仕方も習得していきます。効果的なフィードバックは、実習生の長所を伸ばすことができるだけでなく、教えることに対する意欲を高めます。しかし、フィードバックの内容は、授業でよかったと思える点だけを強調するものではありません。授業中に明らかにうまくいかなかったと思われる点について指摘し、その改善策について話し合わなくてはならない時もあります。そのような場合に、**建設的な批評**(constructive feedback)が前向きな言葉で与えられるように、著者の担当した日本語教育実習で

は、実習中の授業観察、及び、フィードバックの目的や方法について、以下の点を強調しました。

授業観察及びフィードバックの目的や方法

- 実習中の形成的評価としての授業観察や、それに対するフィードバックの目的は、それを受け取る側へのサポートと見なすべきだ。つまり、通常、各実習生が自分一人では得られない情報を、第三者である観察者が提供することによって、実習生としてのお互いの成長を援助し合うのが目的である。
- フィードバックや助言を与えるときには、なるべく具体的で、建設的な内容のものにする。授業をしている実習生の評価者や批評家というよりも、むしろ、情報提供者としての観察者の役割を忘れないようにする。自分の観察したことは、なるべく具体的に叙述し、また、自分の価値判断を性急にしていないかどうかも確かめる。
- フィードバックの内容が、一人よがりなものになっていないか、また、自分の信念や考えのみを正しいとし、それを相手に押しつけていないかどうかを確認すること。実習中の観察者の役割は、「自分の正しさ」を証明することではない。フィードバックを与える相手と、自分の教え方に対する考え方が異なる場合、お互いの違いを尊重し、受け止める態度が必要だ。批評や助言は、あくまでも示唆的に留め、「〜べきだ(should)」や「〜なければならない(must)」という断定的な表現は、避けた方がいい。代わりに、観察記録を「〜していた」と、叙述的なものに留めること。もし、示唆的な内容を加えたいのであれば、「〜かもしれない(might want to…)」や「私なら〜かもしれない(I would/might…)」と、やや控えめな口調でする方が、相手に受け入れられ易いだろう。
- フィードバックの内容が、あまりにも否定的になりすぎていないかどうかを確かめること。改善点などについて示唆する場合も、なるべく前向きな書き方にする。実習生が、今後の授業の改善に役に立つ内容となるように、心がける。
- フィードバックに含まれる批評がどのようなものであれ、最後に、「とても勉強になりました。ありがとうございました」「今日はお疲れ様でした」などの感謝や労いの一言を添えるのを忘れないこと。

　もちろん、観察者が上記の点について十分に留意し、フィードバックをもらう側の立場に立って助言や提案を与えたつもりでも、授業を担当した実習生は、それを自分の授業活動に対する批判としてとらえ、傷ついたり落ち込んだりしてしまうことがあるかもしれません。自分が一所懸命に準備し全力で行った授業に対し、期待以下の批評を受けると誰でも辛いもので、全然動揺しないという実習生はいないと思います。また、実習生は、授業観察時だけでなく、学習者からも無記名式の授業評価アンケートなどで、自分の教え方に関して手厳しい批評を受けることもあります。学習者が児童生徒の場合、保護者から

も、授業について苦情を受けることもあるでしょう。学習者の酷評や、保護者からの苦情にパニックに陥ったり、教師としての自信ややる気を失いそうになったりすることもあるかもしれません。

このように、指導教官、他の実習生、または、学習者や保護者から、自分が予期しなかった批判を受けたと感じた時は、それを謙虚に一旦は受け止め、冷静に考えるという態度が必要でしょう。しかし、自分が受けた批判や酷評に関し、必要以上に悩みすぎたり、固執したりしない方がいいと思います。教えるという仕事に、他者からの批評や批判はつきもので、それに対し、ある程度の図太さを持っていないと、前向きに仕事ができないのではないかと思います。自分の授業に対し批判や酷評を受けたと感じ、それが日夜頭から離れない場合は、明らかに悩みすぎです。そのような場合は、次の点において自問して、気持ちをさっさと切り替え、悩んでいる時間とエネルギーを次の授業に向けた方がいいと思います。著者の指導した教育実習では、「辛い」と感じたフィードバックの対処法について、教育実習セミナー中に、実習生と以下のポイントについて話し合う機会を持ちました。

「辛い」と感じるフィードバックを受けた時には

- フィードバックの内容のほとんどが、自分の教え方に対して、肯定的で前向きな批評であったのにもかかわらず、たった「一つ」の否定的批評が混じっていたばかりに、肯定的批評がまるで一つもなかったかのように、感じていないだろうか。たった一つの否定的批評に固執しすぎていないかどうか、今一度考えてみること。
- フィードバックに否定的批評と思える一文が含まれていた場合、その一文の否定的内容を誇張して解釈しすぎていないだろうか。その一文を、必要以上に悪く解釈しすぎていないか。
- たとえ厳しいと思える批評があったとしても、それは教師としての自分、または、自分の人間性が批判されているのではなく、自分の教え方に対する評価であるということを忘れてはいないか。
- 否定的な批評を受けたと感じた時、その批評に多少傷ついても、それから少しでも学ぶことがあるのであれば、学べる部分だけを謙虚に受け止めた方が、得であろう。しかし、受けた批評から傷ついただけで、学ぶことが何一つないと判断した場合は、その批評自体が不適切と考えていいのではないか。そのような批評は、たとえ、それが指導教官からのものだったとしても、さほど気にすることはないと思う。指導教官とはいえ、実習生の教え方に対し、いつも正しい批評ができるとは限らない。フィードバックの内容が、肯定的であれ否定的であれ、それが「適切な批評」であれば、受取人は、自分にとって少しでも役に立った、もしくは、そこから何か学ぶものがあったと必ず感じるものだ。学ぶことのない、ただ傷ついただけのコメントは「不適切な批判」であり、したがって、それに固執するのは時間の無駄である。

話し合おう

1. 「ティーチング・ポートフォリオ」とは何ですか。その内容や有用性について話し合いましょう。
2. 本章で説明されたティーチング・ポートフォリオの内容や評価基準を、どう思いますか。
3. ティーチング・ポートフォリオの評価結果の妥当性や、信頼性を高めるためには、どのような工夫が必要ですか。
4. 日本語実習生としての経験がありますか。実習生として受けたフィードバックで、どのような内容のものが役に立ちましたか。本章で示された授業観察チェックリストをどう思いますか。
5. 授業参観者として、建設的かつ効果的なフィードバックが与えられるようになるには、どのような点に留意しなくてはなりませんか。

プロジェクト・アイデア

1. 資料6-7の評価基準を参考に、ティーチング・ポートフォリオを作成してみましょう。
2. クラスで模擬授業を行い、建設的かつ効果的なフィードバックは何かと考えた上で、お互いにフィードバックを与え合いましょう。

巻末資料

資料1-1A. 日本語使用及び口頭能力に関する自己評価

1. Answer the following questions using the 1-5 scale below.

| 1 (Not at all) | 2 (Once or twice) | 3 (Several times) | 4 (Almost everyday) | 5 (Everyday) |

During <u>the last one month</u>, how often did you ....

    1 2 3 4 5   Speak Japanese in communicating with Japanese-speaking people
    1 2 3 4 5   Exchange e-mail messages in Japanese
    1 2 3 4 5   Watch Japanese films/TV programs
    1 2 3 4 5   Listen to Japanese pop music
    1 2 3 4 5   Read Japanese newspapers or magazines

2. Report your language use in the following situations using the 1-5 scale below. If the situation does not apply to you, choose "NA."

NA	This situation does not apply to me
1	Use only English (or other non-Japanese lang.)
2	Use mainly English (or other non-Japanese lang.) with occasional mixing of Japanese words and/or phrases
3	Use equal amount of Japanese and English (or other non-Japanese lang.) mixing two languages frequently
4	Use mainly Japanese with occasional mixing of English (or other non-Japanese lang.) words and/or phrases
5	Use only Japanese

    NA 1 2 3 4 5   When I communicate with my mother, I ...
    NA 1 2 3 4 5   When I communicate with my father, I ...
    NA 1 2 3 4 5   When I communicate with my Japanese relatives, I ...
    NA 1 2 3 4 5   When I socialize with my Japanese friends, I ...
    NA 1 2 3 4 5   When I exchange e-mail messages with my Japanese friends, I ...
    NA 1 2 3 4 5   When I work, I ...

3. Please indicate how well you can carry out the following oral tasks in Japanese using the scale below.

| 3 (quite easily) | 2 (with some difficulty) | 1 (with great difficulty or not at all) |

    3 2 1   Count to 10 in the language
    3 2 1   Say the days of the week
    3 2 1   Give the current date (month, day, year)
    3 2 1   Introduce myself in social situations, and use appropriate greetings and leave-taking expressions
    3 2 1   Order a simple meal in a restaurant
    3 2 1   Give directions on the street
    3 2 1   Give simple biographical information about myself (place of birth, composition of family, early schooling, etc.)
    3 2 1   Describe my present job, studies, or other major life activities accurately and in detail
    3 2 1   Sustain everyday conversation in casual style Japanese with my Japanese friend
    3 2 1   Sustain everyday conversation in very polite style Japanese with a person older than I am

出典：Kondo-Brown(2005, p. 579, Appendix B). Copylight [2005] by *The Modern Language Journal*.
　この口頭タスクの自己評価は、Clark (1981)の「Can do speaking measure(〜を話すことができる)」、そして、Kitano(2001)の「口頭能力自己評価尺度(Self-perceived speaking ability scale)」を参考に作成された。

資料1-1B. 日本語使用及び口頭能力に関する自己評価（和訳）

1. 五段階評価を使って、下の質問に答えてください。

   | 1（一度もない） 2（一度か二度） 3（数回） 4（ほぼ毎日） 5（毎日） |

   <u>過去1ヵ月間</u>に、どれほど頻繁に、下記のことを行いましたか？

   1　2　3　4　5　　日本語話者と日本語で会話をする
   1　2　3　4　5　　日本語でEメールをする
   1　2　3　4　5　　日本の映画やテレビ番組を観る
   1　2　3　4　5　　日本のポピュラー音楽を聴く
   1　2　3　4　5　　日本語の新聞や雑誌を読む

2. 五段階評価を使って、下記の場面での言語使用状況について答えてください。場面が自分にあてはまらない場合は、NAを選んでください。

   NA　この状況は私にあてはまらない。
   1.　英語（または、日本語以外の他の言語）だけを使う
   2.　主に英語（または、日本語以外の他の言語）を使うが、時々、日本語の語彙や表現を混ぜることがある
   3.　日本語と英語（または、日本語以外の他の言語）を同じくらい使い、よく二つの言語を混ぜて話す
   4.　主に日本語を使うが、時々英語（または、日本語以外の他の言語）の語彙や表現を混ぜることがある
   5.　日本語だけを使う

   NA　1　2　3　4　5　　母親と話すとき
   NA　1　2　3　4　5　　父親と話すとき
   NA　1　2　3　4　5　　日本人の親戚と話すとき
   NA　1　2　3　4　5　　日本人の友だちと話すとき
   NA　1　2　3　4　5　　日本人の友だちとEメールするとき
   NA　1　2　3　4　5　　仕事中

3. 三段階評価を使って、下記のタスクが、日本語でできるかどうか答えてください。

   | 3（簡単にできる）　2（難しいが、できる）　1（非常に難しい／全くできない） |

   3　2　1　　日本語で10まで数える
   3　2　1　　一週間の曜日を言う
   3　2　1　　日付を言う（年月日）
   3　2　1　　社交場面で自己紹介をし、適切な挨拶や別れ際の表現を使う
   3　2　1　　レストランで簡単な食事を注文する
   3　2　1　　路上で道順を説明する
   3　2　1　　自分の生い立ちについて簡単に話す（出身地、家族構成、通っていた学校など）
   3　2　1　　現在の仕事や勉強、または、その他の主な生活活動について、正確で詳細な説明をする
   3　2　1　　日本人の友だちと、くだけた（カジュアルな）日本語で日常会話を維持できる
   3　2　1　　目上の人と、非常に丁寧な言葉で日常会話を維持できる

資料１-２．日本語解説文の読解力テストの見本

> Instruction: Please read the following newspaper article and answer the questions that follow. Mark the most appropriate response to each question. Please answer all the questions. If you do not know the answer, make your best guess.

日本産のトキが絶滅

　国際保護鳥で、日本産最後のトキ「キン」(雌)が10月10日朝、佐渡トキ保護センターで死んだ。老衰とみられる。かつて全国の空を優雅に舞い、日本を代表する鳥として「ニッポニア・ニッポン」の学名を与えられた国内産のトキは、キンの死ですべて姿を消した。キンは67年初夏に佐渡島で生まれたとみられる。68年３月、山中に迷い出たところを、日本野鳥会の会員、宇治金太郎さん(農業)に捕獲され、センターで飼育された。キンの名は、宇治さんの「金太郎」という名前にちなんでいる。トキは江戸時代までは全国各地に生息していた。ところが、珍重された淡い桃色の羽を目当てに乱獲され、明治時代にトキは激減した。国は1910(明治43)年、狩猟法でトキの捕獲を禁じ、52(昭和27)年には特別天然記念物に指定。67年に佐渡トキ保護センターを建設する等、国産トキの保護に乗り出したが、減少を食い止められず、トキは佐渡島でしか見られなくなった。環境庁(当時)は1981年、佐渡島で野生のトキ５羽を捕獲し、人工繁殖に着手。85年からは中国産のトキを計４羽借り受けたり、国産の「ミドリ」を中国に貸したりして、国産と中国産のトキの交配を図ったが、２世は誕生しなかった。95年４月に国産最後の雄だったミドリが死に、国内産のトキは絶滅が避けられなくなった。同センターは、99年から中国から贈られた中国産トキの繁殖に取り組み、現在39羽が飼育されている。

Questions

1. What kind of bird is 'Toki'?
   - [ ] Poultry
   - [ ] Water fowl
   - [ ] Protected bird
   - [ ] Migratory bird

2. Both 'Kin' and 'Midori':
   - [ ] Are male
   - [ ] Are female
   - [ ] Were born in Japan
   - [ ] Were born in China

3. 'Nipponia Nippon' is:
   - [ ] Kin's nickname
   - [ ] Toki's nickname
   - [ ] Kin's academic name
   - [ ] Toki's academic name

4. Which is true about Kin?
   - [ ] Kin died before Midori
   - [ ] Kin was the last Toki on earth
   - [ ] Kin was once sent to China for breeding

5. The name 'Kin' was taken from the name of:
   - [ ] A scholar who raised Kin
   - [ ] A farmer who found Kin
   - [ ] A village where Kin was born
   - [ ] A village where Kin was found

6. How did Kin die?
   - [ ] Old age
   - [ ] Sickness
   - [ ] Accident
   - [ ] Gunshot wound

7. When did the number of Toki diminish most dramatically in Japan?
   - [ ] Edo period
   - [ ] Meiji period
   - [ ] In the '60s
   - [ ] In the '80s and '90s

8. Why did the population of Toki dwindle sharply during that period?
   - [ ] Disease
   - [ ] Over-hunting
   - [ ] Loss of habitat
   - [ ] Rise of natural enemies

9. In the '80s, Japan-bred Toki lived:
   - [ ] Only in China
   - [ ] Only on an island in Japan
   - [ ] In a few protected areas of Japan
   - [ ] In various farms throughout Japan

10. In the late '90s, how many Japan-bred Toki existed in Japan?
    - [ ] None
    - [ ] One
    - [ ] Two
    - [ ] Five

資料1-3A. ニーズ分析アンケート（学生用）の見本

Please read each statement and indicate the extent to which you agree or disagree as follows:

A = Strongly Agree, B = Somewhat Agree, C = No Opinion, D = Somewhat Disagree, E = Strongly Disagree

At the end of the 2-year Japanese language program at UHM, I want to be able to perform the following tasks IN JAPAN:

#						
1	A	B	C	D	E	Get around at an airport (e.g., dealing with problems with luggage, answering questions from customs agent)
2	A	B	C	D	E	Use train/subway (e.g., purchasing tickets, asking for information, reading maps & time schedules)
3	A	B	C	D	E	Stay at a hotel/ryokan (e.g., making reservations, checking in, dealing with unexpected problems)
4	A	B	C	D	E	Take a taxi (e.g., giving directions)
5	A	B	C	D	E	Go sightseeing (e.g., gathering information on destinations for a trip)
6	A	B	C	D	E	Enjoy entertainment such as movies, theaters, clubs (e.g., booking and purchasing tickets)
7	A	B	C	D	E	Shop for gifts (e.g., finding what I want)
8	A	B	C	D	E	Eat at a restaurant/fast-food shop (e.g., ordering food, including take-out)
9	A	B	C	D	E	Speak with strangers on the street (e.g., asking for directions)
10	A	B	C	D	E	Deal with in-class routines in Japanese at the university (e.g., greeting, asking questions, following the teacher's directions).
11	A	B	C	D	E	Give in-class presentations/demonstrations in Japanese at the university (e.g., reporting in class on how to make/use something)
12	A	B	C	D	E	Engage in classroom discussions (e.g., cultural differences, personal stories)
13	A	B	C	D	E	Engage in classroom discussion on current events and social issues.
14	A	B	C	D	E	Consult with Japanese instructors at the university (e.g., asking permission to be absent from a class, discussing class-related material)
15	A	B	C	D	E	Talk about American culture and society in and outside the classroom
16	A	B	C	D	E	Ask about Japanese culture and life in and outside the classroom
17	A	B	C	D	E	Interact with colleagues, bosses, and clients at work (e.g., requesting/offering help, taking messages)
18	A	B	C	D	E	Socialize with colleagues and friends (e.g., going out for a drink, going to karaoke, accepting & refusing invitations)
19	A	B	C	D	E	Go to see a doctor/dentist (e.g., describing symptoms)
20	A	B	C	D	E	Shop for long-term stay (e.g., finding what I need for living, such as a refrigerator and T.V.)
21	A	B	C	D	E	Read instructions on how to use Japanese appliances
22	A	B	C	D	E	Use bank (e.g., setting up an account, depositing/withdrawing money, exchanging money)
23	A	B	C	D	E	Use post office (e.g., sending letters and postcards)
24	A	B	C	D	E	Buy books at a bookstore (e.g., finding what I need, placing a special order)
25	A	B	C	D	E	Borrow books from the library (e.g., finding books I need, checking out books)
26	A	B	C	D	E	Rent a place to live (e.g., looking for an apartment, dealing with the landlord & real estate agents)
27	A	B	C	D	E	Deal with bureaucratic matters at places such as immigration, city hall, & the police station (e.g., applying for visa extensions, etc.)
28	A	B	C	D	E	Attend formal occasions such as weddings, funerals, graduations (e.g., giving money, writing a card, giving a speech)
29	A	B	C	D	E	Participate in traditional cultural celebrations (e.g., New Year's celebration)

出典：Iwai, T., Kondo, K., Lim, D.J., Ray, G., Shimizu, H., & Brown, J.D. (1999). National Foreign Language Resource Center。著者の許可を得て転載。

資料1-3B. ニーズ分析アンケート(学生用)の見本(和訳)

下記の文の内容が、自分の意見と、どの程度一致するか答えてください。

A＝強くそう思う　　B＝ややそう思う　　C＝どちらともいえない	
D＝あまりそう思わない　　E＝全くそう思わない	

ハワイ大学で日本語を二年間学習した後(のち)に、私は日本で下記のタスクができるようになりたい。

1	A B C D E	空港で必要な会話をする(例.手荷物のトラブルに対処する、税関での質問に答える)
2	A B C D E	電車や地下鉄を利用する(例.切符を買う、分からないことを聞く、地図や時刻表を見る)
3	A B C D E	ホテルや旅館に宿泊する(例.予約をする、チェックインする、予期しない問題に対処する)
4	A B C D E	タクシーに乗る(例.道順を説明する)
5	A B C D E	観光する(例.旅行先について情報を集める)
6	A B C D E	映画、劇場、クラブなど、娯楽を楽しむ(例.予約する、チケットを買う)
7	A B C D E	プレゼントを買う(例.ほしいものを見つける)
8	A B C D E	レストランやファストフード店で食事をする(例.注文する、持ち帰る)
9	A B C D E	道で知らない人と話す(例.道を聞く)
10	A B C D E	大学の授業に参加する(例.挨拶する、質問する、先生の指示を聞き取る)
11	A B C D E	大学で発表を行う(例.何かの作り方・使い方を調べて、クラスで報告する)
12	A B C D E	文化の違いや自分が経験したことについて、クラスで話し合う
13	A B C D E	最近の社会的出来事や社会問題について、クラスで討論をする
14	A B C D E	大学の日本人の先生に相談する(例.クラスを欠席する許可をもらう、勉強の相談をする)
15	A B C D E	教室内外で、米国の文化や社会について話す
16	A B C D E	教室内外で、日本の文化や生活について質問する
17	A B C D E	職場で、同僚、上司、そして、顧客と話す(例.手伝いを頼む／申し出る、伝言を届ける)
18	A B C D E	同僚や友人とつき合う(例.飲みに行く、カラオケに行く、招待を受ける／断る)
19	A B C D E	病院や歯医者に行く(例.症状を説明する)
20	A B C D E	長期滞在のための買物をする(例.冷蔵庫やテレビなど、生活に必要なものを購入する)
21	A B C D E	日本製品の取扱説明書を読む
22	A B C D E	銀行を利用する(例.口座を開く、預金の預け入れ／引き出しをする、両替する)
23	A B C D E	郵便局を利用する(例.手紙やハガキを出す)
24	A B C D E	書店で本を買う(例.必要なものを見つける、本を取り寄せる)
25	A B C D E	図書館を利用する(例.必要な本を見つける、本を借りる)
26	A B C D E	アパートを借りる(例.アパートを見つける、家主や不動産業者と交渉する)
27	A B C D E	出入国管理局、市役所、警察署などで手続きをする(例.ビザの延長手続きを申し込む)
28	A B C D E	冠婚葬祭や卒業式などの式典に参加する(例.ご祝儀や御香典を渡す、カードを書く、スピーチをする)
29	A B C D E	伝統的な文化行事に参加する(例.正月のお祝い)

資料１-４．Project work in Japanese（日本語のプロジェクト・ワーク）のシラバス

1. Course description（クラスの概要）

Welcome to Japanese 493! I am looking forward to working together during the semester. This course is aimed towards advancing your competence in formal, academic Japanese（アカデミックな日本語）so that you will be able to carry out a final research-based project on a Japan-related topic of interest to you. This course is essentially content-based in that it integrates particular content with the teaching of language skills. That is, your focus will be on learning and discussing historical and contemporary issues related to Japanese language and culture, as well as conducting a research-based project in Japanese. Through this process, you will acquire knowledge and skills in Japanese, especially academic Japanese. In order to facilitate this process, some instruction time may also be spent drawing your attention to specific language forms and expressions to enhance sophistication and accuracy.

In this course, you will be engaged in various in-class activities (e.g., lectures, discussions, debates, simulated interviews, video reviews, etc.) as well as assignments (e.g., writing reports, reading assigned texts, searching for information via the Internet, reviewing online-videos, conducting interviews, doing surveys, etc.) within four themes (the themes for this semester are: 日本の若者事情、環境とエネルギー、言葉・言語・アイデンティティー、日本の法制度). All in-class activities and assignments are designed to help enhance your competence in academic spoken and written Japanese. The topics will be chosen from controversial historical and contemporary issues that speakers of Japanese have been discussing from multiple perspectives. This course will provide you an opportunity to critically examine these issues from such multiple perspectives and express and support your opinions and views orally and in writing. The class will also provide you with ample instructor and peer interactions to support your successful completion of the assigned work. For example, in order to adequately monitor your progress in writing, you will carry out self- and peer-assessments and receive instructor feedback at different stages of your work.

2. Expected learning outcomes（期待される学習成果）

At the end of the semester, you will be able to:
1. Comprehend and use a wide range of vocabulary in discussing Japan-related topics of current or historical importance to Japanese people.
2. Critically analyze information from Japanese-language media regarding current or historical issues.
3. Write effective narrative/biographical and explanatory reports (e.g., interesting thoughts/opinions that attract the reader's attention, fluent expression, logical organization, accurate and effective sentence construction, sufficient information, appropriate use of Kanji).
4. Use formal/academic Japanese with confidence while communicating with Japanese-speaking people in interviews and in-class oral presentations.
5. Carry out a research project on a Japan-related topic of your interest, write a research paper in Japanese, and present it using technology (e.g., power point, video clips, Internet).

3. Textbooks（テキスト）

No textbook is required. Course materials will be given in class or will be available through Laulima. You must have Japanese-English and Kanji-English dictionaries (and bring them to class).

4. Grading criteria（成績判定 せいせきはんてい）

The course grade will be based on the following items:

- 10 %　Attendance and participation
- 40 %　Homework assignments (including assignments related to your research-based project)
- 20 %　Four written unit-tests on themes covered in class
- 25 %　Final research paper
- 5 %　Final project presentation using technology

There is no "grading on a curve". In other words, grading is based on your demonstrated performance in the grading categories described above, not with reference to other classmates. Let's support each other, not compete, so that everyone in the course can finish with a feeling of having learned a lot as well as having earned a satisfactory grade! 頑張りましょう！

Your grades will be determined as follows:

Your grade		Your overall performance (in %)
優	A+	100, 99
	A	93, 94, 95, 96, 97, 98
	A-	90, 91, 92
良	B+	88, 89
	B	83, 84, 85, 86, 87
	B-	80, 81, 82

	C+	78, 79
可	C	73, 74, 75, 76, 77
	C-	70, 71, 72
不可	D	60–69
	F	59以下

5. Attendance（出席）

Attendance is mandatory: I expect your regular attendance and full preparation for the class. Full preparation means that you will (a) have read the assigned text with reasonable understanding, and (b) come to class on time. When you need to be absent from class, you are responsible for informing the instructor in advance of the absence. Absences will affect your grade as follows: Out of the maximum 140 pts for participation and contribution, 10 pts will be taken off for each absence. If your absences are equal to two weeks of missed class or a total of 5 hours of absences, your course grade will be lowered (A- → B+). よろしくお願いします！

6. Homework submissions（宿題）

You will be responsible for the completion of all homework exercises announced in class. Homework assignments will not be accepted late. Your homework will be returned in a timely-manner with my feedback on your work.

7. Unit-tests（単元テスト）

Prior to each test, you will receive instructions on how to prepare. The dates for the unit tests are announced in class. No make-up work will be given without a valid excuse. In the case of accident, illness, hospitalization, etc., please notify me prior to the test if physically possible.

8. Final research paper and its presentation（期末研究小論文とその発表）

For your final project, you will be required to (a) gather information through conventional and unconventional media and through interpersonal interactions (e.g., interview, survey, observation) on a Japan-related topic of your choice, (b) write a research paper in Japanese (that includes research purpose, methods, findings, conclusion), and (c) present your research using visual aids such as Power-Point, internet sites, and video clips. I encourage you to find a research topic as soon as you can. Your project topic should be of current or historical importance to Japanese people and society.

9. Online materials（オンライン教材）

The instructional materials and homework will be posted the Laulima website. You should be able to read Japanese on your computer. For Windows XP, Japanese character input is included in every installation; you just have to enable it. For more information, see the following link: http://www.microsoft.com/globaldev/handson/user/IME_Paper.mspx. Also, all computers in the Moore Hall PC and Mac labs (Moore 153) read Japanese. The lab hours and other information is available at: http://mcl.lll.hawaii.edu/hours.stm

10. Use of Japanese（日本語の使用）

The main means of instruction for this course is Japanese. I encourage you to speak Japanese in class except when you are asked to speak/translate in English. Also, when you write me email messages, please try to use Japanese as much as you can. Please don't be afraid of making mistakes when you speak in class or write email messages, especially in formal Japanese. Remember, mistakes and errors are a natural part of second language learning process!

11. Plagiarism and Academic Honesty（剽窃とアカデミックな誠実さ）

It's important that you provide a proper citation when presenting the work of someone else. Plagiarism includes copying someone else's sentences without quoting, or presenting someone else's data or thoughts without proper citation. I will not tolerate plagiarism in this course.

12. References（参考文献）

・アカデミック・ジャパニーズ研究会（編）（2002）『大学・大学院留学生の日本語：〈4〉論文作成編』アルク
・学習技術研究会（編）（2011）『知へのステップ：大学生からのスタディ・スキルズ（第3版）』くろしお出版
・現代ニュース研究会（2007）『日本のニュース・賛否両論わかる本』こう書房
・佐藤望（編）（2006）『アカデミック・スキルズ：大学生のための知的技法入門』慶應義塾大学出版会
・二通信子・佐藤不二子（2003）『留学生のための論理的な文章の書き方（改訂版）』スリーエーネットワーク

資料1-5．中間・期末成績レポート用紙の見本

Japanese 101 Performance Report (Fall 2005)

Student name:

Your overall performance by **October 20th**: Grade _____

Your overall performance by **December 2th**: Grade _____

Criteria for grading	By **October 20th**		By **December 2nd**	
	Total score	Weight	Total score	Weight
Quizzes (単元テスト)	/200	30%	/400	30%
Midterm oral exam (中間口頭試験)	/100	10%	/100	10%
Homework (宿題提出)	/ 20	10%	/ 40	10%
Mini-test (小テスト)	/150	10%	/230	10%
Attendance (出席)	/ 10	5%	/ 10	5%
Final oral exam (期末口頭試験)	(N/A)		—— /100	10%
Final written exam (期末筆記試験)	(N/A)		—— /100	25%

Attendance

　　　　Unexcused absence _____ Excused absence _____ as of **October 20th**
　　　　Unexcused absence _____ Excused absence _____ as of **December 2nd**

Homework submission

　　　　Missing _____ Incomplete _____ as of **October 20th**
　　　　Missing _____ Incomplete _____ as of **December 2nd**

Instructor comments:

October 20th

December 2nd

Your comments & questions (if any):

資料2-1. テスト項目細目一覧の見本（単元テスト用）

**LESSON 1 TEST ITEM SPECIFICATIONS : TEST INFORMATION FOR STUDENTS
(THEME: GREETINGS AND INTRODUCTIONS)**

1. 第一課単元テストの目的　OBJECTIVES

The purpose of the lesson 1 test is to assess the degree to which you can:
1. Understand and correctly use simple daily greetings.
2. Introduce yourself (name, school, major, and hometown, etc.) using appropriate beginning and ending remarks when you meet someone for the first time.
3. Exchange some basic personal information you meet someone for the first time.
4. Understand the use of *aizuchi* expressions in Japanese and apply them in conversation.
5. Understand simple self-introductions written with *ruby*.
6. Write simple self-introductions using mainly *Hiragana*.

2. テスト形式　TEST FORMAT

The test consists of the two sections, oral and written. The written section includes aural and reading comprehension test items.

A. 口頭テスト Oral Section (20 points)

Using a task card, you'll be asked to perform the following tasks in the given situation:

Situation: You are attending a meeting as a new member of the group.
Task 1: You will give a self-introduction.
Task 2: You will be asked questions about yourself (e.g., hobby, major, and hometown).
Task 3: You will ask someone else questions about herself.

Your oral performance will be assessed using the following rating criteria:

Your performance on Lesson 1 oral test					
Student's Name:		Date:	Total Score: / 20 points		
Evaluated items		Cannot do at all (0 points)	Can do with *great* difficulty (1.0 points)	Can do with *some* difficulty (1.5 points)	Can do quite easily (2.0 points)
Task 1	1. Beginning remark				
	2. Full name				
	3. College name and class standing				
	4. Ending remark				
Task 2	5. Response to Yes-No question 1				
	6. Response to Yes-No question 2				
	7. Response to What-question				
Task 3	8. Question 1 ("Are you a college student?")				
	9. Question 2 ("What is your major?")				
	10. Use of *aizuchi*				

B. 筆記テスト Written Section (80 points)

The written section consists of the following test items.

a. Listening (13 points)

You will hear short passages in Japanese and will be asked to respond to short-answer questions about the passages in English.

b. Short-answer questions (9 points)

You will write down your response to each written question using a complete Japanese sentence.

c. Multiple-choice questions (6 points)

You will choose the most appropriate response to each written question.

d. Reading comprehension (12 points)

You will be asked to read a passage in Japanese and answer questions about the passage in English.

e. Writing (40 points)

You will be asked to write a short letter introducing yourself. Your writing performance will be assessed using the following rating criteria:

Grading criteria	Very good		Good			Minimum passing			Non-passing		
Task completion (amount of information)	18	17	16	15	14	13	12	11	10	5	0
Easiness to read (accuracy, organization, spelling)	14	13	12	11	10	9	8	7	6	3	0
Proper beginning/ending	8		7	6		5		4	3	2	0

3. 主要学習項目 KEY STUDY ITEMS

A. Daily Greetings & Expressions

おはようございます・こんにちは・しつれいします・さようなら・ありがとう・いってきます・いってらっしゃい・じゃ、また・おつかれさまでした・どうも

B. Self-Introduction

・はじめまして。　How do you do?
・ジェームス・ブラウン です。　(I) am James Brown.

☺ Give your full name in the order you would say it in your native language. Japanese full names are said family name first, then personal name. e.g., はまさきあゆみ

・ジェームス・ブラウン と申します。　(I) am James Brown. (formal)

・ハワイ大学の 一年生 です。　(I) am a freshman at the University of Hawai'i.

学生・大学生・大学院生(院生)・留学生・一年生・二年生・三年生・四年生・先生・アメリカ人・日本人・日系アメリカ人・中国人・韓国人

・ジム とよんでください。　Please call me Jim.

・どうぞよろしく (informal) vs. どうぞよろしくおねがいします (formal)
　Nice to meet you.　　　　It's a pleasure to meet you.

C. Introducing someone to someone else

・こちらは<u>ジェイク・シマブクロさん</u>です。 This is <u>Jake Shimabukuro.</u>
・こちらは<u>こんどう先生</u>です。 This is <u>Professor Kondo (Dr. Kondo).</u>

☺ 〜さん may be added to someone's first or last name (e.g., ジェイクさん or シマブクロさん). When you say your teacher's name, the use of 先生 is more appropriate. You may <u>not</u> use さん or 先生 about yourself.

D. Questions & answers
a. Yes/No Questions

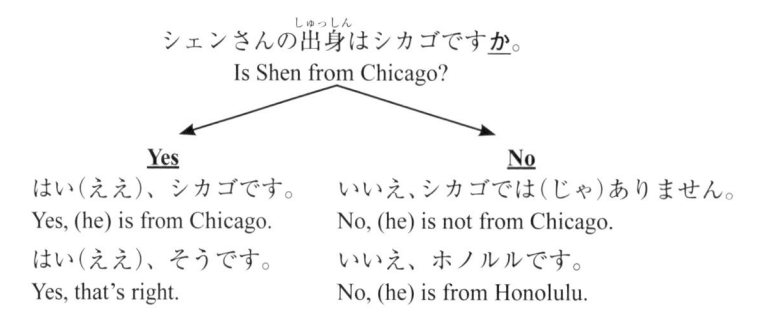

シェンさんの出身はシカゴです<u>か</u>。
Is Shen from Chicago?

Yes
はい(ええ)、シカゴです。
Yes, (he) is from Chicago.

はい(ええ)、そうです。
Yes, that's right.

No
いいえ、シカゴでは(じゃ)ありません。
No, (he) is not from Chicago.

いいえ、ホノルルです。
No, (he) is from Honolulu.

☺ 〜ではありません is a more formal equivalent of 〜じゃありません.

b. W-Questions

・ご<u>趣味</u>は<u>何</u>ですか。　　→　　スポーツです。
What is (your) hobby?　　　　　(My hobby) is sports.

映画と料理です。
(My hobbies) are <u>movie</u> **and** <u>cooking</u>.

音楽・映画・写真・ハイキング・旅行・料理・サーフィン・フラダンス・ウクレレ

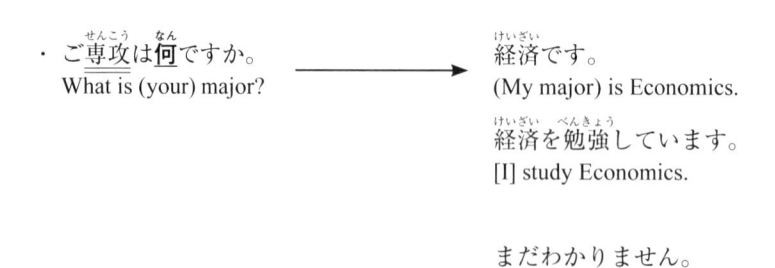

・ご<u>専攻</u>は<u>何</u>ですか。　　→　　経済です。
What is (your) major?　　　　　(My major) is Economics.

経済を勉強しています。
[I] study Economics.

まだわかりません。
[I] don't know yet.

教育・ビジネス・英語・日本語・数学・工学・物理・化学・スピーチ・経済

・ご<u>出身</u>はどちらですか。　　→　　ハワイです。
Where are (you) from?　　　　　(I) am from Hawai'i.

☺The prefixes お and ご may be used with certain nouns when you ask questions politely (e.g. お名前・ご専攻・ご趣味・ご出身).

☺出身 normally refers to your hometown or the place you are from. It may also refer to your alma mater (早稲田出身です).

c. The particle も and は

Particles serve various kinds of functions in Japanese sentences. One of the functions of particles is to relate the preceding noun to the main predicate in a sentence.

- ブラウンさん**は**アメリカ人です。わたし**も**アメリカ人です。
  Mr. Brown is American. I'm American, too.

☺The particle は normally marks the *initial* introduction of a topic. The particle も immediately follows a noun, and means "also" or "too."

d. Interjections (あ and ああ)

Both あ and ああ indicate that you have just noticed someone or something.

- あ、イリアナさん、こんにちは。　Oh, Iliana-san, hello.
- ああ、そうですか。　Ohh, I see.

e. Fillers (あのう...)

When you wish to get someone's attention politely (e.g. Excuse me. May I . . .?), one way to do so is to initiate your talk with あのう. あのう shows hesitation and signals that you have something you want to say/ask.

- あのう...ちょっとすみません。Excuse me . . . May I get your attention?

f. Back-channelling (相槌)

When you are engaged in a conversation in Japanese, you are encouraged to use あいづち such as ああ、そうですか [with falling intonation], or even simple nodding. You may also use the [Key Noun] ですか pattern (the speaker repeats a key noun in the previous utterance). Also, try using a follow-up question/comment such as いいですねえ！ or 〜はたのしい (おもしろい) ですか to further indicate your active involvement in the conversation.

- 趣味はフラダンスです ⟶ ああ、そうですか。[↘]　フラダンスはたのしいですか。
  (My) hobby is Hula dancing.　　　　　　　　　　　　　　　　　Oh, I see. Is Hula dancing fun?

　　　　　　　　　　　　　　　　　ああ、フラダンスですか。いいですねえ！
　　　　　　　　　　　　　　　　　Ohh, Hula dancing.　　That's nice!

資料2-2．単元テスト用口頭タスクカードと評価用紙（教師用）の見本

Situation: You are attending a meeting as a new member of the group.

Task 1. You are asked to briefly introduce yourself in Japanese by mentioning your full name, college, and class standing. Use appropriate beginning and ending remarks as well.

Task 2. A group member asks you questions about yourself. Respond to them.

Task 3. Ask Tanaka-san, a group member, if she is a college student. If so, find out which college she goes to. Use *aizuchi* expressions appropriately to assure Tanaka-san that you are actively involved in the conversation.

学生名：			総合得点：	/20点
模範応答	全くできなかった（0点）	かなりの困難を伴いながら、ようやくできた（1点）	ある程度の困難を伴いながらも、大体できた（1.5点）	簡単にできた（2点）
タスク1（初対面の場で、きちんとした挨拶表現を伴いながら、自分の名前、大学名、そして、学年が言える）				
はじめまして。				
○○です／と申します。				
ハワイ大学の○年生です。				
どうぞよろしく（おねがいします）。				
タスク2（自己に関する簡単な質問に対応できる）				
Yes-No質問1（例．アメリカ人ですか） 例．はい、そうです。				
Yes-No質問2（同上参照）				
Wh-質問（例．趣味は何ですか） 例．フラダンスです。				
タスク3（個人に関する簡単な質問ができる）				
田中さんは、大学生ですか。				
大学はどちらですか。				
＊相槌が使える				
コメント欄				

資料2-3．単元テスト用筆記問題の見本（聴解力・読解力問題を含む）

A-1. You have joined the *Aloha Japan Club* at UH. At the welcome party, a guest from Japan introduces herself. Provide the information about the guest in English. (6.0)

注：資料2-3に、A-1とA-2（聴解力テスト問題）に使われた録音会話が示されている。

Family name	**First** name	Major	Hobbies	Hometown

A-2. At the party, you overhear a conversation between two people nearby. Identify each person and provide as much information as possible in English. Person A is the female speaker and Person B is the male speaker. (7.0)

	Full name	Other information
Person A	Mari_____	
Person B	John_____	

B. Your instructor will ask you three questions about yourself. For each of the questions, first write down your understanding of the question in English. Second, respond to the question in a complete Japanese sentence. (3.0 × 3 = 9.0)

Q1. The question: _____ (English)

　　 Your response: _____ (Japanese)

Q2. The question: _____ (English)

　　 Your response: _____ (Japanese)

Q3. The question: _____ (English)

　　 Your response: _____ (Japanese)

C. Choose the most appropriate answer. (2.0 × 3 = 6.0)

1. A and B met for the first time.
　　A:　私は〔　〕田中じろうです。　　　B: あ、田中さんですか。はじめまして。
　　　　　〔　〕田中じろうさんです。
　　　　　〔　〕じろう田中です。
　　　　　〔　〕じろう田中さんです。

2. A is a host mother and B is an exchange student leaving home for school.
　　A:　いってらっしゃい。　　B:　〔　〕ありがとう。
　　　　　　　　　　　　　　　　　〔　〕しつれいします。
　　　　　　　　　　　　　　　　　〔　〕いってきます。
　　　　　　　　　　　　　　　　　〔　〕さようなら。

3. B acknowledges A's utterance by saying "Oh, I see."
　　A:　私のりょうりの先生はちゅうごく人です。　　B:　　　　〔　〕そうです。↗
　　　　　　　　　　　　　　　　　　　　　　　　　　　　　　〔　〕そうです。↘
　　　　　　　　　　　　　　　　　　　　　　　　　ああ、〔　〕そうですか。↗
　　　　　　　　　　　　　　　　　　　　　　　　　　　　　　〔　〕そうですか。↘

D. Read the following letter from a prospective pen pal in Japan with a picture. After you read it, answer the questions in English. (12.0)

```
(Your name) さん

こんにちは！ はじめまして。木村みきです。私は
日本大学の一年生で、専攻は日本語教育です。英語も
勉強しています。私の英語の先生はブラウン先生です。
ブラウン先生はハワイ出身のアメリカ人です。私のしゅ
みはテニスと旅行です。どうぞよろしく。　　木村みき
```

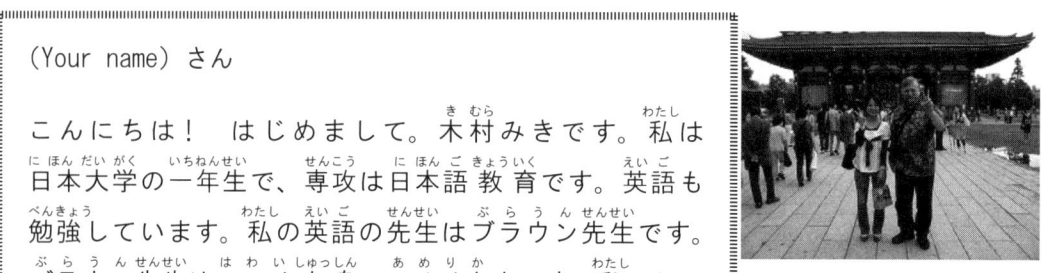

↑
ブラウン先生

1. What is the sender's name? (2.0)

   Given name_____, Family name_____

2. What does she say about herself in the letter? Give as much as detail as possible. (6.0)

3. Who is the man in the picture? Give as much detail as possible about the man. (4.0)

E. In the space below, write a response letter to the sender. Include appropriate opening and ending remarks, your name, university, major, hobbies, and hometown/country. (40.0)

資料2-4．資料2-3の聴解力テスト問題に使われた録音会話

A-1

皆さん、初めまして。山下みどりと申します。大阪大学の学生です。専攻は教育です。出身は京都で、趣味は写真と音楽です。どうぞよろしくお願いします。

A-2

A: あのう...初めまして。田中まりです。どうぞよろしく。

B: あ、初めまして。僕はジョン・ハドソンです。こちらこそ、どうぞよろしく。

A: ハドソンさんですか。

B: はい、ジョン・ハドソンです。ジョンと呼んでください。

A: あ、じゃ、ジョンさん。ジョンさんは、ハワイ大学の学生ですか。

B: はい、そうです。今、二年生です。

A: ああ、そうですか。専攻は何ですか。

B: 工学です。

A: ああ、工学ですか。

B: あのう...田中さんはハワイ大学の留学生ですか。

A: はい。ハワイ大学で経済を勉強しています。[1]

B.

Q1. 日系アメリカ人ですか。

Q2. ハワイ大学の四年生ですか。

Q3. 出身はどちらですか。

---

1 教科書で動詞が導入されるのは、第3課だが、「〜を勉強しています」は、文型の説明を加えずに、自分について語るのに役に立つ表現の一つとして第1課から導入している。

資料2-5．単元テスト用筆記問題（資料2-3）の採点基準

A-1. All or nothing (6.0 pts)

Family name	**First** name	Major	Hobbies	Hometown
Yamashita (1.0)	Midori (1.0)	Education (1.0)	Photography (1.0) and music (1.0)	Kyoto (1.0)

A-2. (7.0 pts)

	Full name	Other information
Person A	Mari Tanaka (1.0)	Exchange/international student (1.0) at the university of Hawaiʻi (0.5); study economics (1.0)
Person B	John Hudson (1.0)	Sophomore (1.0) at the university of Hawaiʻi (0.5); engineering major (1.0)

B. (3.0×3= 9.0 pts) For grading the understanding of the questions, grade all or nothing. But, for grading responses, you may give partial credits for minor errors such as misspelled characters.

Q1. Question: Are you Japanese American? (1.0)
Example Response: はい、そうです。(2.0)
Q2. Question: Are you a Freshman at the University of Hawaiʻi? (1.0)
Example Response: いいえ、いちねんせいじゃありません。(2.0)
Q3. Question: Where are you from? (Where is your hometown?) (1.0)
Example Response: マウイです。(2.0)

C. All or nothing (2.0×3=6.0 pts)

1.〔○〕田中じろうです。 2.〔○〕いってきます。 3.〔○〕そうですか。↘

D. (12.0 pts)
1. (2.0 pts) Given name: Miki (1.0), Family name: Kimura (1.0)
2. (6.0 pts) She is a Freshman (1.0) at Nihon/Japan University (1.0). Her major is Japanese education (1.0). She studies English (1.0) Her hobbies are tennis (1.0) and traveling (1.0)
3. (4.0 pts) He is Professor Brown (1.0), Miki's English language (1.0) teacher (1.0). He is an American from Hawaiʻi (1.0).

E. (40.0 pts)

Grading criteria	Very good		Good			Minimum passing			Non-passing		
Task completion (amount of information)	18	17	16	15	14	13	12	11	10	5	0
Easiness to read (accuracy, organization, spelling)	14	13	12	11	10	9	8	7	6	3	0
Proper beginning/ending	8	7	6		5	4		3	2		0

資料2-6．初級日本語クラス用書きタスクの見本

Task: Read the following email from your Japanese classmate and write a response. In doing so, you must include the following items. Please make good use of learned Kanji where appropriate.

- Thank your friend for the invitation
- Show interest in the event and accept the invitation
- Ask a question related to the event
- Offer to do something for the event
- Closing remarks

To: XXX@hawaii.edu

Subject: 今週の金曜日

（your name）さん

こんばんは！今、何をしていますか。今週の金曜日の夕方はひまですか。
実は、六時ごろから私のアパートでポットラック・パーティーをします。
ルーム・メートのおたんじょうびなんです。

もしよかったら、（your name）さんもパーティーに来ませんか。
すみませんが、木曜日までにメールしてください。
よろしくお願いします！

じゃ、また。

じゅん子

183

資料2-7A. 初級日本語クラス用書きタスクの採点ルーブリックの見本（分析的尺度）

	Excellent (4 points)	Good (3 points)	Passing (2 points)	Fail (1 point)
Content	Addresses all aspects of the prompt	Omits one aspect of the prompt	Omits more than one aspect of the prompt	Does not correspond to the prompt
Organization	Logical and flows smoothly throughout	Logical and flows smoothly most of the time	Somewhat illogical and disorganized	Not enough to evaluate
Structure: Range and accuracy	A good range of patterns and expressions Very accurate: No or almost no grammatical errors	A moderate range of patterns and expressions More or less accurate: Several grammatical errors	A limited range of patterns and expressions Frequent grammatical errors	Not enough to evaluate
Vocabulary: Range and accuracy	A good range of vocabulary Appropriate and accurate vocabulary choices	A moderate range of vocabulary A few inaccurate vocabulary choices	A limited range of vocabulary Several inaccurate vocabulary choices	Not enough to evaluate
***Kana* and *Kanji* spelling**	Effective use of *Kana* and learned *Kanji* throughout	Effective use of *Kana* and learned *Kanji* most of the time Occasional misspelling	Ineffective use of *Kana* and learned *Kanji* Frequent misspelling	Not enough to evaluate

Total _____/20points

資料2-7B. 初級日本語クラス用書きタスクの採点ルーブリックの見本(分析的尺度)(和訳)

	優 (4点)	良 (3点)	可 (2点)	不可 (1点)
内容	すべてのタスクができている	できていないタスクが一つある	できていないタスクが一つ以上ある	タスクができていない
構成	全体を通して筋が通っており、文章の流れも良い	筋が大体通っており、文章の流れもまあまあ良い	あまり筋が通っておらず、文章にまとまりがない	文章量が少なすぎて、評価できない
文型の使用範囲と正確さ	適切な範囲の文型や、表現を使用している 非常に正確で、文法の誤りが全く、もしくは、ほとんどない	ほぼ適切な範囲の文型や、表現を使用している ほぼ正確であるが、文法の誤りがいくらかある	限られた範囲の文型や、表現しか使用できていない 文法の誤りが多い	文章量が少なすぎて、評価できない。
語彙の使用範囲と正確さ	適切な範囲の語彙を使用している 単語の選択が適切で正確である	ほぼ適切な範囲の語彙を使用している 誤った単語の選択が、少し見られる	限られた範囲の語彙しか使用していない 誤った単語の選択が、いくつか見られる	文章量が少なすぎて、評価できない
仮名と既習漢字の綴り	仮名と既習漢字が、効果的に使われている	仮名と既習漢字が、大体効果的に使われている 時折、綴りが誤っている	仮名と既習漢字が、効果的に使われていない 綴りに、誤りが多い	文章量が少なすぎて、評価できない

合計得点 _____ /20点

資料2-8. 上級日本語クラス用読解力テストの見本

A. Read the following excerpt from 天声人語 in 朝日新聞 and answer the questions.

> 米国産牛肉の輸入が、年内にも再開される見通しだという。牛海綿状脳症（BSE）の原因物質がたまりにくい月齢20カ月以下の牛に限ったうえで、脳や脊髄などの**危険**部位を取り除くことが**条件**だ。これを受けて、米農務長官は2日、輸入の**対象**を「30カ月以下」に拡大するように求める**方針**を表明した。輸入さえ認めさせれば、あとは**交渉**次第でなんとでもなるというような強引さを感じさせる。農務長官に知らせたいのが、米国産牛肉の輸入についての本社の**世論**調査の結果だ。「輸入再開に反対」が約3分の2を占めた。「再開されても食べたくない」も同じく3分の2あった。米国産に不信感を持つ人がこれほど多い。様子見といった人もいるだろう。（　　　　）、うまければ、安ければどこのものでもいいというところから一歩踏み出しつつある日本の**消費者**の姿が読みとれないだろうか。

1. For each of the following kanji words used in the text, provide its *Yomigana* and English equivalent as in the example. (0.5 × 14 = 7.0)

	読み仮名	英訳		読み仮名	英訳
大学（example）	だいがく	college	方針		
危険			交渉		
条件			世論		
対象			消費者		

2. What does これ in the second line refer to? Choose the most appropriate answer (2.0).

（　）　月齢20ヶ月未満の牛
（　）　牛海綿状脳症の原因物質
（　）　米国産牛肉の輸入再開
（　）　危険部位を取り除くこと

3. Answer the following questions in Japanese.

a. 日本側の米国産牛肉輸入再開の条件は何ですか。二つ書いてください (2.0 × 2 = 4.0)

(1) _____

(2) _____

出典：この試験問題は、朝日新聞（天声人語）の「米国産牛肉輸入再開と消費者の不安」(2005年11月4日付)を基に作成した。朝日新聞社の許可を得て転載。

b. 文中に「強引さを感じさせる」とありますが、

　(1)　誰が強引なのですか(1.0)。

　(2)　著者はどうしてそう感じるのですか (2.0)。説明してください。

　　　(1) _____

　　　(2) _____

4. Translate the underlined sentence in English (3.0)

5. If the following statements correctly describe the content of the article, write ○ in the blanks; if not, write ×. When your response is ×, you must briefly explain in English. (2.0 × 4 =8.0)

(　　)　米国の農務長官は、日本側の米国産牛肉輸入の条件を受け入れた。

(　　)　日本側は、年齢30ヶ月以下の牛は牛海綿状脳症の危険性が少ないと見なしているようだ。

(　　)　朝日新聞社が行った世論調査の結果によると、日本人は米国産牛肉輸入に対し、さほど不安を感じていないようである。

(　　)　著者の考えでは、日本の消費者にとって大事なのは、物の値段より安全性である。

資料2-9．初級日本語クラス用口頭テスト（ロールプレイ・カードとサンプル・パフォーマンス）

Task 1

Situation: You are visiting Tokyo as an exchange student. One late morning, while you are attending a campus event for international students, a Japanese student started talking to you in Japanese.

Task: Engage in a conversation with the student and try to get to know each other better. For example, ask and answer questions about schooling, hometown, hobbies, and activities.

サンプル・パフォーマンス１　（試験官：日本人学生、被験者：留学生）

◎このモデル会話では、留学生の名前は「リサ・ロング」としているが、テストでは、被験者は実名を使い、自己について語る。

日本人学生： こんにちは。
　　留学生： こんにちは。
日本人学生： 私、本田洋子です。初めまして。
　　留学生： ああ、初めまして。私は、リサ・ロングです。どうぞよろしく。
日本人学生： こちらこそ、どうぞよろしく。ロングさんは留学生ですか。
　　留学生： はい、そうです。今、大学で日本語を勉強しています。
日本人学生： ああ、そうですか。いつ日本に来ましたか。
　　留学生： 先月、来ました。
日本人学生： あ、そうなんですか！　日本語がお上手ですね。
　　留学生： いえ、いえ．．．．。あのう．．．失礼ですが、本田さんは、大学生ですか。
日本人学生： はい、そうです。
　　留学生： ご専攻は何ですか。
日本人学生： 英語教育です。ロングさんの専攻は？
　　留学生： 国際ビジネスです。
日本人学生： 国際ビジネスは面白いですか。
　　留学生： はい、とても。
日本人学生： ところで、ロングさん、お国はどちらですか。
　　留学生： アメリカです。
日本人学生： あ、そうですか。アメリカのどちらですか。
　　留学生： ハワイです。
日本人学生： あ、ハワイ出身ですか。いいですねえ！私、去年オアフ島に行きました。
　　留学生： ああ、そうですか。ハワイで何をしましたか。
日本人学生： 毎日ビーチでサーフィンしました。
　　留学生： へぇー、すごいですね。本田さんの趣味は、サーフィンですか。
日本人学生： ええ、まあ。旅行も好きです。ロングさんの趣味は？
　　留学生： 音楽です。ハワイアン・ミュージックが好きです。
日本人学生： ああ、そうですか。

Task 2

Situation: You are now at a post office near campus. Your *uketsuke* number (#8) has just been called upon.

Task: Showing a small package, tell the clerk that you want to mail it to Hawaii by EMS. There are books inside the package. Find out the cost. Also, say you need ten 110-yen stamps. Make a payment with a 5000-yen bill.

サンプル・パフォーマンス２　（試験官：窓口係、被験者：客）

窓口係：　受付番号８番のお客様、こちらへどうぞ。
　　客：　これ、ハワイまでEMSでお願いします。
窓口係：　はい。えーと、ハワイですね。中は何ですか。
　　客：　本です。料金は、いくらになりますか。
窓口係：　1200円ですね。
　　客：　あ、そうですか。それから、110円切手を10枚ください。
窓口係：　110円切手を10枚ですね。全部で2300円になります。
　　客：　はい、じゃ、これでおねがいします。
窓口係：　5千円ですね。お預かりします。
　　　　　はい、2700円のおかえしです。ありがとうございました。
　　客：　あ、どうも。よろしくお願いします。

Task 3

Situation: After the post office, you decide to eat at a near-by family restaurant. You are now at the entrance of the restaurant by yourself.

Task: After being seated, look at the menu in Japanese and order something to eat and a drink. While you are eating, ask for more water.

サンプル・パフォーマンス３　（試験官：ウェートレス、被験者：客）

ウェートレス：　いらっしゃいませ。何名様ですか。
　　　　　客：　一人です。
ウェートレス：　お一人様ですね。じゃ、こちらへどうぞ。メニューはこちらです。
　　　　　客：　ありがとうございます。
ウェートレス：　ご注文は、お決まりでしょうか。
　　　　　客：　はい。カレーライス、お願いします。
ウェートレス：　カレーライスは、ポークになさいますか。チキンになさいますか。
　　　　　客：　ええと、じゃ、チキンカレーをお願いします。
ウェートレス：　チキンカレー、お一つ。かしこまりました。お飲み物は？
　　　　　客：　ええと、じゃ、アイスコーヒーください。
ウェートレス：　ご注文をくりかえします。チキンカレーをお一つ、それから、アイスコーヒーをお一つですね。
　　　　　客：　はい。
ウェートレス：　はい、かしこまりました。
　　　　　客：　あの、すみません。お水、ください。
ウェートレス：　はい、かしこまりました。

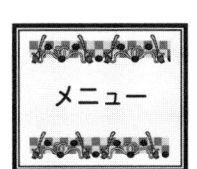

資料2-10A. 初級日本語クラス用口頭テストの評定尺度の見本（包括的尺度）

Score (grade)	Descriptors
100-90 (A) Excellent	• Transactional and interpersonal communication skills are *excellent*. • A variety of information about self (school, hometown, hobbies) is exchanged appropriately. • Use highly formalized language (e.g., *Hajime mashite, Doozo yoroshiku onegai shimasu, etc.*). • Use of learned patterns, expressions, and vocabulary is extensive and creative in performing familiar tasks (e.g., mailing something at the post office, ordering food at a restaurant, etc.). • Demonstrates appropriate listening manner by showing interest in the interlocutor's speech (e.g., timely use of "*Aa, soo desu ka*," "*Ii desu nee*," etc.). • Language use and pronunciation are highly accurate, smooth, and clear. • Comprehension level is excellent, and it is very easy to communicate. • Demonstrates ability to ask for help at appropriate times without using English.
80-89 (B) Good	• Transactional and interpersonal communication skills are *generally good*. • A sufficient variety of information about self is appropriately presented and exchanged. • The use of learned patterns, expressions, and vocabulary is mostly effective in performing familiar tasks. • Occasional minor errors occur but do not interfere with communication. • Demonstrates a more or less appropriate listening manner by showing interest in the interlocutor's speech. • Comprehension level is generally good, although there are occasional misunderstandings which require occasional repetition or rephrasing of questions. • Language use and pronunciation are mostly accurate, smooth, and clear. • Demonstrates ability to ask for help at appropriate times without using English.
70-79 (C) Satisfactory	• Transactional and interpersonal communication skills are acceptable. • A *limited amount of information* about self is presented and exchanged. • The use of learned patterns, expressions, and vocabulary in performing familiar tasks is limited and often inaccurate and/or inappropriate. • There is frequent difficulty in understanding speech which requires a considerable amount of repetition and rephrasing. • Speech is often halting or uneven with long pauses. • Apparent difficulty in pronouncing words.
60-69 (D) Unsatisfactory	• Ineffective and inappropriate presentation of self. • The use of learned patterns, expressions, and vocabulary to perform familiar tasks is *very limited and mostly in accurate*. • Student difficulty in understanding even slow and simple speech as well as serious errors in language use make it impossible to complete the task or engage in any real meaningful communication.

資料2-10B. 初級日本語クラス用口頭テストの評定尺度の見本（包括的尺度）（和訳）

得点（成績）	包括的評価尺度の記述
100-90（優）	• 事務的及び社交的な対人コミュニケーションが、非常によくできている。 • 広範囲な話題について、自分のことを話したり、相手のことを聞いたりできる（例．大学、出身地、趣味など）。 • 「はじめまして」「どうぞよろしくお願いします」などの定型文（定型表現）が適切に使えている。 • 身近な場面を想定したタスクで（例．郵便局で手紙を出す、レストランで食事を注文するなど）、学習済みの文型、表現、語彙を広範囲にわたって使い、暗記に頼らず自分で文を作り出すことができる。 • 適切にあいづちを使い、相手の話へ興味を示すことができる（例．「ああ、そうですか」「いいですね」などが、適切なところで使えている）。 • 言語使用や発音が非常に正確である。発話がスムーズで明瞭である。 • 相手の話がよく聞き取れるため、コミュニケーションが容易である。 • 必要な場面で、英語を使わずに聞き返したり、言語的な助けを求めたりすることができる。
80-89（良）	• 事務的及び社交的な対人コミュニケーションが、大体よくできている。 • 十分な範囲の話題について、自分のことを話したり、相手のことを聞いたりできる。 • 身近な場面を想定したタスクで、学習済みの文型、表現、語彙が大体効果的に使えている。 • 時おり小さな間違いがあるが、コミュニケーションに支障はない。 • あいづちの使い方は大体適切で、相手の話へ興味を示すことができる。 • 相手の話は大体よく聞き取れるが、時おり相手に質問を繰り返してもらったり、言い換えてもらったりすることが必要である。 • 言語使用や発音は、まあまあ正確である。発話も大体スムーズで明瞭である。 • 必要な場面で、英語を使わずに聞き返したり、言語的な助けを求めたりすることができる。
70-79（可）	• 最小限度の事務的及び社交的な対人コミュニケーションはできている。 • 限られた範囲の話題について、自分のことを話したり、相手のことを聞いたりできる。 • 身近な場面を想定したタスクで、学習済みの文型、表現、語彙が、あまり使えていない。また、正確さや適切さに問題がある。 • 相手の話が聞き取れないことが多く、相手に繰り返してもらったり、言い換えてもらったりしないと分からないことがよくある。 • 発話が止まったり、言いよどんだりすることが多い。 • 明らかに、発音に困難を感じている。
60-69（不可）	• 自分のことを、きちんと話すことができない。 • 身近な場面を想定したタスクで、学習済みの文型、表現、語彙の使用が非常に限られており、ほとんどにおいて、正確さに問題がある。 • ゆっくりした簡単な発話さえ聞き取ることができず、言語使用にも間違いが多いため、タスクが遂行できず、相手と意味のあるコミュニケーションを取ることができない。

資料2-11A. 初級日本語クラス用口頭テストの評定尺度の見本(分析的尺度)

Non-Mastery	Criteria and Score range	Mastery
Responses are poorly developed and do not complete the task. Unable to ask for assistance in Japanese to complete the task.	**Task completion** 10　12　14　16　18	Responses are fully developed and complete the task. Can use appropriate communication strategies in Japanese to complete the task (e.g., ask to repeat the question).
Frequent misunderstanding of questions. Needs to repeat and/or paraphrase the questions frequently.	**Comprehension** 10　12　14　16　18	Easily understand the questions.
Does not show control of basic vocabulary and structures (e.g., frequent grammatical or vocabulary errors, little variation in vocabulary or structure).	**Language knowledge & control** 8　10　12　14　16	Demonstrates the ability to speak at the basic sentence-level discourse with variety and accuracy in vocabulary and structure.
Inappropriate and ineffective attitude as a conversation partner (e.g., no aizuchi).	**Interactional skill** 8　10　12　14　16	Demonstrate excellent interactional skills as a conversation partner (e.g., effective use of aizuchi).
Production is fragmentary. Responses are slow and often halting and disrupted by unnaturally long pauses.	**Fluency** 8　10　12　14　16	Responses are prompt and even with little or no unnatural pausing. Occasional self-corrections.
Some problems with pronunciation and intonation that may impede intelligibility.	**Comprehensibility/intelligibility** 8　10　12　14　16	There is little problem with pronunciation and intonation. Completely intelligible.

Total _____ / **100** points

資料2-11B. 初級日本語クラス用口頭テストの評定尺度の見本（分析的尺度）（和訳）

目標レベルに到達できていない	評価基準と得点の範囲	目標レベルに到達できている
発話が不十分で、タスクを完了していない。タスクを遂行するための助け（言語的援助）を日本語で求めることができない。	タスク完成度 10　12　14　16　18	十分な発話があり、タスクを完了している。タスクを遂行するために、日本語で適切にコミュニケーション・ストラテジーを使うことができる（例．質問の繰り返しを頼むなど）。
質問の聞き取りができない。試験官が、頻繁に繰り返したり、言い換えたりする必要がある。	質問の理解度 10　12　14　16　18	質問がよく聞き取れている。
基本的な語彙や文型が使えていない（例．文法や単語の間違いが頻繁にある、同じ単語や文型ばかり使う傾向があるなど）。	言語知識と正確さ 8　10　12　14　16	幅広い語彙や文型を用いて、文レベルで正確な発話ができる。
話を聞く態度が、不適切で、効果的ではない（例．あいづちを打たないなど）。	相手話者としての対応術 8　10　12　14　16	話を聞く技術が身についている（例．効果的にあいづちを打つなど）。
発話が断片的である。受け答えが遅く、発話が止まったり、言いよどんだりすることが多い。	発話の流暢さ 8　10　12　14　16	受け答えが迅速で、不自然な間がほとんどない。時おり、自分の間違いを言い直すことがある。
発音やイントネーションに問題があり、言っていることが分かり難いことがある。	発音の明瞭さ 8　10　12　14　16	発音やイントネーションにほとんど問題がない。言っていることが非常に分かりやすい。

合計 ＿＿＿＿＿＿／100点

資料2-12. 日本語二年課程のプログラム評価用読解力テストの見本

Read the following e-mail message from Akiko (a UH student) to her friend, Kyoko, and choose the best answer according to the content of the message. Akiko wrote this message to Kyoko in early December. If you do not know the answer, make your best guess. You will have 10 minutes.

京子さん

　お元気ですか。論文は進んでいますか。こちらはサンクスギビングの休みも終わり、もうすぐ期末試験が始まります。今学期は遊んでばかりいたので、試験には受からないかもしれません。サンクスギビングには、友だちとマウイへ行ってきました。レンタカーを借りてドライブに出かけたり、買い物をしたりして楽しかったです。でも、最後の日は、ホテルで寝ていました。ハナへ行くつもりだったんですが、前の晩ビールをたくさん飲まされて、具合が悪くなってしまったんです！

　ところで、来月ハワイ大学の日本文化クラブで、おり紙を教えることになりました。楽しみですが、うまくいくかどうかちょっと心配です。日本人だからと言って、上手におり紙が教えられるわけじゃないですしね...。おり紙の本を買おうと思って、こちらの本屋で探してみたんですが、適当なのがありません。悪いんですが、クリスマスにこちらへ来る時に、おり紙の本を買ってきてもらえませんか。無理言って、すみません。では、クリスマスに京子さんに会えるのを楽しみにしています。

　　　　　　　　　　　　　　　　　　　　　　　　　　　　　　　　　　　　秋子

1. This semester, Akiko:

    a. ( ) Seems to have studied hard.
    b. ( ) Does not seem to have studied hard.
    c. ( ) Seems to have been busy with her study.
    d. ( ) Does not seem to have finished her thesis.

2. What does Akiko say about her final exams?

    a. ( ) She might fail the exams.
    b. ( ) She will definitely fail the exams.
    c. ( ) She will probably pass the exams.
    d. ( ) She will definitely pass the exams.

3. On the last day of her Thanksgiving holiday, Akiko:

    a. ( ) Went shopping
    b. ( ) Slept in her hotel room
    c. ( ) Rented a car and went driving
    d. ( ) Reluctantly drank a lot of beer

4. In what context, did Akiko mention 'Hana' on Maui?

    a. ( ) She went there.
    b. ( ) She did not plan to go there.
    c. ( ) She ended up not going there.
    d. ( ) She got sick while driving there.

5. Akiko is worried about her origami lessons because:

    a. ( ) She has never taught origami before.
    b. ( ) Even if she is Japanese, she is not good at origami.
    c. ( ) Some Japanese students might find her origami lessons boring.
    d. ( ) Being Japanese does not mean that she can teach origami well.

6. Which of the following statement is true about Akiko's Christmas?

    a. ( ) Akiko will visit Kyoko in Japan.
    b. ( ) Kyoko will meet Akiko in Hawai'i.
    c. ( ) Akiko will teach origami at the Japanese Culture Club.
    d. ( ) Kyoko has offered to give Akiko an origami book as a Christmas present.

資料２-13A．上級日本語クラス用口頭発表の自己評価シートの見本

Name:_____ **Date**:_____

Presentation title:_____

1. 発表内容（**Content**）： I have gathered relevant and sufficient information about the research topic and presented it clearly and logically.

1	2	3	4	5
Could be better				Very satisfactory

Explain your rating:

2. 発表構成（**Organization**）： My presentation was well-organized, and focused throughout.

1	2	3	4	5
Could be better				Very satisfactory

Explain your rating:

3. 発表準備（**Preparation**）： I prepared and practiced well for this presentation.

1	2	3	4	5
Could be better				Very satisfactory

Explain your rating:

4. 日本語の使用（**Use of Japanese**）： The use of Japanese in my slides and speech was appropriate and effective.

1	2	3	4	5
Could be better				Very satisfactory

Explain your rating:

5. 視覚教材の効果的な使用（**Visual Aids**）: I used the visual aids effectively to draw classmates' attention to key points of my presentation.

1	2	3	4	5
Could be better				Very satisfactory

Explain your rating:

6. クラスメートとの活気ある対応（**Rapport**）: I had good rapport with my classmates, and related my presentation to their experiences and interests.

1	2	3	4	5
Could be better				Very satisfactory

Explain your rating:

7. クラスメートへの貢献（**Contribution to learning**）: I helped the rest of the class learn new information through the presentation. I prepared an appropriate handout for my classmates.

1	2	3	4	5
Could be better				Very satisfactory

Explain your rating:

*Please describe the strength of your presentation.

*Please describe what you might do differently.

資料2-13B. 上級日本語クラス用口頭発表の自己評価シートの見本（和訳）

名前：＿＿＿＿＿＿＿＿＿＿＿＿＿　　日付：＿＿＿＿＿＿＿＿＿＿＿＿＿＿

発表課題：＿＿＿＿＿＿＿＿＿＿＿＿＿＿＿＿＿＿＿＿＿＿＿＿＿＿＿＿＿＿

1. **発表内容**：研究課題についての関連情報を十分に集め、それを明確かつ論理的に提示した。

1	2	3	4	5
もっと頑張れた				大変満足のいく出来ばえ

上の自己評価について簡単に説明してください。

2. **発表構成**：発表の構成はよかった。最後まで焦点が絞れていた。

1	2	3	4	5
もっと頑張れた				大変満足のいく出来ばえ

上の自己評価について簡単に説明してください。

3. **発表準備**：発表の準備が十分にできていた。少なくとも一度は、最初から最後まで通して発表の練習を行った。

1	2	3	4	5
もっと頑張れた				大変満足のいく出来ばえ

上の自己評価について簡単に説明してください。

4. **日本語の使用**：スライドやスピーチにおける日本語の使用は、適切で効果的だった。

1	2	3	4	5
もっと頑張れた				大変満足のいく出来ばえ

上の自己評価について簡単に説明してください。

5. 視覚教材の効果的な使用：発表の要所では、クラスメートの注意を引きつけるために、視覚教材を効果的に使った。

1	2	3	4	5
もっと頑張れた				大変満足のいく出来ばえ

上の自己評価について簡単に説明してください。

6. クラスメートとの活気ある対応：クラスメートと活気ある対応ができ、聞き手の経験や興味・関心に関連付けながら、発表を行った。

1	2	3	4	5
もっと頑張れた				大変満足のいく出来ばえ

上の自己評価について簡単に説明してください。

7. クラスメートへの貢献： 私の発表は、クラスメートが新しい知識を獲得するのに役立ったと思う。クラスメートのために、適切なレジュメも準備しておいた。

1	2	3	4	5
もっと頑張れた				大変満足のいく出来ばえ

上の自己評価について簡単に説明してください。

*自分の発表で、良かったと思う点について書いてください。

*次回の発表で、改善したいと思う点について書いてください。

資料2-14A. 初級日本語クラス用ウィークリー・ジャーナルの自己評価シート

Name: _____

| Rating Scale: | (Could be better) | 1 | 2 | 3 | 4 | 5 | (Satisfactory) |

Using the 5-point scale above, please assess your writing on each of the rating criteria below and submit your self-ratings with your journal.
(S: Student, T: Teacher)

Rating criteria		Week 1	Week 2	Week 3	Week 4	Week 5	Week 6	Week 7	Week 8	Week 9	Week 10	Week 11	Week 12	Week 13
	Date													
The amount of my writing is appropriate	S													
	T													
My writing is clear and comprehensible	S													
	T													
My writing includes interesting facts and thoughts that would attract the reader's attention	S													
	T													
My writing is well organized and coherent	S													
	T													
I used a good range of grammatical forms and vocabulary including ones that I learned recently	S													
	T													
My *Kana* spelling and *Kanji* usage are accurate and appropriate	S													
	T													
Grammatical errors are infrequent and don't obscure meaning	S													
	T													
Over all, my writing is satisfactory	S													
	T													
Total rating	S													
	T													

週ごとに自己評価と教師評価を記録する

ジャーナルの提出日を記入

Sの列に学生(Student)の自己評価、そしてTの列に教師(Teacher)の評価を記入

資料2-14B. 初級日本語クラス用ウィークリー・ジャーナルの自己評価シート(和訳)

名前：＿＿＿＿＿＿＿＿＿＿＿＿＿＿＿＿＿

| Rating Scale: | （もっと頑張れた） | 1 | 2 | 3 | 4 | 5 | （満足のいく出来ばえ） |

自分の書いたウィークリー・ジャーナルを、上の「学生自己評価尺度」を使って、下のチェック・ポイントごとに自己評定し、ジャーナルと一緒に提出してください。

判定基準		ウィーク1	ウィーク2	ウィーク3	ウィーク4	ウィーク5	ウィーク6	ウィーク7	ウィーク8	ウィーク9	ウィーク10	ウィーク11	ウィーク12	ウィーク13
	Date													
文章の量は適当だ	S													
	T													
文章は明瞭で分かりやすい	S													
	T													
読者の関心を引くような面白い事実や考えが含まれている	S													
	T													
文章はまとまりがあり、首尾一貫している	S													
	T													
最近習った項目を含め、ある程度適切な文型や語彙を使っている	S													
	T													
仮名の綴りや漢字の使い方は、正確で適切である	S													
	T													
文法の間違いは少なく、内容の理解を妨げていない	S													
	T													
総合的に見て、満足できる文章だ	S													
	T													
合計点	S													
	T													

資料2-15．インタビュー・タスクとインタビュー協力者用評価シート

> 敬語を使って、日本人にインタビューしよう！

敬語を身につけるには、何度も使ってみることが一番です。敬語を使って、日本人を相手に、その人の**出身地**についてインタビューしてみましょう。○月○日に、その結果をクラスで報告してもらいます。

⇒インタビューの前に
- インタビューをだれに頼むかを決め、連絡する。敬語がなるべく自然に使えるように、家族以外の**目上の相手**を選ぶようにする。
- 下記の「**インタビューで使える丁寧な表現**」を参考に、インタビューの質問を考え、練習する。相手の出身地に関する質問を色々な角度から考える（例．特産物、名所・旧跡、歴史的に有名な人物、方言など）。

⇒インタビューの当日に
- 約束の時間に遅れない。
- クラスでインタビュー結果が報告できるように、メモを取る。
- インタビューの最初と最後に、きちんとあいさつをする。

⇒インタビューの後で
- インタビューが終わったら、相手にお礼を言って、**評価用紙**（別紙）と返却用封筒を手渡す。
- 相手が評価し終わったら、それを受け取り、再びお礼を言って、インタビューを終了する。

インタビューで使える丁寧な表現

1. あいさつをする
   - 久しぶりに会う人には：「おひさしぶりです」「ご無沙汰しております」
   - 「今日はお忙しいところ、お時間を取っていただき、どうもありがとうございました」
   - 相手に来てもらったとき：「今日はお忙しい中、わざわざ来ていただいて、どうもありがとうございました」

2. インタビューを始める
   - 「では、今からインタビューをはじめます」
   - トピックを導入するときは、なるべく前置きをしてから質問する。（例：「○○さんの出身地についてお聞きしたいんですが、○○さんは、日本のどちらからいらっしゃいましたか」）

3. インタビューする
   - 敬語を適切に使う。（例．どう思いますか→どうお考えになりますか／思われますか）
   - 質問を順番に聞くときは、「はじめに／まず」「次に」「最後に」などの言葉を使う。
   - 相手が話している間は「ええ」「はい」などのあいづちをうつ。
   - 相手の言っていることが分からなかったら、「あ、すみません。あの、今のところが、ちょっとよく分からなかったんですが」などと言って、聞き返す。
   - 相手が質問に答え終わったら「ああ、そうなんですか」「なるほど」などと言って、相手に自分が理解したことを伝える。
   - 個人的なことを聞く場合には、「失礼ですが、○○についてお伺いしてもよろしいでしょうか」「さしつかえなければ、○○について教えていただけませんか」などの表現を使う。

4. インタビューを終了する
   - 「では、これで、インタビューを終わらせていただきたいと思います」
   - 「今日は、お忙しいところ、どうもありがとうございました」
   - 「おもしろいお話をたくさん聞かせていただき、どうもありがとうございました」
   - インタビューが長くなったとき：「長くなってしまい、申し訳ありませんでした」

出典：この教材は、「～クリティカル思考を養う～ステップアップ上級日本語」教材プロジェクト（Tominaga, Iyoda, & Kondo-Brown, 2011）を参考に作成した。プロジェクトチームの許可を得て、掲載した。

インタビュー協力者評価シート

学生のインタビューをお引き受けいただき、ありがとうございました。お手数ですが、インタビューの評価をお願いいたします。評価後は、同時にお渡しした封筒に入れ、封をしてから、学生に手渡してください。なお、評価結果は、学生へのフィードバックとして本人に渡しますので、ご了承ください。

ハワイ大学日本語493担任　近藤ブラウン妃美

1. 学生の名前 _____

2. 学生との関係（以下の中から一つ選んで、○をつけてください）。
   （友人、家族、職場の同僚、学生の日本語教師、その他：_____）

3. 学生の日本語が理解できましたか。
   （　）全部できた
   （　）だいたいできた
   （　）時々理解しにくかった
   （　）ほとんど理解できなかった
   その他：_____

4. 学生の敬語の使い方をどう思いますか。
   （　）大変よかった
   （　）よかった
   （　）いま一歩だが、努力しているようだった
   （　）あまり使えていなかった
   その他：_____

5. インタビューの質問をどう思いますか。
   （　）おもしろかった
   （　）どちらかといえば、つまらなかった
   その他：_____

6. 学生の態度をどう思いますか。
   （　）大変良かった
   （　）良かった
   （　）まあまあ良かった
   （　）あまり良くなかった
   その他：_____

7. インタビューで、何が一番良かったですか。

8. この学生のインタビューは、どうすればもっと良くなると思いますか。もしアドバイスがあれば、一言お願いします。

署名　　　　　　　　　　　　　　　　　　　　　　　　　　　　日付

資料3-1. 必修科目としての第二言語教育の評価計画アンケート（教師用）

SECOND LANGUAGE REQUIREMENT ASSESSMENT PLANNING QUESTIONNAIRE (Kondo-Brown, 2004a)

The purpose of the attached questionnaire is to (a) identify key learning outcomes or objectives of the **two-year** Hawaiian/second language programs offered in the College of LLL, and (b) develop assessment instruments to systematically measure each objective. The questionnaire was developed by the LLL assessment committee based on information provided by language program coordinators/heads in most of the languages taught within the College of LLL. The information from this research may also be used to develop a report of the findings and as supporting data for a possible publication.

You are being asked to complete this survey as part of the first steps toward the development of broad, common benchmarks for evaluating the Hawaiian/second language requirement across the languages taught in the College of LLL, and also, as an important part of the university's effort to prepare for the upcoming WASC (Western Association of Schools and Colleges) accreditation visit. Although your participation in this survey research is voluntary, it is both important and appreciated.

The survey should take approximately 20 minutes to complete. Although it will be helpful if you answer all the questions, you may skip any questions that you do not wish to answer. Please return the questionnaire to the box labeled "LLL assessment survey" located in your main department office by December 6th. When you return this questionnaire, please make a check-mark ✓ by your name on the list. This is to allow us to send out follow-up questionnaires to maximize the response rate.

Please do not write your name on the form. Your responses will be collected and compiled in such a manner that you cannot be identified. If you have questions concerning the survey research, please contact the investigator, Kimi Kondo-Brown. If you have comments about your treatment in this study, please contact: Committee on Human Studies, University of Hawai'i. The language of this form is a formality required by the Committee on Human Studies, University of Hawai'i for all research involving human participants.

Thank you for your cooperation.

I. Background information

        Your department (circle one) : EALL, HIPLL, LLEA   Position :＿＿＿＿＿＿＿

        Language(s) you teach this semester and/or taught before at UH :＿＿＿＿＿＿＿

II. Which of the following fourth-semester courses, are you giving your opinions for (mark all apply)?
( ) Greek 202   ( ) German 202   ( ) Japanese 202   ( ) Sanskrit 202
( ) Arabic 202   ( ) Hawaiian 202   ( ) Korean 202   ( ) Spanish 202
( ) Cambodian 202   ( ) Hindi 202   ( ) Latin 202   ( ) Tahitian 202
( ) Chinese 202   ( ) Ilokano 202   ( ) Maori 202   ( ) Thai 202
( ) Filipino 202   ( ) Indonesian 202   ( ) Russian 202   ( ) Vietnamese 202
( ) French 202   ( ) Italian 202   ( ) Samoan 202

III. Identifying learning outcomes: Please indicate to what degree you agree with the following statements as learning outcomes for students who complete the course(s) you marked above using the numerical scale 1-5 defined below.

1	2	3	4	5
Strongly disagree	Disagree	No opinion	Agree	Strongly agree

| **Learning Outcomes of Listening Skills** （聴解力に関する学習成果） |

When the target language is delivered in standard dialect, **the students will be able to:**

1 2 3 4 5 Understand conversations about everyday experiences (e.g., school, work, interests, preferences)

1 2 3 4 5 Understand *factual* content of paragraph-length descriptions/narratives on familiar topics (e.g., recorded telephone instructions, announcements in public areas)

1 2 3 4 5 Understand *abstract* content of paragraph-length descriptions/narratives on familiar topics (e.g., a speech about a social issue)

1 2 3 4 5 Get main ideas from every day TV news/reports of several paragraphs when accompanied by visual support (e.g., weather report or sport news with information in chart)

1 2 3 4 5 Figure out the meaning of unknown vocabulary in context through guessing strategies

1 2 3 4 5 Get main ideas of movies, plays, and orally-read stories

List here any additional learning outcome(s) you would suggest for listening skills:

| **Learning Outcomes of Speaking Skills** （話す能力に関する学習成果） |

The students will be able to:

1 2 3 4 5 Perform a variety of "real-life" tasks in common social and transactional situations (e.g., shopping, making hotel reservations)

1 2 3 4 5 Sustain conversations/interviews about self, family, experiences, interests, and preferences

1 2 3 4 5 Express opinions and feelings about passages/stories read for class

1 2 3 4 5 Describe and narrate past and present experiences in paragraph-level discourse (e.g., recent travel experience)

1 2 3 4 5 Describe and narrate future plans in paragraph-level discourse (e.g., plans after graduation)

1 2 3 4 5 Give an oral presentation or demonstration of several paragraphs on a topic of interest (e.g., demonstrating how to make/use something, storytelling)

1 2 3 4 5 Perform short skits with some details about characters and scenes

1 2 3 4 5 Conduct interviews to gather information for research on a topic of interest

1 2 3 4 5 Use language *creatively* by combining a variety of learned vocabulary, expressions, and structures

1 2 3 4 5 Initiate, sustain, and close a conversation using various communication strategies

1 2 3 4 5 Successfully negotiate through simple misunderstandings (e.g., misunderstanding of an order in a restaurant)

1 2 3 4 5 Seek and gather information to solve problems

1 2 3 4 5 Use appropriate registers for various formal and informal situations

List here any additional learning outcome(s) you would suggest for speaking skills:

Learning Outcomes of Reading Skills (読解力に関する学習成果)

The students will be able to:

1 2 3 4 5 Understand fully paragraph-length texts dealing with personal and social needs such as personal letters, messages, and memos

1 2 3 4 5 Get main ideas from authentic everyday practical materials written entirely in the target language (e.g., menus, ads for products)

1 2 3 4 5 Identify key facts and some supporting details in newspaper articles and short stories

1 2 3 4 5 Provide accurate, concise summary in English of a short reading passage

1 2 3 4 5 Form inter-textual connections between several readings or real-life events

1 2 3 4 5 Infer meaning from clues in a text or by "reading between the lines"

1 2 3 4 5 Translate short passages written in the target language into clear and natural English

1 2 3 4 5 Figure out the meaning of unknown vocabulary in context through contextual guessing strategies

1 2 3 4 5 Read texts written in the target language critically

List here any additional learning outcome(s) you would suggest for reading skills:

Learning Outcomes of Writing Skills (書く能力に関する学習成果)

The students will be able to:

1 2 3 4 5 Meet practical writing needs and social demands by writing paragraph-length personal letters, messages, applications, and journals

1 2 3 4 5 Write paragraph-length *summaries* in the target language of reviewed reading or video material

1 2 3 4 5 Write paragraph-length *opinions* in the target language about reviewed reading or video material

1 2 3 4 5 Write narratives/descriptions of personal experiences, interests, and plans in several paragraphs

1 2 3 4 5 Write a report about the target culture in several paragraphs

1 2 3 4 5 Create short stories or skits with some details about characters and scenes in several paragraphs

1 2 3 4 5 Use language creatively by combining a variety of learned vocabulary, expressions, and structures

1 2 3 4 5 Use appropriate registers for formal and informal writing

List here any additional learning outcome(s) you would suggest for writing skills:

資料3-2．レポート提出チェックシートの見本

●レポート提出チェックシート●

以下のそれぞれの項目についてチェックしてから、提出しましょう。

	チェック項目	チェック
内容	話題は絞り込まれているか	
	事実と意見の区別が明確か	
	単なる感想に終わっていないか	
	主張が明確か	
	主張と無関係なことが述べられていないか	
	箇条書き・表・グラフを使った方が、効果的になる部分はないか	
論文作法・文章作法	「序論・本論・結論」の三部構成になっているか	
	参考文献は3つ以上あげられているか	
	引用のしかたは正しいか	
	注は正しくつけられているか	
	文体は常体(だ・である調)で統一されているか	
	話しことばは使われていないか	
	表現があいまいになっている文はないか	
	誤字、脱字はないか	
	1文が40字以上の文はないか	
	表、グラフの図表番号・タイトル・単位・出典は明確か	
書式	指定された書式(用紙サイズ・文字数の設定)になっているか	
	指定された文字数は守られているか	
	指定された枚数は守られているか	
	番号・氏名等が書かれているか	

番　号		氏　名		

出典：『知へのステップ　第三版』(2011)。学習技術研究会の許可を得て転載。

資料３−３A．日本語小論文の評価シートの見本（クリティカル思考の評価を考慮）

Student name_____ Total score: _____/50

	Perfect (or almost)! *Completely (or almost) meets the expectations*	**Good job!** *Pretty much meets the expectations*	**OK, but…** *Marginally meets the expectations*	**Hmm…** (*needs work*) Below the expectations
PURPOSE・ORGANIZATION・CONVENTIONS				
The research purpose and focus are clear and consistent throughout the paper	8 7	6 5	4 3	2 1
The background of the issue and its significance to Japanese society and people are clearly explained	10 9	8 7	6 5 4	3 2 1
The complexities of the issue are analyzed and interpreted from multiple viewpoints (e.g., pros & cons)	10 9	8 7	6 5 4	3 2 1
The positions and ideas are thoughtful and based on evidence	10 9	8 7	6 5 4	3 2 1
The conclusion appropriately synthesizes the pros and cons of the issue and gives a sense of "completeness"	10 9	8 7	6 5 4	3 2 1
ORGANIZATION / CONVENTIONS				
The components of your paper are appropriate and well-organized	7 6	5 4	3 2	1
Errors in paragraphing, spelling, and punctuation are few	7 6	5 4	3 2	1
The writing style is appropriate and consistent	7 6	5 4	3 2	1
Sentence form and word choice are varied and accurate	7 6	5 4	3 2	1
SOURCES OF INFORMAION / CITATIONS				
Sources of information in Japanese are multiple and appropriate	7 6	5 4	3 2	1
Facts as well as other people's opinions and ideas are cited with proper credit	10 9	8 7	6 5 4	3 2 1
A complete and appropriate reference list is provided at the end of the report	7 6	5 4	3 2	1

資料3-3B. 日本語小論文の評価シートの見本（クリティカル思考の評価を考慮）（和訳）

Student name_____ Total score: _____/50

	完璧です（もしくはそれに近い）！ 完全（または、ほぼ完全）に、期待にそう出来ばえです	よくできました！ 大方、期待にそう出来ばえです	一応できていますが… かろうじて、期待にそっているという出来ばえです	もっと頑張りましょう 期待以下の出来ばえです
目的・内容・クリティカル思考				
研究の目的と焦点は明確で、小論文を通して一貫している	8　　7	6　　5	4　　3	2　　1
問題の背景、そして、日本社会や日本人に対する意義が、明確に説明されている	10　　9	8　　7	6　5　4	3　2　1
問題の複雑さが、複数の観点（例．賛否両論）から分析され、解釈されている	10　　9	8　　7	6　5　4	3　2　1
著者の個人的見解は、思慮深く、証拠に基づいている	10　　9	8　　7	6　5　4	3　2　1
結論で問題に対する賛否両論を適切にまとめており、「研究が完了した」という印象を与えている	10　　9	8　　7	6　5　4	3　2　1
構成・文章表現				
小論文の構成要素は適切で、きちんと整理されている	7　　6	5　　4	3　　2	1
段落分け、スペル、そして、句読点に問題が少ない	7　　6	5　　4	3　　2	1
文体は適切であり、一貫している	7　　6	5　　4	3　　2	1
文型及び語彙の選択は変化があり、正確である	7　　6	5　　4	3　　2	1
情報源・引用				
日本語で書かれた情報源は、複数であり、適切である	7　　6	5　　4	3　　2	1
事実、並びに、他人の意見や考えは、適切なクレジットを入れて引用されている	10　　9	8　　7	6　5　4	3　2　1
小論文の最後に、完全で適切な参考文献リストが提供されている	7　　6	5　　4	3　　2	1

資料 3 - 4 A. 日本語作文評価シート (Japanese Composition Scoring Sheet)

CATEGORY	SCORE LEVEL		CRITERIA
CONTENT	20-18	excellent to very good	knowledgeable; substantive; thorough development of thesis; relevant to assigned topic
	17-14	good to average	some knowledge of subject; adequate range; limited development of thesis; mostly relevant to topic, but lacks detail
	13-10	fair to poor	limited knowledge of subject; little substance; inadequate development of topic
	9-7	very poor	does not show knowledge of subject; non-substantive; not pertinent ; OR not enough to evaluate
ORGANI-ZATION	20-18	excellent to very good	fluent expression; ideas clearly stated/supported; succinct; well-organized; logical sequencing; cohesive; consistent style
	17-14	good to average	somewhat choppy; loosely organized but main ideas stand out; limited support; logical but incomplete sequencing; inconsistent style
	13-10	fair to poor	non-fluent; ideas confused or disconnected; lacks logical sequencing and development
	9-7	very poor	does not communicate; no organization; OR not enough to evaluate
VOCABU-LARY	20-18	excellent to very good	sophisticated range; effective word/idiom choice and usage; word form mastery; appropriate register
	17-14	good to average	adequate range; occasional errors of word/idiom form, choice, usage but meaning not obscured
	13-10	fair to poor	limited range; frequent errors of word/idiom form, choice, usage; meaning confused or obscured
	9-7	very poor	essentially translation; little knowledge of Japanese vocabulary, idioms, word form; OR not enough to evaluate
LAN-GUAGE USE	20-18	excellent to very good	effective complex constructions; few errors of agreement, tense, number, word order, pronouns, inflections, particles, etc.
	17-14	good to average	effective but simple constructions; minor problems in complex constructions; several errors of agreement, tense, number, word order, pronouns, inflections, particles, etc.
	13-10	fair to poor	major problems in simple/complex constructions; frequent errors of negation, agreement, tense, number, word order, pronouns, inflections, particles, etc.; meaning confused or obscured
	9-7	very poor	virtually no mastery of sentence construction rules; dominated by errors; does not communicate; OR not enough to evaluate
MECHAN-ICS	20-18	excellent to very good	Kana and Kanji are well-formed and used appropriately; few errors of spelling, punctuation, paragraphing
	17-14	good to average	occasional errors in the use of Kana and Kanji; occasional errors of spelling, punctuation, paragraphing but meaning not obscured; occasional use of English
	13-10	fair to poor	infrequent or no use of Kanji; frequent errors of spelling, punctuation, paragraphing; poor handwriting; meaning confused or obscured; frequent use of English
	9-7	very poor	no mastery of Kana; dominated by errors of spelling, punctuation, paragraphing; handwriting illegible; Or not enough to evaluate

出 典：Kondo-Brown（2002, pp. 30–31, Appendix 1, modified version of Jacobs, Zinkgraf, Wormuth, Hartfiel, & Hughey's [1981] *ESL Composition Profile*）. Copyright [2002] by Language Testing. 許可を得て転載。

資料3-4B. 日本語作文評価シート(Japanese Composition Scoring Sheet)(和訳)

評価項目	得点	レベル	評価基準
内容	20〜18	秀・優	課題についての豊富な知識・中身のある文章・周到な課題の展開・課題に関連した内容
	17〜14	良・並	課題についてのある程度の知識・適度な範囲の文章・限られた課題展開・内容のほとんどが課題に関連しているが、詳細に欠ける
	13〜10	可・低	話題についての限られた知識・中身が薄い文章・課題の展開が不十分
	9〜7	不可	話題についての知識がない・中身のない文章・課題について関係のない内容・評価が不可能な文
構成	20〜18	秀・優	流暢な表現・考えが明確に示され、裏付けも十分・簡潔である・構成が整っている・論理的な展開・一貫性のある内容・一定した文体
	17〜14	良・並	途切れ気味の表現・構成は不明瞭な部分もあるが、主要点は押さえている・裏付けが十分ではない・論理的ではあるが、内容の一貫性に欠ける・文体が一定していない
	13〜10	可・低	流暢ではない表現・考えが混乱していたり、途切れていたりする・論理的な流れや話の展開がない
	9〜7	不可	言いたいことが伝わらない・構成が整っていない・評価が不可能な文
語彙	20〜18	秀・優	洗練された語彙使用・語彙や慣用句の効果的な選択と使用・語形変化の完全習得・言語使用域が適切
	17〜14	良・並	適切な範囲の語彙使用・語彙や慣用句の語形・選択・使用に、時おり誤りがあるが、意味は曖昧になっていない
	13〜10	可・低	限られた範囲の語彙使用・語彙や慣用句の形・選択・使用に誤りが多い・意味が混乱していたり、曖昧である
	9〜7	不可	直訳でしかない・日本語の語彙・慣用句・語形について、ほとんど知識がない・評価が不可能な文
言語使用	20〜18	秀・優	複雑な構文が効果的に使える・主語と述語動詞の一致、時制、数値、語順、代名詞、語形変化、助詞などにはほとんど誤りがない
	17〜14	良・並	構文が効果的に使えているが、簡単なものが多い・複雑な構文に若干の間違いがある・主語と述語動詞の一致、時制、数値、語順、代名詞、語形変化、助詞などにいくつかの誤りがある
	13〜10	可・低	単文・複文ともに大きな問題がある・否定形、主語と述語動詞の一致、時制、数値、語順、代名詞、語形変化、助詞などに間違いが多い・意味が混乱していたり、曖昧になっている
	9〜7	不可	文の構造の規則が、ほとんど理解できていない・ほとんどの文章に文法的な間違いがある・言いたいことが伝わらない・評価が不可能な文
メカニクス	20〜18	秀・優	仮名と漢字が間違いなく書け、適切に使用できる・スペル、句読点、段落分けの誤りが少ない
	17〜14	良・並	仮名と漢字を時おり間違って使用・スペル、句読点、段落分けにたまに誤りがあるが、意味は曖昧ではない・英語がたまに使用される
	13〜10	可・低	漢字がほとんど、もしくは全く使われていない・スペル、句読点、段落分けに誤りが多い・手書きした文字が読みにくい・意味が混乱していたり、曖昧になっている・英語の頻繁な使用
	9〜7	不可	仮名で書けない・スペル、句読点、段落分けの誤りが非常に多い・手書きした文字が読めない・評価が不可能な文

この和訳には、水本(2008)の研究に用いられたESL Composition Profile (Jacobs et al., 1981)の和訳(http://www.mizumot.com/ESL-CompositionProfile.xls)を参考にした。

資料3-5. ハワイ大学言語・言語学・文学部のプログラム修了アンケート（選択式設問のサンプル）

OVERALL SATISFACTION WITH THE PROGRAM
（プログラムに対する満足度）

Using the rating scale, please indicate the degree to which you are satisfied with the program.
（下の評定尺度を使って、プログラムに対する満足度を示してください。）

	Very dissatisfied 非常に不満 1	Somewhat dissatisfied やや不満 2	Neutral どちらともいえない 3	Somewhat satisfied やや満足 4	Very satisfied 非常に満足 5
1. Availability of program information（プログラム情報の入手）	○	○	○	○	○
2. Academic standards and expectations（学業達成基準と期待）	○	○	○	○	○
3. Relevance to academic/professional goals（学業達成目標や職業目標との関連性）	○	○	○	○	○
4. Appropriateness of degree requirements（学位修了要件の適切さ）	○	○	○	○	○
5. Faculty mentoring and advising（教員による個人的指導と助言）	○	○	○	○	○
6. Extra-curricular activities（課外活動）	○	○	○	○	○
7. Student morale（学生のやる気や態度）	○	○	○	○	○
8. Research opportunities（研究の機会）	○	○	○	○	○
9. Career training opportunities（職業訓練の機会）	○	○	○	○	○
10. Faculty's ability to keep pace with the field（教員の能力：専門分野の知識に後れがない）	○	○	○	○	○

Please provide comments that will help us understand your ratings above if any.
（あなたの評定を理解するのに役立つコメントがあれば、書いてください。）

出典：University of Hawai'i at Mānoa, College of Languages, Linguistics, & Literature の許可を得て、転載。アンケート作成には、サーベイモンキー（www.surveymonkey.com）を使用。オリジナルは英語のみ。

資料 3-6. ハワイ大学言語・言語学・文学部のプログラム修了アンケート（記述式設問のサンプル）

Describe your immediate plans after graduation. If you have been offered a job or are pursuing another degree, please provide the details.
（卒業後すぐの予定を述べてください。もし就職が決定していたり、他の学位取得を目指す予定があれば、その詳細を述べてください。）

What are your long-term personal and career goals?
（長い目で見た、あなたの個人的目標及び職業目標とは、何ですか。）

出典：University of Hawai'i at Mānoa, College of Languages, Linguistics, & Literature の許可を得て、転載。アンケート作成には、サーベイモンキー（www.surveymonkey.com）を使用。オリジナルは英語のみ。

資料3-7．日本語プログラム修了アンケートの設問の見本：プログラムに対する意見

Please indicate to what degree you agree with each of the following statements.
（次の記述を読んで、どの程度、同意できるかを答えてください。）

	Strongly disagree 全くそう思わない 1	Disagree そう思わない 2	Neutral どちらともいえない 3	Agree そう思う 4	Strongly agree 強くそう思う 5
1. The overall quality of the Japanese language program I participated in was excellent.（私が受講した日本語プログラムの質は、全体的にとてもよかった）	○	○	○	○	○
2. The instructional materials (e.g., textbooks, handouts) were appropriate and effective.（教科書やプリントなどの教材は、適切で効果的だった）	○	○	○	○	○
3. The classroom activities were appropriate and effective.（クラス活動は、適切で効果的だった）	○	○	○	○	○
4. The assessment instruments and procedures (e.g., quizzes, exams, and papers) were appropriate.（クイズ、試験、レポートなどの評価ツール及び評価手順は、適切だった）	○	○	○	○	○
5. The program really helped me to improve my listening ability in Japanese.（このプログラムは、私が日本語で聞く能力を高めるのに本当に役立った）	○	○	○	○	○
6. The program really helped me to improve my speaking ability in Japanese.（このプログラムは、私が日本語で話す能力を高めるのに本当に役立った）	○	○	○	○	○
7. The program really helped me to improve my reading ability in Japanese.（このプログラムは、私が日本語で読む能力を高めるのに本当に役立った）	○	○	○	○	○
8. The program really helped me to improve my writing ability in Japanese.（このプログラムは、私が日本語で書く能力を高めるのに本当に役立った）	○	○	○	○	○
9. The program helped me to learn a great deal of vocabulary that is crucial for my academic/professional focus.（このプログラムは、私の目指す学績及び職業に必要な語彙を学ぶのに非常に役立った）	○	○	○	○	○
10. The program greatly increased my knowledge and understanding of the attitudes, beliefs, and patterns of behavior of people in Japan.（このプログラムは、日本の人々の態度、信念、行動様式に関する私の知識と理解をかなり高めた）	○	○	○	○	○
11. The program greatly increased my knowledge and understanding of the culture, history, and literature of Japan.（このプログラムは、日本の文化、歴史、文学に関する私の知識と理解をかなり高めた）	○	○	○	○	○
12. The program contributed to my academic/professional goals in a significant way.（このプログラムは、私の学業目標及び職業目標達成に大きく貢献した）	○	○	○	○	○
13. I would recommend this program to other students.（私は、このプログラムを他の学生に勧める）	○	○	○	○	○

出典：Tominaga & Kondo-Brown (2010). このアンケートは、ハワイ大学マノア校のFLAS (Foreign Language and Area Studies) 奨学生を対象に実施している。アンケート作成には、サーベイモンキー（www.surveymonkey.com）を使用。オリジナルは英語のみ。

資料3-8．日本語プログラム修了アンケートの設問の見本：ACTFL OPI を使用した評価に関する質問

1. What ratings did you receive on the OPI (Oral Proficiency Interview) test? (e.g., Novice-Mid)
   （あなたの面接式口頭能力テストの評定結果は何でしたか。[例．初級－中]）

   Pre-test（事前テスト）　[　　　　　　　　]

   Post-test（事後テスト）　[　　　　　　　　]

2. What do you think of the OPI as an evaluation tool? Do you think it adequately evaluated your speaking ability in Japanese?（評価ツールとしての面接式口頭能力テストをどう思いますか。あなたの日本語で話す能力を適切に評価したと思いますか。）

   [　　]

出典：Tominaga & Kondo-Brown (2010). このアンケートは、ハワイ大学マノア校の FLAS (Foreign Language and Area Studies) 奨学生を対象に実施している。アンケート作成には、サーベイモンキー（www.surveymonkey.com）を使用。オリジナルは英語のみ。

資料 4-1A. 基礎レベルを超えた日本語カリキュラムの枠組み [草案]

FRAMEWORK FOR POST-BASIC JAPANESE LANGUAGE CURRICULA [DRAFT] by the American Association of Teachers of Japanese

CHARACTERISTICS OF THE BEGINNING POST-BASIC JAPANESE LEARNER (based on and adapted from the ACTFL Guidelines for Intermediate-Low Level Proficiency)

Speaking

- Can handle successfully a limited number of simple and basic, but interactive, communicative tasks (such as self-introductions, ordering a meal, obtaining and giving directions, and making purchases) and social situations.
- Communicates in sentences, rather than words or phrases.
- Maintains face-to-face conversation by asking /answering questions and by creating own sentences, rather than only by uttering learned and memorized material.
- Produces speech that is comprehensible to most interlocutors who are accustomed to non-native speakers, although the speech may be accompanied by pauses, repetitions, and various inaccuracies (phonological, linguistic, or social).

Listening

- Usually is able to understand, in an authentic environment, sentence-length utterances that consist of recombinations of learned utterances on limited topics supported by situational contexts. (Understanding is often uneven, and misunderstandings may occur frequently.)
- Comprehends discourse related to basic personal background and needs, everyday situations, and uncomplicated tasks such as getting meals or receiving simple instructions and directions (primarily in face-to-face interactions).

Reading

- Comprehends information in constructed materials of several connected sentences.
- Understands and follows events described in very simple passages in specially prepared texts dealing with basic situations, written with simple structures, and using limited numbers of kanji and vocabulary items.
- Comprehends main ideas and/or some facts in connected texts dealing with basic personal, daily, and social activities. Such texts are linguistically simple, with a clearly underlying internal structure such as chronological sequencing, and require no suppositions. Examples include personal messages, letters, public announcements, and instructions. Success of comprehension depends heavily on subject matter, number of unfamiliar words and kanji, and simplicity of style.
- Recognizes basic kanji and understands compounds made up of those kanji, as well as hiragana and katakana. (The choice of kanji is related to the communicative functions, contents, and contexts mentioned above.)

Writing

- Can meet limited practical writing needs using appropriate Japanese orthography. Can write short messages, postcards, and simple letters on topics related to personal experience. Can create statements or questions within the scope of limited language experience.
- Writes in hiragana, katakana, and a limited number of commonly used kanji, including compounds utilizing those characters; uses each of the orthographies appropriately.
- Writes samples that are generally understood by native speakers used to the writing of non-natives, but may contain orthographic, lexical, and linguistic errors.

出典：The American Association of Teachers of Japanese（AATJ）より許可を得て転載。

資料4-1B. 基礎レベルを超えた日本語カリキュラムの枠組み[草案](和訳)

基礎レベルを超えた初級学習者の特徴
(ACTFL ガイドラインの中級下レベルの記述に基づく)

話す能力
- 限られた範囲内で、簡単で基礎的な対人コミュニケーション・タスクや社交の場に応じることができる(例:自己紹介、食事の注文、道をきく/教える、買物をする)。
- 単語や語句でなく、文レベルで話ができる。
- 簡単な質問をしたり、答えたりすることができる。また、暗記した句や文をそのまま使うのではなく、その場で文を作りながら、対面の会話を続けていくことができる。
- 発話に、言いよどみ、繰り返し、発音や文法の誤り、不適切な言葉の使用などが見られる場合もあるが、非母語話者との会話に慣れている相手であれば、ほとんど理解してもらえる。

聞く能力
- 実際的な場面で、場面や状況からみて分かりやすい、限られた範囲のトピックについて、既習事項を組み替えた文レベルの発話を、大体理解することができる。(理解にはむらがあり、相手の発話を聞き間違えることも多い。)
- 簡単な自己紹介や相手からの要求、日常的な場面に関連した発話が聞き取れる。また、食事を注文する、(主に、対人場面で)簡単な説明や指示を受けるなどの、複雑でないタスクができる。

読む能力
- いくつかの文からなる文章を読んで、意味を理解することができる。
- 文法的に簡単で、やさしい漢字や語彙だけを使って書かれた、ごく日常的な場面についての一節を読み、書かれている出来事を理解することができる。
- 個人・日常・社会活動に関する初歩的な文章の要点や事実を理解することができる。これらの文章は、時制がはっきりしていて、仮説文もないなど、言語的に簡単で、文章構成のわかりやすい物だ。伝言、手紙、広告、告知、指示などが、その例に含まれる。理解度は、話題、知らない言葉や漢字の数、文の平易さなどにより、大きく左右される。
- ひらがなとカタカナに加えて、基礎的な漢字(および基礎的な漢字だけで構成された熟語)が分かる。(漢字の選択は、上で述べたコミュニケーション機能、内容、状況に関連したものとする。)

書く能力
- 限られた範囲内の実際的な場面で、必要に応じて日本語で書くことができる。自分の経験について、短いメッセージ、はがき、簡単な手紙などを書くことができる。限られた範囲内で、叙述文や質問文を作ることができる。
- ひらがな、カタカナ、限られた数の使用頻度の高い漢字(熟語を含む)を書くことができる。また、ひらがな、カタカナ、漢字を適切に使って書くことができる。
- 書いた文章は、通常、非母語話者の文章を読みなれている母語話者には理解できるレベルだが、綴り、語彙、文法の誤りが見られる場合もある。

資料4-2．OPI 初級から超級までの基準の概略

	(1) タスク	(2) 場面・話題	(3) テキストの型
超級	裏付けのある意見が述べられる。仮説が立てられる。言語的に不慣れな状況に対応できる。	フォーマル・インフォーマルな状況で、抽象的な話題、専門的な話題を幅広くこなせる。	複段落
上級	詳しい説明・叙述ができる。予期していなかった複雑な状況に対応できる。	インフォーマルな状況で具体的な話題がこなせる。フォーマルな状況で話せることもある。	段落
中級	意味のある陳述・質問内容を、模倣ではなくて創造できる。サバイバルのタスクを遂行できるが、会話の主導権を取ることはできない。	日常的な場面で身近な日常的な話題が話せる。	文
初級	タスク能力がない。暗記した語・句を使って、最低限の伝達などのきわめて限られた内容が話せる。	非常に身近な場面において挨拶を行う。	語・句

出典：牧野成一（2008a）「OPI、米国スタンダード、CEFR とプロフィシェンシー」鎌田修・嶋田和子・迫田久美子（編）『プロフィシェンシーを育てる：真の日本語能力をめざして』凡人社, pp. 18-39. 許可を得て転載（配置等一部修正）。

(4) 正確さ

	文　法	語　彙	発　音
超級	基本構文にまず間違いがない。低頻度構文には間違いがある。	語彙が豊富。特に漢語系の抽象語彙が駆使できる。	誰が聞いてもわかる。母語の痕跡がほとんどない。
上級	談話文法を使って統括された段落が作れる。	漢語系の抽象語彙の部分的コントロールができる。	外国人の日本語に慣れていない人にもわかるが、母語の影響が残っている。
中級	高頻度構文がかなりコントロールされている。	具体的で身近な基礎語彙が使える。	外国人の日本語に慣れている人にはわかる。
初級	語・句のレベルだから文法は事実上ないに等しい。	丸暗記した基礎語彙や挨拶ことばがわずかに使える。	母語の影響が強く、外国人の日本語に慣れている人にもわかりにくい。

	社会言語学的能力	語用論的(ストラテジー)能力	流暢さ
超級	くだけた表現もかしこまった敬語もできる。	ターンテイキング、重要な情報のハイライトの仕方、間の取り方、相づちなどが巧みにできる。	会話全体が滑らか。
上級	主なスピーチレベルが使える。敬語は部分的なコントロールだけ。	相づち、言い換えができる。	時々使えることはあるが、一人でどんどん話せる。
中級	常体か敬体のどちらかが駆使できる。	相づち、言い換えなどに成功するのはまれ。	使えることが多いし、一人で話し続けることは難しい。
初級	暗記した待遇表現だけが使える。	語用論的能力はゼロ。	流暢さはない。

資料5-1. 年少者用の日本語口頭テストの見本（タスク別）

タスク番号（課題）	学習目標レベルのタスク (Mastery-level tasks) 5学年終了時の日本語学習目標レベルの会話タスク	超学習目標レベルのタスク (Beyond-Mastery level tasks) 5学年終了時の日本語学習目標レベルを超えた会話タスク
1. Greetings and self-introduction（挨拶・自己紹介）	・Greet the student（例．おはようございます） ・Ask questions about own name, age, and grade（例．お名前は何ですか） ・Urge the student to ask "What is your name?" in Japanese	・Ask whether the student speaks Japanese at home（例．Xさんは、家で家族と日本語を話しますか） ・Ask the student to describe who she/he speak with in Japanese（例．誰と話しますか）
2. Family（家族）	・Using a simple family picture (Ciela, her mom, and dad), ask the student if s/he can say who is in Ciela's family in Japanese（例．これは誰ですか） [写真：This is Ciela with her mom and dad. Her mom's name is Amy and dad's name is Shen.] ・Ask the names of two family members（例．シエラちゃんのお父さんの名前は何ですか）	・Ask to describe who is in the student's family（例．X君の家族に誰がいますか） ・Ask whether his/her mother is Japanese（例．お母さんは日本人ですか）
3. Color（色）	・Using colored objects, let the student identify six colors by asking two types of questions（例．これは何色ですか） ・Ask the student what his/her favorite color is（例．何色が好き？）	・Ask the student about colors（例．何色のシャツを持っていますか） ・Urge the student to ask a question about color preference in Japanese（例．Can you ask me what color I like?）
4. Weather（天気）	・Ask two questions about today's weather（例．今日のお天気は？） ・Using pictures, ask student to describe five different kinds of weather and temperature（例．曇り・晴れのち雨・寒い・暑い・涼しい）	・Ask the student to describe local weather（例．ハワイのお天気はどうですか） ・Ask about weather in Japan（例．日本の夏と、ハワイの夏と、どちらが蒸し暑いですか）
5. Dates（日付）	・Showing a calendar, ask two questions about today（例．今日は何日ですか） ・Using the same calendar, let the student identify four different dates and days of the week by asking questions while pointing to them on the calendar（例．これは何曜日？） ・Urge the student to ask "what is the date today?" in Japanese.	・Ask (a) what tomorrow's /yesterday's date is/was.（例．昨日は何曜日でしたか） ・Ask when the student's birthday is（例．Xさんのお誕生日はいつですか）

出典：Kondo-Brown（2002b, pp. 191-193, Appendix 1）に基づく。

6. Time （時間）	・Using an artificial clock, ask two questions that require a response with 〜時（例．八時）and another two questions that require a response with -時半（例．五時半） ・Urge the student to ask "What time is it?" in Japanese	・Using an artificial clock, ask two questions that require a response with 〜分（例．5時15分） ・Ask when the Japanese class begins and ends（例．日本語のクラスは何時から何時までですか）
7. Objects and adjectives （物・形容詞）	・Show an object and ask the student what it is（例．これは何ですか） ・Showing pictures of various objects, ask three questions to see if the student can give an appropriate adjective to describe the object（例．これは大きいですね。じゃ、こっちは？）	・Ask the student how her/his JPN class is.（例．日本語のクラスはどうですか） ・Ask if there are tests in the JPN class（例．日本語のクラスでテストがありますか）and how they feel about the tests（例．日本語のテストをどう思いますか）
8. Food （食べ物）	・Using pictures of fruits, ask the student to identify three fruits ・Between two fruits, ask which one s/he likes better（例．バナナとりんご、どっちがいいですか） ・Ask two questions about likes or dislikes of certain vegetables（例．人参が好きですか、嫌いですか） ・Urge the student to ask you a question about food preference.	・Ask the student what his/her most favorite food is（例．食べ物は何が一番好きですか）． ・Ask whether they have fruits that they dislike（例．嫌いな果物がありますか）
9. Daily activities （日常活動）	・Showing six pictures with different activities (play tennis, watch TV, listen to music, study, drink, and eat shave ice), invite the student to describe them in Japanese"（例．Can you tell me what the person is doing?）	・Ask the student what sort of sport s/he plays.（例．どんなスポーツをしますか）Then, ask where s/he plays that sport（例．どこでするんですか）and whether s/he is going to play that sport today（例．今日もしますか） ・Ask whether she also likes to swim（例．水泳も好きですか）
10. Functions （機能）	・Showing four pictures, ask what the student would say in each teacher-student interaction situation（例．You want to ask the teacher if you may go to the bathroom. What would you say?）	・Showing two additional pictures, ask what the student would say in these additional situations（例．You are sick. Can you tell the doctor that your stomach hurts?）

資料5−2A. タスク共通尺度（Task-independent scale）

Non-mastery (1-3 点) Unsatisfactory performance on the task	**Mastery** (4-6 点) Satisfactory performance of the task	**Beyond-Mastery** (7 点) More than satisfactory performance of the task
Can*not* respond to most or all of the prompts accurately even with support; shows difficulty in participating in simple, meaningful exchanges; apparent lack of vocabulary and expressions to complete the task.	*Can* respond to all or most of the mastery level prompts accurately with or without support; participates in simple, meaningful exchanges; uses sufficiently broad learned vocabulary and expressions to complete the task; pronunciation and intonation are good.	*Can* respond to all of the mastery level prompts accurately without support; can respond to additional Beyond-Mastery level prompts; participates in simple, meaningful exchanges with ease; no problem with pronunciation and intonation.

資料5−2B. タスク共通尺度（和訳）

期待以下の達成 (1-3 点) タスクのできが不十分である	期待レベルの達成 (4-6 点) タスクのできが十分である	期待以上の達成 (7 点) タスクのできが期待以上である
試験官の助けがあっても、ほとんど全ての質問に正確に答えられない。簡単で意味のある受け答えができない。タスクを遂行するための語彙や表現が、明らかに不足している。	試験官の助けがなくても、（または、助けがあれば）ほとんど全ての質問に正確に答えられる。簡単で意味のある受け答えができる。タスクを遂行するために、習った範囲内で、多くの語彙や表現を使うことができる。発音やイントネーションが良い。	試験官の助けがなくても、期待されているレベルの全ての質問に正確に答えられる。レベル以上の質問についても答えられる。簡単で意味のある受け答えが楽にできる。発音やイントネーションに全く問題がない。

出典：Kondo-Brown（2002b, p. 194, Appendix 2）に基づく。

資料5-3A. タスク別尺度(Task-dependent scale)の見本(挨拶と自己)

	期待以下の達成　(**Non-mastery**)			期待レベルの達成　(**Mastery**)			期待以上の達成 (**Beyond-Mastery**)
1	2	3	4	5	6	7
Cannot talk about self at all.	Can greet appropriately. Can respond to *one* question about self. *Cannot* ask Someone's name. Utterances have long pauses, and have minor errors. Frequent support may be necessary.	Can greet appropriately. Can respond to *two* questions about self. *Cannot* ask someone's name. Utterances have long pauses, and have minor errors. Frequent support may be necessary.	Can greet appropriately. Can respond to *two* questions about self. Can ask Someone's name. Utterances are somewhat *hesitant but accurate*. Infrequent support may be necessary.	Can greet appropriately. Can respond to *two* questions about self. Can ask someone's name. Utterances are accurate and prompt. Infrequent support may be necessary.	Can greet appropriately. Can respond to *three* questions about self (name, age, & grade). Can ask someone's name. Utterances are accurate and prompt. No support is necessary.	Same as rating 6 except: Can respond to questions about the use of Japanese language at home.

資料5-3B. タスク別尺度の見本(挨拶と自己)(和訳)

	期待以下の達成　(**Non-mastery**)			期待レベルの達成　(**Mastery**)			期待以上の達成 (**Beyond-Mastery**)
1	2	3	4	5	6	7
自己について全く話せない	適切な挨拶ができる 自己について一つの質問に答えられる 人に名前を尋ねることが<u>できない</u> 発話が長く止まることがある。発話に小さな間違いがある 試験官からの助けが頻繁に必要である	適切な挨拶ができる 自己について二つの質問に答えられる 人に名前を尋ねることが<u>できない</u> 発話が長く止まることがある。発話に小さな間違いがある 試験官からの助けが頻繁に必要である	適切な挨拶ができる 自己について二つの質問に答えられる 人に名前を尋ねることができる 発話は躊躇しがちであるが正確である 頻繁にではないが、試験官からの助けが必要な場合がある	適切な挨拶ができる 自己について二つの質問に答えられる 人に名前を尋ねることができる 発話は正確かつ迅速である 頻繁にではないが、試験官からの助けが必要な場合がある	適切な挨拶ができる 自己について三つの質問に答えられる (名前、年齢、学年) 人に名前を尋ねることができる 発話は正確かつ迅速である 試験官からの助けは必要ない	家庭における日本語の使用について質問に答えられる 以下はレベル6と同様

出典：Kondo-Brown(2002b, p. 195, Appendix 3)に基づく。

資料5-4．SPSS(version17)を使用した反復測定一元配置分散分析(One-way repeated measures *ANOVA*)

反復測定一元配置(= 一要因の)分散分析(one-way repeated measures $ANOVA$)は、同じ被験者グループが、一つの同じテストを2回以上受けた場合に、得られた二組以上のテスト結果の平均点の差異が、統計的に有意であるかどうかを確かめるために行います。以下、5章[5.5]で扱った三組の口頭テスト結果(3学年、4学年、5学年終了時のテスト結果)をデータに、SPSS(IBM SPSS® Software)を使って、どのように反復測定一元配置分散分析が行えるのかを説明します。

STEP 1. 画面1に示すように、まず、被験者全員の口頭能力テスト結果を入力します(データに見えているのは32名中16名まで)。1列目に学生のID番号を記入します。(ここまでは、どんなデータを扱う時にも一番最初にすることです。)次に、2列目に1回目のテスト結果(3学年終了時のデータ)、3列目に2回目のテスト結果(4学年終了時のデータ)、そして、4列目に3回目のテスト結果(5学年終了時のデータ)を入力します。(なお、この見本では文字を入力する場合は、英語で行っていますが、日本語のSPSSを使う場合は、もちろん日本語で入力できます。)

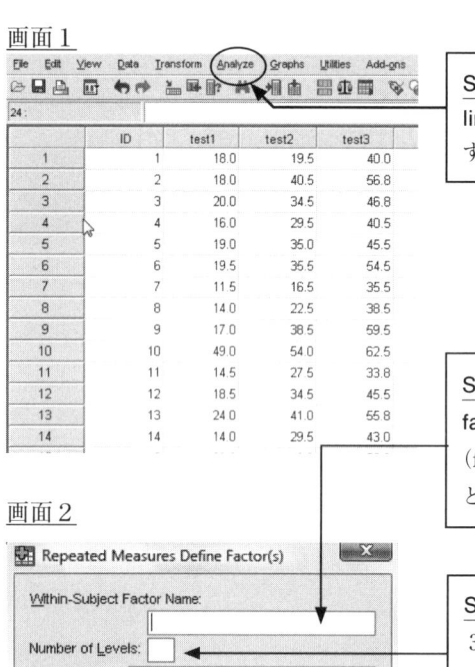

画面1

STEP 2. 次に、分析(Analyze) ⇒ 一般線型モデル(General linear model) ⇒ 反復測定(Repeated measures)の順で選びます。すると、画面2のようなボックスが現れます。

STEP 3. 現れたボックスの被験者内因子名(Within-subject factor name)に、「time」と入力します。ここでいう「因子(factor)」とは、「テストに影響を与えると予測できる要因」という意味です。

画面2

STEP 4. さらに、水準数(Number of levels)に3(テストを3回試行したという意味)と入力。ここでは、「水準(levels)」は、「因子をいくつかの段階もしくはグループに細分する条件」という意味で使われています。

STEP 5. 追加(Add)をクリックすると、このようにtime(3)がここに現れます。

STEP 6. 定義(Define)をクリックします。すると、画面3が現れます。

画面3

STEP 7. 左側ボックスに見えていた test1(1), test2(2), test3(3) を、このように、すべて右側ボックスの**被験者内変数**(Within-subjects variables)に移動します。

STEP 8. 移動後に**オプション**(Option)をクリックします。すると、画面4が現れます。

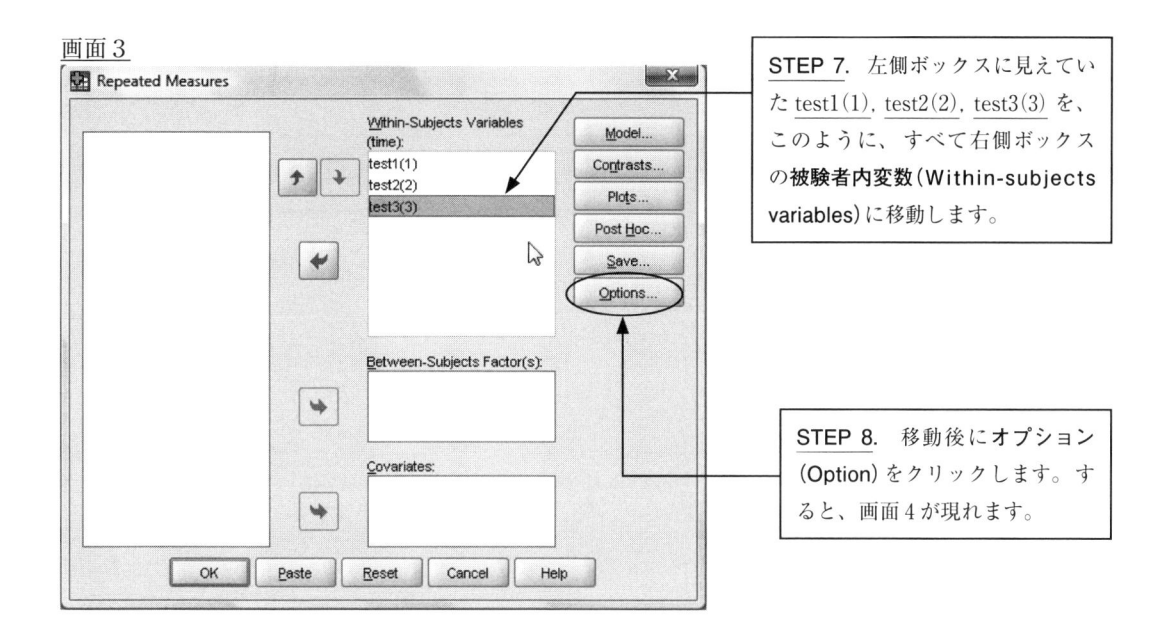

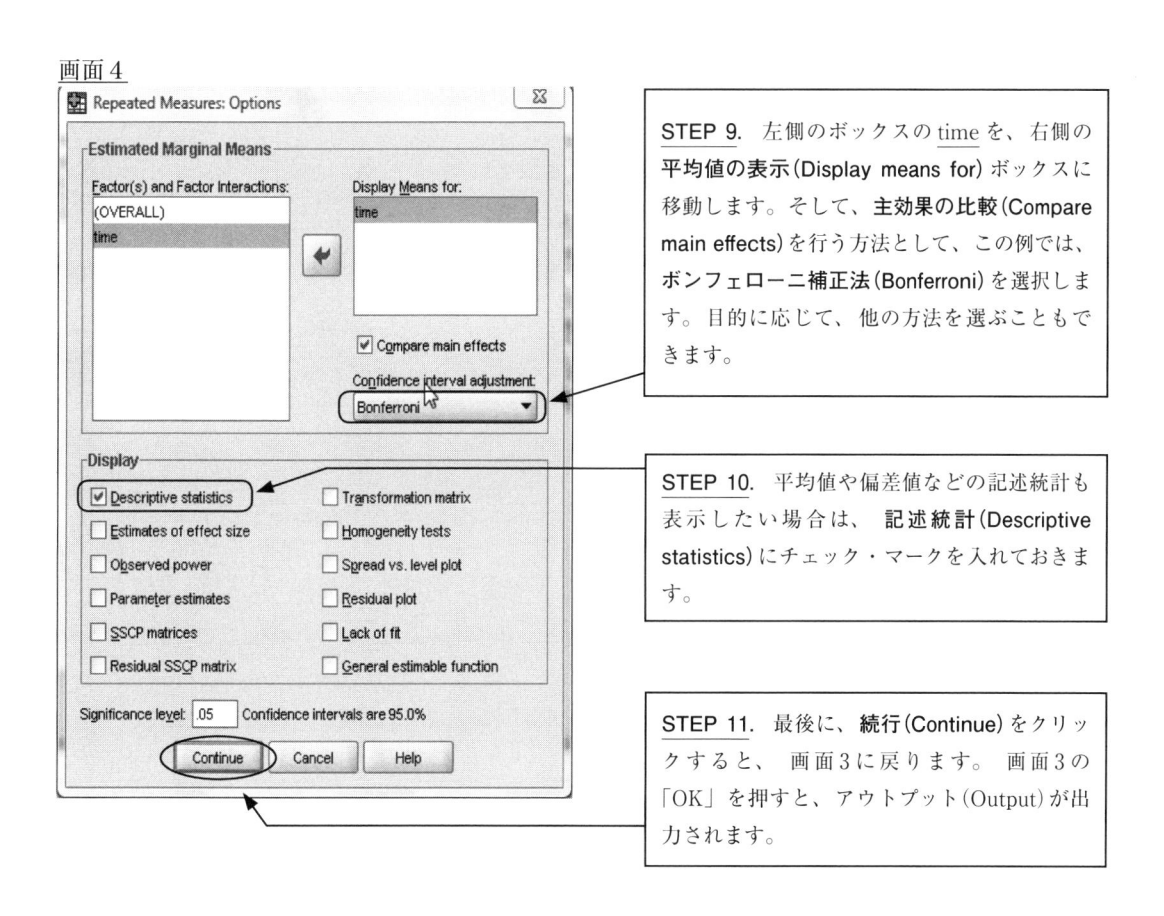

画面4

STEP 9. 左側のボックスの time を、右側の**平均値の表示**(Display means for)ボックスに移動します。そして、**主効果の比較**(Compare main effects)を行う方法として、この例では、**ボンフェローニ補正法**(Bonferroni)を選択します。目的に応じて、他の方法を選ぶこともできます。

STEP 10. 平均値や偏差値などの記述統計も表示したい場合は、**記述統計**(Descriptive statistics)にチェック・マークを入れておきます。

STEP 11. 最後に、**続行**(Continue)をクリックすると、画面3に戻ります。画面3の「OK」を押すと、アウトプット(Output)が出力されます。

STEP 12. 下のアウトプット 1 は、ボンフェローニ補正法を用いた多重比較（Pairwise comparisons）の結果です。この結果により、全ての比較に有意差があったことが確認できました（$p<.001$）。

アウトプット（output）1. **多重比較（Pairwise comparisons）**

Pairwise Comparisons

Measure:MEASURE_1

(I) time	(J) time	Mean Difference (I-J)	Std. Error	Sig.a	95% Confidence Interval for Difference a	
					Lower Bound	Upper Bound
1	2	-16.289*	1.432	.000	-19.914	-12.664
	3	-27.477*	1.435	.000	-31.109	-23.844
2	1	16.289*	1.432	.000	12.664	19.914
	3	-11.188*	.953	.000	-13.599	-8.776
3	1	27.477*	1.435	.000	23.844	31.109
	2	11.188*	.953	.000	8.776	13.599

Based on estimated marginal means
*. The mean difference is significant at the .05 level.
a. Adjustment for multiple comparisons: Bonferroni.

⇒さらに.....

画面 4 の下ボックスの右手に、「等分散性検定（homogeneity tests）」というのがあります。分散分析（ANOVA）を使って、二組以上のテスト結果の平均値を比べる時には、通常これもクリックして、等分散性の検定を同時に行います。そうすると、アウトプット 2 とアウトプット 3 が、アウトプット 1 と同時に出力されます。アウトプット 2 は、「モークリーの球面性検定（Mauchly's test of sphericity）」と呼ばれる等分散性検定の結果です。本データの場合，三組のテスト結果の分散に有意差が見られました（$p=.03$）。つまり、等分散が仮定できないことになります。このような場合は、クリーンハウス・ゲイザー（Greenhouse-Geisser）かホイン・フェルト（Huynh-Feldt）の自由度（degree of freedom）調整を行った結果を報告します。クリーンハウス・ゲイザーを使う場合は、$F(1.65, 51.28)=228.226$, $p<.01$ となります。ただし、アウトプット 3 に見るように、本データの場合、等分散が仮定できてもできなくても、被験者内効果の検定（tests of within-subjects effects）の結果に違いは見られませんでした。

アウトプット2．モークリーの球面性検定（Mauchly's test of sphericity）

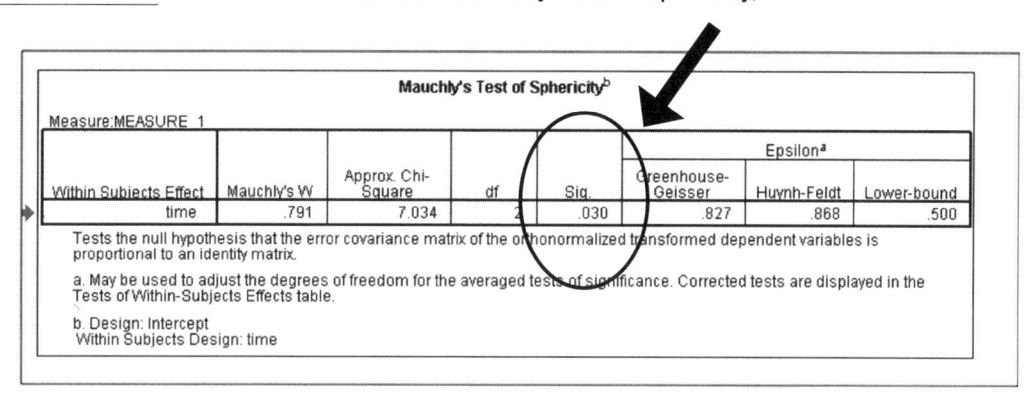

Mauchly's Test of Sphericity[b]

Measure: MEASURE_1

Within Subjects Effect	Mauchly's W	Approx. Chi-Square	df	Sig.	Epsilon[a]		
					Greenhouse-Geisser	Huynh-Feldt	Lower-bound
time	.791	7.034	2	.030	.827	.868	.500

Tests the null hypothesis that the error covariance matrix of the orthonormalized transformed dependent variables is proportional to an identity matrix.

a. May be used to adjust the degrees of freedom for the averaged tests of significance. Corrected tests are displayed in the Tests of Within-Subjects Effects table.

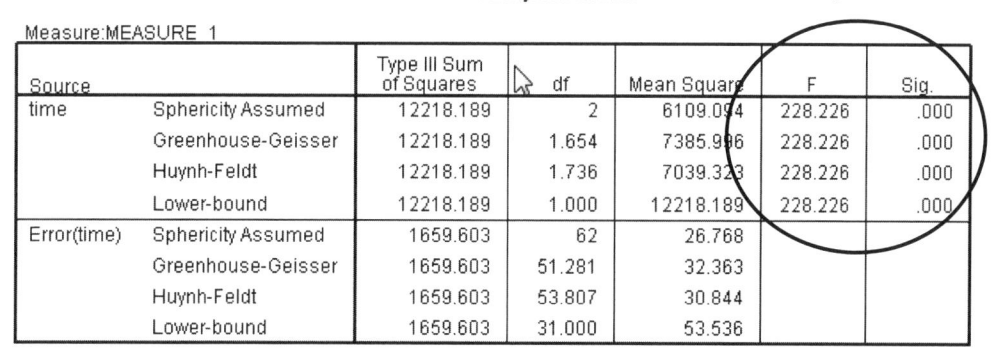

b. Design: Intercept
   Within Subjects Design: time

アウトプット3．被験者内効果の検定（Tests of within-subjects effects）

Tests of Within-Subjects Effects

Measure: MEASURE_1

Source		Type III Sum of Squares	df	Mean Square	F	Sig.
time	Sphericity Assumed	12218.189	2	6109.094	228.226	.000
	Greenhouse-Geisser	12218.189	1.654	7385.986	228.226	.000
	Huynh-Feldt	12218.189	1.736	7039.323	228.226	.000
	Lower-bound	12218.189	1.000	12218.189	228.226	.000
Error(time)	Sphericity Assumed	1659.603	62	26.768		
	Greenhouse-Geisser	1659.603	51.281	32.363		
	Huynh-Feldt	1659.603	53.807	30.844		
	Lower-bound	1659.603	31.000	53.536		

資料5-5. SPSS (version17) を使用した対応のある二標本の t 検定 (paired t-test)

対応のある二標本 t 検定(paired t-test)は、同じ被験者が同じテストを2回受けた場合に、平均点の差が統計的に有意であったかどうかを確かめるために行います。ここでは、5章で述べた聴解力テストのデータを使って、対応のある二標本 t 検定の仕方を説明します。

> **STEP 1.** 画面1に示すように、被験者全員の聴解力テスト結果を入力します(データに見えているのは32名中16名まで)。1列目に学生のID番号、2列目に1回目のテスト結果(四学年終了時点)、そして3列目に2回目のテスト結果(五学年終了時点)を入力します。

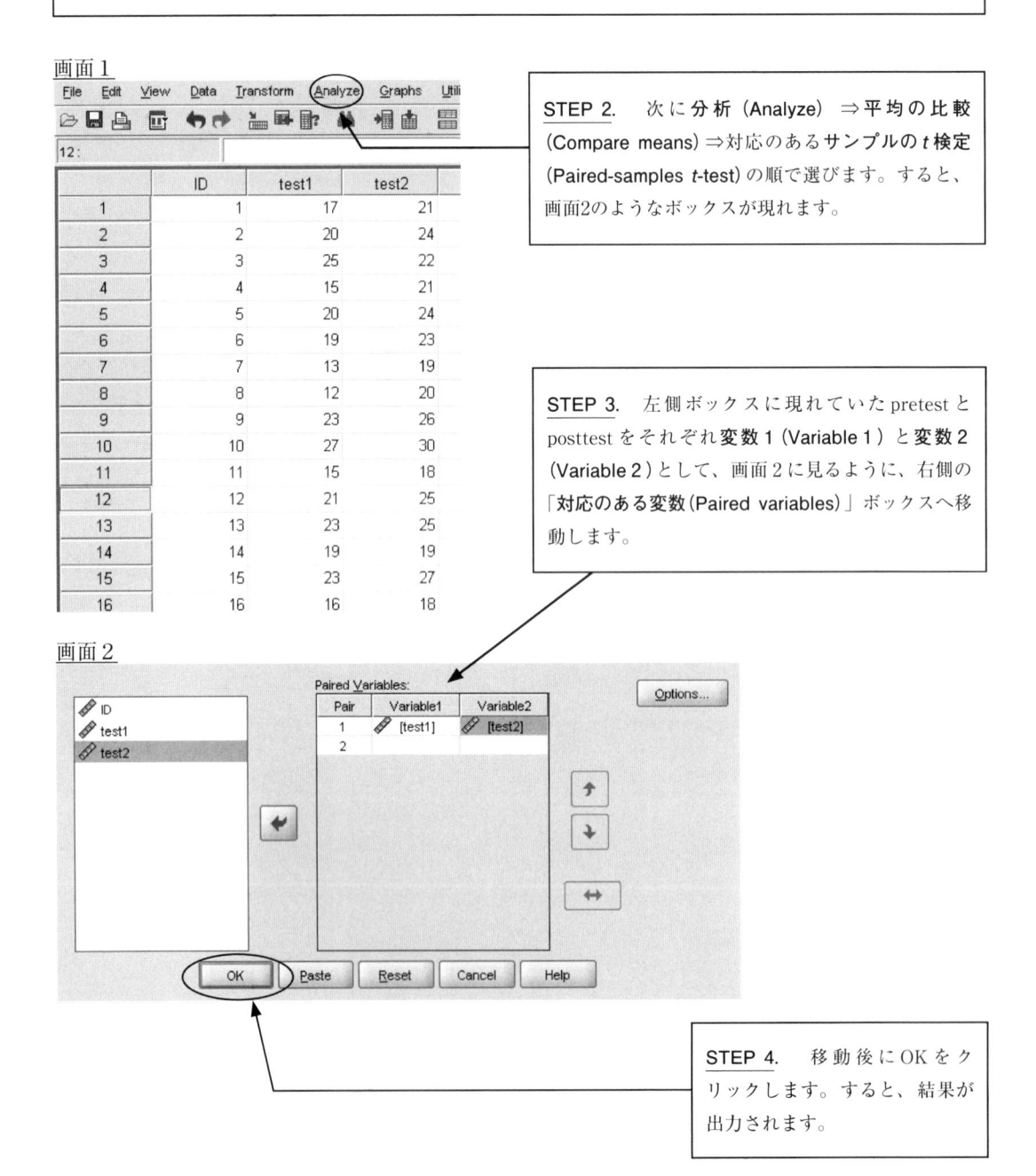

画面1

	ID	test1	test2
1	1	17	21
2	2	20	24
3	3	25	22
4	4	15	21
5	5	20	24
6	6	19	23
7	7	13	19
8	8	12	20
9	9	23	26
10	10	27	30
11	11	15	18
12	12	21	25
13	13	23	25
14	14	19	19
15	15	23	27
16	16	16	18

> **STEP 2.** 次に分析 (Analyze) ⇒ 平均の比較 (Compare means) ⇒ 対応のあるサンプルの t 検定 (Paired-samples t-test) の順で選びます。すると、画面2のようなボックスが現れます。

> **STEP 3.** 左側ボックスに現れていた pretest と posttest をそれぞれ変数1 (Variable 1) と変数2 (Variable 2) として、画面2に見るように、右側の「**対応のある変数 (Paired variables)**」ボックスへ移動します。

画面2

> **STEP 4.** 移動後に OK をクリックします。すると、結果が出力されます。

STEP 5. 結果（アウトプット）は下のような表にまとめられています。3つ目の表に示されている t 値（t value）、自由度（degree of freedom [df]）、そして、有意確率（significance level）を確認します。本データの場合、$t(31) = 6.795, p < .001$ と書いて、二組の平均値に有意差があったことを報告します。

アウトプット． 対応のあるサンプルの t 検定（**Paired-samples *t*-test**）

Paired Samples Statistics

		Mean	N	Std. Deviation	Std. Error Mean
Pair 1	test1	20.09	32	4.610	.815
	test2	23.53	32	3.663	.648

Paired Samples Correlations

		N	Correlation	Sig.
Pair 1	test1 & test2	32	.784	.000

Paired Samples Test

		Paired Differences					t	df	Sig. (2-tailed)
		Mean	Std. Deviation	Std. Error Mean	95% Confidence Interval of the Difference				
					Lower	Upper			
Pair 1	test1 - test2	-3.438	2.862	.506	-4.469	-2.406	-6.795	31	.000

資料5-6．年少者用の日本語聴解力テストの見本

Dear Student,

You are taking this listening test to find out how much Japanese you understand. Remember it is important to do your best so your teacher will know how much *Nihongo* you know. Some questions may be difficult, and you may not be sure about the correct answer. Even so, make the best guess you can, and try to answer all the questions. Have fun!

A. Listen to the tape and circle the letter for the most appropriate answer. You will hear each answer twice.（挨拶表現の理解）

[Example 1]　In the evening, how do you greet?
　　　　　　　a.　　　　b.　　　　c.　　　　d.
🔊（a. こんばんは　b. こんばん　c. こんにちは　d. ありがとう）

[Example 2]　In the morning, how do you greet your teacher?
　　　　　　　a.　　　　b.　　　　c.　　　　d.
🔊（a. おやすみなさい　b. こんにちは　c. げんきです　d. おはようございます）

[Example 3]　Your class is over and you say "good bye" to your teacher.
　　　　　　　a.　　　　b.　　　　c.　　　　d.
🔊（a. ありがとう　b. さようなら　c. どうぞ　d. おやすみ）

[Example 4]　You broke your friend's toy and you apologize.
　　　　　　　a.　　　　b.　　　　c.　　　　d.
🔊（a. どういたしまして　b. おめでとう　c. ありがとう　d. ごめんなさい）

B. Listen to the tape and circle the letter for what you hear. You will hear each item twice.（語彙の理解）

[Example 1]　a.　Banana
　　　　　　　b.　Orange
　　　　　　　c.　Lemon
　　　　　　　d.　Peach
🔊（バナナ）

[Example 2]　a.　Apple
　　　　　　　b.　Grape
　　　　　　　c.　Watermelon
　　　　　　　d.　Strawberry
🔊（いちご）

[Example 3]　a.　Red
　　　　　　　b.　Yellow
　　　　　　　c.　Green
　　　　　　　d.　Blue
🔊（緑）

[Example 4]　a.　Monday
　　　　　　　b.　Tuesday
　　　　　　　c.　Wednesday
　　　　　　　d.　Thursday
🔊（木曜日）

C. Listen to the tape and circle the letter for what you hear. You will hear each item twice.（質問文の理解）

[Example 1]　a.　What time is it?
　　　　　　　b.　What is it?
　　　　　　　c.　Who is it?
　　　　　　　d.　What is the date?
🔊（誰ですか）

[Example 2]　a.　What grade are you in?
　　　　　　　b.　How are you?
　　　　　　　c.　How old are you?
　　　　　　　d.　What is your name?
🔊（何歳ですか）

[Example 3]   a. What is it?
              b. What color is it?
              c. What time is it?
              d. What's the date?
   🔊 （何色ですか）

[Example 4]   a. I like blue.
              b. I like red.
              c. Do you like blue?
              d. Do you like red?
   🔊 （赤が好きです）

D. Listen to the tape and circle the letter for what you should do. You will hear each instruction twice. （指示表現・指示文の理解）

[Example 5]   You should   a. start
                           b. hurry
                           c. stop
                           d. move
   🔊 （速く！）

[Example 6]   You should   a. make a circle
                           b. show something
                           c. sit down
                           d. stand up
   🔊 （立ってください）

[Example 7]   You should   a. talk
                           b. be quiet
                           c. wait
                           d. move
   🔊 （静かに！）

[Example 8]   You should   a. stop
                           b. start
                           c. repeat
                           d. ask
   🔊 （はい、もう一度）

E. Listen to the conversation between Yamada sensei and her student, Aileen, and circle the letter of the best answer. You will hear each conversation twice. （会話文の理解）

[Example 1]   What time is it now?
              a. 6:30
              b. 6:00
              c. 9:30
              d. 9:00

🔊
児童：山田先生、今何時ですか。
先生：9時半ですよ。
児童：9時？
先生：いいえ、9時半。
児童：あ、九時半。どうもありがとう。

[Example 2]   What does Yamada sensei like?
              a. Milk
              b. Orange juice
              c. Both orange juice and milk
              d. Neither one

🔊
児童：山田先生、オレンジジュースがすきですか。
先生：はい、すきです。
児童：じゃ、ミルクも好きですか。
先生：ミルク？ミルクはきらいです。

[Example 3]   Who is in Aileen's family?
              a. Little brother
              b. Little sister
              c. Big brother
              d. Big sister

🔊 （質問 3 と 4 ）
先生：アイリーンさん、お兄さんがいますか。
児童：はい。
先生：あ、そうですか。弟は？
児童：いいえ、いません。
先生：ああ、そうですか。お兄さんは何歳ですか。

[Example 4]   What does Yamada sensei want to know about the person in Aileen's family?
              a. Name
              b. Grade
              c. Birthday
              d. Age

資料6-1．日本語教育実習のシラバスの見本

Japanese 620: Teaching practicum in beginning-level Japanese language

Pre-requisites

You must complete JPN604 or EALL601, or have received equivalent training before starting JPN620.
Also, it is highly recommended that you demonstrate intermediate-level skills in spoken and written Japanese.

Course goal and description: （和訳● 6 章 [6.1] ☞ 148 ページ）

The goal of this course is to help you develop the knowledge, skills, and confidence necessary to effectively teach a beginning-level Japanese language course at the university level. To this end, the course will offer you opportunities to (a) regularly teach and observe a beginning-level Japanese language course, (b) develop instructional and assessment materials for the course, (c) participate in weekly Japanese pedagogy seminars, and (d) develop a teaching portfolio. Through the experience of actually teaching Japanese and participating in the seminars, you will learn how best to characterize Japanese language and culture and present them to beginning-level Japanese language students. In this process, you will also examine your beliefs about Japanese language pedagogy and how these beliefs affect your behavior as a Japanese language teacher. Furthermore, this course will help develop your ability to teach Japanese by engaging in regular self-reflection and peer-evaluation. By the end of the course, you will be required to submit a teaching portfolio that includes evidence of your growth in expertise and competence as a professional Japanese language teacher.

Expected learning outcomes: （和訳● 6 章 [6.1] ☞ 150 ページ）

For teaching beginning Japanese, by the end of the semester, you will be able to:

1. Create effective and appropriate lesson plans for teaching Japanese
2. Apply a wide range of knowledge concerning the Japanese language (e.g., sound system, vocabulary, grammar, pragmatics, culture, etc.) to the teaching of beginning Japanese and teach these language features effectively.
3. Apply knowledge of second language teaching and learning to the development of instructional materials and strategies.
4. Enhance your awareness of your own beliefs about Japanese language and teaching and examine how such beliefs influence your actions in the classroom.
5. Design appropriate and effective assessment tools and procedures and use assessment results formatively and summatively.
6. Demonstrate knowledge and skill in providing useful evaluative comments and give constructive feedback to students and peers.

Texts:
All reading materials for Japanese 620B will be provided. You will need to purchase the textbooks and supplementary materials for Japanese 101 (see the JPN 101 course syllabus).

Grades:（和訳● 6 章 [6.1] ☞ 150 ページ）

The course grade will be determined by the following:
1. Preparation for and participation in weekly seminars 10%
2. Lesson planning and teaching..30%
3. Classroom observation and peer feedback 20%
4. Teaching portfolio...40%

Guidelines for teaching and observation:

You will teach JPN 101 (approximately 15 students) with a group of six teachers in training (each of you will have 10 teaching and other assignments; see the teaching assignment sheet). Successful collaborative teaching requires *good team work*. Although individual differences in teaching methods and styles are expected, it is very important that you make an effort to maintain coherence in teaching content between sessions and complete the required coverage for each lesson. Also, teaching often does not go as you planned, so you should stay flexible.

For each class you teach, you are required *to prepare a copy of your lesson plan for all the observers* (see the sample lesson plan sheet). You must keep records of student participation on the days you teach. You also must give feedback to and keep records of check-up tests and homework that you have given to your students. When you do not teach, you must observe the class and give feedback to the teacher using the observation form. After each class, we will meet for 10-15 minutes for feedback and coordination.

References for language teaching practicum

- Brown, H. D. (2001). *Teaching by principles: An interactive approach to language pedagogy* (2nd ed.). Upper Saddle River, NJ: Prentice Hall Regents.
- Brown, J. D. (1995). *The elements of language curriculum: A systematic approach to program development*. New York: Heinle & Heinle.
- Makino, S., & Tsutsui, M. A. (1991). *Dictionary of basic Japanese grammar*. Tokyo: The Japan Times.
- Omaggio Hadley, A. (2001). *Teaching language in context* (3rd ed.). Boston: Heinle & Heinle.
- Richards, J. C. (1990). *The language teaching matrix*. Cambridge: Cambridge University Press.
- Richards, J. C., & Lockhart, C. (Eds.). (1994). *Reflective teaching in second language classrooms*. Cambridge: Cambridge University Press.
- 青木直子・尾崎明人・土岐哲（編）(2001)『日本語教育学を学ぶ人のために』世界思想社
- 石田敏子 (1992)『入門　日本語テスト法』大修館書店
- 市川保子 (2005)『初級日本語文法と教え方のポイント』スリーエーネットワーク
- 伊東祐郎 (2008)『日本語教師のためのテスト作成マニュアル』アルク
- 岡崎眸・岡崎敏雄 (2001)『日本語教育における学習の分析とデザイン：言語習得過程の視点から見た日本語教育』凡人社
- 迫田久美子 (2002)『日本語教育に生かす第二言語習得研究』アルク
- 高見澤孟（監修）(1996)『はじめての日本語教育１：日本語教育の基礎知識』アスク
- 野田尚史（編）(2005)『コミュニケーションのための日本語教育文法』くろしお出版

資料6-2A. 教科書分析基準の見本

Please evaluate the text using the following 4-point scale: 4 (Excellent), 3 (Good), 2 (Acceptable), 1 (Poor)

Criteria	Rating	Comments
1. Is there a well-developed curriculum? Is it compatible with our program objectives?		
2. How are the chapters organized (e.g., structural, functional, topical, etc.?) Are the chapters well organized?		
3. Is the layout clear and easy to read?		
4. Are the illustrations and pictures attractive and effective?		
5. Are the topics, situations, and contexts appropriate and current?		
6. Are all four skills balanced and well integrated in the chapters?		
7. Is the language use authentic/natural?		
8. Is there a balance between controlled mechanical practice and "freer" communicative tasks that allow for negotiation of meaning?		
9. Is there a balance between input/receptive and output/productive tasks?		
10. Are the instructions clear to both students and teacher?		
11. Are there sufficient and appropriate explanations for the focused forms/grammar?		
12. Are the choices of vocabulary, expressions, and patterns appropriate for carrying out the target tasks in the lessons?		
13. Are there sufficient and appropriate materials to instruct pragmatics and communication strategies?		
14. Are the cultural notes provided with each chapter interesting, useful for learners, and relevant to the chapter content?		
15. Is the overall quality of this textbook excellent?		

資料6-2B. 教科書分析基準の見本（和訳）

次の四段階評価を使って、教科書を評価してください：4（優）、3（良）、2（可）、1（不可）

評価項目	評価	コメント欄
1. カリキュラムは、よくできているか。プログラムの目標と合っているか。		
2. 各課の構成はどうなっているか（文法別、機能別、それともトピック別に構成されているか、など）。各課の構成は良いか。		
3. レイアウトは、見やすく、分かりやすいか。		
4. 魅力のあるイラストや写真が、効果的に使われているか。		
5. トピック、場面、状況設定は、適切で現代的か。		
6. 四つの技能は、各課にバランスよくまとめられているか。		
7. 言葉の使い方は、本物に近く自然であるか。		
8. 内容のコントロールされた機械的練習と、意味交渉が可能で、より自由に話せるコミュニケーション・タスクが、バランスよく取り入れられているか。		
9. インプット型（受容型）のタスクと、アウトプット型（産出型）のタスクのバランスは、いいか。		
10. 説明・指示は、学生や教師にとって分かりやすいか。		
11. 各課の重要文法事項に、十分で適切な説明があるか。		
12. 導入された語彙、表現、文型は、その課の目標タスクを行うのに適切か。		
13. 語用法や、コミュニケーション方略の指導内容は、十分で適切か。		
14. 学習者にとって、面白く有用で、かつ単元の内容に関連した文化の説明があるか。		
15. 全体的に見て、この教科書の評価は大変良いか。		

資料6-3．日本語教育実習用の教案用紙の見本

	日本語教育実習教案（　　　課）
実習生の名前：	日付：　　／　　　（月・火・水・金）

学習指導目標（学習者は〜ができるようになる）

1.

2.

3.

4.

新出文型・表現・単語

準備する教材・設備

授業の流れ

フィードバック及び反省

資料6-4．日本語授業の観察用紙の見本

(和訳● 6 章 [6.5] ☞ 158 ページ)

Teacher Observation Form（Japanese 101/Practicum 620）

Instructor: _____ **Observer**: _____ **Date**: _____

A. Planning

( )　The objectives of the lesson were clear and appropriate

( )　The lesson incorporated a variety of activities and interaction patterns and they were logically sequenced

( )　The activities were suitable for the age and level of the group

( )　The activities were directly related to the objectives of the lesson

B. Teaching

( )　The class started and ended on time

( )　The lesson was well-paced

( )　Instructions/explanations were brief and clear

( )　Student errors were monitored and, if necessary, corrected implicitly or explicitly

( )　The instructor spoke clearly and loudly enough for all to hear

( )　The instructor made effective and sufficient use of Japanese at an appropriate level

( )　The instructor gave students an opportunity to learn aspects of the Japanese culture

( )　The students received sufficient opportunities to use Japanese

( )　The use of audiovisual aids and/or chalkboard was effective

( )　The instructor created a friendly atmosphere and there was good rapport between the teacher and students

---

1. Identify at least one aspect of today's teaching which you would do the same or like to incorporate in your future teaching.

2. Identify one aspect of today's teaching that you might do differently, if any.

MAHALO for your teaching! お疲れ様でした。

資料6-5A. 日本語教育実習の学期末授業評価用紙

> **Anonymous and Confidential JPN 620 Course Evaluation**

Instructor: _____   Evaluation Date: _____

Part I. Please read each question and check the answer that best reflects your practicum experience.

(1) <u>Before</u> your practicum training, how confident did you feel about teaching <u>beginning-level</u> Japanese at this university?

Not at all confident				Very confident
1	2	3	4	5

(2) How confident do you feel about teaching <u>beginning-level</u> Japanese at this university now?

Not at all confident				Very confident
1	2	3	4	5

(3) How confident do you feel about teaching <u>intermediate-level</u> Japanese at this university now?

Not at all confident				Very confident
1	2	3	4	5

(4) How eager do you feel about teaching your own Japanese language class?

Not at all eager				Very eager
1	2	3	4	5

(5) Did you find your practicum training helpful in your overall professional development as a teacher?

Not at all helpful				Very helpful
1	2	3	4	5

(6) To what extent did you find your practicum training helpful in achieving the following learning outcomes for the course?

	Not helpful at all				Very helpful
	1	2	3	4	5
1. Create effective and appropriate lesson plans for teaching Japanese.					
2. Apply a wide range of knowledge concerning the Japanese language (e.g., sound system, vocabulary, grammar, pragmatics, culture, etc.) to the teaching of beginning Japanese and teach these language features effectively.					
3. Apply knowledge of second language teaching and learning to the development of instructional materials.					
4. Enhance your awareness of your own beliefs about Japanese language and teaching and examine how such beliefs influence your actions in the classroom.					
5. Design appropriate and effective assessment tools and procedures and use assessment results formatively and summatively.					
6. Demonstrate knowledge and skills in providing useful evaluative comments and give constructive feedback to students and peers.					

Part 2. Please respond to the following questions about your practicum experience.

(1) What have you learned during your practicum training that is valuable to you as a teacher?

(2) What aspects of the practicum course do you think could be improved?

(3) Any final comments for the instructor?

資料6-5B. 日本語教育実習の学期末授業評価用紙（和訳）

> 日本語教育実習の無記名式　評価アンケート

指導教官名：＿＿＿＿＿＿＿＿＿＿＿＿　　　実施日：＿＿＿＿＿＿＿＿＿＿＿＿

Part I.　下の質問を読んで、自分の教育実習体験に一番よくあてはまるものに○をつけてください。

(1) 教育実習を始める前、初級レベルの日本語クラスを教えることについて、どのくらい自信がありましたか。

全く自信がなかった				とても自信があった
1	2	3	4	5

(2) 今現在、本校で初級レベルの日本語クラスを教えることについて、どのくらい自信がありますか。

全く自信がない				とても自信がある
1	2	3	4	5

(3) 今現在、本校で中級レベルの日本語クラスを教えることについて、どのくらい自信がありますか。

全く自信がない				とても自信がある
1	2	3	4	5

(4) 自分一人で日本語クラスを教えてみたいと思いますか。

全然教えたくない				是非とも教えたい
1	2	3	4	5

(5) 教育実習は、自分が教師として成長するのに、どのくらい役に立ったと思いますか。

全く役に立たなかった				とても役に立った
1	2	3	4	5

(6) 下記の本クラスの学習目標を達成するのに、教育実習はどの程度役に立ったと思いますか。

	全く役に立たなかった			とても役に立った	
	1	2	3	4	5
1. 効果的で適切な日本語指導教案を作成することができる					
2. 日本語に関する広い知識（音声、語彙、文型、語用、文化など）が初級日本語クラスの指導に応用でき、効果的に教えられる					
3. 第二言語の指導や学習に関する知識を教材・ストラテジー開発に応用できる					
4. 日本語能力や教授法に関する自分の信念についての自覚を高め、それが自分の授業にどのように影響しているかについて説明できる					
5. 適切で効果的な評価方法を考案し、また、評価結果を形成的及び総括的な評価目的に使用できる					
6. 役に立つ批評の仕方に関する知識と技術を獲得し、学習者や他の実習生に対し建設的なフィードバックが与えられるようになる					

Part II. 教育実習を振り返って、下の質問に答えてください。

(1) 教育実習を通して、教師として何か重要なことを学ぶことができましたか。それはどんなことですか。

(2) 教育実習で、何か改善した方がいい点があったら教えてください。

(3) 最後に、何か指導教官へのコメントがあったらどうぞ。

資料６-６Ａ. 日本語学習者対象の教育実習生評価のためのアンケート用紙

To: All students in JPN 101
From: Kimi Kondo-Brown
Re: Anonymous practicum teacher evaluation (due tomorrow)
Date: _____

The purpose of this evaluation form (2 pages) is to obtain *anonymous* information about the five teachers in training who have taught you Japanese during the last three months. This evaluation is *important*. It will be used by the teachers for improving their teaching skills. It will also be used as part of my evaluation of their teaching performance. Please take a few minutes to complete the form and return it to me tomorrow.

Part 1. Read each evaluation criterion and indicate the extent to which you agree or disagree about each teacher's performance. For example, if you strongly agree with a certain criterion as a characteristic of the teacher you are evaluating, write "5."

1 Strongly Disagree	2 Somewhat Disagree	3 No opinion	4 Somewhat Agree	5 Strongly Agree

Evaluation criteria	Practicum student A	Practicum student B	Practicum student C	Practicum student D	Practicum student E
She is well organized and prepared for each session.					
I like the handouts and visuals that she prepares.					
She gives clear and understandable explanations.					
Her oral speaking is clear.					
She is enthusiastic about what she teaches.					
She appears to have a thorough knowledge of the subject.					
She is able to stimulate class participation.					
She is friendly and accessible.					
She tells students when they have done a particularly good job.					
She grades papers（daily mini tests, homework）fairly.					
I have received her comments on written work and found them very helpful.					
She is easy to talk with and available for consultation.					
She motivates me to do my best work.					
I like her teaching style.					
Overall, she is an excellent teacher.					
I would like her to be my Japanese teacher again.					

Part 2. Please fill in each cell with short responses to the three questions.

	What do you like about her teaching?	Any suggestion for her future teaching?	Write one sentence/phrase that best describes this teacher (or her teaching sytle).
Practicum student A			
Practicum student B			
Practicum student C			
Practicum student D			
Practicum student E			

資料6-6B. 日本語学習者対象の教育実習生評価のためのアンケート用紙（和訳）

To: 日本語101の学生の皆さんへ
From: 近藤ブラウン妃美
Re: 無記名式アンケートによる実習生評価（明日までに提出すること）
Date: ＿＿＿＿＿＿＿＿

このクラスで3ヶ月間日本語を教えていた5人の教育実習生について、無記名の評価アンケート（全2ページ）を取りたいと思います。このアンケートはとても重要なものです。皆さんからの回答は、実習生たちが自分の教え方を向上させるために使います。また、実習生のパフォーマンス評価の一部としても使われます。アンケートの回答に要する時間は、数分程度です。全て回答してから、明日私に提出してください。

Part 1. 下の評価基準を読んで、それぞれの実習生について、どの程度同意できる・できないかを答えてください。例えば、ある実習生について、その評価基準について「強くそう思う」場合は、「5」と記入してください。

1 全く そう思わない	2 あまり そう思わない	3 どちらとも いえない	4 やや そう思う	5 強く そう思う

評価基準	実習生A	実習生B	実習生C	実習生D	実習生E
毎回、授業がよく計画・準備されていた					
授業に使ったプリントや視覚教材が良かった					
説明が明確で、分かりやすかった					
言っていることが、はっきり聞き取れた					
授業に対する熱意が感じられた					
教える内容について、十分な知識がある					
参加したくなるような授業だ（授業が面白くて、つい引き込まれる）					
親切で話しかけやすい					
学生がよくできたときは、そう教えてくれる					
テストや宿題の採点が公正だ					
作文など、書いたものに役に立つコメントをくれる					
話しやすいし、相談に応じてくれる					
学生の学習意欲を高めてくれる					
この先生の教え方が好きだ					
総合的に見て、すばらしい先生だ					
もう一度、この先生から日本語を習いたいと思う					

Part 2. それぞれの実習生について、下の3つの質問に簡単に答えてください。

	この実習生の教え方で、好きな所はどんな所ですか	この実習生の教え方で、変えてほしい所がありますか	この実習生（もしくは、実習生の教え方）を一言で表してください
実習生 A			
実習生 B			
実習生 C			
実習生 D			
実習生 E			

資料6-7．日本語教育実習ポートフォリオの評価基準

(和訳● 6 章 [6.3] ☞ 154-155 ページ)

1. TEACHING PHILOSOPHY STATEMENT　教育理念

Evaluation criteria
- Clearly indicates your goals as a Japanese language teacher (short- or long-term)
- Clearly and appropriately explains your beliefs or principles about teaching (e.g., theoretical foundation of your practice)
- Considers and describes fully your strengths as a Japanese language teacher as well as areas for improvement

Grade：　Excellent (A) || Satisfactory (B) || Substandard (C) ||
Evaluative comments:

2. LESSON PLANS　教案

Evaluation criteria
- Clear and appropriate objectives for the given lesson
- Variety of instructional activities
- Logical sequence of planned activities
- The match between the stated objectives and planned activities
- Evidence of effort and learning concerning lesson planning (indicated in the reflection report)

Grade：　Excellent (A) || Satisfactory (B) || Substandard (C) ||
Evaluative comments:

3. TEACHING MATERIALS (primarily handouts you gave in class)
授業教材（主に教室で渡すプリント）

Evaluation criteria
- Clarity of instructions and explanations
- Effective presentation of content (effective format, headings, illustrations, etc.)
- Accurate and effective use of Japanese
- Thoughtful task design which leads to the achievement of expected learning outcomes
- Evidence of creativity and ability to innovate
- Consistency with the stated teaching philosophy
- Evidence of effort and learning concerning teaching materials (indicated in the reflection report)

Grade：　Excellent (A) || Satisfactory (B) || Substandard (C) ||
Evaluative comments:

4. ASSESSMENT (The assigned daily min-tests and lesson tests)　評価

Evaluation criteria
- Clarity of instructions and explanations
- Effective presentation (format, headings, illustrations, etc.)
- Accurate and effective use of Japanese
- Consideration of construct and content validity of the tests (the test assesses what it intends to assess)
- Clear and adequate indication of grading criteria
- Evidence of effort and learning concerning the development of assessment instruments and procedures (indicated in the reflection report)

Grade：　Excellent (A) || Satisfactory (B) || Substandard (C) ||
Evaluative comments:

5. HOMEWORK ASSIGNMENTS　宿題

Evaluation criteria
- Clarity of instructions and explanations
- Effective presentation (format, headings, illustrations, etc.)
- Accurate and effective use of Japanese
- Sufficient and adequate opportunities to review the learned material or prepare for the next lesson
- Evidence of sufficient thought regarding homework assignments (indicated in the reflection report)

Grade：　Excellent (A) || Satisfactory (B) || Substandard (C) ||
Evaluative comments:

6. FEEDBACK ON STUDENT WORK　学習者へのフィードバック

Evaluation criteria
- Adequate feedback on student work such as tests and assignments
- Evidence of sufficient thought regarding feedback (indicated in the reflection report)

Grade：　Excellent (A) || Satisfactory (B) || Substandard (C) ||
Evaluative comments:

7. RECORDED IN-CLASS PERFORMANCE　録画授業

Evaluation criteria
- Clear account of the lesson objectives and planned activities for the recorded lesson
- Insightful observation of your teaching characteristics and style
- Examination of your teaching from the student perspective
- Explanation of unexpected events and the ways you handled it
- Discussion of things you thought went well and would do again in your future teaching
- Discussion of things you would do differently or improve in future teaching

Grade：　Excellent (A) || Satisfactory (B) || Substandard (C) ||
Evaluative comments:

引用文献リスト(Works cited)

Aida, Y. (1994). Examination of Horowitz, Horowitz, and Cope's construct of foreign language anxiety: The case of students of Japanese. *Modern Language Journal, 78* (2),155–168.

Akcan, S., & Tatar, S. (2010). An investigation of the nature of feedback given to pre-service English teachers during their practice teaching experience. *Teacher Development, 14* (2), 153–172.

American Educational Research Association, American Psychological Association, and National Council on Measurement in Education (AERA, APA, & NCME). (1999). *Standards for educational and psychological testing.* Washington, DC: American Educational Research Association.

Anton, M. (2009). Dynamic assessment of advanced second language learners. *Foreign Language Annals, 42* (3), 576–598.

Antonek, J. L., Donato, R., & Tucker, G. R. (2000). Differential linguistic development of Japanese language learners in elementary school. *The Canadian Modern Language Review, 57* (2), 325–351.

Antonek, J. L., McCormick, D. E., & Donato, R. (1997). The student teacher portfolio as autobiography: Developing a professional identity. *The Modern Language Journal, 81* (1), 15–27.

Arter, J., & McTighe, J. (2001). *Scoring rubrics in the classroom.* Thousand Oaks, CA: Corwin Press.

Assessment Systems corporation (1997). *XCalibre (version 1.10e).* St. Paul, MN: Assessment Systems.

Association of Teachers of Japanese (ATJ). (1998). *Framework for post-basic Japanese language curricula [draft].* Retrieved from: http://www.aatj.org/atj/prodev/postbasic.html

Bachman, L. F. (1988). Problems in examining the validity of the ACTFL oral proficiency interview. *Studies in Second Language Acquisition, 10* (2),149–164.

Bachman, L. F. (1990). *Fundamental considerations in language testing.* Oxford: Oxford University Press.

Bachman, L. F., & Palmer, A. S. (1989). The construct validation of self-ratings of communicative language ability. *Language Testing, 6* (1), 14–25.

Bachman, L. F., & Palmer, A. S. (1996). *Language testing in practice.* Oxford: Oxford University Press.

Bachman, L. F., & Savignon, S. J. (1986). The evaluation of communicative language proficiency: A critique of the ACTFL oral interview. *The Modern Language Journal, 70* (4), 380–390.

Bailey, K. M. (1998). *Learning about language assessment: Dilemmas, decisions, and directions*. Cambridge, MA: Heinle & Heinle.

Bain, K. (2004). *What the best college teachers do*. Cambridge, MA: Harvard University Press.

Banno, E. (2008). *Investigating an oral placement test for learners of Japanese as a second language* (Doctoral dissertation). Available from ProQuest Dissertations and Theses Database. (AAT 3300329).

Barkaoui, K. (2007). Participants, texts, and processes in ESL/EFL essay tests: A narrative review of the literature. *The Canadian Modern Language Review, 64*, 99–134.

Barnhardt, S., Kevorkian, J., & Delett, J. (1998). *Portfolio assessment in the foreign language classroom*. Washington, DC: National Capital Language Resource Center.

Barton, J., & Collins, A. (1993). Portfolios in teacher education. *Journal of Teacher Education, 44* (3), 200–210.

Becket, G. H., & Miller, P. C. (Eds.). (2006). *Project-based second and foreign language education: Past, present, and future*. Greenwich, CT: Information Age Publishing.

Bernhardt, E. (2006). Student learning outcomes as professional development and public relations. *The Modern Language Journal, 90* (4), 588–590.

Bond, T. G., & Fox, C. M. (2001). *Applying the Rasch model: Fundamental measurement in the human sciences*. Mahwah, NJ: Lawrence Erlbaum Associates.

Brecht, R., & Rivers, W. (2000). *Language and national security in the 21st century*. Dubuque, IA: Kendall/Hunt

Publishing Company.

Breiner-Sanders, K., Lowe, P., Miles, J., & Swender, E. (2000). ACTFL proficiency guidelines – Speaking: Revised 1999. *Foreign Language Annals, 33* (1), 13–18.

Brinton, D. M., Snow, M. A., & Wesche, M. (2003). *Content-based second language instruction.* Ann Arbor: The University of Michigan Press.

Brown, A. (2003). Interviewer variation and the co-construction of speaking proficiency. *Language Testing, 20* (1), 1–25.

Brown, A. & Iwashita, N. (1996). Language background and item difficulty: The development of a computer-adaptive test of Japanese. *System, 24* (2), 199–206.

Brown, H. D. (2001). *Teaching by principles: An interactive approach to language pedagogy* (2nd ed.). Upper Saddle River, NJ: Prentice Hall Regents.

Brown, J. D. (1995). *The elements of language curriculum.* Boston, MA: Heinle & Heinle.

Brown, J. D. (1996). *Understanding research in second language learning.* Cambridge: Cambridge University Press.

Brown, J. D. (Ed.). (1998). *New ways of classroom assessment.* Alexandria, VA: Teachers of English to Speakers of Other Languages, Inc.

Brown, J. D. (2005). *Testing in Language Program: A comprehensive guide to English language assessment* (Revised ed.). New York: McGraw-Hill.

Brown, J. D. (2008). The Bonferroni adjustment. *Shiken: JALT Testing & Evaluation SIG Newsletter, 12* (1), 23–28. Retrieved from: http://jalt.org/test/bro_27.htm

Brown, J. D., & Hudson, T. (1998). The alternatives in language assessment. *TESOL Quarterly, 32* (4), 653–675.

Brown, J. D., & Hudson, T. (2002). *Criterion-referenced language testing.* Cambridge: Cambridge University Press.

Brown, J. D., Hudson, T., & Clark, M. (2004). *Issues in placement survey.* Honolulu: National Foreign Language Resource Center, University of Hawaiʻi. Retrieved from: http://nflrc.hawaii.edu/NetWorks/NW40/SurveyResults.html.

Brown, J. D., Hudson, T., Norris, J., & Bonk, W. (2002). *An investigation of second language task-based performance assessments.* Honolulu, HI: National Foreign Language Resource Center, University of Hawaiʻi.

Brown, J. D., & Wolfe-Quintero, K. (1998). Teacher portfolio for evaluation: A great idea? Or a waste of time? *The Language Teacher, 21,* 28–30.

Butler, Y. G., & Lee, J. (2006). On-task versus off-task self-assessment among Korean elementary school students studying English. *The Modern Language Journal, 90* (4), 506–518.

Butler, Y. G., & Lee, J. (2010). The effects of self-assessment among young learners of English. *Language Testing, 27* (1), 5–31.

Byrnes, H. (2001). Reconsidering graduate students' education as teachers: It takes a department. *The Modern Language Journal, 85* (4), 512–530.

Byrnes, H. (2006). The outcomes of collegiate FL programs: Specifications, assessment, evaluation. *The Modern Language Journal, 90* (4), 574–576.

Byrnes, H. (2008). Owning up to ownership of foreign language program outcomes assessment. *ADFL Bulletin, 39* (2-3), 28–30.

Campbell, R. N., Gray, T. C., Rhodes, N. C., & Snow, M. A. (1985). Foreign language learning in the elementary schools: A comparison of three language programs. *The Modern Language Journal, 69* (1), 44–54.

Canadian Association for Japanese Language Education. (2000). *Kodomo no kaiwaryoku no mikata to hyooka: Bairingaru kaiwa tesuto(OBC) no kaihatsu* [*Oral proficiency assessment for bilingual children*]. Welland, Canada: Soleil.

Canale, M. (1983). From communicative competence to communicative language pedagogy. In J. Richards & R. Schmidt (Eds.), *Language and communication* (pp. 2–25). London: Longman.

引用文献リスト(Works cited)

Canale, M., & Swain. M. (1980). Theoretical bases of communicative approaches to second language teaching and testing. *Applied Linguistics, 1* (1), 1–47.

Carpenter, K., Fujii, N., & Kataoka, H. (1995). An oral interview procedure for assessing second language abilities in children. *Language Testing, 12* (2), 167–181.

Carstens-Wickham, B. (2008). Assessment and foreign languages: A chair's perspective. *ADFL Bulletin, 39*(2-3), 36-43.

Chalhoub-Deville, M. (2003). Second language interaction: Current perspectives and future trends. *Language Testing, 20* (4), 369–383.

Chalhoub-Deville, M., & Fulcher, G. (2003). The oral proficiency interview and the ACTFL Guidelines: A research agenda. *Foreign Language Annals, 36* (4), 498–506.

Chalhoub-Deville, M., & Fulcher, G. (2003). The oral proficiency interview: A research agenda. *Foreign Language Annals, 36* (4), 498–506.

Chappuis, J. (2009). *Seven strategies of assessment for learning.* Portland, OR: ETS Assessment Training Institute.

Chase, G. (2006). Focusing on learning: Reframing our roles. *The Modern Language Journal, 90* (4), 583–585.

Cheng, L., Watanabe, Y., & Curtis, A. (Eds.). (2002). *Washback in language testing: Research contexts and methods.* Mahwah, N.J.: Lawrence Erlbaum and Associates.

Chomsky, N. (1965). *Aspects of the theory of syntax.* Cambridge: The MIT Press.

Clark, J. L. D. (1981). Language. In T. S. Barrows (Ed.), *College students' knowledge and beliefs: A survey of global understanding* (pp. 87–100). New Rochelle, NY: Change Magazine Press.

Conrad, C. J. (2001). *Second language writing portfolio assessment.* Minneapolis, MN: The Center for Advanced Research on Language Acquisition.

Council of Europe. (2001). *Common European framework of reference for languages: Learning, teaching, and assessment.* Cambridge: Cambridge University Press.

Crookes, G. (1993). Action research for second language teachers: Going beyond teacher research. *Applied Linguistics, 14* (2), 130–144.

Crooks, T. J. (1998). The impact of classroom evaluation practices on students. *Review of Educational Research, 58* (4), 438–481.

Cumming, A. (2009). What needs to be developed to facilitate classroom-based assessment? *TESOL Quarterly, 43* (3), 515–519.

Cummins, P. W., & Davesne, C. (2009). Using electronic portfolios for second language assessment. *The Modern Language Journal, 93* (focus issue), 848–867.

Curtain, H., & Pesola, C. A. B. (1994). *Languages and children: Making the match (2nd ed.).* New York: Longman.

Dandonoli, P., & Henning, G. (1990). An investigation of the construct validity of the ACTFL proficiency guidelines and oral interview procedure. *Foreign Language Annals, 23* (1), 11–22.

Davis, L. (2009). The influence of interlocutor proficiency in a paired oral assessment. *Language Testing, 26* (3), 367–396.

Davis, L., & Kondo-Brown, K. (2012). Assessing student performance: Types and uses of rubrics. In J. D. Brown (Ed.), *Developing, using, and analyzing rubrics in language assessment with case studies in Asian and Pacific languages* (pp. 33–56). Honolulu, HI: National Foreign Languages Resource Center Publications.

De Saint Leger, D. (2009). Self-assessment of speaking skills and participation in a foreign language class. *Foreign Language Annals, 42* (1), 158–178.

Delett, J. S., Barnhardt, S., & Kevorkian, J. A. (2001). A framework for portfolio assessment in the foreign language classroom. *Foreign Language Annals, 34* (6), 559–568.

Donato, R. (1998). Assessing foreign language abilities of the early language learner. In M. Met (Ed.), *Critical issues in early second language learning* (pp. 169–179). Glenview, IL: Scott Foresman-Addison Wesley.

Donato, R., Antonek, J. L., & Tucker, R. G. (1994). A multiple perspectives analysis of a Japanese FLES program. *Foreign Language Annals, 27* (3), 365–378.

Donato, R., Antonek, J. L., & Tucker, R. G. (1996). Monitoring and assessing a Japanese FLES program: Ambiance and achievement. *Language Learning, 46* (3), 497–528.

Donato, R., Tucker, R. G., Wudthayagorn, J. & Igarashi, K. (2000). Converging evidence: Attitudes, achievements, and instruction in the later years of FLES. *Foreign Language Annals, 33* (4), 377–393.

Dörnyei, Z. (2001). *Motivational strategies in the language classroom.* Cambridge: Cambridge University Press.

Douglas, M. (1994). Japanese cloze tests: Toward their construction. *Japanese Language Education Overseas, 4,* 117–131. Retrieved from: http://www.jpf.go.jp/j/japanese/survey/globe/04/09.pdf

Ebel, R. L. (1979). *Essentials of educational measurement* (3rd ed.). Englewood Cliffs, NJ: Prentice-Hall.

Eda, S., Itomitsu, M., & Noda, M. (2008). The Japanese skills test as an on-demand placement test: Validity comparisons and reliability. *Foreign Language Annals, 41* (2), 218–236.

Ekbatani, G., & Pierson, H. (Eds.) (2000). *Learner-directed assessment in ESL.* Mahwah, N.J: Lawrence Erlbaum Associates.

Elder, C., Barkhuizen, G., Knoch, U., & von Randow, J. (2007). Evaluating rater responses to an online training program for L2 writing assessment. *Language Testing, 24* (1), 37–64.

Falsgraf, C. (2009). The ecology of assessment. *Language Teaching, 42* (4), 491–503. Retrieved from: http://casls.uoregon.edu/pdfs/publications/assessment/EcologyOfAssessment.pdf

Fukai, M., Nazikian, F., & Sato, S. (2008). Incorporating sociocultural approaches into assessment: Web-based peer learning and portfolio projects. *Japanese Language and Literature, 42,* 389–411.

Fulcher, G. (1996). Invalidating validity claims for the ACTFL oral rating scale. *System, 24* (2), 163–172.

Genesee, F., & Upshur, J. (1996). *Classroom-based evaluation in second language education.* Cambridge: Cambridge University Press.

Geyer, N. (2007). Self-qualification in L2 Japanese: An interface of pragmatic, grammatical, and discourse competence. *Language Learning, 57* (3), 337–367.

Gilzow, D. F., & Branaman, L. E. (2000). *Lessons learned: Model early foreign language programs.* Washington, DC and McHenry, IL: Center for Applied Linguistics and Delta Systems.

Glisan, E. W., & Foltz, D. A. (1998). Assessing students' oral proficiency in an outcome-based curriculum: Student performance and teacher intuitions. *The Modern Language Journal, 82* (1), 1–18.

Graves, K. (2000). *Designing language courses: A guide for teachers.* Boston, MA: Heinle.

Gronlund, G., & Engel, B. (2001). *Focused Portfolios: A complete assessment for the young child.* St. Paul, MN: Redleaf Press.

Hambleton, R. K., Swaminathan, H., & Rogers, J. H. (1991). *Fundamentals of item response theory.* New York: Sage Publications.

Hamp-Lyons, L. (1991). Scoring procedures for ESL contests. In L. Hamp-Lyons (Ed.), *Assessing second language writing in academic contests* (pp. 241–276). Norwood: Ablex.

Hamp-Lyons, L. , & Condon, W. (2000). *Assessing the portfolio.* Cresskill, NJ: Hampton Press, Inc.

Hansen, J. (1998). *When learners evaluate.* Portsmouth, NH: Heinemann.

Harlen, W., & James, M. (1997). Assessment and learning: Differences and relationships between formative and summative assessment. *Assessment in Education: Principles, Policy, & Practice, 4* (3), 365–379.

Hasegawa, T. (2008). Measuring the Japanese proficiency of heritage language children. In K. Kondo-Brown & J.D. Brown (Eds.), *Teaching Chinese, Japanese and Korean heritage language students: Curriculum needs, materials, and assessment* (pp. 77–98). New York: Lawrence Erlbaum Associates.

Hatasa, Y. A., & Tohsaku, Y. (1997). SPOT as a Placement Test. In H. M. Cook, K. Hijirida, & M. M. Tahara (Eds.), *New trend and issues in teaching Japanese language and culture* (pp. 77–98). Honolulu, Second Language

引用文献リスト(Works cited)

Teaching and Curriculum Center, University of Hawai'i.

Hatchings, P. (2010). Opening doors to faculty involvement in assessment. *National Institute for Learning Outcomes Assessment Occasional Paper #4,* 6–19. Retrieved from: http://www.learningoutcomeassessment.org/documents/PatHutchings.pdf

He, A. W., & Young, R. (1998). Language proficiency interviews: A discourse approach. In R. Young & A. W. He (Eds.), *Talking and testing: Discourse approaches to the assessment of oral proficiency* (pp. 1–24). Amsterdam & Philadelphia: John Benjamins.

Heine, S. J., Kitayama, S., & Darrin R. (2001). Cultural differences in self-evaluation: Japanese readily accept negative self-relevant information. *Journal of Cross-Cultural Psychology, 32* (4), 434–443.

Henning, G. (1987). *A guide to language testing: Development, evaluation, research.* Cambridge, MA: Newbury House.

Herman, J. L., Aschbacher, P. R., & Winters, L. (1992). *A practical guide to alternative assessment.* Alexandria, VA: Association for Supervision and Curriculum Development.

Horiba, Y. (1996). Comprehension processes in L2 reading: Language competence, textual coherence, and inferences. *Studies in Second Language Acquisition, 18,* 433–473.

Houston, T. (2005). Outcomes Assessment for beginning and intermediate Spanish: One program's process and results. *Foreign Language Annals, 38* (3), 366–376.

Hudson, T, & Clark, M. (Eds.). (2008). *Case studies in foreign language placement: Practices and possibilities.* Honolulu, HI: University of Hawai'i, National Foreign Language Resource Center.

Huerta-Macias, A. (1995). *Alternative assessment: Responses to commonly asked questions.* TESOL Journal, 5 (1), 8–11.

Hymes, D. (1972). On communicative competence. In J. B. Pride & J. Holmes (Eds.), *Sociolinguistics: Selected readings* (pp. 269–293). Harmondsworth, UK: Penguin.

Ishida, M. (2009). Development of interactional competence: Changes in the use of *ne* in L2 Japanese during study abroad. In H. T. Nguyen & G. Kasper (Eds.), *Talk-in-interaction: Multilingual perspectives* (pp. 351–385). Honolulu: University of Hawai'i National Foreign Language Resource Center.

Iwai, T., Kondo, K., Lim, D. J., Ray, G., Shimizu, H., & Brown, J.D. (1999). *Japanese language needs analysis 1998-1999* (NFLRC NetWork #13). Honolulu, HI: Second Language Teaching & Curriculum Center, University of Hawai'i. Available from: http://hdl.handle.net/10125/8950

Iwasaki, N., & Kumagai, Y. (2008). Towards critical approaches in an advanced level Japanese course: Theory and practice through reflection and dialogues. *Japanese Language and Literature, 42,* 123–156.

Jacobs, H. L., Zinkgraf, S. A., Wormuth, D. R., Hartfiel, V. F., & Hughey, J. B. (1981). *Testing ESL composition: A practical approach.* Rowley, MA: Newbury House.

Johnson. K. E. (1996). Portfolio assessment in second language teacher education. *TESOL Journal, 6* (2), 11–14.

Johnson, M. (2001). *The art of non-conversation: A re-examination of the validity of the oral proficiency interview.* New Haven, CT: Yale University Press.

Johnson, M., & Tyler, A. (1998). Re-analyzing the OPI: How much does it look like natural conversation? In R. Young & A. W. He (Eds.), *Talking and testing: Discourse approaches to the assessment of oral proficiency* (pp. 27–51). Amsterdam: John Benjamins.

Johnstone, R. (2000). Context-sensitive assessment of modern languages in primary (elementary) and early secondary education: Scotland and the European experience. *Language Testing, 17* (2), 123–143.

Kagan, O., & Friedman, D. (2003). Using the OPI to place heritage speakers of Russian. *Foreign Language Annals, 36* (4), 536–545.

Kasper, G. (2006). Beyond repair: Conversation analysis as an approach to SLA. *AILA Review, 19* (1), 83–99.

Kasper, G., & Ross, S. J. (2007). Multiple questions in oral proficiency interviews. *Journal of Pragmatics, 39* (11), 2045–2070.

引用文献リスト(Works cited)

Kataoka, H., & Furuyama, H. (with Fretz, S.). (1999). A study of Japanese FLES programs in the United States. *Breeze, 19,* 1–7.

Katz, S. (2010). Beyond crude measurement and consumerism. *Assessing Assessment*, September-October issue. Retrieved from: http://www.aaup.org/AAUP/pubsres/academe/2010/SO/feat/katz.htm

Kiely, R. (2006). Evaluation, innovation, and ownership in language programs. *The Modern Language Journal, 90* (3), 597–601.

Kitano, K. (2001). Anxiety in the college Japanese language classroom. *The Modern Language Journal, 85* (4), 549–566.

Koda, K. (1992). The effects of lower-level processing skills in FL reading performance: Implications for instruction. *The Modern Language Journal, 76,* 502–512.

Kondo, K. (1998). The paradox of US language policy and Japanese language education in Hawaii. *International Journal of Bilingual Education and Bilingualism, 1,* 47–64.

Kondo-Brown, K. (2001). Effects of three types of practice in teaching Japanese verbs of giving and receiving. *Acquisition of Japanese as a Second Language, 4,* 82–115.

Kondo-Brown, K. (2002a). An analysis of rater bias with FACETS in measuring Japanese L2 writing performance. *Language Testing, 19* (1), 1–29.

Kondo-Brown, K. (2002b). A longitudinal evaluation study on child JFL learners' oral performances. *Japanese Language and Literature, 36,* 171–199.

Kondo-Brown, K. (2003). Heritage language instruction for post-secondary students from immigrant backgrounds. *Heritage Language Journal, 1,* 1–25. Available: http://www.heritagelanguages.org/

Kondo-Brown, K. (2004a, May). Assessing the language component of the Manoa General Education Requirements. Invited talk for the UH workshop on Hawaiian/second language articulation at Kapiolani Community College. Available: http://www.hawaii.edu/gened/HSL/assessment_presentation_05-07-04.pdf

Kondo-Brown, K. (2004b). Investigating interviewer-candidate interactions during oral interviews for child L2 learners. *Foreign Language Annals, 37* (4), 602–615.

Kondo-Brown, K. (2005). Differences in language skills: Heritage language learner subgroups and foreign language learners. *The Modern Language Journal, 89* (4), 563–581.

Kondo-Brown, K. (2006). How do English L1 learners of advanced Japanese infer unknown kanji words in authentic texts? *Language Learning, 56* (1), 109–153.

Kondo-Brown, K. (2008, March). *Program evaluation activities in the undergraduate Japanese language program at the University of Hawai'i at Mānoa*. Paper presented at the Annual Conference of the Hawai'i Association of Language Teachers, Honolulu, HI.

Kondo-Brown, K. (2009a). Background, motivation, and reading ability of students in university upper-level Chinese, Japanese, and Korean courses. *Reading in a Foreign Language, 21* (2), 179–197.

Kondo-Brown, K. (2009b, April). *Becoming proactive about assessment and evaluation: Approaches, benefits, and challenges.* Plenary delivered at the Annual Conference of the Hawai'i Association of Language Teachers, Honolulu, HI.

Kondo-Brown, K. (2010). Curriculum development for advancing heritage language competence: Recent research, innovations, and a future agenda. *Annual Review of Applied Linguistics, 30,* 24–41.

Kondo-Brown, K. (2011, April). *Assessing learning outcomes for post-basic Japanese language learners.* Paper presented at the Annual Conference of the Association of Teachers of Japanese, Honolulu, HI.

Kondo-Brown, K. (in press). Teaching less commonly taught languages. In C.A. Chapelle (Ed.), *The Encyclopedia of Applied Linguistics*. (URL: http://www.encyclopediaofappliedlinguistics.com/public/)

Kondo-Brown, K., & Brown, J. D. (2000). *The Japanese placement tests at the University of Hawai'i: Applying item response theory* (NFLRC NetWork #20). Honolulu, HI: Second Language Teaching & Curriculum Center, University of Hawai'i. Retrieved from: http://scholarspace.manoa.hawaii.edu/bitstream/10125/8956/1/NW20.

引用文献リスト（Works cited）

pdf.

Kumagai, Y. & Iwasaki, N. (2011). What it means to read "critically" in a Japanese language classroom: Students' perspective. *Critical Inquiry in Language Studies, 8* (2), 125–152.

Kuo, J., & Jiang, X. (1997). Assessing the assessments: The OPI and the SOPI. *Foreign Language Annals, 30* (4), 503–512.

Lado, R. (1961). *Language Testing: The construction and use of foreign language tests.* NY: McGrow-Hill.

Lane, S., Parke, C. S., & Stone, C.A. (1998). A framework for evaluating the consequences of assessment programs. *Educational Measurement: Issues and Practice, 17* (2), 24–27.

Lantolf, J, P. (1988). Proficiency: Understanding the construct. *Studies in Second Language Acquisition, 10* (2), 181–195.

Lantolf, J, P., & Frawley, W. (1988). Proficiency: Understanding the construct. *Studies in Second Language Acquisition, 10* (2), 181–195.

Lantolf, J. P. (2009). Dynamic assessment: The dialectical integration of instruction and assessment. *Language Teaching, 42* (3), 355–368.

Lazaraton, A. (1996). Interlocutor support in oral proficiency interviews: the case of CASE. *Language Testing, 13* (2), 151–172.

Lazaraton, A. (2002). *A qualitative approach to the validation of oral language tests.* Cambridge: Cambridge University Press.

Lazaraton, A. (2003). Interviewer variation and the co-construction of speaking proficiency. *Language Testing, 20* (1), 1–25.

LeBlanc, R., & Painchaud, G. (1985). Self-assessment as a second language placement instrument. *TESOL Quarterly, 19*, 673–687.

Lee, Y-A. (2006). Towards respecification of communicative competence: Condition of L2 instruction or its objective? *Applied Linguistics, 27* (3), 349–376.

Leskes, A., & Wright, B. (2005). *The art and science of assessing general education outcomes.* Washington, DC: Association of American Colleges and Universities.

Liskin-Gasparro, J. E. (1982). *ETS oral proficiency testing manual.* Princeton, N.J. Educational Testing Service.

Liskin-Gasparro, J. E. (1995). Practical approaches to outcomes assessment: The undergraduate major in foreign languages and literatures. *ADFL Bulletin, 26* (2), 21–27.

Liskin-Gasparro, J. E. (1996). Circumlocution, communication strategies, and the ACTFL proficiency guidelines: An analysis of student discourse. *Foreign Language Annals, 29* (3), 317–330.

Liskin-Gasparro, J. E. (2003). The ACTFL proficiency guidelines and the oral proficiency interview: A brief history and analysis of their survival. *Foreign Language Annals, 36* (4), 483–489.

Liu, P. L. (2009). Portfolio development for in-service teachers to learn the new Chinese language teaching pedagogy in Hong Kong primary schools. *Professional Development in Education, 35* (2), 195–210.

Lo, Y. F. (2009). Implementing reflective portfolios for promoting autonomous learning among EFL college students in Taiwan. *Language Teaching Research, 14* (1), 77–95.

Long, M. (Ed.). (2005). *Second language needs analysis.* Cambridge: Cambridge University Press.

Lumley, T., & McNamara, T. F., (1995). Rater characteristics and rater bias: implications for training. *Language Testing, 12* (1), 54–71.

Lynch, B. (1996). *Language program evaluation.* Cambridge: Cambridge University Press.

MacIntyre, P., Noels, K., & Clement, R. (1997). Biases in self-ratings of second language proficiency: The role of language anxiety. *Language Learning, 47* (2), 265–287.

Magnan, S. S. (1988). Grammar and the ACTFL oral proficiency interview: Discussion and data. *The Modern Language Journal, 72* (3), 266–276.

Malone, M. E. (2003). Research on the oral proficiency interview: Analysis, synthesis, and future directions. *Foreign Language Annals, 36* (4), 491–497.

Mathews, T. J., & Hansen, C. M. (2004). Ongoing assessment of a university foreign language program. *Foreign Language Annals, 37* (4), 630–640.

McAlpine, D., & Dhonau, S. (2007). Creating a culture for the preparation of an ACTFL/NCATE program review. *Foreign Language Annals, 40* (2), 247–259.

McKay, P. (2006*). Assessing young language learners.* Cambridge: Cambridge University Press.

McLaughlin, B. (1985*). Second language acquisition in childhood: Vol. 2. School-age children.* Hillsdale, NJ: Lawrence Erlbaum Associates.

McMullan, M., Endacott, R. , Gray, M. A., Jasper, M., Miller, C. M. L., Scholes, J., & Web, C. (2003). Portfolios and assessment of competence: A review of the literature. *Journal of Advanced Nursing, 41* (3), 283–294.

McNamara, M. J., & Deane, D. (1995). Self-assessment activities: Toward autonomy in language learning. *TESOL Journal, 5* (1). 17–21.

McNamara, T. F. (1996). *Measuring second language performance*. London: Longman.

McNamara, T. F. (1997). 'Interaction' in second language performance assessment: Whose performance? *Applied Linguistics, 18* (4), 446–466.

McNamara, T. F. (2000) *Language testing.* Oxford: Oxford University Press.

McNamara, T. F., & Adams, R. J. (1991, March). *Exploring rater behavior with Rasch Techniques*. Paper presented at the Annual Language Testing Research Colloquium, Princeton, NJ. Eric document ED345 498.

McNamara, T. F., & Roever, C. (2006). *Language testing: The social dimension.* Oxford: Blackwell.

Messick, S. (1980). Test validity and the ethics of assessment. *American Psychologist, 35* (11), 1012–1027.

Messick, S. (1988).The once and future issues of validity: Assessing the meaning and consequences of measurement. In H. Wainer & H. I. Braun (Eds.), *Test validity* (pp. 33–45). Hillsdale, NJ: Lawrence Erlbaum Associates.

Messick, S. (1989). Validity. In R.L. Linn (Ed.), *Educational measurement* (3rd ed., pp. 13–103). New York: Macmillan.

Messick, S. (1996). Validity of performance assessment. In Philips, G. (1996). *Technical issues in large-scale performance assessment*. (pp. 1–18). Washington, DC: National Center for Educational Statistics.

Met, M. C. (Ed.). (1998). *Critical issues in early second language learning.* Glenview, IL: Scott Foresman-Addison Wesley.

Mokhtari, K., Yellin, D., Bull, K., & Montgomery, D. (1996). Portfolio assessment in teacher education: Impact on preservice teachers' knowledge and attitudes. *Journal of Teacher Education, 47* (4), 245–252.

Moore, Z., & Bond, N. (2002). The use of portfolios for in-service teacher assessment: A case study of foreign language middle-school teachers in Texas. *Foreign Language Annals, 35* (1), 85–92.

Mori, Y. (2003). The roles of context and word morphology in learning new kanji words. *The Modern Language Journal, 87,* 404–420.

Mori, Y & Nagy, W. (1999). Integration of information from context and word elements in interpreting novel kanji compounds. *Reading Research Quarterly, 34,* 80–101.

Morioka, A., Takakura, A. H., & Ushida, E. (2008). Developing web-based multi-level materials for Japanese content-based instruction. *Japanese Language and Literature, 42* (2), 361–388.

Morris, M. (2006). Addressing the challenges of program evaluation: One department's experience after two years. *The Modern Language Journal, 90* (4), 585–588.

Nicholas, H., Lightbown, P. M., & Spada, N. (2001). Recasts as feedback to language learners. *Language Learning, 51* (4), 719–758.

Norris, J. M. (2000). Purposeful langauge assessment: Selecting the right alternative test. *English Teaching Forum, 39* (1). Retrieved from: http://exchanges.state.gov/englishteaching/forum/archives/docs/00-38-1-c.pdf

Norris, J. M. (2006). The why (and how) of assessing student learning outcomes in College foreign language programs. *The Modern Language Journal, 90* (4), 576–583.

引用文献リスト (Works cited)

Norris, J. M. (2000). Purposeful langauge assessment: Selecting the right alternative test. *English Teaching Forum, 39* (1). Retrieved from: http://exchanges.state.gov/englishteaching/forum/archives/docs/00-38-1-c.pdf

Norris, J. M., Brown, J. D., & Hudson, T. (1998). *Designing second language assessments*. Honolulu, HI: National Foreign Language Resource Center, University of Hawai'i.

Norris, J. M., Brown, J. D., Hudson, T., & Yoshioka, J. (1998). *Designing second language performance assessments*. Honolulu, HI: Second Language Teaching and Curriculum Center, University of Hawai'i.

Norris, J., Davis, J. M., Sinicrope, C, & Watanabe, Y. (Eds.). (2009). *Toward useful program evaluation in college foreign language education*. Honolulu, HI: National Foreign Language Resource Center, University of Hawai'i

Norris, J. M., & Pfeiffer, P. C. (2003). Exploring the uses and usefulness of ACTFL oral proficiency ratings and standards in college foreign language departments. *Foreign Language Annals, 36* (4), 572–581.

Nunan, D. (1988). *The learner-centered curriculum.* Cambridge: Cambridge University Press.

Okada, Y. (2010). Role-play in oral proficiency interviews: Interactive footing and interactional competencies. *Journal of Pragmatics, 42* (6), 1647–1668.

Okamura, A. (1995). Teachers' and nonteachers' perception of elementary learners' spoken Japanese. *The Modern Language Journal, 79* (1), 29–40.

Oller, J. W., Jr. (1979). *Language tests at school.* London: Longman.

Oller, J. W., Jr. (1983). A consensus for the eighties? In J. W. Oller Jr. (Ed.), *Issues in language testing research* (pp. 351–356). Rowley, MA: Newbury House.

Omaggio Hadley, A. (2001). *Teaching language in context* (3rd ed.). Boston, MA: Heinle & Heinle.

O'Malley, J. M., & Valdez Pierce, L. (1996). *Authentic assessment for English language learners.* Reading, MA: Addison-Wesley.

Orsmond, P., Merry, S., & Reiling, K. (2000). The use of student derived marking criteria in peer and self-assessment. *Assessment & Evaluation in Higher Education, 25* (1), 23–38.

Ortega, L., & Iberri-Shea, G. (2005). Longitudinal research in SLA: Recent trends and future directions. *Annual Review of Applied Linguistics, 25,* 26–45.

Oscarson, M. (1989). Self-assessment of language proficiency: Rationale and implications. *Language Testing, 6* (1), 1–13.

Oscarson, M. (1997). Self-assessment of foreign and second language proficiency. In C. Clapham & D. Corson (Eds.), *The encyclopedia of language and education: Vol. 7. Language testing and assessment* (pp. 175–187). Dordrecht, The Netherlands: Kluwer Academic Publishers.

Padilla, A. M., Aninao, J., & Sung, H. (1996). Development and implementation of student portfolios in foreign language programs. *Foreign Language Annals, 29* (3), 429–438.

Patton, M. Q. (2008). *Utilization-focused evaluation* (4th ed.). Thousand Oaks, CA: Sage.

Pearson, L., Fonseca-Greber, B., & Foell, K. (2006). Educating foreign language teacher candidates to achieve advanced proficiency. *Foreign Language Annals, 39* (3), 507–519.

Pfeiffer, P.C., & Byrnes, H. (2009). Curriculum, learning, and the identity of majors: A case study of program outcomes evaluation. In J. Norris, J. M. Davis, C. Sinicrope, & Y. Watanabe (Eds.). *Toward useful program evaluation in college foreign language education* (pp. 183–208). Honolulu, HI: National Foreign Language Resource Center, University of Hawai'i.

Phillips, J., & Draper. J. (1994). National standards and assessments: What does it mean for the study of second languages in the schools? In G.K. Crouse (Ed.), *Meeting new challenges in the foreign language classroom* (pp.1–8). Lincolnwood, IL: National Textbook.

Pica, T. (1994). Research on negotiation: What does it reveal about second-language learning conditions, processes, and outcomes? *Language Learning, 44* (3), 493–527.

Popham, W. J. (1981). *Modern educational measurement.* Englewood Cliffs, NJ: Prentice-Hall.

Popham, W. J. (2008a). *Classroom assessment: What teachers need to know* (5th ed.). Boston: Allyn and Bacon.

Popham, W. J. (2008b). *Transformative assessment*. Alexandria, VA: Association for Supervision & Curriculum Development.

Porter, S. R., & Umbach, P. D. (2006). Student survey response rates across institutions: Why do they vary? *Research in Higher Education, 47* (2), 229–247.

Preskill, H., & Coghlan, A.T. (2004). *Using appreciative inquiry in evaluation: New directions for evaluation #100.* San Francisco: Jossey-Bass.

Rezaei, A. R., & Lovorn, M. (2010). Reliability and validity of rubrics for assessment through writing. *Assessing Writing, 15* (1), 18–39.

Rhodes, N. & Thompson, L. (1990). An oral assessment instrument for immersion students: COPE. In A. M. Padilla, H. H. Fairchild & C. Valadez, (Eds.), *Foreign language education: Issues and strategies* (pp. 75–94). Newbury Park, CA: Sage.

Rhodes, N. C. & Branaman, L. E. (1999). *Foreign language instruction in the United States: A national survey of elementary and secondary schools*. Washington, DC and McHenry, IL: Center for Applied Linguistics and Delta Systems.

Rhodes, N. C., & Pufahl, I. (2009). *Foreign language teaching in U.S. schools: Results of a national survey.* Washington DC: Center for Applied Linguistics.

Ricardo-Osorio, J. (2008). A study of foreign language learning outcomes assessment in U.S. undergraduate education. *Foreign Language Annals, 41* (4), 590–610.

Richards, J. C. (1998). *Beyond training.* Cambridge, UK: Cambridge University.

Richards, J. C. (2001). *Curriculum development in language teaching.* Cambridge, UK: Cambridge University.

Richards, J. C., & Rodgers, T. S. (1986). *Approaches and methods in language teaching.* Cambridge: Cambridge University Press.

Richards, J., & Lockhart, C. (1996). *Reflective teaching in second language classrooms*. New York: Cambridge University Press.

Rifkin, B. (2005). A ceiling effect in traditional classroom foreign language instruction: Data from Russian. *The Modern Language Journal, 89* (1), 3–18.

Roever, C., & Powers, D. E. (2005). Effects of language of administration on a self-assessment of language skills. (TOEFL Monograph No. 27, RM-04-06). Retrieved from: http://www.ets.org/Media/Research/pdf/RM-04-06.pdf

Rosenbusch, M. H. (1995). Language learners in the elementary school: Investing in the future. In R. Donato & R. M. Terry (Eds.), *Foreign language learning: The journey of a lifetime* (pp. 1–36). Chicago: National Textbook Company.

Rosenbusch, M. H., Kemis, M., & Moran, K. J. K. (2000). Changing practice: Impact of a national institute on foreign language teacher preparation for the K-6 level of instruction. *Foreign Language Annals, 33* (3), 305–319.

Ross, S. J. (1992). Accommodative questions in oral proficiency interviews. *Language Testing, 9* (2),173–186.

Ross, S. J. (1998). Self-assessment in second language testing: A meta-analysis and analysis of experimental factors. *Language Testing, 15* (1), 1–19.

Ross, S. J. (2007). A comparative task-in-interaction analysis of OPI backsliding. *Journal of Pragmatics, 39* (11), 2017–2044.

Ross, S. J., & Berwick, R. (1992). The discourse of accommodation in oral proficiency interviews. *Studies in Second Language Acquisition, 14* (2), 159–176.

Salaberry, R. (2000). Revising the revised format of the ACTFL Oral Proficiency Interview. *Language Testing, 17* (3), 289–310.

Sasaki, M. (1991). A comparison of two methods for detecting differential item functioning in an ESL placement test.

引用文献リスト（Works cited）

Language Testing, 8 (2), 95–111.

Sato, K., & Kleinsasser, K. (1999). Communicative language teaching (CLT): Practical understandings. *The Modern Language Journal, 83* (4), 494–517.

Savignon, S. J. (1983). *Communicative competence: Theory and practice.* Reading, MA: Addison-Wesley Publishing Company.

Savignon, S. J. (1985). Evaluation of communicative competence: The ACTFL provisional proficiency guidelines. *The Modern Language Journal, 69* (2), 129–134.

Schön, D. (1983). *The reflective practitioner: How professionals think in action.* New York: Basic books.

Schulz, R. A. (2008). The challenge of assessing cultural understanding in the context of foreign language instruction. *Foreign Language Annals, 40* (1), 9–26.

Senior, R. M. (2006). *The experience of language teaching.* Cambridge, UK: Cambridge University Press.

Shepard, L. (2000). The role of assessment in learning culture. *Educational Researcher, 29* (7), 4–17. Retrieved from: http://www.ied.edu.hk/obl/files/The%20role%20of%20assessment%20in%20a%20learning%20culture.pdf

Shohamy, E. (1990). Language testing priorities: A different perspective. *Foreign Language Annals*, *23*, 385–394.

Shin, S. J. (2006). High-stakes testing and heritage language maintenance. In K. Kondo-Brown (Ed.), *Heritage language development* (pp. 127–144). Amsterdam: John Benjamins.

Shohamy, E. (1994). The validity of direct versus semi-direct oral tests. *Language Testing, 11* (2), 99–123.

Shohamy, E. (1995). Performance assessment in language testing. *Annual Review of Applied Linguistics, 15,* 188–211.

Shohamy, E. (1998). Assessing foreign language abilities of the early language learner: A reaction. In M. Met, (Ed.), *Critical issues in early second language learning* (pp. 185–191). Glenview, IL: Scott Foresman-Addison Wesley.

Shohamy, E. (2001). *The power of tests: A critical perspective on the uses of language tests.* London: Longman/Pearson Education.

Shulman, L. (1988). A union of insufficiencies: Strategies for teacher assessment in a period of education reform. *Educational Leadership, 46* (3), 36–41.

Sohn, S-O., & Shin, S-K. (2007). True beginners, false beginners, and fake beginners: Placement strategies for Korean heritage speakers. *Foreign Language Annals, 40* (3), 407–418.

Spada, N. (1997). Form-focused instruction and second language acquisition: A review of classroom and laboratory research. *Language Teaching, 30* (2), 73–87.

Sproull, L. S. (1986). Using electronic mail for data collection in organizational research. *Academy of Management Journal, 29* (1), 159–169.

Stiggins, R. J. (2006). November/December). Assessment for learning: A key to motivation and achievement. *Edge Magazine, 2* (2), 3–19.

Stiggins, R. J. (2007). *Introduction to student-involved assessment for learning* (5th ed.). Columbus, OH: Pearson Prentice Hall.

Stiggins, R. J., Arter, J., Chappuis, J., & Chappuis, S. (2004). *Classroom assessment for student learning: Doing it right—Using it well.* Portland, OR: ETS Assessment Training Institute.

Sullivan, J. H. (2004). Identifying the best foreign language teachers: Teacher standards and professional portfolios. *The Modern Language Journal, 88* (3), 390–402.

Sullivan, J. H. (2011). Taking Charge: Teacher Candidates' Preparation for the Oral Proficiency Interview, *Foreign Language Annals, 44* (2), 241–257.

Sung, H., & Padilla, A. M. (1998). Student motivation, parental attitudes, and involvement in the learning of Asian languages in elementary and secondary schools. *The Modern Language Journal 82* (2), 205–217.

Surface, E. A., & Dierdorff, E. C. (2003). Reliability and the ACTFL oral proficiency interview: Reporting indices of interrater consistency and agreement for 19 languages. *Foreign Language Annals, 36* (4), 507–519.

Swender, E. (2003). Oral proficiency testing in the real world: Answers to frequently asked questions. *Foreign Language Annals, 36* (4), 520–526.

Swender, E., & Duncan, G. (1998). ACTFL performance guidelines for K-12 learners. *Foreign Language Annals, 31* (4), 479–491.

Swender, E., Breiner-Sanders, K., Mujica-Laughlin, L., Lowe, P., & Miles, J. (1999). *ACTFL Oral Proficiency Interview Tester Training Manual*. Yonkers, NY: ACTFL.

Tarone, E. (1980). Communicative strategies, foreigner talk, and repair in interlanguage. *Language Learning, 30* (2), 417–431.

Tarone, E., & Yule, G. (1989). *Focus on the language learner*. Oxford University Press.

Taylor, C., & Lafayette, R. (2010). Academic achievement through FLES: A case for promoting greater access to foreign language study among young learners. *The Modern Language Journal, 94* (1), 22–42.

Tedick, D. J. (Ed.). (2002). *Proficiency-oriented language instruction and assessment: A curriculum handbook for teachers* (CARLA Working Paper). Minneapolis, MN: University of Minnesota, The Center for Advanced Research on Language Acquisition.

Terrell. T. (1991). The role of grammar instruction in a communicative approach. *The Modern Language Journal*, 75 (1), 52–63.

Thomas, W. P., Collier, V. P., & Abbott, M. (1993). Academic achievement through Japanese, Spanish, or French: The first two years of partial immersion. *The Modern Language Journal, 77* (2), 170–180.

Thompson, I. (1995). A study of interrater reliability of the ACTFL Oral proficiency interview in five European languages: Data from ESL, French, German, Russian, and Spanish. *Foreign Language Annals, 28* (3), 407–422.

Thompson, L. (1997). *Foreign language assessment in grades K-8: An annotated bibliography of assessment instruments*. McHenry, IL: The Center for Applied Linguistics and Delta Systems.

Tominaga, W., Iyoda, R., Kondo-Brown, K. (2011, March). *Creating content-based teaching materials for advanced Japanese courses*. Individual paper presented at the Hawaii Association of Language Teachers, Honolulu, HI.

Tominaga, W., & Kondo-Brown, K. (2010). *Japanese FLAS (Foreign Language and Area Studies) fellowship exit survey*. Unpublished document, University of Hawai'i at Mānoa.

Tominaga, W. (2011). *FLAS fellowship assessment report*. Unpublished internal document. University of Hawai'i at Mānoa

Traphagan, T. W. (1997). Interviews with Japanese FLES students: Descriptive analysis. *Foreign Language Annals, 30* (1), 98–110.

Tucker, R. G., Donato, R., & Antonek, J. L. (1996). Documenting growth in a Japanese FLES program. *Foreign Language Annals*, 29 (4), 539–550.

Tudor, I. (1996). *Learner-centeredness as language education*. Cambridge, UK: Cambridge University Press.

University of Hawai'i Assessment Office (2010). Inventory of educational effectiveness indicators: Data from programs' annual assessment reports. Retrieved from: http://manoa.hawaii.edu/assessment/reports/pdf/SummaryCharts_AssessmentActivities_2011-01-28.pdf

Valdés, G. (2001). Heritage language students: Profiles and possibilities. In J. K. Peyton, D. A. Ranard, & S. McGinnis (Eds.), *Heritage languages in America: Preserving a national resource* (pp. 37–77). IL: The Center for Applied Linguistics and Delta Systems.

Van Lier, L., (1989). Reeling, writhing, drawling, stretching, and fainting in coils: Oral proficiency interviews as conversation. *TESOL Quarterly, 23* (3), 489–508.

VanPatten, B. (1993). Grammar teaching for the acquisition-rich classroom. *Foreign Language Annals, 26* (4), 435–450.

Verhoeven, L., & Vermeer, A. (2002). Communicative competence and personality dimensions in L1 and L2 learners. *Applied Psycholinguistics, 23* (3), 361–374.

引用文献リスト(Works cited)

Wajnryb, R. (1993). *Classroom observation tasks*. Cambridge, UK: Cambridge University Press.

Watanabe, S. (1998). Concurrent validity and application of the ACTFL oral proficiency interview in a Japanese language program. *Journal of the Association of Teachers of Japanese*, *32* (1), 22–38.

Watanabe, S. (2003). Cohesion and coherence strategies in paragraph-length and extended discourse in Japanese oral proficiency interviews. *Foreign Language Annals*, *36* (4), 555–565.

Weigle, S. C. (1998). Using FACETS to model rater training effects. *Language Testing*, *15* (2), 263–287.

Weigle, S. C. (2002). *Assessing writing*. Cambridge: Cambridge University Press.

Wigglesworth, G. (1993). Exploring bias analysis as a tool for improving rater consistency in assessing oral interaction. *Language Testing, 10* (3), 305–335.

Wigglesworth, G. (1994). Patterns of rater behaviour in the assessment of an oral interaction test. *Australian Review of Applied Linguistics, 17* (2), 77–103.

Windham, S. (2008). Redesigning lower-level curricula for learning outcomes: A case study. *ADFL Bulletin, 39* (2-3), 31-35.

Winsor, P., & Ellefson, B. (1995). Professional portfolios in teacher education: An exploration of their value and potential. *The Teacher Educator, 31* (1), 68–91.

Wolfe-Quintero, K., & Brown, J. D. (1998). Teacher portfolios. *TESOL Journal, 7* (6), 24–27.

Worthen, B. R., & Sanders, J. R. (1973). *Educational evaluation: Theory and practice.* Worthington, OH: Charles A. Jones.

Wright, B. D. (2006). Learning languages and the language of learning. *The Modern Language Journal, 90* (3), 593–597.

Yao, Y., Thomas, M., Nickens, N., Downing, J. A., Burkett, R. S., & Lamson, S. (2008). Validity evidence of an electronic portfolio for preservice teachers. *Educational Measurement: Issues and Practices, 27* (1), 10–24.

Young, R. (2002). Discourse approaches to oral language assessment. *Annual Review of Applied Linguistics, 22*, 243-262.

赤木彌生・中園博美・今井新悟(2009)『コンピュータ・アダプティブ日本語テスト：文字語彙アイテム開発』『大学教育』6号, 107-117.〈http://petit.lib.yamaguchi-u.ac.jp/G0000006y2j2/metadata/D500006000008〉(アクセス日：2010年5月)

アカデミック・ジャパニーズ研究会(編)(2002)『大学・大学院留学生の日本語：〈4〉論文作成編』アルク

青木直子(2001)「教師の役割」青木直子・尾崎明人・土岐哲(編)『日本語教育学を学ぶ人のために』世界思想社, pp. 184-199.

青木直子(2006)「日本語ポートフォリオ改訂版」〈http://www.let.osaka-u.ac.jp/~naoko/jlp/pdf/JLPJR.pdf〉(アクセス日：2010年5月)

青木直子(2008)「日本語を学ぶ人たちのオートノミーを守るために」『日本語教育』138号, 33-42.

青木直子・尾崎明人・土岐哲(編)(2001)『日本語教育を学ぶ人のために』世界思想社

池田広子(2004)「日本語教育実習における教師の意思決定：意思決定と授業形態との関係から」『日本語教育論集 世界の日本語教育』第14号, 1-20.〈http://www.jpf.go.jp/j/japanese/survey/globe/14/001_020.pdf〉(アクセス日：2010年5月)

池田玲子・小笠恵美子・杉浦まさみ子(2002)「実習生の内省的実践としての授業評価活動」『世界の日本語教育』12号, 95-106.〈http://www.jpf.go.jp/j/japanese/survey/globe/12/report.html〉(アクセス日：2010年5月)

石田敏子(1992)『入門日本語テスト法』大修館書店

石田(猪狩)美保(2001)「OPIデータに見られる日本語学習者の応答プロセス」『横浜国立大学留学生センター紀要』8, 65-78.〈http://kamome.lib.ynu.ac.jp/dspace/bitstream/10131/1178/1/KJ00000197852.pdf〉(アクセス日：2010年5月)

市川保子(2005)『初級日本語文法と教え方のポイント』スリーエーネットワーク

引用文献リスト(Works cited)

市嶋典子(2009a)「相互自己評価活動に対する学習者の認識と学びのプロセス」『日本語教育』142号, 143-144.

市嶋典子(2009b)「プロセス的評価, 主体的評価はどのような授業設計で可能か：学習者と教師が共に評価について考える意味をめぐって」『くろしお出版 WEB リテラシーズ』〈http://literacies.9640.jp/dat/litera6-2-2.pdf〉6(2), 11-20. (アクセス日：2010年5月)

伊東祐郎(2005)「プレースメント・テストの妥当性確認の試み」『東京外国語大学留学生日本語教育センター論集』31号, 161-174.〈http://repository.tufs.ac.jp//handle/10108/20990〉(アクセス日：2010年5月)

伊東祐郎(2008)『日本語教師のためのテスト作成マニュアル』アルク

伊東祐郎(2011)「項目バンクによって広がるテスト開発の可能性」『日本語教育』148号, 57-71.

伊藤とく美(2001)「日本語学校での活用法」牧野成一他(編)『ACTFL OPI 入門』アルク, pp. 120-135.

稲熊美保(2006)「韓国人日本語学習者による『くれる』系および『もらう』系授受補助動詞の産出：ACTFL-OPI 形式によるインタビューコーパスの分析」『愛知文教大学比較文化研究』8, 37-46.〈http://ci.nii.ac.jp/naid/110006455417〉(アクセス日：2010年5月)

今井新悟・伊東祐郎・中村洋一・菊地賢一・赤木彌生・中園博美・本田明子・平村健勝(2009)「項目応答理論に基づくテストの得点：J-CAT の得点換算・解釈・利用法について」『大学教育』6号, 93-105.〈http://petit.lib.yamaguchi-u.ac.jp/G0000006y2j2/metadata/D500006000007〉(アクセス日：2010年11月)

岩崎典子(2002)「日本語能力簡易試験(SPOT)の得点と ACTFL 口頭能力測定(OPI)のレベルの関係について」『日本語教育』114号, 100-106.

上村和美・内田充美(2008)『プラクティカル・プレゼンテーション』(改訂版)くろしお出版

宇佐美洋(2010)「文章の評価観点に基づく評価者グルーピングの試み：学習者が書いた日本語手紙文を対象として」『日本語教育』147号, 112-119.

牛田英子(2007)「ナショナル・スタンダーズの日本語教育への応用：国際関係大学院における日本語カリキュラムの開発―」『世界の日本語教育』17号, 187-205.〈http://www.jpf.go.jp/j/japanese/survey/globe/17/11.pdf〉(アクセス日：2009年10月)

占部昌蔵(2007)「応答項目理論を応用した英作文評価者トレーニングの有効性について」*STEP Bulletin*, 第19回, 14-22.〈http://www.eiken.or.jp/teacher/research/pdf/study19.pdf〉(アクセス日：2009年10月)

荻原稚佳子(1999)「テストとしての応用例：日本の大学で」『月刊日本語』連載記事 OPI を授業に生かす第6回＜活用編1＞〈http://www.opi.jp/shiryo/jugyoni/j_06.html〉(アクセス日：2010年5月)

荻原稚佳子(2001)「日本の大学での活用法」牧野成一他(編)『ACTFL OPI 入門』アルク, pp. 100-119.

荻原稚佳子・齊藤眞理子・増田眞佐子・米田由喜代・伊藤とく美(2001)「上・超級日本語学習者における発話分析：発話内容領域との関わりから」『世界の日本語教育』11号, 83-102.〈http://www.jpf.go.jp/j/japanese/survey/globe/11/06.pdf〉(アクセス日：2010年5月)

大隅敦子(2008)「プロフィシェンシーをどう測る？」鎌田修・嶋田和子・迫田久美子(編)(2008)『プロフィシェンシーを育てる：真の日本語能力をめざして』凡人社, pp. 72-87.

大隅敦子(2009)「新しい日本語能力試験：構成概念の構築と新しいレベルの設定」『日本語学』28巻11号, 24-35.

大関浩美(2010)『日本語を教えるための第二言語習得論入門』くろしお出版

大友賢二(1996)『項目応答理論入門：言語テスト・データの新しい分析法』大修館書店

大西博子(2006)「言語能力はいかにして評価するべきか：ACTFL-OPI における言語能力観の分析と考察をとおして」『言語文学教育研究』第4巻, 17-20.〈http://gbkk.jpn.org/dat/gbkkv04ohnishi.pdf〉(アクセス日：2010年5月)

岡崎眸・岡崎敏雄(2001)『日本語教育における学習の分析とデザイン』凡人社

岡崎敏雄・岡崎眸(1997)『日本語教育の実習：理論と実践』アルク

引用文献リスト(Works cited)

奥野由紀子・丸山千歌・四方田千恵(2008)「プレイスメント・テストと学部中級日本語クラスに関する報告」『横浜国立大学留学生センター教育研究論集』15号, 75-92.〈http://kamome.lib.ynu.ac.jp/dspace/bitstream/10131/6480/1/216_05.pdf〉(アクセス日：2010年5月)

押尾和美・秋元美晴・武田明子・阿部洋子・高梨美穂・柳澤好昭・岩元隆一・石毛順子(2008)「新しい日本語能力試験のための語彙表作成に向けて」『国際交流基金日本語教育紀要』第4号, 71-86.〈http://www.jpf.go.jp/j/japanese/survey/bulletin/04/pdf/06.pdf〉(アクセス日：2010年10月)

学習技術研究会(編)(2011)『知へのステップ：大学生からのスタディ・スキルズ 第三版』くろしお出版

金城尚美(1994)「四技能を統合した日本語教授法：プロジェクト・ワーク」『言語文化研究紀要』3号, 53-86.〈http://ir.lib.u-ryukyu.ac.jp/bitstream/123456789/2708/1/No3p53.pdf〉(アクセス日：2010年5月)

金田智子(2011)「『生活のための日本語』能力測定の可能性」『日本語教育』148号, 13-27.

鎌田修(2006)「KYコーパスと日本語教育研究(特集 コーパスと日本語教育：現状と課題)」『日本語教育』130号, 42-51.

鎌田修・嶋田和子・迫田久美子(編)(2008)『プロフィシェンシーを育てる：真の日本語能力をめざして』凡人社

鎌田修・堤良一・山内博之(編)(2009)『プロフィシェンシーと日本語教育』ひつじ書房

川上郁雄(2003)「年少者日本語教育における『日本語能力測定』に関する観点と方法」『早稲田日本語教育研究』 第2号, 1-16.〈http://www.kikokusha-center.or.jp/resource/ronbun/kakuron/26/kawakami.htm〉(アクセス日：2009年6月)

川口昭彦(2009)『大学評価文化の定着：大学が知の創造・継承基地となるために』ぎょうせい

川口義一・横溝紳一郎(2005)『成長する教師のための日本語教育ガイドブック』ひつじ書房

河野理恵(2000)「作文教育としての『ジャーナル・アプローチ』の意義」『一橋大学留学センター紀要』3号, 59-68.〈http://hdl.handle.net/10086/8599〉(アクセス日：2010年5月)

川端一光(2011)「新しい日本語能力試験の挑戦：新試験を支えるテスト理論」『日本語学』第30巻2号, 80-92.

川村千絵(2005)「作文クラスにおけるポートフォリオ評価の実践：学習者自己評価に関わるケーススタディ」『日本語教育』125号, 126-135.

木寅(駒井)裕子(2004)「日本語母語話者のOPIに関する一考察」『人間文化学研究集録』13号, 87-95.〈http://repository.osakafu-u.ac.jp/dspace/handle/10466/11748〉(アクセス日：2010年5月)

クック峰岸治子(2007)「An indexical analysis of the Japanese plain form」大原由美子(編)『日本語ディスコースへの多様なアプローチ』凡人社, pp. 73-98.

熊谷由理(2007)「日本語教室でのクリティカル・リテラシーの実践へ向けて」『WEB版リテラシーズ』第4巻2号, 1-9.〈http://literacies.9640.jp/vol04.html〉(アクセス日：2010年5月)

熊谷由理(2011)「クリティカル・リテラシーの育成に向けて：カタカナ・プロジェクト実践概要」佐藤慎司・熊谷由理(編)『社会参加をめざす日本語教育：社会に関わる、つながる、働きかける』ひつじ書房, pp. 3-18.

熊谷由理・深井美由紀(2009)「日本語学習における批判性、創造性の育成への試み：『教科書書きかえ』プロジェクト」『世界の日本語教育』19号, 181-202.〈http://www.jpf.go.jp/j/japanese/survey/globe/19/11.pdf〉(アクセス日：2010年5月)

倉地曉美(2003)「ジャーナルの機能と機能別に見る学習援助者の対応：外国人留学生の場合」『広島大学日本語教育研究』13号, 1-8.〈http://ir.lib.hiroshima-u.ac.jp/00017489〉(アクセス日：2010年5月)

倉八順子(1994)「プロジェクトワークが学習成果に及ぼす効果と学習者の適性との関連」『日本語教育』83号, 136-147.

桑名翔太・小野澤佳恵・北村尚子(2010)「日本語能力試験「文法」の問題項目分析：テイルの問われ方と困難度との関係について」『国際交流基金日本語教育紀要』6号, 109-123.〈http://www.jpf.go.jp/j/japanese/survey/bulletin/06/pdf/07.pdf〉(アクセス日：2011年1月)

小池真理(1998)「学習者の会話能力に対する評価にみられる日本語教師と一般日本人のずれ：初級学習者の

到達度試験のロールプレイに対する評価」『北海道大学留学センター紀要』第2号, 138-155.〈http://eprints.lib.hokudai.ac.jp/dspace/bitstream/2115/45568/1/BISC002_011.pdf〉(アクセス日：2010年5月)

小玉安恵・木山登茂子・有馬淳一(2007)「外国人日本語教師教育へのポートフォリオ評価導入の試み：17年度長期研修Bコース教授法クラスにおける実施報告」『国際交流基金日本語教育紀要』 第3号, 95-111.〈http://www.jpf.go.jp/j/japanese/survey/bulletin/03/pdf/07.pdf〉(アクセス日：2010年10月)

小林典子・フォード丹羽順子(1992)「文法項目の音声聴取に関する実証的研究」『日本語教育』78号, 167-177.

小林典子・フォード丹羽順子・山元啓史(1996)「日本語能力の新しい測定法[SPOT]」『世界の日本語教育』6号, 201-218.〈http://www.jpf.go.jp/j/japanese/survey/globe/06/13.pdf〉(アクセス日：2010年1月)

小林典子・酒井たか子・フォード丹羽順子(2007)「即答要求型言語テストのWEB化：SPOT-WEBの場合」 *Proceedings of the 4th International Conference on Computer Assisted Systems for Teaching & Learning Japanese*, 231-234.〈http://castelj.kshinagawa.com/proceedings/files/3-C4%20Kobayashi.pdf〉(アクセス日：2008年1月)

小村親英(2009)「日本語口頭試験におけるダイナミック・アセスメントの試み」『関西外国語大学留学生別科日本語教育論集』19号, 1-18.

小森和子(2011)「プレスメントテストのオンライン化の試みと問題項目の分析評価」『九州大学留学生センター紀要』19号, 89-106.

小柳かおる(2004)『日本語教師のための新しい言語習得概論』スリーエーネットワーク

小山悟(1996)「自律学習促進の一助としての自己評価」『日本語教育』88号, 91-103.

佐藤慎司・熊谷由理(編)(2010)『アセスメントと日本語教育：新しい評価の理論と実践』くろしお出版

佐藤望(編)(2006)『アカデミック・スキルズ：大学生のための知的技法入門』慶應義塾大学出版会

坂本恵美(1995)「大学の初級日本語クラスにおけるジャーナル・ライティングの効用(The effectiveness of journal writing in learning Japanese in a university setting)」『世界の日本語教育』 5号, 75-93.

迫田久美子(2000)「アクション・リサーチを取り入れた教育実習の試み：自己研修型の教師を目指して」『広島大学日本語教育学科紀要』10号, 21-30.〈http://ir.lib.hiroshima-u.ac.jp/00027778〉(アクセス日：2010年5月)

迫田久美子(2002)『日本語教育に生かす第二言語習得研究』アルク

札野寛子(2011)『日本語教育のためのプログラム評価』ひつじ書房

サミミー小宮圭子(2003)「学習者の個人差：学習者の情緒的要因と日本語教育」畑佐由紀子(編)『第二言語習得研究への招待』くろしお出版, pp. 101-113.

塩澤真季・石司えり・島田徳子(2010)「日本語能力の熟達度を表すCan-do記述の分析」『国際交流基金 日本語教育紀要』第6号, 23-39.

品川恭子(2007)「Placement Test 試用に向けてのSPOTの実施と結果に関する考察」『関西外国語大学留学生別科日本語教育論集』17号, 113-129.〈http://opac.kansaigaidai.ac.jp/cgi-bin/retrieve/sr_bookview.cgi/U_CHARSET.UTF-8/DB00000224/Body/n17_05.pdf〉(アクセス日：2011年5月)

嶋田和子(2008)『目指せ、日本語教師力アップ！OPIでいきいき授業』ひつじ書房

嶋田和子(2010)「インタビュー技術の向上をめざして：効果的な発話抽出のためにすべきこと」『日本語OPI研究会20周年記念論文集・報告書』30-44.〈http://www.opi.jp/shiryo/20th_anniv/030.trainer04.pdf〉(アクセス日：2011年5月)

島田めぐみ(2003)「日本語聴解テストにおける選択肢提示形式の影響」『日本語教育』119号, 21-30.

島田めぐみ(2006)「日本語聴解テストにおいて難易度に影響を与える要因」『日本語教育』129号, 1-10.

島田めぐみ(2010)「自己評価Can-do statementsに関する一考察：客観テストとの比較を通して」『東京学芸大学紀要』62号, 267-277.〈http://ir.u-gakugei.ac.jp/bitstream/2309/107306/1/18804306_61_60.pdf〉(アクセス日：2010年5月)

島田めぐみ・侯仁鋒(2009)「中国語母語話者を対象とした日本語聴解テストにおける選択肢提示形式の影響」『世界の日本語教育』19号, 33-47.〈http://www.jpf.go.jp/j/japanese/survey/globe/19/03.pdf〉

引用文献リスト(Works cited)

（アクセス日：2010年5月）

島田めぐみ・三枝令子・野口裕之(2006)「本語 Can-do-statements を利用した言語行動記述の試み：日本語能力試験受験者を対象として」『世界の日本語教育』16号, 75-88.〈http://ci.nii.ac.jp/naid/110004762752〉（アクセス日：2010年5月）

庄司惠雄・今井和宏・楠本徹也・三枝令子・村上京子(2008)「現場から問いなおす『評価』について」『日本語教育』136号, 1-4.

関崎友愛・古川嘉子・三原龍志(2011)「評価基準と評価シートによる口頭発表の評価：JF日本語教育スタンダードを利用して」『国際交流基金日本語教育紀要』7号, 119-133.〈http://www.jpf.go.jp/j/japanese/survey/bulletin/07/pdf/08.pdf〉（アクセス日：2011年6月）

銭坪玲子(2010)「日本語 OPI の超級ロールプレイとジェンダー的問題」『長崎ウエスレヤン大学現代社会学部紀要』8(1), 43-48.〈http://ci.nii.ac.jp/naid/110007985788〉

孫媛・井上俊哉(1995)「アメリカにおける差異項目機能(DIF)研究」『学術情報センター紀要』第7号, 193-216.〈http://ci.nii.ac.jp/naid/110000466575〉（アクセス日：2010年5月）

平弥悠紀・米澤昌子・松本秀輔・佐尾ちとせ(2010)「同志社大学における日本語プレースメントテストの分析と妥当性の検証」『同志社大学日本語・日本文化研究』8号, 1-19.〈http://jairo.nii.ac.jp/0027/00012622〉（アクセス日：2011年10月）

高見澤孟(監修)(1996)『初めての日本語教育1：日本語教育の基礎知識』アスク

武一美・市嶋典子・キムヨンナム・中山由佳・古屋憲章(2007)「活動型日本語教育における評価のあり方について考える」『WEB版日本語教育実践研究フォーラム報告』〈http://www.nkg.or.jp/kenkyu/Forumhoukoku/take.pdf〉6(2), 11-20.（アクセス日：2010年5月）

田中敏・山際勇一郎(2003)『新訂ユーザーのための教育心理統計と実験計画法：方法の理解から論文の書き方まで』教育出版

田中望・斉藤里美(1993)『日本語教育の理論と実際：学習支援システムの開発』大修館書店

田中真理・坪根由香里・初鹿野われ(1998)「第二言語としての日本語における作文評価基準：日本語教師と一般日本人の比較」『日本語教育』96号, 1-12.

田中真理・長阪朱美・成田高宏・菅井英明(2009)「第二言語としての日本語ライティング評価ワークショップ」『世界の日本語教育』19号, 157-176.〈http://www.jpf.go.jp/j/japanese/survey/globe/19/10.pdf〉（アクセス日：2010年3月）

玉岡賀津雄・松下達彦・元田静(2005)「日本語版 Can-do Scale はどれくらい正確に日本語能力を測定しうるか」『留学生教育：広島大学留学生センター』7号, 65-78.〈http://ir.lib.hiroshima-u.ac.jp/metadb/up/74086648/J-Int-Edu-HiroshimaUniv_9_65-78_2005.pdf〉（アクセス日：2010年5月）

近松暢子(2008)「日本研究と言語教育の狭間で：上級日本語コンテント・ベース・コース 戦争と日本人の考察」畑佐由紀子(編)『外国語としての日本語教育』くろしお出版, pp. 119-134.

近松暢子(2009)「米国におけるコンテント・コミュニティーベース授業の試み」『世界の日本語教育』19号, 141-156.〈http://www.jpf.go.jp/j/japanese/survey/globe/19/09.pdf〉（アクセス日：2010年10月）

トムソン木下千尋(2008)「海外の日本語教育の現場における評価：己評価の活用と学習者主導型評価の提案」『日本語教育』136号, 27-37.

中川道子・石島満沙子(1998)「会話の上達度を計る評価基準」『北海道大学留学センター紀要』第2号, 169-184.〈http://eprints.lib.hokudai.ac.jp/dspace/bitstream/2115/45570/1/BISC002_013.pdf〉（アクセス日：2010年5月）

中島和子(2001)「子供を対象とした活用法」牧野成一他(編)『ACTFL OPI 入門』アルク, pp. 152-169.

中島和子・桶谷仁美・鈴木美知子(1994)「年少者のための会話力テスト開発」『日本語教育』83号, 40-58.

中村洋一(2011)「コンピュータ適応型テストの可能性」『日本語教育』148号, 72-83.

中村洋一・大友賢二(2002)『テストで言語能力は測れるか：言語テストデータ分析入門』桐原書店

ナズキアン富美子(2010)「ピアラーニングとアセスメント」佐藤慎司・熊谷由理(編)『アセスメントと日本

語教育：新しい評価の理論と実践』くろしお出版, pp. 69-96.

二通信子・佐藤不二子(2000)『留学生のための理論的な文章の書き方』スリーエーネットワーク

日本語教育学会(編)(1991a)『日本語テストハンドブック』大修館書店

日本語教育学会(編)(1991b)『日本語教育機関におけるコース・デザイン』凡人社

日本語教育学会(編)(2005)『新版日本語教育事典』大修館書店

日本語教育学会(2008)「教育現場から問い直す評価(特集号)」『日本語教育』136号

日本語教育学会(2011)「大規模日本語テストの可能性(特集号)」『日本語教育』148号

縫部義憲(2010)「日本語教師が基本的に備えるべき力量・専門性とは何か」『日本語教育』144号, 4-14.

野田尚史(編)(2005)『コミュニケーションのための日本語教育文法』くろしお出版

朴仙花(2010)「OPIデータにみる日本語学習者と日本語母語話者による文末表現の使用：接続助詞で終わる言いさし表現を中心に」『言葉と文化』11号, 217-235. 〈http://www.lang.nagoya-u.ac.jp/nichigen/issue/pdf/11/11-14.pdf〉(アクセス日：2011年5月)

畑佐由紀子(2008)『外国語としての日本語教育：多角的視野に基づく試み』くろしお出版

橋本洋二(2000)「日本語学生のSPOT得点とコース成績との関係：メルボルン大学の場合」『筑波大学留学生センター日本語教育論集』15号, 87-97. (アクセス日：2011年5月)

八若壽美子(2004)「活動中心の授業における評価：自己評価・ピア評価の有効性」『茨城大学留学生センター紀要』第2号, 13-24. 〈http://ir.lib.ibaraki.ac.jp/bitstream/10109/139/1/200700055.pdf〉(アクセス日：2011年11月)

ハドソン遠藤陸子(2011)「CBIとしての短編講読講座」The 18th Princeton Japanese Pedagogy Forum Proceedings, 53-67. 〈http://www.princeton.edu/pjpf/past/18th-pjpf/05_EndoPJPF2011.pdf〉(アクセス日：2011年11月)

パトリシア・ウエッツェル・渡辺素和子(1998)「アメリカのある大学における外国語上達度評価」『高等教育ジャーナル(北大)』3号, 153-161. 〈http://socyo.high.hokudai.ac.jp/Journal/J3PDF/No0323.pdf〉(アクセス日：2009年5月)

濱名篤(編)(2010)「学士課程教育のアウトカム評価とジェネリックスキルの育成に関する国際比較研究」平成19-21年度科学研究費補助金. 基盤研究(B)〈http://www.kuins.ac.jp/kuinsHP/facilities/Education/2010/InternationalComparisonResearchReport.pdf〉(アクセス日：2010年12月)

坂野永理(2008)「一般化可能性理論による日本語口頭プレースメントテストの検討」『日本語テスト学会誌』4(1), 23-32.

深澤のぞみ(2003)「視覚効果を持つ表現の特徴：留学生のプレゼンテーション支援のために」『富山大学留学生センター紀要』第2号, 13-24. 〈http://www.dia-net.ne.jp/~tapukuma/myself/paper/presen_paper.pdf〉(アクセス日：2010年5月)

福岡昌子(2009)「日本語教育実習における他者への評価と他者からの評価に関する研究」『三重大学国際交流センター紀要』第4号, 25-36. 〈http://miuse.mie-u.ac.jp/bitstream/10076/11101/1/63C13275.pdf〉(アクセス日：2010年5月)

フーゲンブーム智子(2011)「大学上級レベルでの内容重視授業の試み」*The 18th Princeton Japanese Pedagogy Forum Proceedings*, 53-67. 〈http://www.princeton.edu/pjpf/past/18th-pjpf/11_PJPF11_Hoogenboom.pdf〉(アクセス日：2011年11月)

フォード丹羽順子・小林典子・山元啓史(1995)「日本語能力簡易試験(SPOT)は何を測定しているか：音声テープ要因の解析」『日本語教育』86号, 93-102.

文野峯子(2010)「教師の成長と授業分析」『日本語教育』144号, 15-25.

古川嘉子(2009)『評価の分野を中心に』『日本語教育』143号, 24-32.

堀口純子(1997)『日本語教育と会話分析』くろしお出版

牧野成一(2001)「OPIの日本語教育への影響」牧野成一他(編)『ACTFL OPI入門』アルク, pp. 46-49.

牧野成一(2008a)「OPI, 米国スタンダード、CEFRとプロフィシェンシー」鎌田修・嶋田和子・迫田久美

引用文献リスト(Works cited)

子(編)『プロフィシェンシーを育てる:真の日本語能力をめざして』凡人社, pp. 18-39.

牧野成一(2008b)「プロフィシェンシーをどう測る?」鎌田修・嶋田和子・迫田久美子(編)『プロフィシェンシーを育てる:真の日本語能力をめざして』凡人社, pp. 72-89.

牧野成一・鎌田修・山内博之・齊藤真理子・荻原稚佳子・伊藤とく美・池崎美代子・中島和子(2001)『ACTFL OPI 入門』アルク

松本順子(2002)「日本語学習者の漢字理解に文脈支持が与える影響:英語母語話者の場合」『日本語教育』115号, 71-80.

三浦香苗・深澤のぞみ(1998)「留学生の口頭発表に対する評価を探る:本当に伝えたいことが伝わるためには何が必要か」『金沢大学留学生センター紀要』 第1号, 1-15.〈http://isc.ge.kanazawa-u.ac.jp/jp/publications/pdf/Bulletin1.pdf〉(アクセス日:2010年5月)

水本篤(2008)「自由英作文における評定者評価の種類と信頼性」『学習者コーパスの解析に基づく客観的作文評価指標の検討:統計数理研究所共同研究リポート』215, 43-49.〈http://www.mizumot.com/files/GeneralizabilityTheory.pdf〉(アクセス日:2010年5月)

村上京子(2009)「外国人就労者のための日本 'Can Do' statements の開発:パフォーマンス・テストによる妥当性の検討」『言語教育評価研究』第1号, 21-34.

村上隆(2003)「テストはなぜ完全なものになり得ないのか」『日本語教育』117号, 1-12.

森本由佳子・塩澤真季・小松知子・石司えり・島田徳子(2011)「コミュニケーション言語活動の熟達度を表す JF Can-do の作成と評価:CEFR の A2・B1レベルに基づいて」『国際交流基金日本語教育紀要』7号, 25-42.〈http://www.jpf.go.jp/j/japanese/survey/bulletin/07/pdf/02.pdf〉(アクセス日:2011年6月)

山内博之(2005)『OPI の考えに基づいた日本語教授法:話す能力を高めるために』ひつじ書房

山内博之(2009)『プロフィシェンシーから見た日本語教育文法』ひつじ書房

山本晋也(2011)「教育実習に見る授業の『計画、実践、振り返り』サイクルの再考」『言語文化教育研究』第10巻1号, 1-17.〈http://gbkk.jpn.org/dat/gbkkv10n01yamamoto.pdf〉(アクセス日:2011年10月)

山本弘子(2009)「日本語学校から見た評価の観点の見直し:ヨーロッパ共通参照枠の視点から」『日本語教育』136号, 34-48.

横溝紳一郎(1996)「オーラル・プロチーブメント・インタビュー:プロフィシェンシーとアチーブメント統合の試み」『日本語教育』88号, 61-73.

横溝紳一郎(2000)『日本語教師のためのアクション・リサーチ』凡人社

横溝紳一郎(2002)「学習者参加型評価と日本語教育」細川英雄(編)『ことばと文化をむすぶ日本語教育』凡人社, pp 172-187.

横溝紳一郎・迫田久美子・松崎寛(2004)「日本語教育実習におけるアクション・リサーチの役割」JALT Journal, 26, 207-222.

横山紀子(2000)「ACTFL 外国語能力基準に基づいたシラバスの作成」『『月刊日本語』連載記事 OPI を授業に生かす第12回＜活用編7＞』〈http://www.opi.jp/shiryo/jugyoni/j_12.html〉(アクセス日:2011年5月)

横山紀子・木田真理・久保田美子(2002)「日本語能力試験と OPI による運用力分析:言語知識と運用力との関係を探る」『日本語教育』113号, 43-54.

吉島茂・大橋理枝(訳)(2004)『ヨーロッパ言語共通参照枠』朝日出版社

渡部倫子(2005)「日本語学習者の発話に対する日本語母語話者の評価:共分散構造分析による評価基準の解明」『日本語教育』136号, 67-75.

主要用語リスト(Keyword list)

	日本語	英語	用語が使用されている節・表・図・資料
1	21世紀に向けての外国語学習基準(＝ナショナル・スタンダーズ)	Standards for foreign language learning: Preparing for the 21 century	3.2
2	B指数	B-index	2.5, 表2-7
3	ILR尺度	Interagency Language Roundtable scale	4.1
4	JF日本語スタンダード2010	JF standard for Japanese-language education	3.2
5	アクレディター	accreditor	3.1
6	アセスメント	assessment	1.1, 図1-1, 図1-2
7	意思伝達練習	communicative practice	1.6, 表1-6
8	異集団法検証	differential-groups studies	1.4
9	一致係数	agreement coefficient	1.4
10	イマージョン・プログラム	immersion program	5.1
11	意味伝達練習	meaningful practice	1.6, 表1-6
12	因子分析	factor analysis	2.3, 3.5
13	影響力(Bachman & Palmer[1996]のテスト理論でいう)	impact	1.5, 図1-3, 6.4
14	エバリュエーション	evaluation	1.1, 図1-1
15	横断的分析	cross-sectional analysis	4.5, 図4-4
16	オーディオリンガル法	audio-lingual method	1.6, 表1-5
17	外国語体験プログラム	Foreign Language Experience/Exploration(FLEX)	5.1
18	介入法検証	intervention studies	1.4
19	会話分析	Conversation Analysis(CA)	1.6
20	カウンターバランス(データの)	counter-balancing	1.4, 5.2
21	書きタスク	writing task	2.2, 資料2-3, 資料2-6
22	書き取りテスト	dictation test	2.2
23	学習者主導型評価	learner-directed assessment	1.1, 2.6
24	学習成果	learning outcomes	1.7, 6.1
25	学習成果アセスメント	learning outcomes assessment	1.1, 3.1-3.6, 図3-1, 図3-2, 表3-1, 5.2
26	学習到達目標	learning objectives	1.7, 2.1, 表2-1
27	学習のための評価	assessment for learning	1.2
28	学習の評価	assessment of learning	1.2
29	加重採点法	weighted scoring method	2.3
30	偏り分析	bias analysis	3.5, 図3-4
31	価値を見出すための探求	appreciative inquiry	3.3
32	カッパ係数	kappa coefficient	1.4
33	カリキュラムの縦横の連携	articulation	3.2, 図3-1
34	漢字テスト	Kanji test	2.2, 図2-2
35	機械的練習	mechanical practice	1.6, 表1-6
36	基準関連的妥当性	criterion-related validity	1.4, 表1-3
37	基礎レベルを超えた日本語カリキュラムのための枠組み	framework for post-basic Japanese language curricula	3.4, 4.1, 資料4-1A/4-1B
38	客観テスト	objective test	1.4
39	キャップストーン・コース	capstone course	3.1
40	キューダー・リチャードソン公式21	Kuder & Richardson formula 21	1.4
41	教案	lesson plan	6.1, 資料6-3

主要用語リスト(Keyword list)

	日本語	英　語	用語が使用されている節・表・図・資料
42	教育の質保証認定制度	accreditation	3.1, 図3-1
43	教育の責任説明	accountability	3.2, 図3-1
44	教育理念レポート	teaching philosophy statement	6.2
45	教科書分析	textbook analysis	6.1, 資料6-2A/6-2B
46	クラス内テスト	classroom test	1.4
47	クラス内評価	classroom assessment	1.1, 1.7, 2.6, 図2-7
48	クリティカル思考	critical thinking	3.1, 3.5, 資料3-3A/3-3B
49	クローズ・テスト	cloze test	2.2
50	クロンバック・アルファ係数	Cronbach's alpha (α)	1.4, 2.4, 4.7, 5.6
51	継承語話者 (もしくは継承語学習者)	heritage language speaker (heritage language learner)	4.4, 4.6, 図4-8, 表4-5, 5.2
52	形成的評価	formative assessment	1.2, 表1-1, 5.2, 表5-1
53	結果的妥当性	consequential validity	1.4, 表1-3
54	言語学的能力 (または言語学的知識)	linguistic competence	1.6
55	言語行為	speech act	1.6
56	厳しさ推定値	severity measure	3.5
57	建設的な批評	constructive criticism	6.6
58	構成概念	construct	1.4, 1.6, 4.3
59	構成概念的妥当性	construct validity	1.4, 表1-3, 2.1, 4.3, 6.4
60	口頭テスト (もしくは、口答試験)	oral test (oral examination)	2.2, 資料2-2, 資料2-9, 4.2-4.4, 5.3-5.6, 図5-5, 図5-6, 資料5-1
61	口頭発表	oral presentation	2.6, 資料2-13A/2-13B
62	項目応答理論	Item Response Theory (IRT)	3.5, 4.6, 4.7
63	項目困難度	Item Facility (IF, item difficultyとも呼ばれる)	2.5, 図2-6
64	項目品質分析	item quality analysis	2.1, 表2-2
65	古典的テスト理論	classical testing theory	1.4
66	コミュニカティブな言語教授法	Communicative Language Teaching (CLT)	1.6, 表1-5
67	コミュニケーション言語能力 (Bachman[1990]のモデルでいう)	communicative language ability	1.6, 図1-4
68	コミュニケーション能力	communication competence	1.6, 表1-4
69	語用論的能力 (または語用論的知識)	pragmatic competence	1.6
70	困難度推定値	difficulty measure	3.5
71	困難度パラメータ	difficulty parameter	4.7, 表4-6
72	コンピュータ適応型テスト	Computer-Adaptive Test (CAT)	4.1
73	差異項目機能	Differential Item Functioning (DIF)	4.7
74	差異指数	Difference Index (DI)	2.5
75	最重要テスト	high stakes test	1.4
76	再テスト法	test-retest reliability	1.4
77	採点ルーブリック	scoring rubric	2.2, 資料2-7A/2-7B, 資料2-10A/2-10B, 資料2-11A/2-11B, 3.5, 資料3-4A/3-4B, 5.3, 資料5-2A/5-2B, 資料5-3A/5-3B
78	錯乱肢有効度	distracter efficiency	2.5, 表2-8
79	産出式応答テスト形式	productive response test format	2.2, 表2-3
80	しきい値損失一致度	threshold loss agreement	1.4
81	識別力パラメータ	discrimination parameter	4.7, 表4-6
82	試験官による助けの行為	interlocutor/interviewer support	4.3, 5.4, 表5-5, 表5-6
83	自己一貫性	self-consistency	3.5

主要用語リスト(Keyword list)

	日本語	英語	用語が使用されている節・表・図・資料
84	事後テスト	posttest	4.5, 図4-4, 5.2, 5.3, 図5-2
85	自己評価	self-assessment	1.1, 資料1-1A/1-1B, 資料2-13A/2-13B, 資料2-14A/2-14B, 5.2, 5.6, 表5-2, 表5-3, 図5-6
86	事前テスト	pretest	4.5, 図4-4, 5.2, 5.3, 図5-2
87	実用重視の評価	utilization-focused evaluation	1.1
88	実用性	practicality	1.5, 図1-3, 6.4
89	社会言語学的能力(または社会言語学的知識)	sociolinguistic competence	1.6, 表1-4
90	集団基準準拠テスト	Norm-Referenced Test(NRT)	1.3, 表1-2, 4.1-4.7
91	縦断的分析(もしくは、追跡分析)	longitudinal analysis	4.5, 図4-4, 表4-3, 表4-4, 5.2, 図5-2, 5.5, 図5-3, 表5-3, 図5-4
92	主観テスト	subjective test	1.4
93	授業観察	class observation	6.1, 資料6-4
94	授業評価	course evaluation	3.1, 6.2, 資料6-5, 資料6-6
95	受容式応答テスト形式	receptive response test format	2.2, 表2-3
96	初等外国語教育プログラム	Foreign Language in the Elementary School(FLES)	5.1
97	ジャーナル	journal	2.6, 資料2-14A/2-14B
98	シラバス	syllabus	1.7, 資料1-4, 6.1, 資料6-1
99	真正性	authenticity	1.5, 図1-3, 6.4
100	真正なアセスメント	authentic assessment	1.1
101	診断的評価	diagnostic assessment	1.2
102	診断テスト	diagnostic test	1.3, 表1-2
103	信頼性	reliability	1.4, 4.3, 6.4
104	信頼性係数	reliability coefficient	1.4, 2.4, 図2-5
105	信頼度	dependability	1.4, 6.4
106	推量パラメータ	guessing parameter	4.7, 表4-6
107	スピアマン・ブラウン予言公式	Spearman-Brown prediction formula	2.4, 5.3
108	スリー・パラメータ・ロジスティック・モデル	three-parameter logistic model	4.7, 表4-6
109	成績判定基準	grading criteria	1.8, 表1-7, 資料1-5, 6.1
110	制度的会話	institutional talk	4.3
111	絶対評価(=目標基準準拠評価)	evaluation on an absolute scale	1.3, 1.8
112	折衷主義	eclecticism	1.7
113	折半法	split-half reliability	1.4
114	全米外国語教育協会の面接式口頭能力試験	American Council on the Teaching of Foreign Languages Oral Proficiency Interview(ACTFL OPI)	1.3, 3.4, 3.6, 表3-1, 4.1-4.5, 図4-1, 表4-1, 表4-2, 図4-2, 資料4-2
115	総括的評価	summative assessment	1.2, 表1-1, 5.2, 表5-1
116	相関係数	correlation coefficient	1.4, 2.4, 図2-4, 4.5, 図4-6, 5.6, 図5-5, 図5-6
117	相互行為言語能力	interactional competence	1.6, 4.3
118	相互自己評価	mutual self-evaluation	1.1
119	相互性(Bachman & Palmer[1996]のテスト理論でいう)	interactiveness	1.5, 図1-3, 6.4
120	相対評価	relative evaluation	1.8
121	組織的知識(Bachman[1990]のモデルでいう)	organizational competence	1.6
122	対応のある二標本の t 検定	paired t-test	5.5, 資料5-5
123	代替的アセスメント	alternative assessment	1.1, 2.6
124	ダイナミック・アセスメント	dynamic assessment	1.1

主要用語リスト(Keyword list)

	日本語	英　語	用語が使用されている節・表・図・資料
125	タスク型テスト形式	task-based test format	2.2, 表2-3
126	タスク型パフォーマンス・テスト	task-based performance test	2.3, 資料2-9
127	タスク共通尺度	task-independent scale	5.3, 表5-4, 資料5-2A/5-2B
128	タスク別尺度	task-dependent scale	5.3, 表5-4, 資料5-3A/5-3B
129	多相ラッシュ測定 (もしくは、多相ラッシュモデル)	Multifaceted Rasch measurement (Multifaceted Rasch Modeling)	3.5
130	妥当性	validity	1.4, 表1-3, 2.1, 表2-2, 4.3, 6.4
131	単一能力仮説	unitary competence hypothesis	1.4
132	談話的能力	discourse competence	1.6, 表1-4
133	聴解力テスト	listening comprehension test	2.2, 資料2-3, 資料2-4, 5.2, 図5-2, 5.6, 資料5-6
134	ティーチング・アシスタント	teaching assistant	6.2
135	ティーチング・ポートフォリオ	teaching portfolio	6.2~6.4, 資料6-7
136	テクスト的知識 (Bachman[1990]のモデルでいう)	textual competence	1.6
137	テスト項目細目一覧	test item specifications	1.4, 2.1, 資料2-1
138	天井効果	ceiling effect	4.1, 4.7
139	統合的テスト項目	integrative-point test item	2.2
140	到達度テスト	achievement test	1.2, 表1-1, 2.1, 5.3~5.6
141	読解力テスト	reading comprehension test	1.2, 資料1-2, 2.2, 資料2-3, 資料2-8, 資料2-12, 4.5, 表4-4, 図4-5, 図4-6, 5.6, 表5-8, 図5-3
142	内省レポート	Reflection report	6.2
143	内部一貫性信頼性	internal consistency reliability	1.4, 5.6
144	内容重視教育	content-based instruction	3.1
145	内容的妥当性	content validity	1.4, 表1-3, 2.1
146	ナチュラル・アプローチ	natural approach	1.6, 表1-5
147	ニーズ分析	needs analysis	1.1, 1.5, 1.7, 資料1-3A/1-3B
148	日本語技能テスト	Japanese SKIlls Test (JSKIT)	4.6
149	日本語教育実習	teaching practicum	6.1~6.6, 資料6-1, 資料6-6A/6-6B
150	日本語ナショナル・スタンダーズ	The National Standards for Japanese Language Learning	3.2
151	日本語能力簡易試験	Simple Performance-Oriented Test (SPOT)	4.6
152	日本語能力試験(国際交流基金と財団法人日本国際教育支援協会が運営の)	Japanese Language Proficiency Test (JLPT)	1.3
153	能力推定値	ability measure	3.5
154	能力テスト(または熟達度テスト)	proficiency test	1.2, 表1-1, 4.1~4.5
155	ハートレイ検定	Hartley test	5.3
156	バイリンガル会話テスト	Oral proficiency assessment for Bilingual Children (OBC)	5.1, 図5-1
157	波及効果	washback	1.5
158	発語内行為的知識 (Bachman[1990]のモデルでいう)	illocutionary competence	1.6
159	パフォーマンス・テスト	performance test	2.3, 資料2-12
160	パフォーマンス評価	performance assessment	1.5, 2.3, 資料2-9
161	反復測定一元配置分散分析	one-way repeated measures ANOVA	5.5, 資料5-4
162	ピアソン積率相関係数	Pearson product-moment correlation coefficient	1.4, 2.4, 図2-4, 4.5, 図4-6, 5.6, 図5-5, 図5-6
163	ピア評価	peer assessment	1.1, 6.5
164	筆記テスト(もしくは、筆記試験)	written test (written examination)	2.2, 資料2-3, 資料2-5
165	標準テスト	standardized test	1.4

	日本語	英　語	用語が使用されている節・表・図・資料
166	標準偏差値	Standard Deviation (SD)	5.5
167	評定者間信頼性	inter-rater reliability	1.4, 2.4, 図2-3~図2-5, 4.3, 5.3
168	評定尺度	rating scale	2.2
169	評定者訓練	rater training	2.3, 2.4, 表2-4, 3.5
170	評定者内信頼性	intra-rater reliability	1.4
171	表面的妥当性	face validity	1.4
172	ファイ信頼度指数	phi dependability index	1.4
173	ファセット分析	FACETS analysis	3.5, 図3-3
174	フィードバック	feedback	1.2, 1.8, 資料1-5, 6.5, 6.6
175	不適合	misfit	3.5
176	プレースメント・テスト	placement test	1.3, 表1-2, 4.6, 図4-7, 図4-8, 表4-5
177	プログラム修了アンケート	program exit survey	3.6, 資料3-5~資料3-8
178	プログラム審査	program review	3.1
179	プログラム評価	program-level assessment	1.1, 3.1-3.3, 図3-1, 図3-2, 表3-1, 資料3-1, 5.2, 表5-1
180	プロジェクト・ワーク	project work	1.7, 資料1-4
181	プロフィシェンシー	proficiency	1.6
182	プロフィシェンシー強化のための言語教育	proficiency-oriented language instruction	3.2
183	分析的尺度	analytic scale	2.3, 表2.5, 資料2-7A/2-7B, 資料2-12A/2-12B, 資料3-4A/3-4B
184	文法的能力（または文法的知識）	grammatical competence	1.6, 表1-4
185	文法訳読法	grammar-translation method	1.6, 表1-5
186	分離指数	separation index	3.5
187	併存的妥当性	concurrent validity	1.4
188	包括的尺度	holistic scale	2.3, 表2-5, 5.3, 資料2-10A/2-10B
189	方略的能力	strategic competence	1.6, 表1-4
190	ポートフォリオ	portfolio	2.6, 5.1, 6.2
191	ポートフォリオ評価	portfolio assessment	6.1, 表6-1, 資料6-7
192	ボンフェローニ補正法	Bonferroni adjustment	5.5
193	模擬口頭能力試験	Simulated Oral Proficiency Interview (SOPI)	4.1
194	目標基準準拠テスト	Criterion-Referenced Test (CRT)	1.3, 表1-2, 2.1-2.5, 5.1
195	目標基準準拠評価（＝絶対評価）	criterion-referenced assessment	1.3, 4.3
196	目標言語使用領域	target language use domain	1.4
197	問題解決力	problem solving	3.1
198	有意差検定	test of significance	4.5, 5.5, 資料5-4, 資料5-5
199	有用性	usefulness	1.5, 図3-1, 6.4
200	床面効果	floor effect	4.1, 4.7
201	要素別テスト項目	discrete-point test item	2.2
202	ヨーロッパ言語共通参照枠	Common European Framework of Reference for Languages (CEFR)	1.6, 3.2, 4.1, 図4-1
203	ヨーロッパ言語ポートフォリオ	European language portfolio	5.1
204	予測的妥当性	predictive validity	1.4
205	（ラッシュ）モデルとの適合度	fit	3.5, 表3-5
206	リンガフォリオ	LinguaFolio	2.6, 5.1
207	練習効果	practice effect	1.4
208	ロールプレイ	role play	2.3, 資料2-9
209	ロジット	logit	3.5, 4.7

[著者紹介]

近藤ブラウン妃美（Kimi Kondo-Brown）

ハワイ大学マノア校（University of Hawai'i at Mānoa）人文学部学務担当副学部長（Associate Dean for Academic Affairs, College of Arts, Languages & Letters）。東アジア言語文学科教授（Professor, Department of East Asian Languages & Literature）兼任。教育学博士（Doctor of Education）。教育学博士（Doctor of Education）。同校での教職歴30年以上。*Language Learning, The Modern Language Journal, Language Testing, Foreign Language Annals* などの欧米の主要な応用言語学研究誌に日本語教育や評価に関する研究論文を数々発表。

編著：*Teaching Chinese, Japanese and Korean heritage language students: Curriculum needs, materials, and assessment*（2008: Lawrence Erlbaum Associates/Taylor & Francis）, *Heritage language development: Focus on East Asian immigrants*（2006: John Benjamins）, *Perspectives on teaching connected speech: To second language speakers*（2006: National Foreign Language Resource Center, University of Hawai'i），『親と子をつなぐ継承語教育——日本・外国にルーツを持つ子ども——』（2019, くろしお出版）。

日本語教師のための評価入門
Introduction to Assessment for Japanese Language Teachers

著者	2012 年 6 月 5 日　初版第 1 刷発行
近藤ブラウン妃美	2022 年 1 月 31 日　　　第 3 刷発行
©Kimi Kondo-Brown, 2012	**発行人**
	岡野秀夫
	発行所
デザイン	くろしお出版
大坪 佳正	〒102-0084 東京都千代田区二番町 4-3
	TEL 03-6261-2867　FAX 03-6261-2879
	印刷・製本
	シナノ書籍印刷
	ISBN 978-4-87424-556-9 C3081　Printed in JAPAN